Teoría y práctica del proceso creativo

Con entrevistas a Ernesto Sábato,
Ana María Fagundo, Olga Orozco,
María Rosa Lojo, Raúl Zurita y José Watanabe

Silvia Sauter

Teoría y práctica
del proceso creativo

Con entrevistas a Ernesto Sábato,
Ana María Fagundo, Olga Orozco,
María Rosa Lojo, Raúl Zurita y José Watanabe

Silvia Sauter

Iberoamericana · Vervuert · 2006

Bibliographic information published by Die Deutsche Bibliothek
Die Deutsche Bibliothek lists this publication in the Deutsche Nationalbibliografie;
detailed bibliographic data is available on the Internet at <http://dnb.ddb.de>.

© Iberoamericana, Madrid 2006
Amor de Dios, I – E-28014 Madrid
Tel.: +34 91 429 35 22
Fax: +34 91 429 53 97
info@iberoamericanalibros.com
www.ibero-americana.net

© Vervuert, 2006
Wielandstrasse. 40 – D-60318 Frankfurt am Main
Tel.: +49 69 597 46 17
Fax: 49 69 597 87 43
info@iberoamericanalibros.com
www.ibero-americana.net

ISBN 84-8489-253-0 (Iberoamericana)
ISBN 3-86527-276-2 (Vervuert)

Depósito Legal: B-51.410-2006

Cubierta: Marcelo Alfaro
Ilustración de cubierta: Jorge Artajo
Impreso en España por Cargraphics
The paper on wich this book is printed meets the requirements of ISO 9706

ÍNDICE

AGRADECIMIENTOS

A Kansas State University, que mediante sus subvenciones hizo posibles las entrevistas en diversos países. A Naomi Lindstrom y Arnal Guzmán por su cuidadosa lectura y siempre valiosas sugerencias. Al editor de Iberoamericana, Simón Bernal, por su colaboración editorial y técnica. A la paciencia y apoyo personal y tecnológico de David Sauter. Agradezco especialmente por su invaluable ayuda y generosidad en concederme las entrevistas a Ernesto Sábato, Ana María Fagundo, María Rosa Lojo, Raúl Zurita y José Watanabe.

Prefacio

Por Naomi Lindstrom

Silvia E. Sauter, conocida estudiosa de la literatura hispanoamericana que se desempeña actualmente como profesora en Kansas State University y directora de la revista *Studies in 20th and 21st Century Literature*, ha dedicado gran parte de su carrera a las investigaciones en torno al proceso visionario de creación y los artistas visionarios, como los denomina Carl Gustav Jung.

La Dra. Sauter ha identificado entre los escritores hispanoamericanos de los siglos XIX y XX algunos que presentan el perfil del visionario en su acercamiento al proceso de creación literaria. Trae a la lectura de sus textos un vasto acopio de conocimientos tanto sobre la psicología de profundidad y sus máximos exponentes, desde Carl Jung a los teóricos neo-junguianos más recientes, como sobre la crítica literaria fundada en esa escuela psicológica. El resultado es *Teoría y práctica del proceso creativo*, un libro sumamente útil para todos los que busquen un entendimiento más profundo del proceso de creación visionaria.

El capítulo 2 del estudio, "Trasfondo histórico filosófico y mítico. Base teórica: psicocrítica literaria", ofrece una exposición muy clara y sucinta de las bases intelectuales del análisis arquetípico de la producción cultural y literaria desde sus orígenes hasta la actualidad.

La segunda parte del libro incluye las transcripciones de seis entrevistas entre la investigadora y cinco escritores hispanoamericanos y una poeta y narradora española que ejemplifican la creación visionaria. Las entrevistas se realizaron en el país respectivo de cada autor y con referencia específica a las características que distinguen su labor literaria. Conocedora de la carrera y obra de cada uno de los entrevistados, la Dra. Sauter logra que éstos revelen el proceso de concepción y gestación que existe detrás de sus textos.

En la segunda parte también aparecen seis análisis de textos de los autores entrevistados. La base teórica de los análisis se asienta en la concepción de los procesos arquetípicos que ha expuesto la autora en sus planteamientos iniciales. Los análisis literarios, que se destacan por sus observaciones agudísimas sobre diversas obras en distintos géneros literarios, dan una muestra de la vigencia que todavía posee la crítica arquetípica en nuestros días y ayudan a reconocer y apreciar las manifestaciones textuales de la creación visionaria.

PRÓLOGO

Este estudio examina la experiencia y la dinámica del proceso creativo visionario desde su germinación y desarrollo hasta la constatación de la experiencia. Se inicia con un resumen del trasfondo histórico, filosófico y psicológico, y con la descripción del marco teórico. Sigue una serie de entrevistas, en el orden cronológico que se hicieron a Ernesto Sábato (1911), novelista y ensayista argentino; Ana María Fagundo (1938), poeta, narradora de cuentos y crítica literaria española; Olga Orozco (1920-1999), poeta y narradora argentina; María Rosa Lojo (1954), poeta, novelista, ensayista y crítica literaria argentina; Raúl Zurita (1950), poeta, ensayista y novelista chileno, y José Watanabe (1946), poeta, cineasta, dramaturgo y periodista peruano. El estudio termina con el análisis de algunos textos de los creadores mencionados que presentan rasgos visionarios.

La mayor parte de la creación literaria con la que es posible identificarse, porque trata de la condición humana más comprensible, es el producto de la experiencia personal (individual). Otras creaciones, sin embargo, que parecen ajenas, alucinantes, herméticas o misteriosas son producto de una percepción intuitiva *impersonal* colectiva (arquetípica o primordial y común a la humanidad), percepción adjudicada a los chamanes, místicos, profetas y visionarios, entre otros. Esta modalidad de percepción puede mediar entre el ámbito *impersonal* de lo inconsciente colectivo y el del mundo externo. La primera modalidad muestra el producto lúcido de la conciencia y de la imaginación condicionada culturalmente; la segunda revela una imaginería arcaica que deja a su lector en un estado de suspensión inquietante, raro, a veces hasta repelente, pero aun así fascinante. Esta imaginería enigmática tiene la capacidad de producir una visión que desentierra los acuerdos tácitos de la comunidad, los cuales, si quedan sepultados, van a explotar inhumanamente como lo muestra la historia. En la escritura de creadores visionarios generalmente se encuentran ambas modalidades.

Se han analizado textos de profetas bíblicos y de otros visionarios del pasado como Dante Alighieri (1265-1321), Santa Teresa de Jesús (1515-1582), San Juan de la Cruz (1542-1591), Johann W. Goethe (1749-1832), William Blake (1757-1827), T. S. Eliot (1819-1880), Charles Baudelaire (1821-1867), William B. Yeats (1865-1939) y Juan Rulfo (1918-1986), entre muchos otros; pero esta modalidad de creación no pertenece únicamente a los profetas, videntes, chamanes o escritores del pasado imbuidos de misticismo, espíritu romántico, surrealista o simbolista. Propongo constatar que en la actualidad este proceso milenario, no sólo no ha caducado, sino que sigue tan vital como siempre. Para esto era necesario encontrar artistas cuya producción revelara su procedencia visionaria o arquetípica (arcaica y común a la humanidad) y que estuvieran tan seguros de su quehacer literario que no vacilarían en contestar sobre el germen, desarrollo y práctica de su propio proceso creativo visionario, pese al escepticismo racionalista. En las varias entrevistas, los seis respondieron sobre su proceso creativo revelando diversas experiencias que confirman y amplían los postulados teóricos que sustentan este estudio. En su totalidad, el testimonio de estos escritores exhibe y comparte una combinación de talento artístico, coherencia, articulación, autorreflexión y apertura intuitiva a los elementos irracionales de la psique, así como la confianza común en las potenciales reverberaciones sociales de la producción poética. Todos mantienen que la experiencia frente a una creación visionaria es potencialmente tan transformadora como el acto creador que la generó.

La introducción recapitula concepciones del arte desde las de algunos presocráticos (Plotinus y Horacio) y post–socráticos, desde Platón, Aristóteles y Plotino hasta Arthur Schopenhauer, Immanuel Kant y Jacques Derrida; y también nociones del desarrollo y trasfondo histórico, mitológico, filosófico y psicológico de este fenómeno (Cap. I). Se discute en detalle el resultado de las investigaciones teóricas idóneas, estableciendo la base teórica del proceso creativo y destacando la interdependencia vital entre este proceso y la comunidad que lo integra (Cap. II). La validez de esta teoría crítica se comprueba por medio de las entrevistas realizadas a los seis creadores (Cap. III). El análisis de textos escogidos de cada uno de ellos exterioriza instancias literarias de su creación visionaria (Cap. IV).

El primer capítulo resume la trayectoria histórica de la profecía y algunos estudios filosóficos y psicológicos asociados con el proceso creativo; examina también la constante reevaluación de la psicocrítica —como lo demuestra el persistente interés de parte de la psicología y de la teoría literaria contemporáneas en examinarse mutuamente—, pese a la proliferación de métodos, hipótesis y teorías generalmente provisionales. Asimismo, se revisan las tendencias psicocríticas recientes de mayor aceptación y la vigencia e influencia del psicoanálisis (Sigmund Freud) y de la psicología analítica (Carl G. Jung) en la psicología moderna orientada a la psicocrítica literaria, así como los motivos y validez para su aplicación crítica a diferencia de otros modelos arquetípicos de fácil aplicación metódica. Estudios recientes como los de Karin Barnaby y Pellegrino D'Acierno, Angela Hague, Kay Jamison, Leonard y Eleanor Manheim, Louis Martz, Donald H. Mayo, C. A. Meier, Joseph Natoli, Kathleen Raine, Susan Rowland, Richard P. Sugg y Clifton Snider respaldan las varias facetas de este capítulo.

En el segundo capítulo se diferencian las investigaciones teóricas pertinentes desde una perspectiva psicológica de profundidad (Alfred Adler, Freud, Jung y Otto Rank). Entre los investigadores post-junguianos que estudian los ritos y mitos relacionados con el proceso creativo se distinguen Erich Neumann, Ira Progroff y Anthony Storr. Neumman sistematiza teóricamente la historia del desarrollo de la conciencia humana, sus orígenes, el substrato profundo todavía vivo en la psique contemporánea y el nexo vital entre el acto creativo subyacente en los ritos iniciáticos de la tribu y de las comunidades en desarrollo. Progoff investiga los orígenes de la imagen arquetípica (equivalentes al origen de la conciencia y/o primer acto creativo) y el significado social del desarrollo psicológico individual, mientras que Storr lo equipara con el proceso de individuación.

Entre las corrientes psicológicas que se han ocupado del proceso creativo visionario desde su génesis hasta el efecto potencial compensador colectivo de la imaginería producida por este proceso sobresale la psicología analítica por su rigor, extensión y profundidad. Por ello, en este capítulo se discrimina el desarrollo y trasfondo mitológico de este fenómeno, los componentes de la psicología analítica aplicables al análisis del proceso creativo visionario diferenciándolos, cuando es necesario, de conceptos psicoanalíticos freudianos por ser estos últimos más ampliamente difundidos y reconocidos. La influencia del acto creativo en el origen y desarrollo de la conciencia es tan vital como lo es la interdependencia entre el proceso creativo y la comunidad integral.

Debido a la semejanza entre el desarrollo psíquico individual y el colectivo hay que establecer las relaciones generales del funcionamiento psíquico entre complejo y arquetipo, símbolo e imagen simbólica para puntualizar su relación con el proceso creativo en sus modalidades psicológica y visionaria según las teorías de Jung, Freud y de algunos estudiosos post-junguianos y post-freudianos como Adler, Rank, Neumann, Marie-Louis von Franz, Joseph Campbell, Mircea Eliade, Progoff, Frye, Mario Jacoby, Rollo May, Morris Philipson, Herbert Read, Andrew Samuels, June Singer, Storr, Jacques Lacan, que se ocupan o se han ocupado de este proceso o aspectos que le atañen. Este capítulo se fundamenta también en teoría cultural y literaria desde el estructuralismo (Ferdinand de Saussure, Roman Jackobson, Yuri Lotman, V. Shklovski, etc.) al post-estructuralismo, deconstrucción y post-modernidad (Derrida, Norman Holland, Fredric Jameson, etc.), aspectos de la lingüística, antropología y filosofía adaptados a la crítica y teoría literaria contemporánea.

El funcionamiento del ámbito arquetípico limítrofe entre el imaginario colectivo y lo inconsciente impersonal es el espacio generador de conocimiento profundo, fuente del proceso creativo visionario. Así, también los sueños, la imaginación, la memoria, una visión, una idea súbita, una mirada, una imagen pueden convocar la imagen o visión germinal. Sin embargo, tanto como la germinación e incubación del proceso inicial, la capacidad del artista para transmitir el material recibido produce la creación artística perdurable; el producto depende de la habilidad, inteligencia, conocimientos y genialidad del artesano. Por lo general, todo poeta experimenta una diversidad de modalidades dentro de su propia singularidad dependiendo de su talento individual, del que no trataré porque los seis creadores estudiados han probado su vocación artística y capacidad técnica a lo largo de su creación literaria. También los respalda el reconocimiento público internacional y el de sus respectivos países.

El tercer capítulo, dividido en seis apartados, incluye a manera de introducción el trasfondo bio-bibliográfico profesional, el reconocimiento público nacional e internacional y la bibliografía de la obra de cada artista. En cada apartado sigue la entrevista individual en la que se discute la escritura (y pintura en el caso de Sábato), la motivación, génesis, incubación y desarrollo del proceso creativo de cada uno.

En el cuarto capítulo, también dividido en seis partes, se analizan algunos textos que exponen y ejemplifican el proceso creativo visionario de cada artista, respaldados por la teoría ya especificada, la crítica literaria correspondiente y algunas declaraciones pertinentes de las entrevistas, además de testimonios sobre el proceso creativo de Ernesto y Matilde Sábato, así como de Orozco.

La idea de este estudio nació cuando el Dr. Antonio Martínez, organizador de un homenaje (1991) a la poeta Ana María Fagundo, me preguntó por qué no había mencionado en mi ponencia los poemas reunidos en *Visión*. Aclaré que esos poemas no contribuían al tópico de mi ponencia porque esa imaginería enigmática era el producto del proceso creativo visionario, una forma de vislumbre primigenia y una de las modalidades de percepción menos investigadas en la actualidad. Debido a la extrema curiosidad del público sobre la modalidad visionaria, me di cuenta de la falta de información respecto a este fenómeno y decidí escribir al respecto. Fagundo misma respondió a su público sobre su doble proceso creativo, confirmando mis explicaciones y añadiendo datos concretos sobre sus experiencias. Además del interés de los asistentes sobre este proceso, la sorpresa de Fagundo sobre mis respuestas, ya que ella nunca había revelado anteriormente la génesis de esa imaginería, me convencieron de que mis estudios podían contribuir a llenar un vacío teórico y crítico.

PRIMERA PARTE

CAPÍTULO I

INTRODUCCIÓN

> Dios ha hecho el alma tan parecida a la de él que
> no hay en el cielo ni en la tierra nada tan semejante a
> Dios como el alma humana.[1]

En cuanto el ente humano principia a formar una imagen mental, comienza a pensar e identificar la imaginería mental con la natural, iniciando el despertar de la conciencia al mismo tiempo que nace el primer acto creativo. Empieza entonces a bosquejar su entorno y eventualmente lo nombra. A medida que se desarrolla la razón, la mente primigenia, en desarrollo, diferencia paulatinamente su identificación con la naturaleza. Consecuentemente, para que la tribu mantenga su unidad, se van destacando los "grandes individuos" de la colectividad: chamanes, profetas, místicos, videntes y visionarios que transmiten sus intuiciones, revelaciones, presentimientos y una variedad de experiencias semejantes que a menudo se califican de esotéricas, místicas u ocultas, sin considerar que hoy como en el pasado, somos y estamos inconscientes a todo lo que desconocemos. Esos individuos han descollado y siguen haciéndolo por su voz profética, producción artística, descubrimientos científicos y más, se adelantan a su época sea por su inteligencia o por alguna habilidad extraordinaria que les permite ver más allá que sus coetáneos. Esta percepción se asocia con la imagen visual, con la luz del alumbramiento, la epifanía, iluminación o comprensión de algo hasta entonces oscuro o inconsciente. Sin embargo, desde los profetas bíblicos hasta el presente el término visionario designa una variedad de formas de ver, pensar y sentir el mundo.

Los profetas bíblicos, como historiadores de los altibajos del pueblo israelí y poseedores de esta visión, incitan a sus coetáneos a que enmienden sus errores si quieren evitar las consecuencias de éstos, pero no son videntes infalibles ni vaticinan el futuro.[2] En su examen del papel del profeta en el

---

[1] (God has made the soul so like himself that there is in heaven and on earth nothing quite so like God as the human soul. Meister Eckehart.)

[2] "A prophet is a Seer, not an Arbitrary Dictator. It is man's fault if God is not able to do him good, for he gives to the just and to the unjust, but the unjust rejects his gift" (*Poetry and Prose of William Blake*, ed. Geoffrey Keynes. London: Nonessuch, 1951, 961. Cit. en Martz 1998: 3). El pro-

modernismo anglosajón, Martz recapitula que la profecía no debe limitarse a textos que anuncian el futuro, como se tiende a generalizar, puesto que la prioridad del profeta bíblico es el presente. Como videntes, los profetas del pasado son reformadores, denuncian el error, transmitiendo las "voces" que escuchan para conmover a sus coetáneos para que se den cuenta de su perversidad y la enmienden con la autenticidad y la verdad, como lo hizo Walt Whitman, a quien Martz asocia, entre otros, con Ezra Pound, T. S. Eliot, Wiliam Carlos Williams y D. H. Lawrence, por el papel profético de cada uno. Del mismo modo que los profetas del pasado, el visionario del presente intuye, vislumbra o presiente lo que se ha ido fraguando inconscientemente, interpreta su visión y la expresa en la mejor forma posible que transmita a su comunidad los conflictos subyacentes del momento. Al prevenirlos, les sugiere vías alternativas de comportamiento.

Como Blake, Martz rechaza la perspectiva moderna de que el profeta detecta y anticipa el futuro; para Blake los profetas como se los entiende hoy, nunca existieron:

> Joseph no fue un profeta en el sentido moderno porque su profecía sobre Mineveth falló. El profeta es un Visionario, no un Dictador arbitrario. Es culpa del hombre que Dios sea incapaz de hacer el bien, porque él le da al justo y al injusto, pero el injusto rechaza su regalo (cit. en Martz 1998: 3; mi traducción).[3]

Sin embargo, si bien los profetas bíblicos denunciaban la perversidad de los injustos, también ofrecían consuelo a los justos. Las profecías sobre desastres futuros eran y son una manera de prevenir a los perversos para que enmienden sus errores. Como reformador, el profeta hebreo funciona afirmado en su momento, criticando pero también ofreciendo consuelo sobre las bondades del porvenir si su gente respeta la verdad (Martz 1998: 3). La voz

---

feta habla directamente no predice. Cree haber sido el enviado de Dios para ser su vocero y comunicar un mensaje. Es aquél que articula la voluntad de una deidad. Se asocia con el chamán, el sacerdote, el adivino y el místico. En hebreo profeta es navi…, de naba, proclamar, mencionar. Hay dos tipos de profecía: inspiración (visiones o revelaciones auditivas) o adquirida (quien aprende ciertas técnicas) éxtasis por una variedad de vivencias. Los profetas griegos eran también mantis o intérpretes del mensaje divino –visionarios, videntes cuyas visiones interpretaban los profetas, adivinos, todo tipo de astrólogos en Babilonia– (Britanic Encyclopedia 425-429).

[3] "Prophets in the modern sense of he world, have never existed […] Jonah was no prophet in the modern sense, for his prophecy of Nineveth failed […]. A prophet is a Seer, not an Arbitrary Dictator. It is man's fault if God is not able to do him good, for he gives to the just and to the unjust, but the unjust rejects his gift" [Poetry and Prose of William Blake, Geoffrey Keynes (ed.) (London: Nonessuch, 1951), 961] (cit. en Martz 1998: 3).

del profeta, igual que la narrativa y poesía de los creadores visionarios del presente, funciona en polaridades entre denuncia y consuelo, desesperanza y esperanza, "entre imágenes de desolación e imágenes de redención, entre lo real y lo ideal. No cuenta una historia como... el bardo épico, relata visiones del bien y del mal", en prosa o poesía, aunque estos géneros no se diferencien, entremezclando "el lenguaje más vicioso con la lírica más exaltada".[4] En el pasaje de Isaías, éste amonesta a los ciudadanos su falta de rectitud, concediendo que la destrucción es purgativa y no mortífera, pero "vuelve a la acusación para que obedezcan la ley de Dios". El profeta emplea estas técnicas incesantemente para que su mensaje cause un cambio anímico [psicológico], espiritual, moral y social. Es más, el "verdadero profeta" nunca habla por sí mismo. Etimológicamente, 'profeta', del griego, "es 'quien habla por el otro', por Dios, por los dioses, o por otros seres humanos" (Ibíd.: 5).[5] El profeta vislumbra y predica las voces, intuiciones, visiones que para su pueblo están todavía en lo inconsciente, del mismo modo que el visionario percibe y articula el material subterráneo que le servirá para su creación.[6]

Sobre la experiencia estética y del inconsciente como fuente de inspiración artística, Donald H. Mayo (1995) acude a los filósofos presocráticos (Plotinus y Horacio) que se ocuparon del proceso creativo, así como a Platón y Aristóteles, para quienes el arte era un juego o intento inferior de imitar la naturaleza. Al tratar de perfeccionarla, inician la tradición clásica normativa. Se juzgaba la calidad del arte por su capacidad de imitar y optimizar la realidad para provocar la catarsis [catosis], purificación emocional en respuesta al arte.[7] Sin embargo, precisamente debido a que los filósofos griegos privilegian la razón, ese estremecimiento emocional ante el arte equilibra la tendencia racionalista. Anticipa también la teoría de la recepción de la representación

---

[4] Todas las traducciones son mías. "[...] Between images of desolation and images of redemption, between the actual and the ideal. He does not tell a story as the epic bard does; he relates visions of good and evil within the immense range of the prophetic voices, which intermingle the most vicious language with the most exalted lyrics" (Martz 1998: 5).

[5] (1: 21-28. King James Version in The Reader's Bible (Oxford 1951) (cit. en Martz 1998: 5). "Prophet is 'one who speaks for another' –for God, for the gods, or for other human beings".

[6] Entre otros, los siguientes eruditos escriben sobre la relación de los profetas con su medio social y religioso en su momento histórico: Abraham J. Heschel en The Prophets (1962); Alan Cooper "Imagining Prophecy" en Poetry and Prophecy (1990); Walter Bruggermann, The Prophetic Imagination (1978) y Hopeful Imagination: Voices in Exile (1986). También Poetic Prophesy in Western Literature, Jan Wojcik (ed.) (3, cit. en Martz 1998: nota 2). Otros son: Visionary Poetics: Milton's Tradition and his Legacy, Joseph Anthony Wittrech, Jr.; The Visionary Mode: Biblical Prophecy, and Cultural Change, Michael Lieb.

[7] "CATÁRTICO: del gr. Khthartikós [...] deriv. de katharós 'limpio'" (Corominas 1983: 139).

dramática de parte de los espectadores y, por ende, la de la lectura, así como anticipa el efecto de la catarsis purificadora, pero a diferentes niveles inconscientes, en respuesta a la creación visionaria. La poética aristotélica, aceptada hasta el siglo XIX, fue adoptada por los romanos y el arte siguió así hasta Kant y los románticos. Para Mayo, sólo Plotinus destacó un punto de inicio interno para el arte y la belleza como la emanación de Dios y del Uno. (1995: 1).[8]

> Pese a los casi doscientos años de especulación filosófica desde Kant, la naturaleza y fuente de inspiración del artista y del efecto emocional de la obra de arte en el auditorio ha permanecido un enigma irresoluto (Cit. en May 1975: 4).[9]

Para Joyce Carol Oates la inspiración artística significa que "estar inspirada es estar repentinamente... incapazmente, lleno de vida y energía renovada, con un sentimiento entusiasta incontrolable, pero por qué cualquier cosa [...] tiene el poder de estimularnos a una creatividad intensa, mientras otras no lo hacen".[10] Para María Rosa Lojo, la creación artística implica que

> hay un ritmo y una música que trae la imagen consigo. "Carmen" llamaban los latinos a la poesía: esto es, encantamiento, hechizo. Ésa es la raíz de lo poético y el artista lo sabe. Así como la imagen se apodera de uno, los artistas queremos que se apodere de los demás. Envolverlos en su red, y eso se logra artísticamente. Lo que no se puede producir racionalmente es la imagen primera misma. Ese estallido donde se origina el poema es anterior a la técnica, anterior a la razón (entrevista en este volumen).

Cada etapa del drama humano está marcada por una disposición particular caracterizada en la cultura occidental moderna por la dicotomía entre lo sagrado y lo profano en sus varias transiciones culturales. Ernesto Sábato mantiene que esta pugna, iniciada ya en la Grecia antigua con el culto a la

---

[8] Mayo resume los postulados platónicos y aristotélicos sobre el arte, incluyendo algunos pre-socráticos, hasta Kant que cambió la manera de juzgar el arte, excepto por el propósito de éste. También añade que Jung leía el griego clásico: filosofía y literatura clásica y moderna, y conocía las religiones primitivas y la mitología clásica oriental y occidental (Mayo 1995: 5).

[9] "Despite the nearly two hundred years of philosophical speculation since Kant, the nature and source of inspiration of artist and of the emotional affect of the work of art upon the viewer or listener has remained an unsolved puzzle".

[10] "To be inspired is to be filled suddenly and often helplessly with renewed life and energy, a sense of excitement that can barely be contained, but why something −a work, a glance, a scene glimpsed from the window, a random memory, a conversational anecdote, the shard of a dream− have the power to stimulate us to intense creativity while others do not, we are unable to say" ("A Terrible Beauty is Born. How?", *New York Times Book Review*, 1985; cit. en Mayo 1995: 4).

razón pura y renovada en el Renacimiento, culmina con el triunfo del positivismo cientificista.[11] "Siendo el demonio el señor de la tierra, el dilema del bien y del mal es el del cuerpo y el espíritu. Dilema que el racionalismo no fue capaz de superar: simplemente lo aniquiló, suprimiendo uno de sus términos". Pero no basta negar una polaridad para extirparla, añade Sábato, "pues las fuerzas oscuras son invencibles, y si son reprimidas por un lado, reaparecen por otro, con el resentimiento de los perseguidos" (1971: 1981, 183) y en rebeldía ante la usurpación racionalista. El cambio en la concepción del mundo hacia el yo de los románticos se expande y ahonda con la adaptación psicológica del ego (filtro entre lo consciente y lo inconsciente) que los surrealistas influidos por la psicología de profundidad (Freud y Jung) acogen, renovando el arte y la forma de cuestionar la realidad profundizando en el propio yo. Además, echan algo de luz sobre la procedencia del proceso creativo menos comprendido: el del visionario, atribuido anteriormente a los dioses, a las musas, a la inspiración, a la locura o a la magia de la vocación artística.[12] Y no estaban errados al sentir que algo les llegaba desde fuera, de otra dimensión separada del propio entorno y de la propia experiencia. Según Meier, desde una perspectiva psicológica, el sentido de la palabra *Einfall* "se refiere a algo que cae sobre nosotros desde arriba, en forma de un producto terminado o aun de un cuerpo extraño". El hecho de que 'caiga' desde arriba connota un origen sustentado "en un inconsciente que se considera como existente a un nivel más elevado" ([1984] 1990: 9).[13]

---

[11] "Desde Sócrates hasta los románticos el ideal fue alcanzar el conocimiento por la razón pura" (Sábato 1971: 86). Con la civilización mundana de Pericles, aun los dioses se representan "realistamente, pues para la cultura profana la vida es fundamentalmente la realidad: el mundo terrenal. Con el cristianismo otra vez reaparece un arte hierático, ajeno al espacio que nos rodea y al tiempo que vivimos Al irrumpir la civilización burguesa con una clase utilitaria que sólo cree en este mundo y sus valores materiales, nuevamente el arte vuelve al naturalismo Ahora en su crepúsculo, asistimos a la reacción violenta de los artistas contra la civilización burguesa y su *Weltanschauung*. Convulsivamente, incoherentemente muchas veces, revela que aquel concepto de la realidad ha llegado a su término y no representa ya las más profundas ansiedades de la criatura humana" (*Ibíd.:* 75).

[12] Raúl Cremadas y Ángel Esteban publicaron precisamente un estudio sobre 16 escritores consagrados, que incluye a autores muertos y vivos: Rafael Alberti, Isabel Allende, Mario Benedetti, Jorge Luis Borges, Antonio Buero Vallejo, Guillermo Cabrera Infante, Julio Cortázar, Miguel Delibes, Jorge Edwards, Carlos Fuentes, Gabriel García Márquez, Carmen Martín Gaite, Pablo Neruda, José Saramago, Octavio Paz y Mario Vargas Llosa y más, titulado *Cuando llegan las musas* (Madrid: Espasa Calpe, 2002). Contiene ensayos críticos sobre los 16 creadores y su relación con las musas, entrevistas con algunos y sus biografías A Saramago le pareció excelente y lo considera original por la combinación de géneros. La inspiración sigue vigente.

[13] "'[…] birth from the head' (e.g. Zeus, and Pallas Athene). The fact that it 'falls' upon us from above contains a reference to its suspected origin in an unconscious regarded as existing at

Aelieus Aristides de Esmirna (129-189), orador de la segunda escuela sofista de filósofos griegos, seguía un acuerdo religioso y agradecía "siempre a los dioses por sus ideas creativas", con invariable éxito por expresar el dictado de éstos, "tradición de los poetas griegos como se lee en las primeras palabras de la *Odisea:* "Cuéntame, Oh Musa, el relato del hombre de tantas aventuras" (cit. en Meier [1984] 1990: 10).

La poeta y erudita Kathleen Raine reconoce que Jung, sin ser crítico de arte ni de estética, analizaba el proceso de elaboración; no la belleza ni la función lingüística del texto, aunque como Blake, Jung era "un maestro en el lenguaje del símbolo, y la imagen es el lenguaje de la psique. Jung nos enseñó a leer nuestros sueños como si fueran poemas [...] como el discurso de nuestros mundos internos" (Raine 1992: 168). Raine encontró en Jung "la confirmación del cuadro de la realidad íntima gradualmente construida durante el curso de sus estudios sobre Blake".[14] Por ello afirma:

> Jung ha sido la voz profética de nuestro tiempo, iluminando un camino hacia el descubrimiento interno de esas regiones a las cuales todas las regiones y sus iconografías no son más que guías en el camino.[15]

Jung no pronunciaba la palabra Dios porque "con Blake y Jacob Boehme, estaba consciente del lado oscuro de Dios" ("was, with Blake and Jacob Boehme, aware of the dark side of God"). En la entrevista del periodista Jacob Freeman a Jung en televisión, a la pregunta de si creía en Dios, Jung le respondió: "*yo sé, no necesito creer. Yo sé*" (Freeman 1985: 428; mi traducción). Quien ha tenido un instante de 'trascendencia' –por falta de otra palabra– sabe que se puede sintetizar la infinidad pasada, presente y futura en un instante. Jung sabía que Dios existe no por una fe transmitida por el canon cultural, sino por sus propias vivencias y experiencia. Esa seguridad es crucial en nuestra era de creencias conceptuales adoptadas, mientras el ente contemporáneo no busca 'creencias' sino realidades, iluminación, epifanías. "Es el destino de nuestra

---

a higher level'" (9). [....] "refers to something which falls into us from above, in the form of a finished product or even of a foreign body". Se antepone al motivo del nacimiento de la cabeza o cerebro (eg. Zeus, Pallas Athena) (9).

[14] "[...] a master of the language of symbol, and the image is the language of psyche. Jung taught us to read our dreams as if these were poems [...] as the discourse of our inner worlds" (168). [...] "in Jung I was to find confirmation of the picture of inner reality gradually built up in the course of my Blake studies", puesto que ambos cubren el mismo terreno (Raine 1992: 169).

[15] "Jung has been the prophetic voice of our time, illuminating a way forward into the discovery within ourselves of those regions to which all religions and their iconographies are but guides on the way" (Raine 1992: 171).

Nueva Era reingresar y reposeer los mundos interiores" (Raine 1992: 172).[16] Jung entendía la religión en su sentido original etimológico de *religare* "reconectar, re-unir lo des-unido ("to reconnect, link back"). (*OC* 5, par. 669).[17] Para Raine la crítica junguiana tradicional no ha reconocido en toda su extensión la aportación de Jung al convertir una era materialista secular, sin volver a la tradición "revelada" sino "a la fuente de todas las revelaciones y profecías" (Raine 1992: 172), al "inconsciente personal y colectivo"

> Fue el genio de Jung el que discernió en la psique un ámbito ordenado en el cual las formas arquetípicas heredadas –el Árbol de la Vida, el Edén y los cuatro ríos del Paraíso, la serpiente y el andrógino. El templo y la ciudad sagrada, y todos los dioses y las jerarquías celestiales son de ese mundo interno. Blake también había escrito del error de suponer que "antes de la creación todo era Soledad y Caos". "La eternidad existe y todas las cosas en la eternidad", que es, tanto para Blake como para Jung, el universo interno de la psique humana (*Ibíd.*: 174).[18]

Jung cambió "el contexto, el clima, el universo mental en el cual vivimos. Hemos entrado a otro dominio, perdido desde hace tiempo para Occidente, que ha estado confinado dentro de las dimensiones de una ciencia materialista" (*Ídem.*). Igualmente, renovó la percepción de la imaginería simbólica "para una civilización dominada por el pensamiento abstracto", no por medio de lecturas eruditas ni por la acumulación de conocimiento literal sino por medio de "nuestros sueños y visiones" (*Ibíd.*: 173). Raine añade: "Nadie sabe lo que 'significa' un sueño mejor que el soñante, pues el significado está en la experiencia

---

[16] "It is the destiny of our New Age to reenter and reposes the inner worlds. Blake also announced a 'new age' (following Sweedenborg) and his task likewise was; To open the Eternal Worlds, to open the immortal Eyes / Of Man inwards into the Worlds of Thought, into Eternity / Ever expanding in the Bosom of God, the Human Imagination".

[17] La referencia para *The Collected Works of C. G. Jung* será *OC* por *Obras Completas*. "[…] the libido which builds up religious structures regresses In the last analysis to the mother, and thus represents the real bond through which we are connected with our origins. When the Church Fathers derive the word *religio* from *religare* (to reconnect, link back), they could […] have appealed to this psychological fact in support of their view" (*OC*, v.5, par. 669). "The original derivation from *religare* (to go through again, think over, recollect) is the more probable" (*OC* nota 71, par 669) recurso de los padres de la Iglesia.

[18] "It was Jung's genius that discerned in the psyche an ordered realm in which archetypal form inherits –the Tree of Life, Eden, and the Four Rivers of Paradise, the serpent and the androgen. Temple and Holy City, and all the gods and celestial hierarchies are of that inner world. Blake, too, had written of the error of supposing that 'before the creation all was Solitude and Chaos'. 'Eternity exists and all things in Eternity', which is, for Blake as for Jung, the inner universe of the human psyche" (174).

misma" (Ibíd.: 175). Lo mismo ocurre con la lectura de un texto visionario, es la experiencia del texto más que su significado siempre elusivo la que vale. Más adelante se examina el funcionamiento de ese ámbito limítrofe entre la imaginación y lo inconsciente, espacio generador del conocimiento profundo. Los sueños son una de las fuentes del proceso creativo, pero también lo es la imaginación, la memoria, una visión, una idea súbita, una mirada, una imagen que convoca a cualquiera de los sentidos. Sin embargo, tanto como la germinación del proceso, la capacidad artística de transmitir el material recibido va a producir la creación perdurable. El resultado dependerá de la habilidad, inteligencia, conocimientos, genialidad del artesano. En general, todo poeta experimenta diversas modalidades dentro de su propia singularidad dependiendo de su talento individual, del que no trataré porque los seis creadores estudiados han probado su talento tanto por su escritura como por el reconocimiento público en su respectivo país e internacionalmente. Como se verá, los creadores entrevistados ya han demostrado todo lo anterior y así lo atestiguan.

Vigencia de la psicología analítica en la crítica literaria

¿Por qué es aún válida la crítica desde la perspectiva de la psicología analítica cuatro décadas después de la muerte de Jung, el progenitor de ésta? Un examen de las tendencias psicológicas que se ocupan del proceso creativo confirma la vigencia de la psicología analítica y su contribución a la psicología moderna orientada a la psicocrítica literaria (para mi propósito), así como a la constante reevaluación e interés en sus teorías.

La certidumbre modernista en la infalibilidad de la razón no aniquiló la fascinación que suscitan los sueños, lo oculto, desconocido o inconsciente y los misterios primigenios de la vida y del desarrollo humano. Sigmund Freud, compilador de los resultados de las investigaciones filosóficas (Carl G. Carus y Eduard von Hartmann) sobre el inconsciente en el siglo XIX, lo convierte en un factor psicológico vital en el siglo XX que sigue tan o más al día en este siglo.[19] Así lo demuestran la familiaridad pública con el léxico freudiano y sus más conocidas hipótesis, además de los persistentes análisis literarios psicoa-

---

[19] En Interviews, Jung explica que el nuevo factor en psicología descubierto por Freud fue "the unconscious —the concept of the unconscious [...] has been a philosophical concept before— in the philosophy of Carl Gustav Carus and then his follower Eduard von Hartmann. But it was a mere speculative concept. The unconscious was a kind of philosophical concept at first, but through the discoveries by Freud it became a practical medical concept, because he discovered these mechanisms or connections" (Jung 1977: 252-253).

nalíticos. En cambio, hasta la década de los noventa, había que justificar la capacidad de la psicocrítica junguiana.

Leonard y Eleanor Manheim, en 1966, aseguran que la psicocrítica de entonces ya no requiere justificación por haber superado anteriores modalidades psicoanalíticas críticas (1-13).[20] La psicocrítica literaria freudiana sigue en auge debido en gran parte a la mayor propagación de sus teorías, mientras que la crítica literaria basada en la psicología analítica de Jung es más escasa pero no ha desaparecido a pesar de la dificultad de desentrañar la enorme y densa obra de Jung. Pese a lo anterior, el creciente interés se evidencia por las persistentes publicaciones y estudios psicocríticos de base junguiana aplicados a diversas literaturas, aun ya pasada la época de su novedad. Joseph Natoli resume las perspectivas psicocrítico-literarias de mayor actualidad hasta 1984; después de una doble apología, primero a la crítica anglosajona que reduce el análisis literario únicamente al texto, y segundo a los psicoanalistas que siguen repitiendo el mismo texto freudiano.[21] Para Natoli, la resistencia de los representantes del New Criticism frente a una avasalladora descarga de teoría europea, diferente de la metafísica anglosajona, tuvo que abandonar su dominio porque sus adherentes fueron revitalizándose gracias a la crítica estructuralista y postestructuralista. La mentalidad crítica, "After the New Criticism" (en términos de Frank Lentricchia), abandona esa tendencia, pese a la dolorosa realización de tener que reemplazar la llamada "paz ideológica y armonía", en términos de Gerald Graff, realización que produce un estimulante desarrollo en la crítica de ese momento aunque incómoda. Entre las nuevas teorías se inicia "una variedad de acercamientos [...] basados en estudios freudianos y disidentes no freudianos, puesto que antes de Barthes, Derrida, Foucalt, Iser, Bloom et al., a algunos les estimulaban las perspectivas de Jung, Adler, Reich, Rank y Horney sobre literatura... (1984: 2).[22]

---

[20] Norman Kiell, *Psychoanalysis, Psychology and Literature; A Bibliography*. (Madison: University of Wisconsin Press, 1963), reúne publicaciones de 1900 a 1963. Joseph Natoli, F. L. Rusch, *Psychocriticism: an Annotated Bibliography*. (Wesport, Connecticut: Greenwood Press, 1984), revisa bibliografías y estudios críticos de 1969-1982. En su introducción, Natoli comenta que a inicios de los setenta le negaron la publicación de un ensayo sobre Jung y Blake debido a la radical diferencia teórica acerca del inconsciente entre Jung y Freud; luego, "In 1973, Tennenhouse, in an introduction to a collection of psychoanalytic essays [...] (including a Jungian essay!) felt the need to do a two-page explanation/defense of the psychoanalytic perspective" (1).

[21] Natoli presenta un bosquejo histórico de las corrientes psicocríticas, sus diferencias y similitudes, así como los nuevos modelos psicológicos en los que influyó la psicología analítica en su introducción a *Perspectives* (1-11).

[22] "[...] ever-increasing variety of psychological approaches to literature [...] based on the work of 'dissident' Freudians and non-Freudians. Before we were all stimulated by Barthes, Derrida, Foucalt, Iser, Bloom et al., some were being stimulated by Jungian, Adlerian, Reichian, Rankian, Horneyan perspectives on literature [...]".

Muchas de estas incitantes teorías derivan de disciplinas ajenas a la teoría literaria, transformando y ampliándola como lo hace la psicología. Partiendo de Freud como punto de referencia por considerarse el padre de la psicología moderna, y sin invalidar otras contribuciones teóricas, *Perspectives* presenta una colección de acercamientos críticos heterodoxos fundados en paradigmas teóricos de disidentes freudianos, entre los cuales se destaca Jung, precisamente por su investigación de las regiones más arcanas de la psique. Por ello, si bien sus teorías no aclaran la literatura más enigmática que suele ser la más significativa, enriquecen y ayudan a indagar ámbitos ajenos a la realidad cotidiana.

Es innegable que el paradigma junguiano nutrió modelos psicológicos posteriores aplicados en la actualidad a la crítica literaria. Es igualmente innegable la relación recíproca o simbiosis cognoscitiva entre la psicología y la literatura por la raíz común y el mutuo interés que las remite ante todo a las cuestiones últimas del ser, justificando plenamente la validez de la psicocrítica (Natoli 1984: 4).[23] Del mismo modo, la filosofía, literatura y psicología, enraizadas en las mismas cuestiones, sirven para examinar íntimamente la necesidad de comprender la condición humana. Si la literatura es para el psicólogo un espectro de las intenciones y del comportamiento humano,

> tela en la cual se puede descubrir la propia identidad al interactuar con el texto literario [...] ¿por qué los lectores del texto literario no deberían aprovechar el amplio espectro de la psicología contemporánea esperando construir una relación significativa entre cada uno y la obra literaria? (*Ibíd.*: 4).[24]

Clifton Snider discute el proceso creativo visionario y su función compensadora en el equilibrio psíquico social de una era; cuestionando el propósito de la creación de origen arquetípico en la vida psíquica de una comunidad, factor básico en el examen del proceso creativo visionario. Sólo al descubrir la contraparte que la creación visionaria compensa, se empieza a comprender su vigencia, el carácter de su época, su significación y la tendencia del arte para expresar el elemento inconsciente más necesario en ese momento y en esa sociedad (Snider 1977: 16). También distingue los postulados junguianos del

---

[23] Así como en "*Deconstruction and Criticism*, Geoffrey Hartman defended Deconstructive criticism's base in philosophy by saying that [...] without the pressure of philosophy on literary text, or the reciprocal pressure of literary analysis on philosophical writing, each discipline becomes impoverished" (Natoli 1984: 3).

[24] "[...] a canvas in which he or she can discover his or her own identity by interacting with a literary text? [...] why shouldn't a reader of a literary work take advantage of the broadest spectrum of contemporary psychology in the hope of constructing a significant relationship between himself and the literary work?" (*Ibíd.*: 4).

concepto restringido formulado por Northrop Frye. Sin invalidar su merecido valor crítico, Frye considera que el arquetipo es un común denominador simbólico entre obras literarias que ayuda a los lectores a integrar y unir su experiencia sobre el corpus creativo. Sin embargo, al reducir lo arquetípico exclusivamente a la experiencia literaria, Frye restringe su universalidad vivencial que penetra y excede la apreciación estética[25] En cambio, la crítica junguiana

> [r]econoce que la imagen arquetípica [...] en literatura forma también parte de un enorme complejo de imágenes y símbolos que tienen sentido psíquico para la humanidad. [...] Los críticos junguianos examinan un arquetipo en una pieza particular de literatura *en el contexto de la obra frente a ellos* [...] (Natoli 1984: 16; énfasis del original).[26]

Si bien Frye ha sistematizado un método crítico arquetípico organizándolo pragmática y racionalmente, además de haberlo hecho respetable, no se presta al análisis del proceso creativo visionario por ignorar el postulado junguiano de lo inconsciente colectivo, indispensable para aclarar el funcionamiento de este proceso creativo que en el contexto de los escritores analizados, rebasa y desafía el ámbito literario al que se limita Frye.[27] El mundo estrictamente intertextual del New Criticism, al cual Frye pertenece, rechaza el contexto textual y no reconoce lo inconsciente colectivo, indispensable al visionario.

Por otro lado, el paradigma psicológico analítico ha nutrido una variedad de modelos psicológicos contemporáneos aplicados a la literatura, entre los que resalta el de la recepción de la lectura. Berg ubica las raíces del movimiento de la recepción de la lectura "en el trabajo de I. A. Richards con sus estudiantes, localizando sus retoños en la labor de Louise Rosennblatt, Stanley Fish, Wolfgang Iser, Hans Robert Jauss, Norman Holland, David Bleich y Harold Bloom" (249), pero ignora los postulados de Jung sobre el papel compensa-

---

[25] "Frye defines archetype as 'a symbol which connects one poem with another and thereby helps to unite and integrate our literary experience'" (*Anatomy of Criticism*, 99 cit. en Natoli 1984: 16). Sin embargo, años más tarde Frye escribió: "A Jungian critic, on the other hand, recognizes that the archetypal image found in literature also forms part of a huge complex of images and symbols that have psychic meaning for mankind. [...] The Jungian critic looks at an archetype in a particular piece of literature *in the context of the work in front of him* [...]" (*Ídem*).

[26] Sin embargo, en sus notas y escritura postrera Frye reconoce y se refiere a la doble visión de ver el mundo de Blake como "una conciencia expandida" ("a expanded consciousness") equivalente a la visionaria (Robert D. Denham 2004: 123).

[27] Me refiero a lo inconsciente colectivo con el artículo neutro para designar el estrato de la psique de naturaleza desconocida, inaccesible en su totalidad e ilimitado, a diferencia del inconsciente personal que es accesible y limitado a la historia individual. Igualmente el consciente personal, parcialmente desconocido, es relativamente de fácil acceso cuando hay interés racional.

dor de la creación artística visionaria que, en literatura, corresponde a la lectura. Ya desde *On the Relation of Analytical Psychology to Poetry* 1922) y en *Psychology and Literature* (1930/1950), así como en *Ulises: A Monologue* (1932) y "Picasso" (1932), Jung explora el proceso creativo desde sus raíces, sus ramificaciones y posible efecto individual y colectivo, lo que se puntualiza en el siguiente capítulo.

La crítica literaria basada en Jacques Lacan, quien se apoya en el psicoanálisis freudiano, casi nunca menciona que éste, "en 1930 había hecho su internado en la famosa clínica Burghölzili de Jung" (Borch-Jacobsen 1991: 23).[28] Paul Kugler explica que Lacan adoptó el modelo estructural revisado de Lévi-Strauss, reformulando el modelo freudiano y combinándolo con la lingüística estructural. Este modelo, sin embargo, es casi idéntico a la concepción de lo inconsciente de Jung. Kugler analiza minuciosamente estas interrelaciones en "The Unconscious and Postmodern Depth Psychology". Destaca que Lévi-Strauss replanteó "el modelo topográfico freudiano de la mente" ("The Freudian topographical model of the mind"), que divide el inconsciente en "subconsciente" e "inconsciente". En este proyecto revisado, el subconsciente consiste en 'substancias' psíquicas, memorias e *imagos* recogidos durante la experiencia personal, mientras que el inconsciente se consideraba como un 'vacío' limitado a la imposición de leyes estructurales. "Esta reformulación de Lévi-Strauss es casi idéntica a la anterior subdivisión de lo inconsciente de Carl G. Jung, un aspecto personal compuesto de *imagos* [de la propia experiencia] y uno colectivo (*trans*personal) que consistía en estructuras arquetípicas" (*OC* 9 l, cit. en Kugler 1990: 310).[29]

"Lo inconsciente para Jung y para los estructuralistas funciona como un estómago vacío que estructuralmente digiere las substancias individuales psí-

---

[28] [Lacan] "in 1930 had done an internship at Jung's famous Burghölzli clinic".

[29] Lo inconsciente colectivo, denominado también impersonal, transpersonal, y "'psique objetiva' fue primero introducido por Jung [...] para cubrir el campo de investigación [...] anteriormente definido como el inconsciente colectivo [...] se refiere también a aquellos contenidos psíquicos que no pueden ser parte de uno como sujeto conocido. Han sido siempre y todavía son vistos sólo objetivamente [...] separados de uno mismo (el sujeto) y son diferentes en naturaleza de la idea completa que cualquiera [...] podría o no podría tener de sí mismo como un yo. En consecuencia se los ha experimentado usualmente como algo cósmico" ("the 'objective psyche' was first introduced by Jung [...] to cover the field of research [...] previously defined as the collective unconscious. [...] it also refers to those psychic contents which cannot be seen as part of oneself as a known subject. They always have been and still are only seen objectively [...] separate from oneself (the subject) and are different in nature from the whole idea anyone has, or indeed [...] can have or could have, of himself as an ego. In consecuence they have usually been experienced as cosmic" (Michael Fordham 1958: 32). Es el repositorio de lo sagrado y lo oculto, soslayado o menospreciado como ajeno o inexistente por el consciente colectivo de una sociedad y época dadas.

quicas adquiridas durante el curso de la vida de una persona". En su replante-
amiento del inconsciente, Lévi-Strauss separa al subconsciente freudiano
(Kugler 1990: 310). Le parece que

> el subconsciente es el léxico individual donde cada uno de nosotros acumula el
> vocabulario de su historia personal, pero ese vocabulario sólo adquiere significa-
> ción, para nosotros y para otros, en cuanto el inconsciente lo organiza de acuerdo
> a las leyes del inconsciente, y así lo convierte en discurso. [...] El vocabulario es
> menos importante que la estructura (cit. en *Ibíd.*: 311).

Es también semejante el modelo estructural de Lévi-Strauss y el modelo
arquetípico de Jung, que señala la función del arquetipo que éste articuló veinte años antes, donde destaca

> que los arquetipos no están determinados en cuanto a su contenido, sino sola-
> mente en cuanto a su forma y sólo en un grado muy limitado. Una imagen pri-
> mordial está determinada en cuanto a sus contenidos únicamente cuando se hace
> consciente y por lo tanto se llena con el material de la experiencia consciente. Su
> forma, sin embargo [...] puede compararse tal vez con el sistema axial de un cris-
> tal, del cual se puede decir, que realiza la estructura cristalina en el líquido mater-
> no, aunque no tiene ninguna existencia material propia [...]. El arquetipo en sí
> mismo es vacío y puramente formal, nada más que un *facultas praeformandi* [facul-
> tad para irse formando] (*OC* 9i par. 155. p. 79, cit. en Kugler 1990: 311).

Lacan adopta en 1953 el modelo estructural revisado de Lévi-Strauss, añadiendo "un sistema tripartito para 'ordenar' la personalidad [...] lo 'real', lo 'imaginario' y lo 'simbólico'" (*Ibíd.*: 310-311).[30]

---

[30] "Lévi-Strauss' reformulation is almost identical to Jung's earlier subdivision of the unconscious into a personal aspect composed of *imagos* and a collective aspect consisting of archetypal
structures (*OC* 9i). The unconscious, for Jung and the structuralists, functions like an empty stom-
ach that structurally digests the individual psychic substances taken in during the course of the
person's life. Lévi-Strauss describes his reformulation of the Freudian unconscious this way: 'One
could therefore say that the subconscious is the individual lexicon where each of us accumulates
the vocabulary of his personal history, but that this vocabulary only acquires signification, for ourselves and for others, in so far as the unconscious organizes it according to the laws of the
unconscious, and thus makes of it a discourse [...]. The vocabulary is less important than the
structure. The similarity between Lévi-Strauss's structural model and Jung's archetypal model can
be seen in the following description of the function of the archetype, written by Jung some
twenty years earlier. It is necessary to point out once more that archetypes are not determined
as regards their content, but only as regards their form and then only to a very limited degree. A
primordial image is determined as to its content only when it has become conscious and is
therefore filled out with the material of conscious experience. Its form, however, as I have

En su introducción a *Perspectives*, Natoli presenta un bosquejo histórico de las corrientes psicocríticas, sus diferencias y similitudes. Varios de los nuevos modelos psicológicos deben a Jung, directa o indirectamente, nociones básicas generadas por éste: e. g., la tercera fuerza en Abraham Maslow, Carl Rogers y Karen Horney entre otros, que Bernard Paris denominó "una fuerza constructiva evolutiva" ("an evolutionary constructive force") (Natoli 1984: 10), fuerza interna que impulsa al ser humano a su autorrealización (finalidad o propósito en Jung), la existencia de sistemas autorreguladores armonizantes que conducen a la "autorrealización" ("self-actualization"), correspondiente al proceso de individuación de Jung. Igualmente, la fenomenología existencial de Rogers y Rollo May sobre la capacidad auto-constructiva interna (*Ibíd.*: 9), así como la perspectiva de Jung sobre la neurosis como la fuerza motriz que guía a la individuación "anticipan en cierto grado la percepción de Laing sobre la virtud en la psicosis" ("foreshadows to some degree Laing's perception of virtue in psicosis", *Ibíd.*: 6). Entre otros, Wilhelm Reich (1897-1957) "se unió a [Alfred] Adler y a Jung en su preocupación por una psicología que abarcara la personalidad total" ("joined Adler and Jung in a concern with a psychology that would encompass the total personality", *Ídem*). La preocupación de Reich, Erich Fromm y R. D. Laing "por el efecto destructivo de la sociedad moderna en el ser humano" ("for modern society's destructive effect on individual human life") se asemeja al interés de Jung en estos problemas, desde mucho antes (*Ibíd.*: 1-11).[31]

Natoli razona que, así como Geoffrey Hartman defiende la base filosófica de la crítica desconstructivista, "sin la presión de la filosofía en el texto literario, o la presión recíproca del análisis literario en los escritos filosóficos, cada disciplina llega a empobrecerse" ("without the pressure of philosophy on literary text, or the reciprocal pressure of literary analysis on philosophical writing, each discipline becomes impoverished"). Es innegable la relación recípro-

---

explained elsewhere, might perhaps be compared to the axial system of a crystal, which as it were, performs the crystalline structure in the mother liquid, although it has no material existence of its own. [...] The archetype in itself is empty and purely formal, nothing but a *facultas performandi*" (*OC* 9i: par. 155, 79).

[31] En *The Death and Rebirth of Psychology. An Integrative Evaluation of Freud, Adler, Jung and Rank and the Impact of their Insights on Modern Man* (1973), Ira Progoff concluye que en el desarrollo y madurez de los últimos años de estos cuatro estudiosos de la mente, llegaron casi a las mismas conclusiones, tras perseguir diversas perspectivas que los separa sólo en apariencia. Los cuatro encuentran que el elemento irracional humano apunta más allá de la psicología, de los principios de cada uno, de placer-biológico (Freud), de poder-inferioridad orgánica (Adler), de individuación-arquetipo unificador trascendental (Jung) y social de superficie (Rank), hacia más allá de la psicología, la lógica y la ciencia.

ca o simbiosis cognitiva entre psicología y literatura por la raíz común y el mutuo interés que las remite ante todo a las cuestiones últimas de la condición humana (*Ibíd.*: 3-4). Natoli cuestiona: ¿por qué no resultaría en beneficio mutuo la interrelación entre literatura y psicología? y ¿no es acaso la literatura para el psicólogo un espectro de las intenciones y del comportamiento humanos, así como

> un lienzo en el cual puede descubrir su propia identidad al interactuar con un texto literario? Y […] ¿no debería aprovecharse del más amplio espectro de la psicología contemporánea el lector de un texto literario con la esperanza de construir una relación significante entre sí mismo y el texto literario? (*Ibíd.*: 4).[32]

Snider resume que para encontrar la función compensadora o el propósito de la creación arquetípica en la vida psíquica de una sociedad se debe encontrar tanto la contraparte que la creación simbólica o visionaria compensa, como la tendencia del arte de expresar lo inconsciente cuando es más necesario para una comunidad en un momento dado (Snider 1987: 16).[33] Aunque en el presente es posible intuir los problemas colectivos pero no precisarlos, habría que estudiar únicamente textos del pasado para encontrar la

---

[32] "[…] a canvas in which he or she can discover his or her own identity by interacting with a literary text? And […] shouldn't a reader of a literary work take advantage of the broadest spectrum of contemporary psychology in the hope of constructing a significant relationship between himself/herself and the literary work?".

[33] Snider (1987) examina el proceso creativo visionario y la función compensadora de este apasionado poema a la mojigatería de su época, así como el recorrido hacia la individuación, proceso espiritual que ofrece una alternativa a la religión tradicional ya perdida para muchos en la era victoriana (v). Lo incluyo aquí pues hasta donde sé, no hay estudios a fondo sobre el proceso creativo visionario en la literatura hispánica [R. Callan lo menciona de paso en "Sábato's Fiction: A Jungian Interpretation", en *Bulletin of Hispanic Studies* 51 (1974): 89-93]. Entre los críticos literarios que distinguen el fenómeno del artista visionario, se destaca Bettina Knapp Liebowitz en *A Jungian Approach to Literature, Gérard de Nerval, the Mystic's Dilemma* (University of Alabama Press, 1980). Lisa Appignanesi en *Femininity & the Creative Imagination: A Study of Henry James, Robert Musil & Marcel Proust* (San Francisco: Harper & Row, 1973) estudia el aspecto femenino-inconsciente del proceso creativo desde una perspectiva junguiana modificada: considera la bisexualidad física mientras Jung insiste en la contraparte femenino-masculina psicológica. En *Outline of a Jungian Aesthetics*, Morris Philipson revisa la función de la imagen, el símbolo, arquetipo y el arte visionario confrontando conceptos junguianos y freudianos. En *Visionary Fiction: Apocalyptic Writing from Blake to the Modern Age*, Edward J. Ahearn, en un examen comparativo de escritores que "constituye una muy persistente tradición de escritura visionaria y apocalíptica" poco reconocida por eruditos y críticos (1966: 1-9), expone diversas posturas teóricas en pro y en contra de la escritura visionaria, y concluye que se debe agradecer la valentía, el esfuerzo y la lucha de escritores visionarios como Blake, Burroughs, Nerval y Witting, entre otros.

necesidad común subyacente que debe compensarse. Sin embargo, por su inteligencia, intuición y su apertura a la fenomenología visionaria, quien se adelanta a sus coetáneos es el visionario: profeta y chamán de la tribu.

Desde una perspectiva contemporánea, la psicología en general se ve menos como ciencia y más como una hermenéutica, "un sistema interpretativo de textos-lengua" (Holland 1989: 13) y/o habla que da forma a éstos.[34] En *The Visionary Mode: Biblical Hermeneutics, and Cultural Change*, Michael Lieb redefine esta modalidad creativa dinámica y poética, la diferencia de otros modos de percepción y destaca que "la persona que proveerá el análisis más brillante es Carl Gustav Jung" (1991: 3). Respaldado por un contexto histórico y teórico erudito, Lieb señala que la modalidad visionaria está arraigada en la experiencia y que el discurso junguiano sobre lo visionario establece un contexto ideal para acceder a la naturaleza de esta modalidad,

> relevante no sólo por la perspicacia con la que delinea la experiencia desde un punto de vista psicológico, sino por su insistencia en asociar la experiencia a aquellas ideas que son de importancia principal aquí: textos literarios y las interpretaciones que éstos proveen (*Ibíd*.: 3).[35]

La edición *C. G. Jung and the Humanities: Toward a Hermeneutics of Culture* (1990), de Karin Barnaby y Pellegrino D'Acierno, reúne una selección de ensayos y discusiones de cuarenta y seis reconocidos investigadores, quienes exploran desde la tradición arquetípica (mitología, religión, antropología, cultura popular, arquitectura) y la creatividad (imaginación, arte, danza y teatro y literatura), hasta contribuciones post-junguianas como cuestiones de género y época hasta la postmodernidad, temas que retomarán las siguientes compilaciones. Entre estas reevaluaciones se examina la desconfianza de Jung en la

---

[34] El significado de las teorías junguianas como una alternativa al psicoanálisis freudiano, se evidencia en el re-descubrimiento de ambos, según se puede constatar en las numerosas publicaciones recientes. Como señala Norman N. Holland, "psychoanalysis is not a science, but a *hermeneutic*, a system for interpreting texts–language" (1989: 13). Mi traducción de "language" en el original se basa en la clásica distinción saussiriana entre '*langage, langue et parole*'.

[35] "The most appropriate point of departure lies in an exploration of the psychological dimensions of the visionary mode. From this perspective, the person who will provide the most illuminating analysis is Carl Gustav Jung. His discourses on the visionary establish an ideal context for coming to terms with the nature of the visionary mode, a phrase that he in fact coined. What he says about the visionary mode is particularly germane not only because of the acuity with which he delineates the experience from a psychological point of view but because of his insistence on associating the experience with those issues that are of paramount importance here: literary texts and the interpretations they elicit".

inestabilidad de la palabra, la consecuente suspensión del sentido último, la necesidad de la relectura siempre diferente, incierta y por ello el desenlace postergable. Puesto que Jung privilegia la imagen por ser sensorial y polisémica, la relacionan con nociones postmodernas. D'Acierno y Barnaby señalan que

> la hermenéutica de Jung es mucho más desconfiada y crítica de lo que la tradición lo permitió. No es suficiente, sin embargo, indicar lo indeterminable e indefinido, ni las dimensiones polisémicas y plurales de la operación interpretativa de Jung. El pluralismo de Jung se basa en una profunda desconfianza del lenguaje o, por lo menos del lenguaje del pensamiento directo, al cual Derrida llamaría logocéntrico (1990: xxi).

Por su parte Edward Casey muestra la desconfianza que Jung mostró hacia las "palabras metafísicas… palabras autoritarias nebulosas" (1990: 320). Casey compara la crítica a la metafísica de Heidegger y Derrida basadas en la fenomenología, y concuerda con Jung en que "La psicología no puede establecer ninguna verdad metafísica, no lo hace ni lo trata. Le interesa únicamente la fenomenología de la psique" (cit, en Casey 1990: 309. *OC* 18: par. 742).[36]

En *Jungian Literary Criticism* (1992), Richard Suggs acopia otro grupo de cuarenta y dos especialistas junguianos, críticos y teóricos literarios, quienes recorren desde una perspectiva histórica, la psicocrítica literaria según Jung, seguida por la teoría crítica y conceptos psicológico analíticos, así como la crítica práctica, con un glosario de conceptos y términos junguianos. En *C. G. Jung and Literary Theory: The Challenge from Fiction* (1999), Susan Rowland compila estudios posteriores a la crítica tradicional psicológico analítica conectándola con teorías criticas literarias contemporáneas como la feminista, la deconstrucción, espiritualidad posmoderna, recepción de la lectura y postcolonialismo. Rawland examina las teorías freudianas y estudios recientes para actualizar los estudios sobre Jung, como se ha logrado con Freud, pues "la disección post-estructuralista a los alegatos del discurso autoritario ha hecho posible la experimentación crítica en la cual las prioridades convencionales se intercambian" haciendo posible que se lea la literatura "iluminando y hasta disputando los preceptos de la teoría freudiana" (1999: 1).

La crítica post-estructuralista ofrece la posibilidad de revertir y renegociar las relaciones acostumbradas de poder entre la teoría y el material que busca

---

[36] "[…] it is crucial to point out that Jung's hermeneutics is far more 'suspicious' and 'critical' than traditionally allowed. It is not enough, however, to indicate the indeterminable and indefinite, the polysemous and pluralistic dimensions of Jung's interpretative operation. Jung's pluralism rest on a profound suspicion of language or, at least that language of directed thinking, which Derrida would call logocentric" (Barnaby/D'Arcieno 1990: xxi).

explicar. Tanto para Freud como para Jung sus teorías bastaban para dar una respuesta a la dinámica psicológica de la producción y el consumo literario, lo que garantizaba la primacía de la teoría sobre la literatura, por lo que se le garantizaba su estatus teórico. Sin embargo, para Rowland, la profunda influencia de Jung en la cultura del siglo XX y aún más en la del XXI en las relaciones post-estructurales literarias pueden proveer una crítica junguiana con una teoría práctica exenta de prejuicios culturales (1999: 2).

Desde otra perspectiva Kay R. Jamison, profesora de psiquiatría, investiga otro problema en *Touched with Fire: Manic Depressive Illness and the Artistic Temperament*, aclarando los diferentes niveles de inestabilidad en artistas como Artaud, Baudelaire, Blake, Lord Byron, Coleridge, Dante, Hemingway, Munch, Poe, Pollock, Rimbaud, Van Gogh, V. Woolf y muchos más de los grandes posesos. Entre ellos, cita a Artaud, quien estuvo internado en varias instituciones para insanos y escribió sobre la motivación que lo espoleaba: "Nadie ha escrito, pintado, esculpido, modelado, construido o inventado nunca excepto para salir literalmente del infierno". Añade Jamison que:

> Su observación –de que el arte cura al artista y subsecuentemente ayuda a curar a otros– es antigua, y está indescifrablemente unida a la creencia de que la "locura" y las artes están causalmente encadenadas. Más recientemente, el Dr. Anthony Storr ha articulado esta posición persuasiva y elocuentemente [...] citando [...] instancias de escritores y artistas que se han valido de su trabajo para salvar no sólo el alma, sino también la mente (Jamison 1993: 121).[37]

En su estudio sobre la dinámica de la creación, Storr concluye que el arte ayudó a salir de su reclusión a los creadores con diferentes formas de inestabilidad que él estudió, lo cual no implica que todos los grandes creadores sean inestables. Para Jamison la misma intensidad, visión, ímpetu, pasión que los impele a crear, así como el interés que despiertan en la *media*, hace que se les atribuya problemas psicológicos. Storr reitera que, por el mismo interés que despierta el artista, sabemos mucho más de su vida y dificultades que las de nuestros propios vecinos, los que pueden ser tan o más inestables, pero en privado, puesto que nadie escribe sobre ellos.

---

[37] "'No one has ever written, painted, sculpted, modeled, built, or invented except literally to get out of hell,' wrote poet Antonin Artaud [...]. His view– that art heals the artist and subsequently helps heal others– is an ancient one, inextricably bound to the belief that 'madness' and the arts are causally linked. In recent times Dr. Anthony Storr has articulated this position persuasively and eloquently in his book *The Dynamics of Creation* citing the many instances of writers and artist who have used their work to save not only their souls, but their minds as well".

Desde una perspectiva psicológica de profundidad (Adler, Freud, Jung y Rank), entre otros estudiosos post-junguianos de los mitos y ritos relacionados con el proceso creativo figuran: Anthony Storr, quien lo equipara con el proceso de individuación; Ira Progoff investiga los orígenes de la imagen arquetípica (equivalentes al origen de la conciencia y al primer acto creativo) y el significado social del desarrollo psicológico individual; mientras, Erich Neumann sistematiza teóricamente la historia del desarrollo de la conciencia humana: sus orígenes, el sub-estrato profundo todavía vivo en la psique contemporánea y el nexo vital entre el acto creativo subyacente en los ritos iniciáticos de la tribu y de las comunidades en desarrollo.

La influencia de Jung en estos dos siglos en cuestiones de género, política y colonialismo y, especialmente para este estudio, su indagación en la motivación que anima las dos modalidades del proceso creativo es inigualable. Parecería extraño que algunos creadores reciban información desconocida e *impersonal* de una fuente inexplicable, precisamente por ser inconsciente, pero esa capacidad no los convierte automáticamente en grandes artistas. Sin la vocación, lucidez, coherencia, formación y demás atributos necesarios en cualquier disciplina, lo visionario ayuda al genio, no lo crea. Sin embargo, no creo que haya un genio que no tenga algo de visionario.

Además de la atracción psíquica y mental de la creación artística, se debe cuestionar su validez, función, beneficio y cualidad humana que la justifiquen. Entre tanto método crítico, para Bettina Knapp es más apropiado que la interpretación textual responda a una necesidad emocional, profundizando en el texto y ampliando el horizonte de los investigadores, críticos y lectores. Más que en el método, la vigencia crítica reside en la posibilidad de que sirva como "catalizador, que estimule y emocione a quienes buscan el conocimiento y los aliente a desarrollar su propio potencial" (Knapp 1984: ix).[38] De tal modo, la crítica sería también un acto creativo, convirtiendo lo que podría ser un ejercicio mental en una experiencia auto-cognoscitiva. En la medida que la psicología ejemplifica las manifestaciones de la psique por medio de la literatura, la psicocrítica literaria plantea lecturas que orientan a descubrir vías de conocimiento profundo que consideren la dimensión simbólica de la vida.

---

[38] "[…] catalyst; stimulating and exciting those involved in the pursuit of knowledge and encouraging them to develop their own potential".

CAPÍTULO II

TRASFONDO HISTÓRICO, FILOSÓFICO Y MÍTICO.
BASE TEÓRICA: PSICOCRÍTICA LITERARIA

> Los arquetipos del inconsciente colectivo son
> intrínsicamente estructuras psíquicas que se vuelven
> visibles en el arte. (Neumann 1971: 82)[1]

Bosquejo de la psicología analítica

La psicología del desarrollo de la personalidad individual es un paralelo micro-cósmico de la evolución psíquica de la colectividad. Se produce la primera por medio de fenómenos como los complejos individuales que, a su vez, se aseme-jan a procesos arquetípicos aparentemente insólitos como el proceso creativo visionario. En enfoque y perspectiva, Jung amplió y profundizó la investigación de la psique iniciada por Freud, abarcando toda la capacidad, tendencias y pre-disposiciones posibles de la psique humana en sus aspectos consciente e inconsciente, personal y colectivo, incluyendo tanto el aspecto histórico como el teleológico (propósito o finalidad prospectiva de la psique). Sin desechar la idea de la libido freudiana instintiva, principalmente sexual,[2] Jung amplía esta noción de libido a la de energía psíquica dinámica tanto sexual como creativa, espiritual, religiosa, ideológica, social o de poder (Adler), o sea toda la energía psíquica vital. Ésta se distribuye en directa proporción a la tensión de oposicio-nes.[3] Se transforma por medio del símbolo, denominado 'libido analogue' debi-

---

[1] "The archetypes of the collective unconscious are intrinsically formlelss psychic structures which become visible in art".

[2] Sin embargo, en *Más allá del principio del placer* (1920), un Freud ya bastante maduro pos-tula que la tendencia de la energía = pulsaciones de vida que caracteriza al yo "se atendría siem-pre a la intención principal del Eros, que es unir y ligar" (La Planche 1983: 216).

[3] Es imposible transferir voluntariamente la energía psíquica que proporciona un contenido emocional. Es necesario, "when speaking of libido, to understand it as an energy value which is able to communicate itself to any field of activity whatsoever, be it power, hunger, sexuality, or religion, without ever being itself a specific instinct. As Schopenhauer says: 'The Will as a thing-in-itself is quite different from its phenomenal manifestation, and entirely free from all forms of phenomenality, which it assumes only when it becomes manifest, and which therefore affect its objectivity only, and are foreign to the Will itself'" (*OC* 5, par. 197).

do a la tendencia creadora de la psique a formar analogías, principio básico en
el desarrollo psicológico individual (*OC* 8, par. 92). El material arquetípico, siempre simbólico, tiene la capacidad de convertir la energía psíquica de una comunidad lo suficiente para compensar el desequilibrio colectivo existente. Mientras que para Freud la neurosis del adulto se debe a la represión sexual
(principio del placer) y la obra de arte se reduce a la expresión de la neurosis
del artista en un enfoque únicamente retrospectivo, para Jung la neurosis responde al desequilibrio de diversas fuerzas psíquicas en diferentes etapas del
desarrollo individual y/o colectivo.[4] La creación simbólica, por lo tanto, no responde a los problemas personales de su creador, sino a los de su comunidad.
Como Freud, Jung reconoce que hay componentes reprimidos, olvidados, subli-

---

[4] Para Freud el principio de la realidad, guiada por la razón y lo utilitario, se opone al principio del placer, cuya fuente son los sueños, ensueños, represiones de la niñez y la imaginación,
carentes de valor porque hacen ignorar o malentender la realidad externa. Por eso, debían com-
batirse. El arte se produce por la sublimación de elementos inconscientes negativos, según
Freud: "Las fuerzas que pueden utilizarse para actividades culturales se obtienen, en gran medida, de la supresión de lo que se conoce como los elementos *perversos* de la excitación sexual
(Cit. en Fadiman/Frager 1979: 25). Para Storr, el proceso creativo desde el punto de vista freudiano resulta incompleto, "for it does not explain why some people seem compelled to formu-
late their phantasies, whilst others, equally gifted, and equally given to day-dreams, do not. [while]
[…] there are a number who exhibit the opposite constellation […] who possess originality, but
who lack the talent to express their originality in any medium. Schizophrenics […] often seem to
possess an original vision [...] [pero raramente pueden expresarla por medio del arte] […] Indeed, if they could they would probably not be schizophrenic […] creative work tends to protect
the individual against mental breakdown" (1973: 31). "Creativity as Wish-Fulfillment", según Freíd,
equipara los juegos infantiles y la actividad creadora, salvo que el artista invierte una carga emocional mientras que el niño relaciona sus fantasías con el mundo tangible y se aparta fácilmente
de su mundo imaginario (14). Otto Rank, otro de los adherentes de Freud, que eventualmente
se apartó de éste, distinguió en *Art and Artist* (1930), según Progoff, "the 'neurotic type' and the
'creative type'; for while the 'neurotic type' is caught in negativity and is unable to escape from it,
the 'creative type', whatever his other weaknesses and shortcomings, is stimulated by his negati-
ve experiences to struggle and break through them and emerge ultimately with a productive
work [...]" (1973: 196-197). Por lo general el psicoanálisis asocia tendencias psicóticas con el
genio. Kleinschmidt cita a Eissler: "One of the preconditions for the creation of great art is a tendency –even a strong tendency –toward psychosis [...] which is mastered or diverted by (auto-
morphic) countermechanisms that transform this tendency toward psychosis into the molding
of an artistic product" (49). Sin embargo, se ha expandido en varios puntos el reduccionismo
causal: "Harry Slochower [...] has warned repeatedly against the genetic pitfall of viewing art and
literature as the author's 'defenses' against his unconscious conflicts, guilt-feelings, etc." (Kleinschmidt, 45). Leo Rangell insiste en no confundir la fuente con el resultado: "Neurosis or psychosis
may result on the one hand, or creativity on the other; but although both may come from the
same source of origin, they are not necessarily the same not even automatically related. Sometimes they overlap. Van Gogh, for example, was both psychotic and creative" (32). También lo asocian a una infancia traumática (33).

mados, ignorados en el substrato más asequible del inconsciente personal; pero además, plantea un inconsciente colectivo *trans*personal.[5] Éste contiene la suma de las experiencias psíquicas históricas compartida por la humanidad: nuestra herencia filogenética arquetípica.[6] Los arquetipos no son imágenes heredadas ni memoria colectiva, sino tendencias potenciales que evocan imágenes de experiencias comunes que se remontan a los orígenes milenarios de la raza, preexistentes a la conciencia humana.[7] Aunque ajenos a la historia personal de cada individuo, influyen en todos y determinan nuestra conducta al predisponer el carácter intencional (teleológico) de la psique a la auto-integración o individuación (Jung).[8] La historia retrospectiva y la finalidad prospectiva influyen en el desarrollo de la personalidad y también en el desarrollo de la comunidad mediante procesos arquetípicos como el proceso creativo visionario.

Entregado al estudio de los procesos psíquicos, Jung los exploró como la realidad tanto individual como colectiva, superando los procesos mentales, físicos o biológicos individualistas para examinar el sentido de la realidad histórico-cultural de los pueblos y sus formas iniciales de transmisión psíquica que instituyen las raíces del acto creativo manifiestas por medio del arte, cuentos de hadas, folklore, leyendas, mitos, religión, ritos y fenómenos semejantes universalmente repetidos por y para la comunidad.

La psique es un intrincado sistema dinámico autorregulador en busca del máximo equilibrio posible. Se compone de estructuras interactivas en cons-

---

[5] Me refiero con el artículo masculino *el* al inconsciente personal o individual; y con el neutro a *lo* inconsciente colectivo, *impersonal*, *trans*personal o psique objetiva, como Michael Fordham lo denomina y explica en un volumen *The Objective Psyche* (London: Routledge and Kegan Paul, 1958). De este estrato profundo procede el material desconocido del cual emerge la conciencia. Jung infirió su existencia, en parte, por la observación del comportamiento recurrente universal tanto instintivo como impulsivo, consciente e inconsciente en la especie humana.

[6] Herencia filogenética, pero no se hereda la memoria, experiencias, ni las representaciones como tales, sino las estructuras psíquicas innatas de intuición, percepción y aprehensión formadas e influidas por experiencias repetidas por la humanidad desde sus orígenes.

[7] El término arquetipo del latín *archetypum* y éste del griego *arkhétypon* "modelo original" compuesto de *árkö* "soy el primero" y *typon* "tipo" (Corominas 1983: 63), forma primordial, molde maleable materialmente inexistente. Sobre el origen del término ver Jung (1984: 10-11) y *OC* 9, par. 5. Difiere de prototipo "gr. *prótos* 'primero', por ser materia primaria de los seres vivos" (Corominas 1983: 479). El arquetipo es inmaterial, el prototipo es el primer molde de algo material o ejemplo paradigmático de alguien o algo; difiere también de estereotipo, molde material cuyas copias son exactas.

[8] La individuación equivale a la armonía indivisible del sujeto "becoming an in-dividual" [...] 'coming to selfhood' or 'self realization'" (*OC* 7, par. 226), implica unión profunda con la comunidad [la solidaridad de los grandes maestros], opuesta al individualismo que implica la separación de las raíces comunes.

tante movimiento, a niveles conscientes e inconscientes, personales y *transper-sonales* que constituyen la totalidad de los procesos psíquicos conscientes e inconscientes (*OC* 6, par. 797).[9] Consta del consciente e inconsciente personal y del consciente e inconsciente colectivo.[10] Lo anterior no tendría sentido si no se tomara en cuenta la tendencia del ente humano que aspira al orden, predis-puesto por el proceso de "centroversión" (Neumann) o individuación (Jung). Este proceso, cuya meta es raramente lograda, consiste en la gradual sucesión de etapas cíclicas que en cada ciclo sigue un proceso de diferenciación de con-tenidos inconscientes, reconocimiento y subsiguiente asimilación de éstos por el yo consciente (ego), lo cual equivale a la reconciliación paulatina de un com-plejo sistema de oposiciones que debería culminar en el equilibrio del indivi-duo: la síntesis del yo (ego) con el Yo (sí-mismo, *self*); individuación o plenitud indivisible. Este proceso cíclico de discriminación, reconocimiento, asimilación e integración racional de contenidos inconscientes recrea en lo individual la evo-lución histórica de la conciencia humana. Cada ciclo promueve una renovación en el desarrollo auto-cognoscitivo.[11] El proceso "laberíntico" implica "la discu-sión dialéctica entre la mente consciente y el inconsciente" ("the dialectical discussion between the conscious mind and the unconscious", *OC* 12, par. 3), diálogo que requiere la participación del ego consciente como mediador entre estas contrapartes (Jung llama mente y mental sólo al aspecto consciente de la

---

[9] Así como la homeostasis ocurre en el interior del cuerpo, "la contra reacción reguladora se produce siempre en el inconsciente" (*OC* 8, 79). Compensa los desequilibrios entre los diversos complejos contrastantes presentes, mediante sueños, fantasías, emociones diversas, dudas, etc.

[10] El (estado) consciente personal relaciona los contenidos psíquicos con el yo racional. El consciente colectivo o canon cultural (Neumann) contiene la totalidad de acuerdos convenciona-les socio-culturales: moralidad, costumbres, prejuicios, reglas sociales, normas de conducta, tradi-ciones y conocimientos aceptados en una época y grupo específicos. A diferencia de Freud, para Jung lo reprimido, suprimido, olvidado, etc., forma parte del inconsciente personal (subconscien-te), accesible al consciente. En contraste lo inconsciente colectivo (impersonal, *transpersonal*, psi-que objetiva) forma "as it were, an omnipresent, unchanging, and everywhere identical quality or substrate of the psyche per se". Esta hipótesis se funda en la naturaleza particular del material observado resultante del proceso psíquico es semejante en todos, por lo cual debe basarse en un principio general e impersonal que sigue una ley; así como el instinto manifiesto en el individuo es sólo una exteriorización parcial del substrato instintivo común (Jung 1979: par. 12).

[11] El primer ciclo recrea la separación de los padres, el trayecto del héroe hacia la toma de conciencia: el ego; sigue la adaptación al medio ambiente. La individuación es un fenómeno de la madurez: búsqueda del sentido de la vida, después de haber cumplido exitosamente con los varios estados de adaptación sin haber encontrado un propósito vital. Se logra el equilibrio rela-tivo al separarse y discriminar todo lo que uno no es (la madre, persona, sombra, *ánima, animus*, ego, etc.), o sea, la diferenciación, internalización y asimilación de los aspectos menos desarrolla-dos de la personalidad propia.

psique. El ego es el complejo funcional imprescindible en el proceso de indivi-duación). Paradójicamente, tal desarrollo se produce autónoma e ineludible-mente, pero depende del grado de autorrealización que la capacidad de dis-cernimiento y asimilación del ego produzca.[12]

En la colectividad, el diálogo entre la obra de arte visionaria (como símbo-lo de lo inconsciente colectivo) con cada lector que representa en mayor o menor grado al consciente colectivo, correspondería a la interacción entre las contrapartes transpersonales de la psique que podría contribuir a una inte-gración comunitaria, en la medida en que se perciba la imaginería arquetípica por medio de la cual los p(r)o(f)etas (sean místicos, inventores, científicos) transmiten su visión. Así como la experiencia simbólica de algunos sueños, pesadillas, ritos, actividad imaginaria, función trascendente, etc., compensa los aspectos sobre valorados de la personalidad individual, el arte simbólico (siempre de origen arquetípico) cumple el mismo propósito regulador dentro de la comunidad.

El proceso creativo visionario, "consiste en la activación inconsciente de una imagen arquetípica" que el poeta elabora en una creación completa y actualizada en la mejor forma posible que transmita a sus coetáneos las raíces primordiales de su visión.

> Allí reside el significado social del arte: [...] constantemente educando el espíri-tu de una época, conjurando las formas que más falta hacen en esa época. Las ansias insatisfechas del artista se remontan a la imagen primordial en lo incons-ciente que más adecuadamente compense la insuficiencia de la unilateralidad del presente (Jung 1980: 322).

Cuando el artista rescata esta imagen del fondo desconocido, la relaciona con el canon cultural de manera que éste cambie en la medida en que sus contemporáneos puedan o sepan reconocerla y aceptarla.[13] De otro modo, habrá que esperar hasta que la percepción de otra época se eleve al reto.

---

[12] Este complejo funcional es imprescindible en el desarrollo psicológico. Así como los órganos fisiológicos operan con autonomía, los órganos psíquicos también actúan autónoma y dinámicamente. "La misión de la conciencia está en entender las indicaciones de la naturaleza inconsciente. Pero aunque esto no ocurra, el proceso de individuación sigue su marcha [...]. El problema consiste en si el hombre será capaz de ascender a una cumbre moral más alta, es decir, a un nivel superior de la conciencia, para poder resistir a la fuerza sobrehumana que le fue facilitada [...]. Pero el hombre no puede seguir avanzando en su camino si no conoce mejor su propia naturaleza [...] en este aspecto existe una ignorancia terrible y un rechazo no menos grande a aumentar el saber acerca de la propia esencia" (Jung 1964: 120).

[13] "The creative process [...] consists in the unconscious activation of an archetypal image [...]. Therein lies the social significance of art: it is constantly at work educating the spirit of the

Arquetipo, imagen primordial, símbolo

Por ser arquetípico, el proceso creativo visionario funciona como un complejo autónomo,[14] pero no está determinado por la experiencia individual del
creador ni éste lo asimila personalmente. Más bien, el visionario, como personalidad colectiva, percibe o se le revela lo inconsciente de su sociedad y su
época, pero como experiencia ajena a la individual cotidiana. Este proceso
parece extraño; sin embargo, debido a la semejanza funcional con los complejos (enraizados en arquetipos), conocido fenómeno psíquico individual, se
esclarece el funcionamiento de procesos arquetípicos. Como constituyente
de la estructura psíquica inconsciente individual, el complejo (medio autónomo por el cual se expresa la psique) funciona en lo personal como el arquetipo (estructura psíquica inconsciente colectiva) funciona en la comunidad. El
complejo tiene la capacidad de obsesionar o posesionarse de la voluntad de
quien esté bajo su influencia sin que el afectado se dé cuenta de ello.[15] Los
complejos son fragmentos psíquicos emocionalmente cargados por haberse
"separado de ciertas tendencias incompatibles debido a influencias traumáticas" ("split off owing to traumatic influences of certain incompatible tenden-
cies", Jung 1962: 393). Se mantienen inactivos hasta que algún disturbio los
alborota atrayéndolos magnéticamente hacia el núcleo más poderoso o al
complejo con mayor carga afectiva. Se constelan alrededor de éste aumentan-
do la energía del núcleo, cuya fuerza autónoma se manifiesta en directa pro-

---

age, conjuring up the forms in which the age is most lacking. The unsatisfied yearning of the artist
reaches back to the primordial image in the unconscious which is best fitted to compensate the
inadequacy of one-sidedness of the present" (Jung 1980: 322).

[14] Todo complejo tiene en su núcleo la imagen específica de una figura arquetípica, poderosa
y extremadamente intensa para quien tiene el complejo. Jung descubrió los complejos en pruebas
de asociación de palabras, por las vacilaciones, lapsos, demoras involuntarias de sus pacientes en
torno a ciertas palabras y todo lo relacionado con ellas. Llamó complejos a las constelaciones alrededor de un núcleo o grupos de representaciones con fuerte carga emocional en el inconsciente
personal ("feeling-toned groups of representations in the unconscious"). Según la intensidad y
potencia del complejo, éste puede dominar al individuo −obsesiones, fijaciones, etc.− atrayendo a
su constelación todas las experiencias del sujeto, hasta llegar a controlarlo (Jacobi 1959: 6-30).

[15] Para Jung, los complejos, más que los sueños (Freud), son la *via regia* al inconsciente. El
ego es el complejo central del individuo, pero si otro más poderoso se actualiza, domina al ego.
Es ya bien sabido que todos poseen complejos, pero no es tan sabido que los complejos lo pueden poseer a uno. Los ejemplos literarios abundan en los trágicos, grandes amores de la literatura, e.g., los afligidos por "amor loco" pierden la cabeza: voluntad, dignidad, libre albedrío, etc.,
dominados por la fijación o proyección en una imagen que a menudo no corresponde a la personalidad del receptor de la pasión, o se convierten en los celosos asesinos de inocentes como
Otelo, *El médico de su honra* (Calderón de la Barca), Castel (*El túnel*).

porción a la de la energía generada. La experiencia o relación individual la experiencia puede determinar el núcleo.

Un complejo mueve al individuo como un arquetipo o proceso arquetípico mueve a una comunidad. Ciertos motivos universales reiterativos, en cuentos de hadas, mitos, rituales, literatura, se reiteran en sueños, delirios, fantasías, visiones y alucinaciones de individuos modernos (Freud, Jung). Jung propone que proceden del ámbito psíquico más profundo, fuente común primigenia de la humanidad de imágenes arquetípicas de naturaleza más o menos predecibles, pero cuyas manifestaciones son infinitas en cada individuo y en la colectividad.[16] Sin embargo, no basta conocer el complejo para expulsarlo, hay que diferenciarlo como primer paso para reconocerlo y trasladar el exceso de energía por otra pendiente, puesto que debido a la tendencia racional de negarlo o ignorarlo se lo fortalece proporcionalmente, lo cual da lugar a alguna forma de exteriorización incontrolable y compulsiva característica de las fuerzas autónomas.[17] La realidad del complejo se hace consciente por medio de las propias experiencias.[18]

---

[16] De naturaleza arquetípica son las figuras centrales de las grandes religiones, pero como en el mito, la conciencia toma parte al formar el material. Se reconoce mejor el carácter arquetípico de los ritos primitivos que el de las religiones modernas.

[17] El complejo es "a psychic factor which, in terms of energy, possesses a value that sometimes exceeds that of our conscious intentions [...] an active complex puts us momentarily under a state of duress, of compulsive thinking and acting [...] of diminished responsibility. [...] a 'feeling-toned complex' [...] is the *image* of a certain psychic situation which is strongly accentuated emotionally and is, moreover, incompatible with the habitual attitude of consciousness. This image has a powerful inner coherence, it has it own wholeness and, in addition, a relatively high degree of autonomy, so that it is subject to the control of the conscious mind to only a limited extent, and therefore behaves like an animated foreign body in the sphere of consciousness. The complex can usually be suppressed with an effort of will, but not argued out of existence, and at the first suitable opportunity it reappears in all its original strength [...] its intensity or activity curve has a wavelike character, with a 'wave-length' of hours, days or weeks]...]. They are the actors in our dreams, whom we confront so powerlessly" (*OC* 8, par. 201-202), pero, el sueño mismo compensa el desequilibrio en parte. Su funcionamiento y efecto se multiplican en la comunidad que necesita un ente representativo que la contacte con lo inconsciente.

[18] Hillman condensa las diferentes formas de sentirlo: "Experienced *figuratively,* the complex is a personality with feelings, motivations, and memories. Experienced *somatically,* the complex is a change in heart rate, skin-color, sphincter control, genital tumescence, breathing, sweating, etc. Experienced *energetically,* the complex is a dynamic core, accumulating every new particle to it, like a magnet, or coalescing with other atomic units, like a molecule. It produces tension, compulsions, charged situations, transformations, attractions, repulsions. Experienced *pathologically,* the complex is an open sore that picks up every bug in the neighborhood (suggestibility), a psychic cancer growing autonomously, or a panic button, or an over-valued idea that first becomes delusional and then a paranoid delusional system, integrating to its core all dissuasive arguments" (Hillman 1978: 190-191).

Las manifestaciones de los complejos habituales (errores involuntarios, emociones incontrolables, etc.) no se consideran ilógicas ni extraordinarias.[19] En cambio las manifestaciones de naturaleza *trans*personal, provenientes de lo inconsciente colectivo y ajenas a la experiencia individual propiamente tal, "brotan de lo inconsciente e inundan la conciencia con sus extrañas e inconmovibles convicciones e impulsos" (Jacobi 1983: 29). Son numinosas y extrañas; son la fuerza motriz de los grandes movimientos artísticos, ideológicos, religiosos, revolucionarios, en fin, de todas las manifestaciones trascendentales, históricas, culturales y sociales de la humanidad.[20] Además, el valor emocional (*feeling-value*) del arquetipo es indispensable

> teórica y terapéuticamente. Como factor numinoso, el arquetipo determina la naturaleza del proceso de configuración y el curso que éste seguirá, como si supiera anticipadamente o como si ya se hubiera realizado la meta que se circunscribe al proceso de centroversión (*OC* 8, par. 411).[21]

El arquetipo, de naturaleza racionalmente indescifrable, elude todo intento de definición; se infiere su existencia del mismo modo que la del comporta-

---

[19] Desviaciones en experimentos de asociación verbal, olvidos involuntarios y fenómenos comunes de esta naturaleza dieron paso a las hipótesis de Jung "that disturbances in association reflect an unconscious group of ideas, images, and memories, intertwined in an individual way, permeated by a single feeling tone (longing, anxiety, anger, painfulness, etc.), and charged with strong emotion. [...] Despite the best intentions of the ego personality to pay attention and follow instructions, there were interferences. [...] Jung's vision of personality as a multiplicity of interacting partial personalities, 'splinter psyches'" (*OC* 8, par 203) "or 'little people'" (par. 209), can of course be traced to his association experiments and the hypotheses of complexes, which for him are the basic realities, elements, nuclei of psychic life" (Hillman 1978: 190).

[20] Sólo la imaginería o situación arquetípica (colectiva, universal, *impersonal*, *trans*personal, *supra*personal u objetiva) es numinosa. Conmueve al individuo hasta sus más profundas raíces, afecta a grandes grupos que despliegan extrema carga emocional, desde el fanatismo deportivo al político o a hasta la guerra. Cuando recurre una situación arquetípica de identificación con el objeto, persona o grupo, *participation mystique* (término de Lucien Lévy-Bruhl), ésta se caracteriza siempre "by a peculiar emotional intensity; it is as though chords in us were struck that had never resounded before, or as though forces whose existence we never suspected were unloosed [...]" (Jung 1980: 321). Por otro lado, en "Numinous Experiences: Frequent or Rare?", D. J. Hoy compara y contrasta las descripciones, diferencias y definiciones de la vivencia numinosa y su frecuencia, nada rara bajo ciertas circunstancias (Hoy 1983: 17-32). Los sueños y fantasías que compensan insuficiencias personales generalmente no son numinosos; excepto en épocas críticas, de iniciación, transición, renovación o proyecciones intensas (pasiones y emociones incontrolables). Estos últimos son inolvidables por su raigambre arquetípica.

[21] "theoretically and therapeutically. As a numinous factor, the archetype determines the nature of the configurational process and the course it will follow, with seeming foreknowledge', or as though it were already in possession of the goal to be circumscribed by the centering process".

miento instintivo innato y característico propio de cada especie, heredado e inconsciente y universalmente recurrente (e. g., pautas de conducta animal, impulsos ilógicos humanos).[22] Jung propone que se formaron en los milenios en que el cerebro y la conciencia humana emergían de su estado primario, pero todavía manteniendo cualidades primordiales. Sus manifestaciones se modifican o alteran según la época en que aparecen, desde el arte de las cavernas, "como animales y plantas verdaderas o fantásticas" ("as real or fantastic animals and plants", Fordham 1973: 24-25). Y si recordamos, los relatos mitológicos que fueron la religión del momento, son hoy más fantásticos e increíbles cuanto más retrocedemos. Por todo ese recorrido, tales representaciones pueden reaparecer en tal diversidad de formas como existen épocas, culturas e individuos que las reconstruyan. No se hereda la memoria, ni las experiencias, ni las representaciones como tales, sino las estructuras innatas psíquicas de intuición, percepción y aprehensión formadas y estimuladas por experiencias atávicas repetidas por la humanidad. Tampoco se heredan las representaciones mismas ni el contenido de ellas, "sólo las formas, y en este sentido corresponden completamente a los impulsos que también están determinados únicamente en la forma" ("only the forms, and in that respect they correspond in every way to the instincts, which are also determined in form only", Jung 1980: xxxi). Pero a diferencia de la "acción instintiva" o "pauta de conducta" guiada por una motivación deliberada, la potencialidad de representación simbólica arquetípica se caracteriza por una "obscura necesidad interna" inconsciente de la motivación psicológica que la guía (Ibíd.: 51). Los arquetipos no son ideas ni resultado de la reflexión tampoco, sino una predisposición innata común a la humanidad, para potenciar figuras reiterativas universales.[23] Las imágenes primordiales son su expresión más directa, "las más antiguas y las más universales 'formas de pensamiento' de la humanidad. Son

---

[22] "The motive force that produces these configurations cannot be distinguished from the transconscious factor known as instinct" (Jung 1979: par. 278). Sin embargo, arquetipo e instinto se encuentran en polos complementarios pero opuestos: "Archetype and instinct are the most polar opposites imaginable, as can easily be seen when one compares a man who is ruled by his instinctual drives with a man who is seized by the spirit" (OC 8, par. 406), pero como todos los extremos de oposiciones no se pueden demarcar, sus límites son afines y se tocan. "They belong together as correspondences, which is not to say that the one is derivable from the other, but that they subsist side by side as reflections in our own minds of the opposition that underlies all psychic energy. Man finds himself simultaneously driven to act and free to reflect" (OC 8, par. 406).
[23] Aunque se compara al arquetipo con las ideas platónicas, y Platón adoptó el término arquetipo, a diferencia de las ideas eternas los arquetipos no existen en un mundo perfecto; más bien consisten en una tendencia inasible de la psique a completarse o integrar las oposiciones existentes, no a la perfección ideal.

tanto sentimientos como pensamientos; ciertamente, encauzan su propia vida independiente algo así como almas gemelas, como [...] esos sistemas filosóficos o gnósticos que confían en la percepción del inconsciente como fuente de conocimiento" (*OC 7*, par. 104).[24]

El arquetipo, principio inconsciente creativo de naturaleza bipolar, organizador y precursor de ideas, subyace bajo las discrepancias e inexplicables paradojas de la condición humana y es también el principio psíquico integrante que transforma lo instintivo en espiritual. Lo arquetípico sería al espíritu lo que el instinto es al cuerpo:

> En concepciones arquetípicas y percepciones instintivas, el espíritu y la materia se confrontan en un plano psíquico. Tanto la materia como el espíritu aparecen en el ámbito psíquico como cualidades distintivas de contenidos conscientes. La naturaleza última de ambos es trascendental, o sea irrepresentable, puesto que la psique y sus contenidos son la única realidad que nos es dada *sin un medium* (*OC 7*, par. 104).[25]

Por su funcionamiento dinámico, autónomo e imperioso, Jung los llama reguladores u organizadores inconscientes de ideas, formas primarias complejas del pensamiento (1979: par. 278). Como "dominantes" de la psique'[26] (Jung 1984: 49), nos conducen a decir algo o a realizar acciones opuestas a la intención consciente individual. Hay que entender los arquetipos "no como una veloz fantasmagoría de imágenes fugitivas, sino como factores autónomos

---

[24] "[...] the most ancient and the most universal 'thought forms' of humanity. They are as much feeling as thoughts; indeed, they lead their own independent life rather in the manner of part souls, as [...] those philosophical or Gnostic systems which rely on perception of the unconscious as the source of knowledge".

[25] "In archetypal conceptions and instinctual perceptions, spirit and matter confront one another on the psychic plane. Matter and spirit both appear in the psychic realm as distinctive qualities of conscious contents. The ultimate nature of both is transcendental, that is, irrepresentable, since the psyche and its contents are the only reality which is given to us *without a medium*".

[26] Para Jung, los arquetipos son los órganos de la psique pre-racional que originan ideas universales semejantes: vida después de muerte, espíritus, fantasmas, deidades, etc.; por lo cual formula "the hypothesis of an omnipresent, but differentiated, psychic structure which is inherited and which necessarily gives a certain form and direction to all experience. For just as the organs of the body are not mere lumps of indifferent, passive matter, but are dynamic, instinctual complexes which assert themselves with imperious urgency, so also the archetypes, as organs of the psyche, are dynamic, instinctual complexes which determine psychic life to an extraordinary degree. That is why I also call them *dominants* of the unconscious. The layer of the unconscious psyche which is made up of these universal dynamic forms I have termed the *collective unconscious*" (1958: 293-294).

constantes" ("not as a rushing phantasmagoria of fugitive images but as constant, autonomous factors", Jung *OC* 9, II, par. 40). Pueden inspirar creación o destrucción, su poder se multiplica en la multitud; bajo su imperio, el sujeto es menos individual y más comunal (ritos religiosos, patrióticos, deportivos, políticos, etc.). En literatura, algunos de los personajes autónomos poseen un poder y energía propios, y así lo reconocen creadores como Miguel de Unamuno, Isabel Allende, Gabriel García Márquez, para nombrar algunos. Ernesto Sábato confiesa que sus personajes profundos se le imponen como criaturas independientes. Los personajes Castel, en *El túnel* (1948); Fernando y Alejandra, en *Sobre héroes y tumbas* (1962); Sabato, Marcelo y Nacho en *Abaddón, el exterminador* (1973) viven con los héroes de la Historia como Lavalle y el Che o los monstruos magnéticos, agentes del mal, como Hitler, Eichmann y Mengele que han hecho concreto el mito arquetípico que los impulsa. En los cuentos de Fagundo *La miríada de los sonámbulos* (1994), los personajes se esfuman, los reemplazan siluetas informes, mientras otros se desdoblan en circunstancias que la escritora no planeó.[27]

Para Jung, los arquetipos son "el objeto que escoge la libido cuando está libre de la [...] transferencia". Desciende al inconsciente "y allí activa lo que yace latente desde el principio" caudales enterrados desde siempre "sobre los cuales la humanidad ha diseñado, y de los cuales ha elevado a sus dioses y demonios, y todos aquellos potentes y poderosos pensamientos, sin los cuales el hombre deja de ser hombre (*OC* 7, par. 105).[28]

De naturaleza irrepresentable y desconocida, el arquetipo *per se*, atemporal, a-espacial, amorfo, invisible, "vasija que jamás puede vaciarse, ni tampoco llenarse", tendencia potencial sin contenido propio que "cuando adopta forma material no es ya aquello que era antes" resulta en un molde maleable e inasi-

---

[27] Joseph Gillelt que estudia el fenómeno, refiriéndose a Jung, opina que tal vez las grandes obras universales que exhiben rasgos visionario, lo sean "perhaps only in the measure in which the artist evaded the crippling control of the intellect. What was only a fortunate accident in the past, may no become a technique, deliberately practiced by the artist and expanded by the public" (1956: 190). No cuestiona que aun sin el control intelectual voluntario, la creación sería producto del inconsciente personal, semejante a la escritura automática de los surrealistas, que nunca llegó a nada. Del mismo modo, si se emplea como técnica consciente, el material no tendría la repercusión simbólica, misteriosa que la psicología analítica considera base de lo visionario, ni tendría la posibilidad de compensar ningún desequilibrio colectivo, aunque pueda tener variable efecto intelectual y estético.

[28] "[...] the object which the libido chooses when it is freed from the personal [...] of transference [...] and there activates what has lain slumbering from the beginning. upon which mankind ever and anon has drawn, and from which it has raised up its gods and demons, and all those potent and mighty thoughts without which man ceases to be man".

ble pues cada experiencia individual le da un nuevo contenido y forma. "Persiste a través de los milenios y exige constantemente nueva interpretación"
(Jung cit. en Jacobi 1983: 55). Lo colora quien lo percibe, así que al manifestarse en un determinado momento se lo vislumbra como símbolo o imagen
simbólica, universal en lo esencial pero no en su representación particular.[29] El
símbolo generado mediante el proceso creativo visionario transforma la energía psíquica colectiva capaz de transformar una era.

El símbolo, como expresión arquetípica ya conlleva en sí su sentido inasible e indescifrable. El símbolo vivo, cimentado en y determinado por un arquetipo, es necesariamente arquetípico, mientras que el arquetipo *per se*, por su
naturaleza psicoide e incognoscible, no puede ser símbolo, puesto que nos es
dado observar únicamente la fenomenología psíquica por medio de la cual se
expresa, según Jacobi, como:

> formación indefinible en principio en cuanto a su contenido, como 'dispositivo',
> como 'centro energético invisible' [...] *es siempre de todos modos un símbolo poten-*
> *cial* y su 'núcleo dinámico' está en todo momento dispuesto –cuando existe una
> constelación psíquica general, una correspondiente situación de la conciencia–
> para *actualizarse y a aparecer como símbolo* (1983: 73, énfasis del original).

Desde el punto de vista funcional, "'el arquetipo en sí', es esencialmente,
energía psíquica condensada", pero el símbolo lo visibiliza al revestirlo, por lo
cual se comprueba la presencia del primero. En este sentido, Jung también
define el símbolo como "esencia y trasunto de la energía psíquica". Por ello no
se puede encontrar jamás al "arquetipo en sí" de un *modo directo e inmediato*,
sino tan sólo *mediato*: cuando se manifiesta en la imagen arquetípica, en el
símbolo, así como en el síntoma y el complejo (Jacobi 1983: 74).

En suma, el símbolo recrea, encarna, patentiza o revela el substrato arquetípico. Las imágenes inexplicables, personajes autónomos, sueños 'grandes',
movimientos religiosos, políticos, históricos, culturales, que conllevan una ele-
vada energía emocional, son símbolos de tendencias colectivas determinadas
por arquetipos. En este sentido, el arquetipo como común denominador de la
humanidad es una energía psíquica inconsciente universal, invariable y reiterativa, pero no es idéntico ni imitable como se lo ha interpretado; sus manifesta-

---

[29] No hay símbolo junguiano porque éste no lo creó. Para Jung el símbolo arquetípico es
otra estructura psíquica, mientras que las señales o el signo no son arquetípicos, así como el símbolo deja de serlo y se desvaloriza, se vacía de significación cuando se lo sobreexplota. En cambio, el arquetipo inconsciente, informe todavía, se convierte en símbolo solamente cuando se lo
potencia.

ciones, percepción e interpretación de éstas, así como su efecto, provienen de una infinidad variada de seres humanos, sus intuiciones e ilimitados estados de ánimo y de conciencia en cada época y lugar[30], Jung considera que: "Los arquetipos son elementos estructurales numinosos de la psique y poseen cierta autonomía y energía específicas, merced a las cuales son capaces de atraer los contenidos de la conciencia que a él se ajustan" (cit. en Jacobi 1983: 73) en determinado momento, pero con infinitas posibilidades de variación representativa (comparable al complejo y sus manifestaciones, pero multiplicado al máximo por la dinámica colectiva).

Para Violeta Staub de Laszlo, el núcleo de la investigación de Jung es el símbolo, primer paso de acercamiento a la fenomenología arquetípica, que involucra complejos, sueños, actividad inconsciente individual y también colectiva, como se verá más delante.

> El símbolo vivo expresa un factor inconsciente esencial. Cuanto más ampliamente opera este factor, más válido es el símbolo, porque evoca resonancias en cada alma [psique]. [...] el símbolo es la expresión más completa de lo que en cada época todavía se desconoce —y no puede reemplazarse por ningún otro mensaje del momento— debe proceder del estrato más complejo y sutil de la atmósfera psicológica contemporánea. Por otro lado, el símbolo vivo efectivo, deberá también contener algo que comparte un considerable número de gente: abraza aquello que es común para un grupo más amplio. En consecuencia, deberá incluir esos elementos primitivos, emocionales y de otro modo, su omnipresencia se eleva más allá de la duda. Solamente cuando el símbolo alcanza todo eso y lo transporta con fuerza última podrá evocar una respuesta universal. Allí reside el poderoso y redentor efecto del símbolo social vivo (Staub de Lazlo 1958: xxi).[31]

---

[30] Por ejemplo, Rivera considera que hay literatura o propósito arquetípico como repetición que equipara todo, una ideología cerrada puesta de moda por un sector social asociado a la revista *Sur* en su imitación a lo europeo (Rivera 174-204). Por el contrario, Vázquez Bigi rechaza el tipo de estudio "que se rotulaba arquetípico —arrolladora moda anglosajona hasta hace unos quince años— [que] [...] intenta un análisis del inconsciente del autor [...] [o] recalca un carril mental por el que rodaría fatalmente todo el mundo" (1985: 23).

[31] "The living symbol expresses an essential unconscious factor. The more widely this factor operates, the more generally valid is the symbol, for in every soul it evokes a resonance. [...] Since the symbol is the most complete expression of that which in any given epoch is as yet unknown —and cannot be replaced by any other statement at the time— it must proceed from the most complex and subtle strata of the contemporary psychological atmosphere. Conversely, the effective, living symbol must also contain something which is shared by considerable numbers of men: it embraces that which is common to a larger group. Consequently, it must include those primitive elements, emotional and otherwise, whose omnipresence stands beyond doubt. Only when the symbol comprehends all those and conveys them with ultimate force can it evoke a universal response. Therein resides the powerful and redeeming effect of the living social symbol".

El símbolo vivo se hace consciente, en parte, porque transmite la imagen arquetípica en la única forma posible de expresar la plurivalencia irreductible a cualquier explicación y permanece parcialmente inconsciente, manteniendo su ambigüedad y riqueza polisémica: caudal incansable de posibles exégesis y redescubrimientos posteriores en la creación simbólica. Apela a la curiosidad e inquieta los estados anímicos, mientras desafía el intelecto. Detrás de la curiosidad ilógica en la mente racional que niega o apenas acredita el mito como símbolo capaz de expresar una realidad psíquica humana, permanece el poder hipnótico de atracción que ejerce la imagen arquetípica inherente en el mito universal. Esta imagen primordial semejante a '*primitive energetics*' (Lovejoy) equivale "a la idea de alma, espíritu, Dios, salud, fuerza corporal, fertilidad, magia, influencia, poder, prestigio, medicina, así como ciertos estados de sentimiento que se caracterizan por una liberación de afectividad".[32] Se percibe y se siente su efecto dinámico por la numinosidad y poder fascinante del arquetipo; cuando una imagen arquetípica "aparece en un sueño, en una fantasía, o en la vida, siempre trae consigo cierta influencia o poder en virtud de la cual ejercita una influencia numinosa o fascinante, o impele a la acción" (*OC* 7, par. 109).[33]

Antes de analizar las funciones del símbolo, se debe examinar lo que el símbolo no es en la psicología analítica. La concepción del símbolo "como analogía o como designación abreviada de algo conocido, es semiótica", no simbólica, "la interpretación que acepte la expresión simbólica como la mejor formulación posible y, por ello, en principio, como formulación imposible de ser expuesta de modo más claro o más explícito de algo relativamente desconocido, es *simbólica*", mientras que

> la expresión simbólica como paráfrasis o transformación deliberada de algo conocido, es *alegórica* [...] se emplea para designar algo conocido, es siempre un mero signo y no es jamás un símbolo. Por ello resulta completamente imposible crear un símbolo vivo, [...] grávido de significación, a partir de conexiones conocidas (Jacobi 1983: 78, énfasis del original).

Ninguna influencia erudita puede crear o inventar el símbolo vivo, pero a menudo, el artista recurre a figuras mítico-simbólicas, leyendas o ritos conocidos con los que reviste sus visiones para que evoquen algo que se acerque a

---

[32] "Among certain Polynesians *Mulungu* –the same primitive power-concept –means spirit, soul, daemonism, magic, prestige" (*OC* 7, par. 108).

[33] "When an archetype appears in a dream, in a fantasy, or in life, it always brings with it a certain influence or power by virtue of which it either exercises a numinous or a fascinating effect, or impels to action" (*OC* 7, par. 109).

su visión. El símbolo arquetípico –ritual observado, soñado, actividad imaginaria o creación de origen visionario– suscita una respuesta anímica en la psique receptiva. Esta respuesta consciente o inconsciente, positiva o negativa, en directa proporción a la apertura y sensibilidad del receptor, equilibra eventualmente la unilateralidad colectiva. Sin embargo, los símbolos pierden su numinosidad si se los sobre explota o si se los explica hasta reducirlos a signo semiótico o alegoría.[34] No obstante, retienen su poder afectivo cuando se recrean simbólicamente si se conserva el misterio (e.g., *Fausto*). Pero no basta el misterio para que el efecto se actualice; la actitud receptora y la sensibilidad individual y colectiva de la época, mantienen la magia del símbolo. El "que algo sea o no símbolo depende, en primer término, de la actitud de la conciencia que contempla" (Jung cit. en Jacobi 1983: 80),[35] pese a lo cual, el símbolo genuino logra conmocionar al participante consciente y/o inconscientemente. El símbolo es un intermediario entre lo consciente y lo inconsciente, es un "mediador" entre lo oculto y lo revelado. "No es ni abstracto ni concreto, ni racional ni irracional, ni real ni irreal: es, en cada momento, ambas cosas". Corresponde a aquel "reino intermedio de realidad sutil" que tan sólo puede ser suficientemente expresado por el símbolo (*Ibíd.*: 92).

El principio vital en el desarrollo consciente es el símbolo, llamado "*libido analogue*" por la tendencia psíquica a formar analogías (*OC* 8, par. 92). Sin embargo, el símbolo no equivale a la libido, sino que cumple la función de transformar la energía psíquica (libido) estableciendo un puente de unión entre polos opuestos. Es el mediador de las tensiones al hacer

> cesar la pugna entre contrarios unificándolos en sí mismo, para luego dejar que se separen de nuevo a fin de que no se establezca ninguna rigidez, ni paralización, mantiene la vida psíquica en un fluir constante y la sigue impulsando hacia su meta.

---

[34] "Mientras el símbolo es un sustitutivo que alude a una misteriosa construcción de representaciones (una imagen correspondiente a un contenido psíquico poco claro), la alegoría consiste en la animación de un concepto claramente reconocido o en revestir mediante una imagen plástica […], un contenido del pensamiento, inteligible y netamente delimitado (como, por ejemplo, la representación de la justicia mediante una figura femenina con una balanza y una espada" (cit. en Jacobi 1983: 78, nota 14).

[35] Así como la mentalidad literal concertista niega los símbolos, para el verdadero cristiano hoy en día, por ejemplo (pese a ser un símbolo antiquísimo), la cruz rebosa significado, mientras que para el no creyente un signo vacío, inadecuado e inauténtico. Pero, dice Jung, la Iglesia católica sobre todo "ha vigilado siempre cuidadosamente que ninguna interpretación simbólica borre el hecho de la realidad de la trascendencia. Junto a la realidad de la fe, que pertenece al plano metafísico, existe la realidad simbólica, que corresponde al plano psicológico de la vivencia; y aquello que para uno es tan sólo un signo, representa para otro un símbolo" (Jacobi 1983: 81), debido a la carga emotiva.

[...] Tensión y distensión –expresando la viva movilidad del curso psíquico– pueden sucederse en constante ritmo (Ibíd.: 93).

El símbolo, tercer elemento desconocido, media entre una verdad profunda e irrevelable en su totalidad y su representación. Es el "auténtico 'mediador' entre lo oculto y lo revelado" (Ibíd.: 92). Funciona "entre la luz y las tinieblas", une las polaridades participando de éstas, "Con arreglo a su naturaleza paradójica representa aquello, tercero, [...] que con arreglo a la realidad es lo auténticamente vivo" (Jung cit. en Jacobi 1983: 93). Además de transformar la energía psíquica, el símbolo la produce. Se presenta como revelación, profecía, misterioso caudal de significación inagotable, pero ya completo en sí mismo. "Los arquetipos, los mitologemas y la música están tejidos de la misma tela: de la trama arquetípica arcaica del mundo viviente; y toda futura consideración del mundo y del hombre habrá de surgir de esta 'matriz de vivencias" (Jacobi 1983: 102).

Las imágenes foráneas y antitéticas del ámbito onírico, mito poético o mágico reiteradas desde tiempos inmemoriales, revelan el estado psíquico a lo largo del tiempo y culturas, así como los sueños personales, complejos y síntomas personales revelan el estado psíquico individual. Para Storr, el individuo creativo experimenta una escisión parecida a la demencia, pero su ego, más desarrollado que el promedio, le permite desligarse de ese ego, internarse en la psique objetiva (inconsciente colectivo); salir del fondo y recuperar el yo tras la experiencia primordial, para que, otra vez integrado a la realidad externa, pueda articular su experiencia mediante configuraciones simbólicas. La creación simbólica contemporánea resultante del proceso creativo del visionario dramatiza la realidad psíquica subyacente en su comunidad. El protagonista Sabato de *Abaddón el exterminador* le explica a un personaje (para quien es antagónico el compromiso social del escritor Sábato debido a la "crueldad" y crudeza de sus novelas) que el sueño nocturno, pese a su frecuente discrepancia con la vida diaria, le es necesario al individuo ya que al privarlo del sueño se le puede llevar "al borde de la locura" (Sábato 1984: 163-166). Prosigue:

Las ficciones tienen mucho de los sueños, que pueden ser crueles, despiadados, homicidas, sádicos, aun en personas normales, que de día están dispuestas a hacer favores. Esos sueños tal vez sean como descargas. Y el escritor sueña por la comunidad. Una especie de sueño colectivo. Una comunidad que impidiera las ficciones correría gravísimos riesgos (Ibíd.: 166).

Durante las entrevistas, Raúl Zurita comenta que "también la poesía es una muestra de la capacidad de sueño, por lo tanto de la capacidad de trans-

formación. Si nadie escribiera más un poema significa que los sueños definitivamente se cancelaron [...]. De ahí no sobrevivimos cinco minutos. Literalmente nos morimos en los próximos cinco minutos". Olga Orozco declara:
"Yo no creo que la poesía nunca va a desaparecer. Para desaparecer la poesía
tendría que desaparecer la parte espiritual del hombre. La poesía le sirve de
ayuda al otro inclusive en su propio desconocimiento para mirar juntos el
fondo del abismo, para sentir que no está solo". En otro momento confiesa:
"La poesía aunque sea solitaria es solidaria. No creo que la poesía se acaba
porque el hombre tendría que concluir con el espíritu; tendría que pactar con
lo cotidiano, con lo eventual y no se puede vivir sin sueños. Además, tendría
que dejar de inquietarse hasta de su propio enigma. Una lleva la esfinge dentro de sí misma. No sabemos nada de nosotros".

Mitopoesis, función psíquica colectiva y arte

Una perspectiva histórico cultural que se remonte a la unidad primordial
muestra el interés que los filósofos presocráticos, los románticos, los surrealistas, la psicología profunda (incluyendo revisiones freudianas y junguianas) e
infinidad de pensadores e individuos creativos asignan al fenómeno creativo
en el acontecer humano.

La experiencia creativa latente e inherente en el ser humano se hace evidente, entre otras manifestaciones psíquicas, por medio del arte y expresiones colectivas, así como en los sueños individuales, en respuesta a uno de los
principios integrantes de la personalidad humana desde sus inicios. El origen
de las imágenes primordiales que ejemplifican el proceso creativo comunal
–cuando el despertar de la conciencia primitiva inicia a la vez la dualidad anta-
gónica del individuo moderno sobre-racional– da paso a la diferenciación
eventual del artista individual, su desarrollo, la interacción subyacente vital en
la psique moderna y la naturaleza del material extraño y enigmático producl-
do por el creador visionario contemporáneo. Sobre el sentido del arte, Stephen Martin explica:

> Del mismo modo que los sueños, visiones y fantasías inconscientes proveen el
> material arquetípico para desafiar y eventualmente reequilibrar la vida psíquica de
> un individuo, la labor del artista conlleva significado desde el nivel arquetípico a la
> experiencia interior, expresa el imperativo fundamental en todo funcionamiento
> psíquico hacia el equilibrio dinámico eventual. Las culturas, como los individuos,
> deben su salud a la relación dinámica entre las fuerzas de lo que se ha aceptado
> consensualmente, los valores del consciente colectivo y aquello que no lo es, el

potencial inconsciente oculto que, usualmente percibido por la cultura únicamente como destructivo, es en realidad la fuente de renovación (1990: 178-79).[36]

Como toda actividad humana derivada de la psique, la práctica del arte puede estudiarse desde el punto de vista psicológico, sin por eso devaluar otros acercamientos, recuperando más bien una dimensión cognoscitiva profunda tanto personal como transpersonal. Sin embargo, Jung subraya que se puede estudiar el proceso creativo como sujeto psicológico únicamente, pero de ninguna manera lo que constituye la naturaleza esencial del arte (OC 15, par. 97). Así como el meollo de la religión o la naturaleza de los sentimientos es inexplicable, es también imposible definir lo que el arte es en sí. Tampoco se pueden destruir ni violar los valores intrínsecos del arte ni sus cualidades específicas, reduciéndolos exclusivamente a actividades cerebrales o causalidad biográfica al interpretar la creación artística como producto traumático, psicótico o neurótico. El secreto de la creatividad o del arte es un misterio irreductible a la sola experiencia personal del artista. "El arte es una fuerza innata que se apodera del ser humano y lo convierte en su instrumento. El artista no es una persona dotada de libre albedrío que busca sus propias metas, sino que es alguien que permite que el arte lleve a cabo su propósito por medio de él"; puede ser una persona con una voluntad, metas y problemas cotidianos como ser humano, "pero como artista es un ser humano en un sentido elevado, es un 'ser colectivo', un vehículo, y forjador de la vida psíquica inconsciente de la humanidad" (OC 15, par. 157).[37] Es la labor a la que el creador está destinado y por la cual a menudo debe sacrificar su propia vida –si bien, a veces, está tan acostumbrado a los llamados de la creación–, algo que le parece lo más natural aunque a otra persona le parecería extraordinario. Sin embargo, debido a su vocación, la vida del visionario es conflictiva, "puesto que hay dos fuerzas en pugna dentro de sí [...] las ansias y deseos jus-

---

[36] "In the same way that dreams, visions, and unconscious fantasies provide the necessary archetypal material to challenge and eventually rebalance the psychic life of an individual, the artist's work –when it carries meaning from the archetypal level of inner experience– expresses the fundamental imperative in all psychic functioning toward eventual dynamic equilibrium. Cultures, like individuals, owe their health to the dynamic relation between the forces of what is consensually acceptable, the collective conscious values, and that which is not, the hidden unconscious potential that, usually perceived by the culture as only destructive, is really the source of renewal".

[37] "Art is a kind of innate drive that seizes a human being and makes him its instrument. The artist is not a person endowed with free will who seeks his own ends, but one who allows art to realize its purposes through him [...] but as an artist he is 'man' in a higher sense –he is 'collective man', a vehicle and moulder of the unconscious psychic life of mankind".

tificados de la persona ordinaria" ("for two forces are at war within him [...] the justified longing of the ordinary every personal desire", *OC* 15, par. 158) y, por otro lado, la fuerza psíquica que dota al artista "del fuego creador" ("of creative fire"). Sin embargo, su conflicto interno le resta energía en algún otro aspecto de su vida personal, por lo cual no se puede juzgar su obra analizando su personalidad (*OC* 15, par. 158).

Por consiguiente, un enfoque del proceso de creación artística acorde con la psicología analítica no intentará valorar la naturaleza esencial de la creación artística ni analizar la vida del escritor, excepto en lo que atañe a su proceso creativo. Es sabido que las reacciones artísticas perdurables no sólo superan sino que sobreviven a sus creadores y sus idiosincrasias personales. Revelan el espíritu de una época [el imaginario colectivo], lo sobrepasan, se renuevan y reviven en cada mente receptiva; su plurivalencia los universaliza, sin dejar de testimoniar la realidad singular, profunda, de su propia cultura. Se contrarresta la actitud concretista heredada de siglos pasados por medio del acto creativo que expone al hombre común y corriente que quiere lo que todos, pero a quien lo domina una pasión despiadada y vehemente por la creación, la cual sobrepasa cualquier necesidad o deseo personal debido a la realidad psíquica subyacente en la comunidad que la creación visionaria puede equilibrar. La función social compensadora del acto creativo, semejante a la del sistema psíquico individual autorregulador en busca del máximo equilibrio posible mediante sueños, fantasías o ritos significativos, debe recurrir a los mitos del creador genuino para restaurar el equilibrio psíquico de la sociedad moderna occidental. Mientras los problemas individuales desequilibrados se restablecen por medio de manifestaciones inconscientes, "el arte representa un proceso de auto-regulación en la vida de las naciones y épocas" (Jung 1980: 22-27, *OC* 15, par. 131).[38]

A diferencia de Freud, que tacha el proceso creativo de síntoma neurótico causado por la represión de contenidos moralmente incompatibles con los valores conscientes, sublimados por medio del arte (*OC* 15, par. 104) y creía "haber encontrado una clave para aclarar la obra de arte a partir de la esfera de vivencias personales del artista" (Jung 1982: 20), Jung considera la función creativa indispensable en el equilibrio social porque reproduce una situación primitiva integral realizada en sus inicios ritualmente por el grupo comunal, donde cada miembro, indiferenciado de su entorno, participa en comunión con la comunidad, como parte integrante de ésta, o sea en participación mís-

---

[38] Jung afirma: "just as the one-sidedness of the individual's conscious attitude is corrected by reactions from the unconscious, so art represents a process of self-regulation in the life of nations and epochs".

tica (*participation mystique*, expresión del etnólogo francés Lucien Lévy-Bruhl). En resumen:

> Resumergirse en el estado primordial de participación mística es el secreto de la creación de arte y de su efecto, pues sobre este grado del vivenciar no vivencia ya el individuo sino el pueblo, y no se trata allí ya del bienestar y dolor del individuo sino de la vida del pueblo. Así, la gran obra de arte es objetiva e impersonal, y sin embargo nos toca en lo más profundo. Por lo tanto lo personal del poeta es meramente ventaja u obstáculo pero nunca esencial para su arte. Su biografía personal puede ser la de un filisteo, de un hombre cabal, de un neurótico, de un loco o de un delincuente, interesante e inevitable, pero no esencial respecto del poeta (*Ibíd.*: 14).

Este estado de identificación del primitivo con su grupo se recrea bajo ciertas circunstancias mediante elementos mitológicos como imágenes arquetípicas que pueden ser figuras humanas, *daemonic*, procesos recurrentes en el correr histórico apareciendo siempre con "la fantasía creadora y que se expresa libremente" (Jung 1980: 319).[39]

El papel del arte tiene una posición indispensable en el desarrollo histórico de la humanidad. En la psique primitiva, prevalecen factores inconscientes *trans*personales en vez de los conscientes personales. En esa etapa incipiente, el arte es "un fenómeno colectivo que no puede aislarse del contexto de la existencia colectiva" (Neumann 1971: 83) por estar integrado en la vida diaria del grupo. Sin embargo, pese a que desde sus inicios

> la colectividad recibe sus impulsos primarios de 'grandes individuos', aun ellos mismos, de acuerdo con la dialéctica de su relación con el grupo, nunca se dan crédito a sí mismos por lo que han hecho, sino que se lo atribuyen a los predecesores que los inspiraron, a los espíritus de sus antepasados, al tótem, o a cualquier aspecto del espíritu colectivo que los ha inspirado individualmente [del mismo modo que los profetas bíblicos] (*Ibíd.*: 83-84).[40]

---

[39] "[...] primordial image, or archetype [...] a figure –be it a daemon, a human being, or a process–that constantly recurs in the course of history and appears wherever creative fantasy is freely expressed". En la primera etapa de desarrollo de la humanidad: "We see the group as an integral psychic field, in which the reality of the individual is embedded, so that he is organ and instrument of the collective" (Neumann 1971: 88).

[40] "Although from the very outset the collective receives its primary impulse from 'Great Individuals', even they themselves, in accordance with the dialectic of their relation to the group, never give themselves as individuals credit for what they have done but impute it to their inspiring predecessors, to the spirits of their ancestors, to the totem, or to whatever aspect of the collective spirit has inspired them individually".

La actividad colectiva forma una unidad que trasciende los instintos individuales de cada miembro, unidad sintomática que expone la inmersión individual en lo colectivo. Bajo el dominio que lo inconsciente colectivo ejerce sobre el grupo, la conciencia individual no se percata de que una fuerza *transpersonal* la domina, porque la reacción personal frente al impulso creador de la psique colectiva no invita a la reflexión, obliga a la obediencia.[41] Sin embargo, si bien la psique colectiva dirige al grupo, no lo dirigen los instintos, deseos ni impulsos. En realidad, la conciencia individual no se da cuenta de "las corrientes psíquicas subyacentes que determinan los sentimientos e imagen del mundo" manifiestos en imaginería y sensaciones distintas "por medio de colores y formas, tonos y palabras" que, cristalizados "en figuras simbólicas espirituales [...] expresan la relación del ser con el ámbito arquetípico así como con el mundo que lo rodea" (*Ibíd*.: 84). En cuanto el ente humano empieza a tener conciencia, comienza a crear símbolos, construyendo "su mundo espiritual y psíquico característico de los símbolos en los cuales habla y piensa del mundo a su alrededor, pero también de las formas e imágenes que su experiencia numinosa despertó en él" (*Ibíd*.: 84-85).[42]

La actividad creadora es en sí numinosa; posee su propia expresividad dinámica espontánea y se la experimenta de igual modo. Como parte de la función creativa del inconsciente, la emoción humana frente a lo numinoso compele a que se la transmita. Del mismo modo, la dinámica emocional que

---

[41] Véase *participation mystique* arriba. Pero, los estados elementales indiferenciados no bastan para explicar la naturaleza de estados futuros más desarrollados, ni prueban la existencia de un principio unificador. Aunque deben derivarse forzosamente de aquéllos, su reducción causal simplificaría un fenómeno mucho más vasto, dice Jung refutando a Freud, quien asocia también el estado infantil al primitivo. Como Freud, Jung reconoce la analogía entre la mentalidad infantil con la primitiva, al igual que los fenómenos del sueño, religión, delirios asociados con la creación artística (*OC* 15, par. 99). "Freud, al mostrar que en el hombre llamado racional de la tradición clásica, siempre permanece el niño, ha proyectado una nueva luz sobre el drama humano. Pero, Freud estaba convencido de que sólo por medio de la razón se puede controlar al niño interior; la persona con más libertad es aquélla capaz de valerse de la razón cuando es oportuno y cuya vida emocional esté abierta a la inspección consciente [...]. La fe de Freud en el predominio de la razón" ya no es tan aceptada hoy según Fadiman y Frager (1979: 35). Es más, la actividad creadora como terapia es ya bien conocida. Ver, por ej., Kay R. Jamison (1993) y Anthony Store (1973 y 1985).

[42] "The psychic undercurrents which determine man's feeling and image of the world are manifested through colors, and forms, tones and words, which crystallize into symbolic spiritual figures expressing man's relation both to the archetypal world and to the world in which he lives [...] from the very outset man is a creator of symbols; he constructs his characteristic spiritual-psychic world from the symbols in which he speaks and thinks of the world around him, but also from the forms and images which his numinous experience arouses in him".

guía al grupo integral no es un vacío, "pues cada símbolo, así como cada arquetipo tiene un contenido específico y cuando el inconsciente colectivo aprehende al ser humano completo involucra también su conciencia" ("For every
symbol, like every archetype, has a specific content, and when the whole of
man is seized by the collective unconscious that means his consciousness
too", Ibíd.: 85). Por ello, a diferencia del discernimiento bastante desarrollado
del sujeto contemporáneo, en la conciencia primigenia indiferenciada, la energía creadora de lo numinoso no sólo mantiene sino que engendra el polo
consciente, "trae diferenciación y orden en un mundo indeterminado dirigido
por poderes caóticos, haciendo posible que el ser humano se oriente" ("the
creative force [...] brings differentiation and order into an indeterminate world
driven by chaotic powers and enables man to orient himself", Ibíd.: 85). El
reconocimiento de una imagen psíquica –función creadora– ya representa en
sí una interpretación sintética del mundo. La creación artística, en esta etapa,
"tiene poder mágico, es experiencia y percepción, penetración y diferenciación en uno" ("has magic power; it is experience and perception, insight and
differentiation in one", Ibíd.: 86). Corresponde a la alborada del arte, la religión, la ciencia y el pensamiento.[43]

El desarrollo paulatino de la conciencia en el proceso evolutivo de la humanidad corre paralelo al fortalecimiento del ego, que a su vez refuerza la individualidad del hombre primitivo, generándose en consecuencia una conciencia
colectiva más y más racional, la cual forma "un canon cultural característico
para cada cultura y cada época" ("a cultural canon characteristic for each culture and cultural epoch", Neumann 1971: 86).[44] A medida que se rompen los
lazos rituales colectivos que constituían la función creadora comunal, se reo-
rienta el canon cultural, dando lugar al fenómeno del "creador individual de
arte" ("individual creator in art"), pues una consecuencia de la individualidad es
"la relativa independencia de la conciencia" ("the relative independence of
consciousness"), de manera que "la situación integral en la cual el elemento
creador en el arte es uno con la vida del grupo se desintegra" ("the integral
situation in which the creative element in art is one with the life of the group
disintegrates", Ibíd.: 88). Esa separación psíquica entre individuo y comunidad

---

[43] Sábato indica: "los chiquitos, por ejemplo, que son inconscientes y, por lo tanto, expresan
con todo candor y pureza lo que es el hombre primigenio; lo que más se parece a un hombre
arcaico es un niño; juegan, pintan, lloran, danzan, hacen teatro; éste es el ideal del hombre. El
hombre es una unidad [...] en los negocios, en el amor, en la guerra" (Gillelt 1986: 31).

[44] Para Neumann el canon colectivo resulta de una "configuration of definite archetypes,
symbols, values, and attitudes, upon which the unconscious archetypal contents are projected
and which, fixated as myth and cult, becomes the dogmatic heritage of the group" (1971: 87).

produce una diversificación de especialidades artísticas y artesanales que ya no logra cumplir la función unificadora del ritual colectivo del pasado. El individuo escindido de la unidad comunitaria ya no experimenta el vínculo común que no ha desaparecido. Aunque imperceptible al ego en desarrollo, subsiste vital y dinámico en el substrato inconsciente transpersonal; se encuentra en contacto con el exterior mediante su control de acontecimientos, acciones y reacciones individuales y colectivas.[45] Ignorada, la función unificadora comunal que cumplía el ritual colectivo exige una compensación que equilibre la unilateralidad creciente de la vida racional, la cual sólo puede producirla el individuo creativo oponiéndose inevitablemente al canon cultural de su época, porque el creador, a diferencia de la comunidad, todavía mantiene una conexión con las fuerzas impersonales de lo inconsciente colectivo.[46] Esta relación persiste como

> un intercambio continuo entre lo inconsciente colectivo (que está vivo en el inconsciente de cada individuo en el grupo), el canon cultural (que representa la conciencia colectiva de aquellos valores del grupo que se han convertido en dogma), y los individuos creativos del grupo (en quienes las nuevas constelaciones del inconsciente colectivo consiguen forma y expresión) (Neumann 1971: 90).[47]

---

[45] El grupo ya no se siente determinado por poderes desconocidos e inconscientes sino que distingue figuras transpersonales proyectadas en ritos, cultos, mitos y religiones, con un objetivo aparentemente consciente. "This does not mean that man suspects a connection between this transpersonal world and the depths of his own human psyche, although the transpersonal can express itself only through the medium of man and takes form in him through creative processes" (Neumann 1971: 87).

[46] A lo largo del proceso histórico, de acuerdo a la época y a las circunstancias del grupo, la participación ritual activa todavía cumple la misión de preservar la unidad. Dice Storr que en "*methectic* participation; a rite in which the performer participates in a natural phenomenon in such a way that he feels he is actually helping it to occur [...] [a] ritual can act as a bridge between the inner world of the subject and the external [...].When primitive man first depicted animals upon the walls of his cave dwellings, his aim was not aesthetic [...]. [It] was a practical rite designed to help him in his pursuit of the animal [...] [pues los ritos, diseños primitivos, pinturas en las cuevas de la era paleolítica, como señala Herbert Read] [...] originated from the impulse to 'realize' the object upon which magical powers were to be exercised and which was later to be pursued in reality. / Realization in this sense is an active grasping or apprehension, as opposed to a merely passive appreciation". Según Read: "Far from being a playful activity, an expenditure of surplus energy, as earlier theorists have supposed, art at the dawn of human culture, was a key to survival –a sharpening of faculties essential to the struggle for existence. Art [...] has remained a key to survival" (cit. en Storr 1985: 138-140).

[47] "[...] a continuous interchange between the collective unconscious (which is alive in the unconscious of every individual in the group), the cultural canon (which represents the group's collective consciousness of those archetypal values which have become dogma), and the creative individuals of the group (in whom the new constellations of the collective unconscious achieve form and expression)".

La interrelación entre el individuo creativo, el arte y su época varía y depende de "la unidad del espacio psíquico del grupo, en el cual consciente o inconscientemente, queriendo o no queriéndolo, cada individuo y cada esfera de la cultura tiene su lugar" ("the unity of the group's psychic field, in which consciously or unconsciously, willingly or unwillingly, every single individual, and every sphere of culture as well takes its place", Ibíd.: 90). Tanto Jung como Neumann proponen que, dentro del marco integral psíquico de la comunidad moderna sobre-racional, la vitalidad de lo inconsciente colectivo exige la oposición forzosa a la conciencia colectiva que lo rechaza e ignora.[48] Sin una oposición radical, tajante, se conforma con el canon cultural, no se lo compensa. Para que esto ocurra se supone que el canon cultural se opone a lo inconsciente, lo característico del mundo moderno, pero "regresamos a la inmediata presencia de lo numinoso creativo. El gran arte de este tipo casi necesariamente implica tragedia. Compensar el canon cultural significa oponerse a éste [...] a la conciencia, y sentido de valores de la época" (Ibíd.: 94).[49]

El enfrentamiento, reconocimiento y asimilación de las polaridades propias, indeseables o no, principio de auto-conocimiento genuino (Platón, alquimistas, gnósticos), indispensable para asumir la responsabilidad propia, es la única posibilidad de integración individual y es base de la colectiva. Dados los resultados histórico-sociales, el optimismo cientificista, la esperanza socialista y capitalista, el encasillamiento especialista, las diversas ideologías y fetichismos no responden al cuestionamiento de la problemática actual del ser. Bajo estas circunstancias, la tarea de la novela, afirma Sábato, o,

> la indagación del hombre [...] equivale a decir que es la indagación del Mal. El hombre real existe desde la caída. No existe sin el Demonio: Dios no basta. La literatura no puede pretender la verdad total sobre esta criatura, pues, sin ese censo del infierno. Blake decía que Milton, como todos los poetas, estaba en el bando de los demonios sin saberlo. Comentando este pensamiento, Georges Bataille sostiene que la religión de la poesía no puede tener más poder que el Diablo, que es la

---

[48] Hay que diferenciar el consciente personal y colectivo y el inconsciente personal de lo inconsciente colectivo (común a la humanidad pero totalmente desconocido) en relación con el Yo-Self o centro de la psique total, mientras el yo es centro de la psique individual. Por lo tanto: "Not the ego and consciousness but the collective unconscious and the self are the determining forces; the development of man and his consciousness is dependent on the spontaneity and the inner order of the unconscious and remains so even after consciousness and unconscious have entered into a fruitful dialectical relation to each other" (Neumann 1971: 90).

[49] "[...] 'we go back to the immediate presence of the creative numinosum. Great art of this type almost necessarily implies tragedy. Compensation for the cultural canon means opposition to it [...] to the epoch's consciousness and sense of values".

pura esencia de la poesía; aunque lo quisiera, no puede edificar, y sólo es verdadera cuando es rebelde. El pecado y la condenación inspiraron a Milton, al que el paraíso le negó el impulso creador. La poesía de Blake empalidecía lejos de lo imposible. Y de Dante nos aburre lo que no sea el Infierno (1981: 184-185).

Pese al furor externo y a pesar de sí mismos, los grandes creadores se oponen al canon cultural de su época transmitiendo la fascinante o repelente imagen de lo inconsciente de esa época y cultura. En cambio, el artista que representa el canon cultural vigente, aunque exprese sus experiencias internas más intensas, refleja la conciencia colectiva y no las exigencias de lo inconsciente colectivo *trans*personal.[50] Por ello, voluntaria o involuntariamente, la creación de quien sueña por la colectividad (que ha dejado de ser comunidad) no tiene más remedio que enfrentarse con, oponerse a y eventualmente destruir el canon vigente para compensar el desequilibrio y dar lugar a una posible renovación.[51] No obstante, el creador forzado a compensar el canon cultural, "es usualmente un individuo aislado, un héroe que debe destruir lo viejo para hacer posible la llegada de lo nuevo" ("is usually an isolated individual, a hero who must destroy the old in order to make possible the dawn of the new", Neumann 1971: 84).

Cuando el artista acepta la soledad de su misión, inevitable compañera del creador verdadero y por ello rebelde, la visión profética, ambigua y compleja

---

[50] "Doquiera [...] que lo inconsciente colectivo se comprima dentro de la vivencia, ha acontecido un acto creativo, que concierne a la época íntegra pues la obra es entonces, en el sentido más profundo, un mensaje a los contemporáneos. [...] Cada época tiene su unilateralidad, su prevención y su padecer anímico. Una época es como el alma de un individuo, tiene su situación de conciencia especial, específicamente limitada, y por tanto precisa de una compensación, que es entonces cumplida justamente por lo inconsciente colectivo de manera tal que un poeta o un vidente presta expresión a lo no manifestado de la situación temporal, y en imagen o hecho conduce hacia arriba aquello que la incomprendida necesidad de todos aguardaba, sea ya en lo bueno o en lo malo, para curación de una época o para su destrucción" (Jung 1982: 19).

[51] Mucha de la literatura de denuncia, crítica social, cuestionamiento de valores, forma ya parte o contra parte consciente del canon vigente. Es comprensible y hasta aplaudida en su círculo de difusión. Su poder controversial −si lo hay− apela al intelecto. Se apoya en la experiencia personal intelectual, política, ideológica, emocional o en lugares comunes. La oposición o aprobación crítica es intelectual, sentimental o emocional comprensible y justificable. Ni el ataque, rechazo o admiración se exceden como con la obra simbólica que expone lo más profundamente escondido por una sociedad. La sombra colectiva reacciona más virulentamente cuanto más cercano es el reto cultural histórico, de una realidad psíquica rechazada. El crítico o público de otra cultura o época podrá apreciar ciertos aspectos de la obra más objetivamente que los miembros del mismo canon cultural que comparten las mismas aversiones. Por ejemplo, la densa sombra colectiva del Siglo de Oro se manifiesta en violentos ataques al honor calderoniano hasta el siglo xx.

que ofrece lo acerca a las vivencias del místico, profeta, vidente, precisamente porque no sigue el canon vigente, sino que más bien "lo transforma y revierte [...] su función se eleva a lo sagrado" sólo entonces "él le da voz a la revelación auténtica y directa de lo numinoso" (Ibíd.: 97).[52]

Vale preguntarse cuáles son estas obras y cómo se las reconoce. Sin evaluar los elementos estéticos o literarios, Jung analiza la modalidad psíquica en la que se producen, su funcionamiento y efecto, por el cual se reconoce su procedencia.

Modalidades de producción literaria según la psicología analítica

Basado en el proceso de producción literaria, Jung distingue dos modalidades de creación: una psicológica e intencional, que responde al canon cultural, y la otra visionario e involuntaria, ineludiblemente opuesta al canon cultural vigente. Por producirse en y afectar la psique, toda actividad mental es psicológica, por lo que así se denomina la literatura racional y emocionalmente accesible. Consciente de sus recursos y capacidad, el escritor decide qué material le sirve, como la psicología coherente de los personajes, puesto que está supeditado a su proyecto artístico. La creación psicológica puede ser intensamente emocional y penetrante por nacer de profundas experiencias personales. Aun si éstas son de carácter irracional, como el amor, los celos, las grandes pasiones, no se cuestiona su realidad ni su lógica por ser vivencias frecuentes, aunque las emociones y pasiones intensas están enraizadas en complejos arquetípicos. En cambio, el material de la vivencia que da expresión a la modalidad visionaria es irreconocible, e indescifrable y difícil de aceptar porque no procede únicamente de la experiencia histórico-personal del artista. El trasfondo de carácter mítico, épico o telúrico revela un material elemental que escapa a la experiencia cotidiana, por lo cual la lectura de esta producción impresiona como algo ajeno e inabordable, desasosiega e intriga y, aunque no afecta personalmente, deja más bien una conmoción transpersonal profunda. "Es una experiencia primordial que sobrepasa la comprensión del individuo y a la cual, por su debilidad, éste puede sucumbir fácilmente. La extrema enormidad de la experiencia le da su valor y su desgarrante impacto" (Jung, OC 15,

---

[52] ("'[He] transforms and overturns it [...] his function rises to the level of the sacral, [...] he then gives utterance to the authentic and direct revelation of the numinosum"). La creación artística de este tipo posee un poder evocador involuntario, desconocido: *Don Quijote, Don Juan, Fausto,* la creación de Santa Teresa, San Juan de la Cruz, Juan Rulfo y otros visionarios que a menudo fueron atacados, olvidados y/o redescubiertos.

par. 41).[53] Impulsado por una fuerza autónoma intrusa, el visionario capta imágenes ajenas a su experiencia propia, energía que lo obliga a articular su vivencia. Sin poder expresarse libremente, el poeta recupera una vivencia primordial que desafía la comprensión intelectual y la experiencia cotidiana; aunque le parezca tan propia como cualquier experiencia psíquica, salvo por su extremo poder debido al peso y magnitud de la suma colectiva arquetípica que surge ante el visionario y que debe expresarse a riesgo de que explote en manifestaciones concretas irracionales descomunales [levantamientos, sublevaciones, motines, movimientos revolucionarios, guerras]. Es una advertencia a la unilateralidad de una época y compensa el desequilibrio de ésta, en la medida en que se capte el polifacético significado del símbolo, develando la dinámica subyacente inconsciente: lo que ya está en el fondo arquetípico (lo instintivo y espiritual colectivo). Lieb señala que su efecto es

> rasgar de arriba para abajo la cortina en la que se pinta el cuadro de un mundo ordenado y permitir una mirada en el abismo inextricable de lo todavía innato y de lo por venir [...]. Así concebido, su naturaleza es fundamentalmente transformativa. Constantemente, en un estado de flujo, se distingue a sí mismo en virtud de su propensión de cambio. Subyacente a su formación hay un dinamismo por medio del cual se define y redefine a sí mismo eternamente como un evento originario y como un sujeto del discurso (1991: 3).[54]

Por lo general los creadores visionarios alternan ambas modalidades creativas, así como lo hacen los artistas entrevistados: Sábato, Fagundo, Orozco, Lojo, Zurita y Watanabe, entre los del presente, igual que los visionarios del pasado, como Blake, Juan de la Cruz, Dante, Goethe, Teresa de Jesús, Juan Rulfo y otros. Jung ejemplifica como modalidad psicológica la primera parte de *Fausto* porque recrea la realidad consciente, mientras que en la segunda parte,

> la visión representa una experiencia más profunda y más impresionante que la pasión humana. En obras de arte de esta naturaleza [...] no cabe duda de que la

---

[53] "It is a primordial experience which surpasses man's understanding and to which in his weakness he may easily succumb. The very enormity of the experience gives it its value and its shattering impact".

[54] "It 'rend[s] from top to bottom the curtain upon which is painted the picture of an ordered world, and allow a glimpse into the unfathomable abyss of the unborn and of things yet to be [*eröffnet ein Blick in unbergreifliche Tiefen des Ungewordenen*]'. So conceived, its nature is fundamentally transformative. Constantly in a state of flux, it distinguishes itself by virtue of its propensity to change. Underlying its formation is a dynamism through which it is forever defining and redefining itself both as an originary event and as a subject of discourse".

visión es una experiencia genuina primordial, no importa lo que digan los racionalistas. No es algo derivado ni secundario, ni es sintomático de otra cosa, es un símbolo verdadero, [...] una expresión de algo verdadero aunque desconocido (*OC*
15, par. 148).[55]

En la modalidad psicológica la creación es un acto deliberado; en la visionaria, el artista reacciona a una compulsión que surge de una dimensión desconocida, externa a la ordinaria, con la cual es imposible identificarse. Como
Jung, Rollo May considera el fenómeno creativo genuino como un proceso
entre dos polos, el creador por un lado y su mundo objetivo-impersonal
inconsciente por otro: "Entre el mundo y el yo, y el yo y el mundo surge un
proceso continuo [...] no se puede localizar la creatividad como un fenómeno
subjetivo, ni se la puede estudiar simplemente en términos de lo que ocurre
dentro de la persona" (1978: 51).[56]

Aun si el escritor cree haber generado el material visionario de su creación, el producto mismo revela su procedencia transpersonal por la inacabable e inexplicable plurivalencia simbólica, inclusive para el mismo artista, nada
raro en la historia del arte y motivo de declaraciones de parte de infinidad de
creadores. Además, si el artista deja su labor, el paro le produce exigencias
irracionales o complicaciones psicológicas inexplicables. Tras el aparente libre
albedrío del poeta hay un imperativo que subordina lo individual. La prueba
más directa es cuando "un poeta que cree saber lo que está diciendo [...]
[pero] dice más", tampoco es nada extraño para infinidad de creadores, que
han declarado haber escrito como si estuvieran poseídos. La diferencia está
en la magnitud o profundidad de la recepción del producto, "un poeta que
cree saber lo que dice [...] en realidad dice mucho más de lo que es consciente" ("a poet who thinks he knows what he is saying [...] actually says more
than he is aware of") y la prueba indirecta se da en el carácter compulsivo del
material,

> un imperativo más elevado que se renueva en exigencias perentorias tan pronto
> como el poeta deja voluntariamente su actividad creadora, o que le produce com-

---

[55] "The vision represents a deeper and more impressive experience than human passion. In
works of art of this nature [...] it cannot be doubted that the vision is a genuine primordial experience, no matter what the rationalists may say. It is not something derived or secondary, it is not
symptomatic of something else, it is a true symbol—that is, an expression for something real but
unknown".

[56] "[…] a continual dialectical process goes on between world and self and self and world
[…] one can never localize creativity as a *subjective* phenomenon, one can never study it simply
in terms of what goes on within the person".

plicaciones psíquicas siempre que su trabajo debe interrumpirse contra su voluntad (*OC* 15, par. 114).[57]

Como un complejo personal constelado, autónomo pero potenciado al extremo, el impulso creativo es autoritario, caprichoso y perseverante. Se alimenta, crece y vive dentro del sujeto, lo tiraniza indiferente a su destino personal, causándole considerables disturbios si éste no obedece sus dictados (*OC* 15, par. 115). El germen de la creación visionaria en la psique del creador "es un poder de la naturaleza que consigue su propósito" de cualquier manera, sea dictatorial o sutilmente como lo hace la naturaleza misma, "sin importarle el destino personal de [...] [quien] es su vehículo. El impulso creador vive y crece en él, como un árbol en la tierra que lo alimenta. [...] el proceso creativo es algo viviente injertado en la psique humana" (*OC* 15, par. 115).[58] Mario Vargas Llosa equipara la exigencia creadora con la relación de un anfitrión que vive únicamente para satisfacer la voracidad de la lombriz solitaria en "The Parable of the Tapeworm". El martirio de tener este parásito dentro del cuerpo absorbe todas sus actividades, así como los llamados de la creación imperan en la vida interna y externa del creador (2003: 5-12). Vargas Llosa informa a una audiencia académica juvenil: "La decisión de reclamar la propia inclinación literaria como destino debe guiarlos a la servidumbre, a nada menos que la esclavitud" ("Your decision to claim your literary leaning as your destiny must lead you to servitude, into nothing less than slavery", *Ibíd*.: 9).

A diferencia de la creación psicológica, cuyo efecto no supera el plan del escritor, el material de naturaleza transpersonal surge de lo inconsciente sin la participación racional del artista, imponiéndosele. Se manifiesta como algo "supra-personal que trasciende nuestra comprensión", puesto que resulta de

una extrañeza de forma y contenido, idea que sólo puede ser aprehendida intuitivamente, un lenguaje preñado de sentido, e imágenes que son verdaderos símbolos porque son la mejor posible expresión de algo desconocido, puentes lanzados hacia una lejana orilla (*OC* 15, par. 116).[59]

---

[57] "[…] a higher imperative that renews in peremptory demands as soon as the poet voluntarily gives up his creative activity, or that produces psychic complications whenever his work has to be broken off against his will".

[58] "The unborn work in the psyche of the artist is a force of nature that achieves its end either with tyrannical might or with the subtle cunning of nature herself, quite regardless of the personal fate of the man who is its vehicle. The creative urge lives and grows in him like a tree in the earth from which it draws its nourishment. We would do well, therefore, to think of the creative process as a living thing implanted in the human psyche".

[59] "[...] suprapersonal that transcends our understanding [...] a strangeness of form and content, thought that can only be apprehended intuitively, a language pregnant with meaning, and images

Esto es precisamente lo que ocurre en la parte nocturna o visionaria de la ficción sabatiana desde *El túnel*, imágenes oníricas ininteligibles que se ahondan y mitifican progresivamente en *Héroes*, hasta intensificarse y profundizarse en las alucinantes visiones de *Abaddón*; imágenes fascinantes o repelentes que difícilmente dejan indiferentes a sus lectores. Además, en una entrevista, confiesa Sábato, que él pinta y escribe lo que le dictan. A Watanabe también le dictan algunos versos inexplicables para él, los cuales nunca cambia y más bien agradece juguetonamente a su padre muerto por esa ayuda. Para Orozco "de pronto empieza algo auditivo, o se [le] cruza una imagen y [tiene] [...] la necesidad de expresarla". En sus palabras,

> el poeta escarba en lo desconocido, escarba en lo que no tiene explicación lógica. Yo creo que hay mucho parentesco con el científico de avanzada, en búsqueda de algo distinto. De algo que todavía no está establecido. Hay un pie que está en la tierra pero con el otro está tanteando el vacío para ver dónde lo apoya. [Añade] [...] algunas veces cuando me sumerjo a fondo en lo que estoy haciendo me da la impresión de que estoy unida a la superficie de la vida por un hilo que es tan delgado como lo imaginario, que se puede cortar en cualquier momento, y me puedo quedar sumergida allí y no salir jamás. Es desesperante porque es como una enajenación. Se termina siempre por salir; la palabra misma lo saca, la palabra misma precisa la va llevando a una fuera del estado (entrevista en este volumen).

Lojo testifica que en la novela

> no puedo prever demasiado bien de qué manera estos personajes van a evolucionar, qué es lo que van a terminar haciendo. Es como si se te escaparan de control. [...] Pienso que las visiones "suceden". Determinan el desencadenamiento de un poema, a veces el de un relato. Se asocian a los personajes de una novela, a quienes en primer lugar *veo*, antes, incluso, de oírlos. Las visiones son siempre fecundas, [...] no se las debe ignorar. [...] operan como verdaderas matrices creativas, "usinas" de significación potencial. Mi poesía surge de imágenes generalmente visuales, que calificaría como imágenes fulminantes porque sucede como si estallaran; son violentas, muy fuertes, se me imponen y una va arrastrando a la otra (entrevista en este volumen).

Zurita, en cambio, afirma que no puede trabajar "sin un propósito, una visión, un horizonte" que debe cambiar, aumentar, "pero al final con sorpresa, con infinita sorpresa me doy cuenta que ya es eso, que casi sin saberlo se llega

---

that are true symbols because they are the best possible expressions for something unknown –bridges thrown out towards an unseen shore".

a una fidelidad, a una visión, a una visión original, a lo que se dio en un momento dado" y que eventualmente resultó "después de todo un largo empeño". Desde muy joven tenía una imagen

> y después tuve esta idea de cómo tenía que terminar esto también, con el vislumbre, la felicidad, con *La vida nueva*, lo vi, lo vi, te juro que lo vi en diez minutos. ¡Vi el horizonte! El título de los tres libros, cómo se iban a llamar. ¡Todo! Todo, y demoré como te digo veinte años y con sorpresa me doy cuenta que era más o menos lo que había visto, que está lleno de misterio para mí, de cosas que yo mismo no entiendo, pero que esa visión original es más o menos la que está ahí, o sea que sin quererlo o creyéndolo fui mas o menos fiel a ella, que por eso no la olvido, pero era como el hilo infinitamente delgado que me permitía seguir atravesando. Por eso al final no me disgregué copiosamente: perderse, o sea perderse, ¿Me entiendes? Ahora yo creo en eso, sé de la experiencia, tanto de amigos míos y escritores que se ponen de repente y lo hacen. Yo también lo he hecho, de repente voy y escribo, pero me doy cuenta que tenía que ver [...] con esa visión. Entonces digo: *Okey*, esto es lo que pasa, la forma de quedar en paz con mi juventud y con mi experiencia (entrevista en este volumen).

Por su parte, Fagundo se desdobla, vive en circunstancias paralelas, las que tiene que expresar. Explica que hay un

> yo que escribe relatando esa visión que le está llegando pero, al mismo tiempo, hay otro que está sintiendo, viviendo, lo que éste primer yo relata. Es como estar escindida... pero si tú me preguntaras que si estuve en esos sitios de que habla esa sección del libro yo te diría que sí. Sí estuve, aunque sé racionalmente que no existen y que yo nunca estuve en esos lugares. De acuerdo, existen a otro nivel distinto al que normalmente nos movemos. Claro que la experiencia es realmente alucinante y peligrosa para la estabilidad síquica de uno. Es como si estuvieras del otro lado, de "la otra orilla" que dice Machado pero al mismo tiempo estás aquí y ahora. [...] Es como si durante la época en que yo escribí esos poemas hubiera estado en otra dimensión, en un planeta distinto que no tenía nada que ver con nada. [...] Parecería pesadilla pero yo sé que no lo fue. Yo estaba bien despierta, bien real y consecuente con todo lo que hacía pero, al propio tiempo, estaba alucinada describiendo lo que me venía como a borbotones, sin ton ni son, a su manera. Estas visiones no vinieron de pesadillas cuando dormía. [...] Yo veía, vivía y estaba en todo eso pero, al propio tiempo, yo me estaba viendo a mí misma viviéndolo... Escribir el poema puede ser de tal intensidad que parecería que una se desprende de sí misma... es como que te desprendes de esta dimensión, estás en otra dimensión y, claro, tienes que volver para mantener la cordura. Y volver siempre es a través de constatar tu materialidad, tu cuerpo, tu mundo físico, real. Es volver a través de lo humano (entrevista en este volumen).

Son vislumbres, intuiciones, o algo desconocido lo que impele a estos creadores a seguir su vocación y a la vez la sensación de estar suspendidos en un espacio inseguro.

Al enfrentar este tipo de creación, el elemento transpersonal inhumano desasosiega, afecta y produce una reacción psíquica, consciente o inconsciente, esencial para la salud del grupo, puesto "que las manifestaciones de lo inconsciente colectivo tienen en relación con la situación, *carácter compensatorio*". Estas manifestaciones son el medio de equilibrar "una situación de conciencia, unilateral, inadaptada o hasta peligrosa" (Jung 1982: 18).

El creador visionario trasciende su momento y su circunstancia personal, ofreciendo una visión de la condición humana tan profunda y remotamente típica (arquetípica) que es irreconocible, pero posee la vitalidad del símbolo genuino de inagotable y perdurable valor, atemporal y a-espacial. Algunas de estas obras, ignoradas, mal interpretadas o atacadas en su primer momento, son reivindicadas por el tiempo, revitalizándose al expandirse la sensibilidad de una nueva época. Puede rechazarla una generación o un pueblo para que otro grupo, en otro momento, la rescate. La obra simbólica es universal sin dejar de señalar la circunstancia social particular; se opone al canon colectivo, desafía el momento histórico, trasciende su momento, su circunstancia y a su creador; afecta profundamente y anticipa lo por venir. De otra manera se corre el riesgo de que explote en manifestaciones concretas irracionales mucho mayores. Es un aviso a la unilateralidad de una época y compensa el desequilibrio de ésta en la medida en que se capte el polifacético significado del símbolo, al develar lo que ya está en el fondo arquetípico (lo instintivo y espiritual de la comunidad).

SEGUNDA PARTE

CAPÍTULO III

ENTREVISTAS

ERNESTO SÁBATO

Datos bio-bibliográficos

▶ Ernesto Sábato (Rojas, provincia de Buenos Aires, 1911), escritor, ensayista, científico, pensador, se doctoró en física y matemáticas en la Universidad de La Plata (1938); beca anual de la Sociedad Argentina para el Progreso de las Ciencias en el Laboratorio Juliot-Curie de París (1938), transferida por la inminencia de la guerra al Instituto Tecnológico de Massachusetts MIT (EE.UU. 1939). Enseñó en la Facultad de Ciencias Físico Matemáticas de la Universidad de La Plata (1940-1943); colaboró en la revista *Sur* y diario *La Nación*. En 1943 abandona la ciencia por la escritura; director del periódico *Mundo Argentino* (1950).

▶ **Narrativa**: *El túnel* (1948), *Sobre héroes y tumbas* (1961), *Abaddón el exterminador* (1974), *Obras completas* (tomo I, 1966, tomo II, 1970), *Antología* (1975), *Abaddón el exterminador* trad. *L'Ange des ténebrès* (1996), *Páginas de Ernesto Sábato* (1985), *Antes del fin* (1998). Pintura: *El pintor Ernesto Sábato* (1991), *Pinturas de Ernesto Sábato* (1995). Libros de ensayo: *Uno y el universo* (1945), *Hombres y engranajes* (1951), *Heterodoxia* (1953), *El otro rostro del peronismo, Carta abierta a Mario Amadeo y El caso Sábato: Torturas y libertad de prensa. Carta abierta al general Aramburu* (1956), *El escritor y sus fantasmas* (1963), *Tango, discusión y clave* (1963), *Tres aproximaciones a la literatura de nuestro tiempo: Robbe-Grillet, Borges, Sartre* (1968), *Itinerario* (1969), *Claves políticas* (1971), *La cultura en la encrucijada nacional* (1973), *Diálogos: Borges-Sábato* (1976), *Apologías y rechazos* (1979), *La robotización del hombre* (1981), "Informe Sábato" o "Introducción", en *Nunca más* (1984), *La Resistencia* (2000). Numerosas entrevistas y artículos en revistas y periódicos argentinos e internacionales.

▶ **Representación** de "Romance de la muerte de Juan Lavalle. Cantar de gesta" (1996), musicalizado por Eduardo Falú; Teatro Gran Rex, Buenos Aires y gira por todo el país (1994).

▶ **Premios y homenajes**: *Uno y el universo*: Primer Premio de la Municipalidad de Buenos Aires (1945), Gran Premio de Honor de la Sociedad

Argentina de Escritores SADE (1945); Premio del Instituto de Relaciones Exteriores de Sttutgart (Alemania 1968); *Abaddón el exterminador:* Gran Premio de la Sociedad Argentina de Escritores; es nombrado en Francia, Caballero de las Artes y las Letras (1974); Premio de Consagración Nacional en la Argentina (1975); *L'Ange des ténebrès* mejor libro extranjero (Prix au Meilleur Livre Etranger (Francia 1996); Premio Medici, (Italia 1977); Gran Cruz de la Orden al Mérito Civil (España 1978); Presidente de la Comisión Nacional sobre la Desaparición de Personas CONADEP (1984); "Ciudadano Ilustre" Municipalidad de la Ciudad de Buenos Aires (1984); Orden de Boyacá y huésped de las ciudades de Cali y Medellín, y profesor *honoris causa* de la Universidad de Antioquia (Colombia, 1984); Premio Gabriela Mistral (OEA 1984); Premio Miguel de Cervantes (1984); Gran Oficial de la Orden del Mérito (Italia 1985); "Ernesto Sabato: A Symposium", Biblioteca del Congreso y universidades George Mason y John Hopkins (EE.UU., 1986); Cruz de Gran Oficial (Alemania 1986); Commandeur de la Légion d'Honneur (Francia 1987); Premio Jerusalén (Israel 1989); Dr. Honoris Causa de la Universidad de Murcia (España, 1989); Homenaje en La Sorbonne y exposición de sus pinturas en el Centro George Pompidou (París, 1989); Dr. Honoris Causa de la Universidad de Rosario (Argentina 1991); Seminario de la Universidad Complutense, Madrid (El Escorial 1993); Dr. Honoris Causa de la Universidad de Campinas (Brasil 1993); Dr. Honoris Causa de la Universidad del Litoral (Santa Fe 1994); Premio Ismael Kadaré (Albania 1995); Dr. Honoris Causa de la Universidad de Torino (Italia, 1995); Conferenciante en las universidades de Harvard, Yale, Columbia, Berkeley, Roma, Florencia, Pavia, Salamanca, Madrid y Barcelona (1995); Homenaje en París (1996); por sus 90 años varios homenajes: revistas, libros, muestras (2002); Medalla de Oro del Círculo de Bellas Artes de Madrid y la editorial Planeta (2002).

Entrevistas a Ernesto Sábato

▶ **Entrevistas en su residencia de Santos Lugares, agosto 1990, agosto 1997 y en San Lorenzo de El Escorial, julio 1993. Correspondencia desde 1987.**

SS: Usted ha escrito sobre los diferentes momentos de la creación artística. En sus novelas se encuentra el pensamiento lúcido del ensayista que parte de una visión analítica del mundo, lo cual equivaldría al proceso creativo psicológico (como lo es todo producto de la mente). Sin embargo, hay que diferenciarlo del otro proceso más profundo, muy raro en nuestros días y mucho más oscuro, incomprensi-

ble e incomprendido, la modalidad visionaria que no es necesariamente ver fan-
tasmas ni tener alucinaciones, aunque éstas pueden ser parte del proceso como
creo que usted lo ha vivido...

ES: El proceso de creación es –innecesario decírselo a usted– una confusa, una enmarañada trama de conciencia e inconciencia, y lo más profundo y trascendente que uno hace es lo que tiene que ver con el mundo oscuro y resistente a la lógica. ¿Cómo pues ha de saber el propio autor qué diablos ha querido decir? ¿Acaso el que acaba de tener un sueño puede explicarlo, si se trata de un sueño profundo, no de la mera consecuencia de una comida pesada? [carta, Santos Lugares, 25 de febrero de 1989.]

SS: *El proceso creativo visionario deja percibir lo sublime, un mundo maravillo-*
so u horroroso, celestial o subterráneo elemental que yace bajo la capa de civiliza-
ción con la que el intelectualismo de la era contemporánea quiera negar al primi-
tivo todavía existente en cada uno de nosotros, aunque el producto de esta
modalidad creativa puede ayudar a la colectividad mostrándole lo que rehúsa ver,
¿ésa sería la misión salvadora de la novela a la que usted se ha referido en su
escritura "diurna"?

ES: Está en lo cierto en lo que se refiere a la misión salvadora de cierto tipo de novela que yo defiendo, y al papel del inconsciente colectivo. Pero preferiría que usase la palabra "arcaico", en lugar de primitivo, que adquirió, por obra de los euro-céntricos, un carácter peyorativo.

SS: *Sin embargo primitivo también connota inocencia y falta de sofisticación*
que hacen falta hoy en día. ¿Podría comentar sobre la recepción de las imágenes
visionarias? Según las hipótesis de Jung, el visionario las recibe como algo ajeno a
la experiencia propia del receptor, que éste no puede eludir.

ES: Es así, en mi experiencia y opinión, claro.

SS: *Es irónico que Castel, el protagonista de su primera novela publicada, sea*
pintor y después se convierta en escritor obsesionado por la ceguera como Fer-
nando en Héroes y ahora usted en persona (cuerpo y alma), pese a que tuvo que
luchar mucho para escribir, se convierta en pintor precisamente por un problema
de la vista.

ES: [...] desde que hace casi diez [años] se perturbó gravemente mi vista, me he dedicado a la pintura, la otra pasión de mi niñez y adolescencia. Parece paradójico que uno pinte porque anda mal de la vista, pero el tamaño de los cuadros me permite lo que es imposible en la letra pequeña. Por otra parte, no es raro que un artista sufra de un órgano específico, así como, para poner ejemplos ilustres, Matisse tenía dificultades con los ojos y Beethoven con el oído. Muchas veces la creación es un acto compensatorio.

SS: *Si el arte es compensatorio, la imagen poética tiene la capacidad de transformar la percepción del lector, ¿tiene la imagen visual tanto o mayor poder?*

ES: Estoy pintando [...] con todo el fervor con que antes escribí, y tal como en la literatura, me salen cosas que no esperaba. Seguramente —ya que el hombre es una unidad— usted encontrará en mi pintura las mismas obsesiones inexplicables que me atormentaron en la ficción.

SS: *El cuadro de Castel en* El túnel, *que se diferencia por su rareza de los otros cuadros más discernibles y elogiados por la crítica, anticipa el oneirodrama de "El informe sobre ciegos" en* Sobre héroes y tumbas, *así como el ingreso y salida del protagonista Sabato del ámbito subterráneo anteriormente visitado por Fernando en el "Informe". Las imágenes rituales, alucinadas, oníricas en* Abaddón el exterminador *ahora retornan en sus cuadros en las figuras amorfas, ciegas, tan extrañas que tienen mucho de pesadilla colectiva. Son imágenes apocalípticas, como las que se encuentran en el recorrido de Fernando en el submundo de los ciegos en* Sobre héroes y tumbas.

ES: Sí, creo que es una acertada observación, que me ayuda a descifrar lo que yo hago como si me lo dictaran.

SS: *Por el loco Barragán [personaje visionario en* Sobre héroes] *creía que su percepción era visual, pero lo inconsciente común puede manifestarse por los sentidos y sensaciones.*

ES: Como usted lo dice, proviene del inconsciente y por eso es común a los hombres.

SS: *La imaginería visionaria afecta profundamente, pero para que la sensibilidad colectiva cambie debe acceder a ésta que necesariamente se oponen al canon colectivo. El visionario percibe el caos subyacente que puede ser una bomba en potencia si no se lo expone.*

ES: Si un artista es profundo —no sé si yo lo soy— va no sólo contra la corriente, como usted dice, sino contra la realidad entera. Por eso debe hablarse de "creación". A ese artista no le gusta nada la "realidad", y pongo esta discutida palabra entre comillas, porque la gente suele creer que ésa es la realidad exterior, y que el arte es eminente y esencialmente subjetivo.

SS: *El arte visionario es lo oculto colectivo y por eso intimida. Creo que el artista sufre doblemente, primero porque accede a lo prohibido, y segundo, sufre como ser* *humano por la falta de comprensión que lo rodea. Está forzado a ir siempre contra la corriente mientras le afectan más que al ciudadano "normal" las catástrofes diarias. Creo que mucha de la actividad de Sabato en* Abaddón *ilustra este punto.*

ES: Sólo ahora estoy recuperándome de peligrosas tensiones nerviosas que me obligaron –médicos mediante– a un reposo intelectual absoluto, permitiéndoseme, únicamente, la pintura, porque me hace mucho bien, me libera y me olvido del mundo, este mundo en general horrible de la guerra del Golfo y de este gobierno formado por payasos siniestros. [Santos Lugares, 25 de febrero de 1991.]

SS: *Miguel Rubio escribe que, "Sábato nos enseña a mirar [...] pero al mirar estamos contemplando la visión de un hombre que ha provocado una ruptura con la llamada "modernidad" y que nos obliga a entender el arte como una operación de plegaria, como si pretendiera llamar a los fantasmas y a la vez conjurarlos. No es otra la forma que tenían y tienen los hombres primitivos de crear arte" (1991: 11), la forma de aprehensión de la primera imagen es para Erich Neumann el primer acto creador pero al mismo tiempo el despertar de la conciencia del ente primitivo; lo creativo espontáneo y vital que la sobre racionalización unilateral del ente contemporáneo sigue tratando de anular.*

ES: Ya conoce la subestimación que profeso por ese hiper-racionalismo, apto e imprescindible en la ciencia y en la filosofía, pero contraproducente en el arte.

SS: *Para Rubio usted "nunca 'ha dicho' tanto como en sus cuadros [...] porque atisbar el mundo del terror esencial [...] enfocar el dominio de la locura y del deseo, y no volverse loco es casi un milagro. O quizá sólo se entienda si se trata de una acto religioso, sagrado, la [...] mirada que llega a ver lo que está prohibido ver, y que no tiene nada que ver con las religiones establecidas" (Ídem), mostrar algo atávico sagrado que el visionario, conocedor del otro lado del misterio, puede realizar.*

ES: Si se refiere al gran arte, la sacralidad es la condición primera.

SS: *¿Es cierto que quien percibe esta imaginería no puede eludir su misión, tiene que expresar su percepción? Sin sugerir que la experiencia del protagonista Sabato en* Abaddón *corresponda exactamente a la de usted, me parece que en este aspecto se asemejan.*

ES: Sí, es cierto.

SS: *Algo sobre lo que no se ha escrito, que yo sepa. ¿Cuál es la reacción del público, no del crítico ni del especializado, frente a sus cuadros?*

ES: Quedan muy inquietados y a veces hasta asustados.

SS: Será porque sus novelas profetizan la fragmentación actual. La tortura y asesinato como la de Marcelo en Abaddón les ha ocurrido a miles que usted tuvo que investigar. Había tortura anteriormente, pero creo que no llegaba al infierno de los setenta.

ES: Usted lo ha dicho.

SS: Sobre la importancia de los nombres, ¿tiene algo que ver con usted la inicial R? En Abaddón R es uno de los entes simbólicos más enigmáticos, porque es inexplicable.

ES: R. es la inicial de mi segundo nombre de pila. Yo firmaba Ernesto R. Sábato por Roque. Aquí hay un libro, véalo con mi firma de hace mucho [la firma es Ernesto R. Sábato].

SS: ¿Por qué y cuándo dejó esa inicial? ¿Tendrá que ver con la persecución de R a Sabato en la novela o es una coincidencia? Es irónico que no abandone esta R como lo hizo con su nombre. Cuando escribió Abaddón ¿pensó en su propia inicial?

ES: No conscientemente. Recordé esta inicial cuando usted me preguntó el origen de la inicial R en la novela

SS: Podría evidenciar un deseo de volver a los orígenes, no me refiero a la madre inmediata sino mucho más atrás, ritualmente, como Fernando en "El informe" en su re-unión con la ciega, quien a su vez es deidad, madre e hija.

ES: Es la primera vez que me preguntan sobre esto, y quedo sorprendido. ¿Quién sabe? Podría ser algo inconsciente y, por lo tanto, válido.

SS: Ya le han preguntado sobre la ortografía de su apellido entre Sábato y Sabato ¿tiene algo que ver con la diferencia entre español e italiano?

ES: Mi apellido es sin acento, porque es italiano, como mis padres.

SS: Sabato sin acento, como me sugirió la profesora Naomi Lindstrom, podría también simbolizar un retorno a las raíces matriarcales, lo femenino, inconsciente, creativo, la Gran Madre; a una necesidad de integración, a diferencia del personaje Castel cuyo proceso de desintegración debido a su extremo racionalismo culmina con el asesinato de María, figura en la que proyecta varios aspectos de la Gran Madre.

ES: Curioso. Podría ser algo que me surgió desde el fondo de mi inconciencia. El apellido sin acento me recuerda una anécdota de mi época surrealista, en París. En un extenso artículo de un norteamericano se demostraba, como dos más dos igual a cuatro, por qué motivaciones profundas Picasso pintaba los minotauros en las tapas de *Minotaure*, la revista que dirigía André Breton y André Masson, mediante un impresionante arsenal freudiano; en el número siguiente de la revista, Masson, en una pequeñita carta, aclaró que Picasso los había pintado a pedido de ellos...

La vieja Academia española lanzó en su tiempo la orden de acentuar en castellano los apellidos de otros idiomas, de acuerdo con nuestra fonética, y así Sabato debía escribirse Sábato. Puede imaginar el problema que se les plantearía con nombres como Valéry. Es probable que esa orden haya sido revocada, pues la Academia se caracteriza por recibir con pompa lo que durante años persiguió con saña. También es posible que la haya revocado porque en la actualidad no mantiene aquella característica policial. De cualquier manera, yo no acentuaba mi nombre por acatamiento sino porque cuando era poco conocido mucha gente —siguiendo esa tendencia del castellano a hacer graves las palabras esdrújulas— me llamaba 'Sabáto'. Con el tiempo decidí escribirlo en su forma originaria y ancestral. Pero nunca sabré si mi decisión no haya sido provocada por un inconsciente que más y más me acercaba a la infancia a medida que se me venía encima la muerte (Santos Lugares, noviembre de 1987).

SS: *A propósito de la infancia, para Anthony Storr (1973), entre otros psicólogos que estudian el proceso creativo hay algo diferente en la infancia de creadores excepcionales que él investigó. Usted ha escrito que su infancia fue atormentada.*

ES: Así es, fui sonámbulo en mi infancia y tenía alucinaciones terribles. Sufrí mucho por eso hasta los 12 años más o menos. También tenía pesadillas constantemente, todavía las tengo pero mucho menos que entonces. Tal vez, como usted lo ha dicho, el proceso creativo ayuda al escritor a salir del fondo, a liberarse de sus obsesiones.

SS: *Creo que su escritura lo ayudó. Pero también aunque lo que leemos y vivimos nos influye hasta cierto punto, hay sincronía (casualidades significativas en psicología analítica) entre la emoción, el pensamiento, descubrimientos y otras formas de expresión entre desconocidos entre sí que descubren algo semejante viviendo en lugares diferentes. Ocurre en el arte y con las visiones en momentos críticos como antes de las guerras y otras barbaridades. ¿Cuál ha sido su experiencia en este sentido?*

ES: La más importante fue la de *El túnel* con *L'etranger*, de Camus, obra que leí a raíz de alguien que me hizo notar ese parentesco.

SS: *En relación con lo anterior, usted mencionó haber leído a los románticos alemanes, habló sobre San Agustín, ha escrito sobre novelistas rusos, los surrealistas, algunos filósofos; ha leído a Jung y a Freud, además de innumerables escritores y teóricos. ¿Hasta qué punto han influido en su escritura estas lecturas y experiencias? Por ejemplo, hay algunas escenas semejantes sobre una visión que tuvo Jung en sus* Memorias *con una de Fernando en "El informe sobre ciegos", pero* Sobre héroes y tumbas, *donde está "El informe" que se publicó meses antes de las* Memorias *de Jung, así que ambos estaban escribiendo en la misma época de una visión semejante que Jung no había mencionado anteriormente.*

ES: Sí, he leído de Jung un par de libros, que me apasionaron –únicamente leía lo que despertaba en mí profundas resonancias–. Y, sin duda, hay coincidencias esenciales, hasta el punto que algunos exégetas piensan que algunos de los delirios, como el "Informe sobre Ciegos", fueron concebidos como resultado de esas lecturas, cuando salieron de lo más profundo de mi inconsciente sin saber –hasta hoy– qué diablos he querido decir. Afirmar, pues, esa clase de observaciones es como suponer que los sueños son como son porque la gente haya leído a Jung, hasta los del mismísimo José de la Biblia. Es al revés: me apasionó Jung porque confirmaba que yo estaba en una senda verdadera. A propósito de estas coincidencias, usted me pregunta cuándo [en qué mes] salió la primera edición de *Héroes*: en 1961, y la de *El túnel*, en 1948. Pero muchos de esos delirios ya los escribí en 1939, cuando empecé una larga novela, *La fuente muda*, que después quemé, aunque hechos fundamentales y reiterativos como esas especies de mensajes del inconsciente reaparecieron en esos dos libros posteriores. El *Zeitgeist* de los alemanes, el "espíritu del tiempo" explica esas sincronías, entre autores a veces que ni se han leído mutuamente. Por otra parte, como dice usted, todo lo que leemos y vivimos influye. Ese sincronismo se da no sólo en la poesía sino en el pensamiento científico, como sucedió con el discutido (estúpidamente) invento del cálculo infinitesimal. Mis lecturas fueron siempre, como todo lo que hice en literatura y ahora en pintura, resultado de impulsos irresistibles de mi inconciencia, y si algo perdura o puede perdurar de mi obra serán esos delirios, que son siempre verdaderos, en el sentido existencial de la palabra, no en el sentido que da la ciencia a la palabra "verdad". De un sueño, como lo he dicho muchas veces, se puede decir muchas cosas y se pueden hacer infinitas interpretaciones, pero en ningún caso se puede afirmar que sea una mentira (carta de Santos Lugares, 25 de febrero de 1991).

SS: *Por lo que sé del proceso creativo, no hay influencia posible en la creación visionaria. Más bien, parece haber una predisposición en ciertos individuos. ¿Cree que puedan resultar de ciertas experiencias extrañas desde su niñez?*

ES: Creo que esa tendencia es una predisposición.

SS: *En una "Entrevista a Ernesto Sábato" de Nancy M. Kason (Hispania 73.3, 1990: 713-716) hablan del psicoanálisis y usted dice que le parece que "Jung está más cerca del misterio de la creación literaria que Freud" (715). Estoy de acuerdo en cuanto a la concepción del arte, que para Freud es una regresión infantil mientras Jung ve la regresión saludable y la creación visionaria positiva y necesaria para la colectividad, porque se opone necesariamente a la unilateralidad racionalista.*

ES: Comparto su criterio.

SS: *Su recorrido personal y profesional ha ido contra la corriente, por una convicción profunda que tiene que ver con el proceso creativo. El artista visionario no tiene más remedio que oponerse a la corriente porque, se dé cuenta o no, está impulsado o forzado a revelar niveles inconscientes de los que la colectividad no quiere percatarse. En sus pinturas, esas imágenes alucinantes aterrorizan más aún porque la pesadilla que muestran puede muy bien volver a empezar en cualquier momento...*

ES: A mí también me inquietan.

SS: *En la primera entrevista que le hice, usted estaba leyendo un libro de San Agustín cuando llegué a su casa, y mencionó lo que éste escribió comparándolo con el escritor y sus personajes.*

ES: En ese libro San Agustín reflexiona sobre el infinito amor de Dios por el ser humano que le otorga libertad de elegir entre el bien y el mal, el crear o no como hace el escritor con sus personajes.

SS: *¿Adquieren, tienen, les da libertad el escritor? Hasta qué punto un personaje es autónomo. ¿Depende de quién sea el personaje? Yo creo en lo último. Bruno es más reflexivo, compresible y menos autónomo de lo que parecen ser los atormentados como Castel, Martín del Castillo, Alejandra o R, entre otros. ¿Planeó usted que Alejandra muriera como lo hizo?*

ES: Todo personaje es libre. Si el autor, concientemente, le hace hacer otra cosa de lo que le va saliendo al personaje, lo falsea, y deja de ser "viviente", para convertirse en un títere sin valor.

SS: *Empezó a hablar sobre cómo la facilidad de palabra que tenga un escritor puede implicar problemas y hasta peligros. ¿Cuáles por ejemplo? ¿Qué ocurre con lo opuesto, riqueza de ideas y falta de expresión? ¿Puede ser un problema entre extraversión e introversión? La vida del introvertido puede ser muy rica interiormente pero no demasiado desarrollada exteriormente, mientras un extravertido puede* *manipular, pulir y 'sonar' muy bien, así que gusta y divierte. Puede parecer profundo por la manipulación extraordinaria de la palabra. ¿Es éste uno de los peligros?*

ES: El primer e indispensable atributo de un escritor es su capacidad idiomática, pero también es su más peligroso enemigo. Hasta grandes escritores, como Quevedo en el pasado y Rubén Darío en nuestro tiempo se dejaron llevar por su pasión verbal, como también Lugones y Borges, entre los argentinos. Y esto es malo aunque el resto de la obra sea buena y hasta extraordinaria. Esos poemas de Quevedo donde habla de la muerte son inmortales. Lo mismo ciertos poemas de Darío. Pero por algo Antonio Machado lo calificó de "genio pernicioso", porque fue un mal ejemplo. Y tenga presente que Machado quiso mucho a Darío, que fue generoso con él en momentos de apremios económicos. Creo que debemos darle a la expresión "genio pernicioso" el sentido que hizo mal a muchos de sus seguidores o imitadores. No a los grandes, que son invulnerables, como fue el caso del propio Machado respecto a Darío, con toda la admiración que le tenía. Hay una expresión de Claudel que me parece extraordinaria, en ese sentido: "No fueron las palabras lo que hicieron *La Ilíada*, sino *La Ilíada* la que hizo las palabras". No se debe nunca ceder a la pasión meramente verbal: debe siempre tratar, con infinito cuidado, de describir la imagen o visión del inconsciente.

SS: En Abaddón *hay personajes bastante comprensibles y otros imposibles de entender. Analizados como personificación de los diferentes aspectos de la psique del creador, Bruno representaría el intelecto; Quique, la persona, una máscara social muy divertida e inteligente y de una honestidad cínica capaz de burlarse de todo y de todos, incluyéndose a sí mismo y a su creador; los jóvenes corresponderían a sentimientos o épocas pasadas (Nacho), rasgos o momentos de la personalidad creativa (todos escriben) o al idealismo, la lealtad, el martirio (Marcelo, Palito). Fernando, Soledad, Nora, R son representaciones más colectivas por el mismo hecho de ser más misteriosas y de dimensiones míticas.*

ES: No es mi opinión, Bruno es sobre todo un ser sensible, aunque sea muy inteligente, está empapado en sabiduría sobre la vida y la muerte, lo que se llama "sabiduría". Es lamentable que en castellano no haya la diferencia que hay entre *sage* y *savant*, como existe en el francés y en otras lenguas: en inglés, en alemán, en italiano. Entre nosotros un "sabio" puede ser un científico de laboratorio, que es un necio en lo que se refiere a los grandes problemas más existenciales; por algo me retiraron el saludo cuando abandoné la ciencia por el arte. Y, a la inversa, puede ser un *sage* un viejo consejero analfabeto de una comunidad arcaica en el África o en la Polinesia. A menudo he visto que algunos exégetas hablan de Bruno como de mi otro yo. Es un error grave: todos los personajes, o casi todos, son mis otros "yo", pero les sobra o les falta algo. En cuanto a Bruno quizá tenga mi lado contemplativo, vacilante, melancólico, que pocas personas advierten viéndome en persona. Pero eso es todo.

SS: Estoy de acuerdo con usted, pero en mi estudio de la personalidad del escritor durante su proceso creativo, algunos personajes representan facetas superficiales y otros aspectos profundos. No me atrevería a analizar de ninguna manera la personalidad del ser humano de carne y hueso, mucho más complejo que cualquier personaje o grupo de éstos. Con respecto a algo sobre lo que hablamos anteriormente, ahora que le dedica más tiempo a la pintura, y por lo que he sentido al verla, ¿es su experiencia parecida o diferente de la que sintió al escribir los pasajes más "visionarios" como el descenso de Fernando en Sobre héroes y tumbas *y el de Sabato en* Abaddón?

ES: La pintura es el arte que permite una expresión más directa del inconsciente, porque no intervienen las ideas, lo que, en cambio, sucede casi siempre en la literatura; y porque no hay palabras sino precisamente "visiones".[1]

---

[1] (Ernesto Sábato cit. en carta de Matilde Sábato, 30 de octubre, 1990). No pude grabar la primera entrevista con Sábato porque mi grabadora no llegó para la entrevista y conversación larguísima desde la mañana, el almuerzo, hasta la tarde. Por ello, lo que se me olvidó lo seguimos por correspondencia con él y con Matilde Sábato, quien era un ser humano extraordinario que ya empezaba a usar un bastón para caminar; la visité otras veces con la crítica y autora de un libro sobre Sábato, Mariana Petrea y la escultora argentina Marita Picot.

ANA MARÍA FAGUNDO

Datos bio-bibliográficos

▸ Ana María Fagundo (Tenerife, España, 1938), poeta, narradora, crítica literaria y profesora universitaria. Escuela Profesional de Comercio de Santa
Cruz de Tenerife: profesora mercantil y perito mercantil (1954 y 1957, respectivamente); cursó estudios en la Universidad de Redlands, California, y
en la Universidad de Illinois; se doctoró en Literatura Comparada en la
Universidad de Washington, Seattle (1967); enseño en la Universidad de
California en Riverside (1967-2001); profesora visitante en la Universidad
de Stanford (California 1984); directora-fundadora de la revista literaria
Alaluz (1969-2001); lecturas poéticas y conferencias en numerosas universidades, y simposios en América, Europa y Asia.

▸ **Entre sus poemarios, antologías y narrativa figuran:** *Brotes* (1965), *Isla
adentro* (1969), *Diario de una muerte* (1970), *Configurando tiempo* (1974),
Invención de la luz (1978), *Desde Chanatel, el canto* (1981), *Como quien no
dice voz alguna al viento* (1984), *Retornos sobre la siempre ausencia* (1989),
Obra poética 1965-1990 (1990), *Isla en sí: 1965-1990* (1992), *Ana María
Fagundo: Antología (1965-1989)* (1994), *El sol, la sombra, en el instante*
(1994), *Trasterrado marzo* (1999), *Obra poética 1965-2000* Vols. 1 y 2
(2002), *En isla: antología poética 1965-2003* (2003), *Palabras sobre los días*
(2004), *The Poetry of Ana María Fagundo: A Bilingual Anthology* (2005). Narrativa: *La miríada de los sonámbulos* (1994). Crítica: *Vida y obra de Emily Dic-
kinson* (1973), *Antología bilingüe de poesía norteamericana contemporánea:
1960-1980* (1988), *Literatura femenina de España y las Américas.* (1995).

▸ **Premios y reconocimiento:** Premio de Poesía Carabela de Oro (1977);
finalista del Premio Ángaro (1988); Premio Isla 2005 del periódico *La Opinión* de Canarias; traducciones de su obra al inglés, francés, portugués, italiano, alemán, polaco, lituano y chino; amplia bibliografía publicada sobre su
obra poética y crítica, y numerosos homenajes en universidades y simposios.

Entrevistas a Ana María Fagundo

▸ **Universidad de Nebraska, Lincoln, octubre 1991; Universidad de Cornell, Ithaca, octubre 1992; Madrid, agosto 1995 y varias adendas en 2006.**

SS: ¿Cuándo empezaste a escribir poesía?

AMF: La verdad es que no te lo podría precisar. Parece como si siempre lo hubiera hecho pero, claro, sé que no es así. Me acuerdo de que me atraía mucho leer, no sólo libros sino revistas literarias. Cuando debía tener yo unos nueve o diez años, le pedí a mi padre que me suscribiera a la *Estafeta literaria*. Los días en que llegaba la revista, a mí me producía una alegría muy especial tenerla entre mis manos, abrirla y empezar a leer cosas, que en muchos casos no entendía pero que producían en mí una gran satisfacción. O sea, que mi interés por lo literario se manifiesta tempranamente, pero no recuerdo en qué momento de mi infancia escribí el primer intento de poema.

SS: *Pero supongo que de adolescente escribiste algo en la escuela.*

AMF: Fui a la Escuela Profesional de Comercio y no tuve nunca que hacer ningún tipo de ejercicio literario pero ya por esos años emborronaba, a escondidas, cuartillas y a los dieciséis años empecé a escribir un diario.

SS: *Empezaste con la prosa, entonces.*

AMF: Se podría decir que sí pero esa prosa, a ratos, era poética. No hace mucho tiempo me puse a hurgar en esos cuadernillos de juventud y, en particular, en ese mi primer diario y, efectivamente, ahí se puede atisbar a la poeta adolescente que no sabe aún adónde va o qué es lo que le sucede pero que sí tiene claro que está buscando expresar sus inquietudes.

SS: *¿Cuándo aparece el verso en tu vida?*

AMF: Creo que debió haber sido por esas fechas o quizás antes porque tengo cuadernillos y papeles sueltos que no tienen fecha pero en los que aparecen, incipientemente, intentos de poemas, ejercicios poéticos imitativos de estrofas fijas, determinados esquemas de rimas, etc.

SS: *¿Crees tú que el poeta nace o se hace?*

AMF: Yo creo, como Lorca, ambas cosas. Se nace con una particular sensibilidad, con una forma de ver y estar en este universo que se irá afianzando a medida que uno se vaya desarrollando. O sea, que el poeta nace, pero se va formando a medida que se lee, se conciencia y trabaja.

SS: *¿Encuentras diferentes formas de percepción en tu proceso creativo?*

AMF: No sé si podría decir que en mi creación hay distintas modalidades. Lo que sí te puedo decir es que en ciertas ocasiones, como en la sección última que se llama "Visión" de *Como quien no dice voz alguna al viento*, los poemas surgieron como por su cuenta y sin que yo hubiera planeado esa sección del libro; fueron como una visión que venía de no sé dónde y eso no me había ocurrido con anterioridad.

SS: No sé si te acuerdas, pero este libro se me ocurrió después de leer un trabajo sobre Como quien no dice voz alguna al viento. *Al profesor Antonio Martínez, quien me había invitado a participar en esa sesión sobre tu poesía, le pareció extraño que no comentara nada sobre los poemas bajo el título de "Visión". Le respondí que no había incluido esta parte porque era de modalidad visionaria y no tenía que ver con mi análisis del resto del poemario. Cuando expliqué lo visionario noté el enorme interés del público por las preguntas que hacían. Cuando tú hablaste después, tus respuestas coincidieron con mis planteamientos; es más, casi todas las preguntas fueron sobre esta modalidad. Fue entonces que se me ocurrió entrevistar a creadores visionarios y hacer este libro. Al final de la sesión, tú me preguntaste cómo había adivinado que esos poemas eran visiones y eso terminó de convencerme.*

AMF: Sí, lo recuerdo. A mí en aquel momento me pareció sorprendente que alguien hubiera podido adivinar que esos poemas habían sido creados de una manera distinta a los otros, que habían sido una visión impuesta de no se sabía dónde y que tampoco se sabía muy bien a dónde se encaminaban.

SS: Sí, ésa es una de las características del proceso creativo visionario; el producto parece fuera de lugar. Y, efectivamente, en la parte titulada precisamente "Visión" hay una extrañeza que no apela al intelecto, ni es la distancia estética y que, más bien, incomoda por la incapacidad de captar las imágenes.

AMF: Quizás esa parte del libro —como tú también has escrito— podría corresponder a una modalidad distinta al resto de mi obra. Precisamente esa parte no fue planeada por mí en ningún momento, sino que me vino como dictada, como impuesta desde no sé dónde. Recuerdo que yo vivía mi vida normal, es decir, daba mis clases, asistía a esas reuniones interminables a que nos obliga la profesión, dirigía tesis doctorales, atendía las tareas de la casa, llevaba a mi perro religiosamente a caminar todos los días, etc., pero las visiones no cesaban de producirse y yo me veía obligada a narrarlas.

SS: Pero, ¿te llegaban en cualquier momento?

AMF: Sí, llegaban en cualquier momento del día o de la noche. Me despertaba sin aparente razón y tenía que escribir lo que en esos momentos me venía. Bueno, eso no era lo extraño porque yo a través de toda mi vida me he despertado en muchas ocasiones para escribir, lo curioso en el caso de esos poemas es que yo, de hecho, no estaba donde físicamente parecía estar, es decir, en la cama, en el estudio, en la sala de mi casa, sino que era como si me hubiesen transportado a otro lugar, otra dimensión que no tenía nada que ver con la telúrica. Yo sé que, por ejemplo, el poema "Elegía en blanco y gris", yo lo escribí en la mesa del estudio pero, sin embargo, yo relato algo que vi con mis propios ojos en un lugar fuera de un ámbito por mí conocido. Describo algo que he visto pero que no me era ni familiar ni correspondía a nada que yo quisiera hacer deliberadamente...

SS: *Sí, son imágenes de algo extraño.*

AMF: Exacto. ¿Recuerdas el poema "El paseo"? Pues ese poema fue una visión muy fuerte. A propósito, todo lo que relato en los poemas de esa sección del libro se me ha quedado grabado en la memoria con gran nitidez como si, en verdad, lo hubiese vivido. Te decía que el origen de ese poema fue una visión bien clara. Yo estaba en esa arboleda extraña e iba caminando y esos árboles existían, me acosaban, me angustiaban aunque yo bien sabía que no, que no era así, que la realidad era la normal, la otra, la de todos los días, que esos árboles de otra dimensión venían ajenos a mi ser del momento y que se me imponían. Otro poema para mí escalofriante es el titulado "Sideral". Hablo de mí misma en un espacio realmente fuera de lo terrenal, es de un color blanco como etéreo, como de fuera de este mundo; es como si se hablara de algo existente en otra dimensión, algo que no tiene *fisicidad* o *fisicalidad*...

SS: *Parece que no hubiera un "yo". Es una visión…*

AMF: Exacto, pero, no es que no haya un yo sujeto del poema, sí que lo hay, pero como que se disuelve, desaparece en la nada y hasta la nada parece como que tampoco existiera. Esa visión fue realmente tremenda, aterradora y, a la par, de una extrema tranquilidad como si yo ya estuviera fuera de todo y al mismo tiempo en todo.

SS: *Es como si todo se hubiera desmaterializado aunque en esa visión tú estás allí de alguna forma.*

AMF: Claro que estoy, viendo y viéndome ver.

SS: *Pero no es un yo íntimo, hay dos figuras, no el yo cotidiano. ¿Funciona en dos planos?*

AMF: Por supuesto, el yo cotidiano está sintiendo, está viviendo la experiencia, está respondiendo. Está el yo que escribe relatando esa visión que le está llegando pero, al mismo tiempo, hay otro que está sintiendo, viviendo, lo que éste primer yo relata. Es como estar escindida...

SS: *Exactamente. Así lo ven estudiosos de este fenómeno.*

AMF: La verdad es que no conozco el trabajo de los especialistas excepto a Jung, pero muy superficialmente; pero si tú me preguntaras que si estuve en esos sitios de que habla esa sección del libro yo te diría que sí. Sí estuve aunque sé racionalmente que no existen y que yo nunca estuve en esos lugares.

SS: Existen a otro nivel, tal vez no a un nivel material.

AMF: De acuerdo, existen a otro nivel distinto al que normalmente nos movemos. Claro que la experiencia es realmente alucinante y peligrosa para la estabilidad psíquica de uno. Es como si estuvieras del otro lado, de "la otra orilla" que dice Machado, pero al mismo tiempo estás aquí y ahora. Por ejemplo, el poema titulado "In memoriam" es un tremendo y aterrador desdoblamiento, como si durante la época en que yo escribí esos poemas hubiera estado en otra dimensión, en un planeta distinto que no tenía nada que ver con nada.

SS: ¿Como algunos sueños o pesadillas?

AMF: Sí y no. Parecería pesadilla pero yo sé que no lo fue. Yo estaba bien despierta, bien real y consecuente con todo lo que hacía pero, al propio tiempo, estaba alucinada escribiendo lo que me venía como a borbotones, sin ton ni son, a su manera. Estas visiones no vinieron de pesadillas.

SS: Sí, pero me refiero al sentimiento de extrañeza de algunas pesadillas en que la visión no procede de la propia experiencia. La imaginería es rara, ¿de dónde sale? No corresponden a la vida cotidiana.

AMF: Efectivamente, estas visiones no son para nada cotidianas. Además pasan dos cosas dentro de ese estado en que yo estaba. Yo veía, vivía y estaba en todo eso pero, al propio tiempo, yo me estaba viendo a mí misma viviéndolo...

SS: Ésa es una parte, la otra es un desdoblamiento psicológico, no solamente escrito.

AMF: Sí. Por cierto que una crítica tan sagaz y que tan bien ha calado en mi poesía como es Candelas Newton me comentó una vez que le habían fascinado esos poemas que se apartan tanto del resto de mi poesía.

SS: Sí, es totalmente diferente al resto de tu creación.

AMF: Y difícil de encajar con el resto de mi poesía aunque a veces hay poemas visionarios en mi obra poética pero no tantos y tan continuadamente como en la sección de "Visión". Candelas tenía interés por saber si el futuro volvería a escribir así...

SS: Pero eso no es voluntario, ¿no?

MF: No, no lo es. Aún te diría más, yo me quedé tan sobrecogida y agotada con esos poemas que en el libro siguiente volví conscientemente a hacer un poemario muy arraigado, muy humano, como si quisiera a toda costa conectar y seguir enraizada a esta dimensión...

SS: *Como para contrarrestar los poemas de "Visión".*

AMF: Sin duda, fíjate en la dedicatoria de *Retornos sobre la siempre ausencia:* "A la familia, a los amigos, al paisaje: contextura emotiva imprescindible en este devenir". ¿Te das cuenta?

SS: *Claro, era la salida.*

AMF: Eso es. En el primer poema de *Oración de la palabra* me refiero, deliberadamente, a todos y cada uno de mis poemarios, como si por el mero hecho de nombrarlos estuviera afirmando mi ser de tierra; con este nombrar es como si descansara de esa experiencia alienante, sobrecogedora y, en cierta manera, espeluznante que fue "Visión".

SS: *Así se ha analizado en varios estudios, pero el último poema, "Trinos", es la salida, es el más humano de los poemas de esta sección. Por fin algo familiar.*

AMF: Sí, "Trinos" preludia el libro siguiente, era por ahí por donde tenía que proseguir, porque lo otro era como el abismo. Me percaté de que esa pauta era tremendamente peligrosa y que tenía que volver a la realidad cotidiana y por un esfuerzo de voluntad surge "Trinos". Esto pude hacerlo porque ya no se trataba de la niña de doce, trece o catorce años que escribía versos, sino de la de mujer de experiencia que se da cuenta y puede volver a escribir, digamos, más consciente o controladamente. Escribir el poema puede ser de tal intensidad que parecería que una se desprende de sí misma, como que te desprendes de esta dimensión, estás en otra dimensión y, claro, tienes que volver para mantener la cordura. Y volver siempre es a través de constatar tu materialidad, tu cuerpo, tu mundo físico, real. Es volver a través del tacto humano. Hay como un sentido que te avisa del peligro y que te impele a buscar al otro ser humano hasta inclusive a tocarlo o sentirlo vivo en tu propio tacto y no me refiero necesariamente al tacto sexual sino más bien al calor humano del otro... Volver a tocar; volver a los sentidos y ser uno con el otro, el otro que habla, siente, es materia viva en tu propia materia.

SS: *Éste es un aspecto que ningún psicólogo —que yo sepa— ha estudiado, el retorno del artista del ámbito prohibido. Tú dices que lo haces mediante la relación íntima —no necesariamente sexual— con otra criatura humana. El retorno por el tacto, el cuerpo, no por el intelecto ni por la escritura, la articulación de la experiencia que saca a otros artistas del fondo.*

AMF: No cabe ninguna duda de que la escritura poética te lleva a otra dimensión en que todo parece como iluminado, potenciado al máximo y la percepción es de una gran nitidez, de una increíble fuerza. Si hay alguna posibilidad de percibir el infinito en vida, sería, para mí, la experiencia de la creación del poema. Y claro, luego hay que volver a la dimensión de, digamos, lo cotidiano y, a veces, es muy extraño ese reinsertarse en "este lado".

SS: *Las imágenes extrañas que parecen venir desde fuera son una de las características del proceso creativo visionario; la imaginería es alienante. Ese tipo de experiencia ¿proviene de tu experiencia personal o es de fuera?*

AMF: Varios críticos han apuntado que las imágenes en mi poesía tienen mucho que ver con el lugar donde nací y crecí. Es cierto. La geografía canaria está como realidad y como metáfora en mi poesía. Ahora bien, en la sección de "Visión" es, creo yo, bien distinto. Son imágenes como de lugares fuera de la tierra, como de algo ancestral, algo de siglos, recurrente y extraño... como una suerte de sueño.

SS: *Sí, pero el sueño humano lo puede tener cualquiera, mientras que este sueño es diferente, alienante, como del profeta o visionario, sea o no poeta.*

AMF: Estoy de acuerdo, pero creo que en los poemas digamos más "humanos", es decir, los menos visionarios, hay —o puede haber—, a ráfagas, visiones...

SS: *Claro, se da por momentos, pero en bloque es más sugerente. Los surrealistas buscaban acceder a lo inconsciente, ese otro lado, tan evasivo.*

AMF: Ése sería el gran salto que da la poesía del siglo XX. Se bucea en el inconsciente en un afán por liberarse de las ataduras de lo real y se puede llegar a honduras realmente reveladoras a nivel de percepción y también a nivel de lenguaje. La poesía visionaria, por lo que yo he experimentado, es algo diferente. Yo no busqué en ningún momento nada. Es más, esa parte del libro no estaba planeada, como he repetido ya, vino por sí sola y como quiso venir y a mí me poseía. Fue una experiencia como de ser empujada al borde del abismo, pero curiosamente, había en el fondo como una gran paz. Además, te sientes como proyectada o súbitamente instalada en un ámbito que no tiene ninguna referencia familiar porque lo sientes como de otro mundo, de un blanco como astral...

SS: *Sí, pero hay colorido y formas, ¿no? Pero el artista no tiene que saber ni haber leído sobre esto, pues el fenómeno ya ocurría muchísimo antes de Jung.*

MF: Concuerdo contigo, el artista no tiene porqué estar consciente de todo esto. Respecto a eso que dices de los colores es verdad. En "Visiones" hay colores vivos (rojos, negros, blancos) y escorzos contra fondos oscuros.

SS: *Este proceso ha ocurrido desde el principio de la raza humana, pero con el desarrollo de la conciencia hemos ido intelectualizándolo todo y se va perdiendo. El escepticismo a menudo domina hasta la propia experiencia.*

AMF: Estoy de acuerdo. Quizás se podría decir que esa capacidad, que la humanidad en su devenir ha ido perdiendo, la conserva el visionario, es decir, la persona que puede ver más allá de esta dimensión que podríamos llamar cotidiana. Y qué duda cabe que el poeta —en mayor o menor medida— es un visionario, un ser que se coloca en esa "sexta dimensión". Hay una dimensión más humana y otra más extraña o alejada de lo familiar, una es el nivel personal, aunque también hay el nivel colectivo, pero todavía social, humano, de sufrimiento propio, semejante en todo ser humano.

Tú has expuesto en la ponencia que has presentado sobre mi obra ideas muy acertadas sobre esa sección de *Como quien no dice voz alguna al viento*. Yo no sé si volveré a escribir algo parecido a "Visión".

SS: *Parece que no depende del creador, ocurre espontáneamente. Hay una diferencia en la salida porque al loco, por ejemplo, le ocurre lo mismo, se fragmenta, desdobla, pero no puede volver porque no consigue expresarse.*

AMF: Indudablemente se cae en esa dimensión visionaria y desde ahí se crea pero luego hay que volver a la dimensión, llamémosla cotidiana. Creo que se trata, en definitiva, de poder contarlo. Ya te dije que en el próximo poemario me circunscribí a un mundo familiar, afectivo y muy real. Fue una manera de recobrar el equilibrio, digámoslo así. No hay ni un solo poema visionario en *Retornos sobre la siempre ausencia*. Yo estaba exhausta y no podía...

SS: *Pero ¿puedes volver? Aunque algunos visionarios confiesan que los desequilibra.*

AMF: Claro que puedo volver a tener similares visiones, aunque me inquieta pensar en ello ahora. Afortunadamente mi profesión en cierta manera me obliga a ejercer sobre mí misma un control, una racionalidad y una sensatez que me ayudan a controlar el desequilibrio que propicia la escritura visionaria.

SS: *En cuanto a las imágenes, te llegan de fuera, pero la elaboración, la articulación del poema es consciente, eso es lo que no siempre se entiende.*

AMF: Estás como alucinada, las imágenes te llegan de todos lados y son bastante extrañas pero te dejas ir y lo miras todo con ojos como de dentro de ti misma y, de pronto, el orden se te hace diáfano, cierto. El poema, entonces, se enseñorea cabal y justo sobre la página mientras la visión te sigue retumbando en el fondo como una inteligencia regidora que dice lo que sirve y lo que hay que desechar. Febril pero al propio tiempo de una gran claridad. Se podría ver el proceso porque siempre he escrito en cuadernos que conservo. La redacción de estos poemas visionarios fue muy intensa, si te fijas son poemas relativamente cortos y muy concentrados aunque extraños, perturbadores. La visión se me imponía con una claridad total pero, al mismo tiempo, se me concedía la imagen adecuada para relatar lo que yo estaba viendo, sintiendo. Por ejemplo, el poema "Niño" sería un poema ejemplo de esas extrañas visiones que inspiraron tantos otros poemas de esa sección de *Como quien no dice voz alguna al viento*.

SS: *El del niño es increíble, el cambio entre el principio y el final, la expectativa de un poema tierno se transforma en algo fantasmagórico. En ese estado receptivo o desdoblado, ¿percibes formas o colores?*

AMF: Ambas cosas y con gran nitidez. El color más deslumbrante, casi cegador, que aún parece que lo estuviera percibiendo cuando se produjeron esos poemas de "Visión" era de un blanco surreal parecido, por explicarlo de alguna manera, a esa blancura inmaculada que se percibe a veces cuando se va en avión, entre nubes.

SS: *Has escrito cuentos. ¿Cuáles son las diferencias?*

AMF: Muchos de mis cuentos se podrían clasificar de visionarios. De todas formas, lo mío es la poesía, lo que más me absorbe, lo que más me gusta hacer. Suelo tardar en escribir un libro de poemas, lo elaboro como libro, como un todo unitario que toma forma a partir de una idea, intuición, sentimiento o revelación y me gusta ir —para mí misma— escribiendo un texto paralelo en prosa sobre lo que estoy o creo estar haciendo en ese libro.

SS: *Pero los poemas de "Visión", no los planeaste.*

AMF: No, esos poemas no los pude comentar porque no sabía qué estaba ocurriendo. Vinieron, no los busqué yo. Fue algo que le ocurrió a *Como quien no dice voz alguna al viento* sin que yo pudiera evitarlo. Como ya te dije yo no planeé esa parte del libro y al terminarlo y quererlo mandar a la editorial me pregunté qué significaba esa sección del poemario. Sabía que era la última parte pero no sabía por qué, cuando el poemario se publicó y mi hermana —que no es experta en poesía— me dijo que esta parte del libro le había dado como una gran paz y que la pregunta que a ella tanto siempre le había atosigado de qué era la vida se le había, de alguna manera, contestado, pensé, bueno quizás ése era el propósito de esa parte, o sea que, a lo mejor, esos poemas dan alguna clave, alguna respuesta a pesar de que sean extraños e inquietantes.

SS: Igual que la imagen mística, la visionaria de las blancas calaveras, provoca un efecto nada racional, sacude por sus resabios atávicos, puede ser sublime, pero a menudo es desagradable; hay una reacción de rechazo y hasta de disgusto. La crítica no comenta este tipo de creación o lo hace negativamente, pero, puede ser profética.

AMF: Te puedo decir que a mí siempre me ha interesado la antropología y la arqueología. Me gusta saber del hombre primitivo, me fascina el arte rupestre, los orígenes del ser humano. Creo que con el desarrollo de la racionalidad se fueron perdiendo otras facultades igualmente poderosas, otras dimensiones que poseíamos y que, quizás, ahora sólo pueden convocarlas o sentirlas los artistas (poetas, compositores, pintores y escultores). Es revelador que desde hace algún tiempo en nuestro siglo tecnológico se esté intentando volver a lo natural. El poeta es el que mejor puede conservar esas facultades. Tampoco creo que todo esté racionalizado, calculado, por lo menos, no para el poeta o el creador visionario. Como te he dicho ya, yo no tenía para nada planeado esas visiones que aparecieron y que tuve que denominar así, porque eso y no otra cosa fueron, visiones, apariciones de un mundo extraño y perturbador del cual yo no sólo era parte sino que me veía actuando allí en aquellos inquietantes entornos.

SS: Te ocurrió bien despierta; yo he tenido sueños muy vívidos, pero dormida.

AMF: ¡Ah, el misterio de los sueños! Yo recuerdo poco los sueños. Muchas veces me despierto y sé que he estado soñando y hasta siento una tremenda angustia pero no suelo recordar nada de lo soñado, parece como si regresara desde muy, muy lejos y me costase reinsertarme en esta dimensión. Hubo una época de mi vida en que soñaba con accidentes aéreos y hasta tengo un cuento que se titula "El avión". En uno de esos sueños el avión en que yo viajaba se estrellaba contra una urbanización de casas nuevas. Pasé días sin saber si estaba viva o no. Muy extraño y fascinante el mundo de los sueños.

SS: ¿En qué época fue eso? Hay gente que tiene visiones de este tipo en épocas de guerra y catástrofes. El cuento "El avión" es enigmático...

AMF: Creo que fue en los setenta. Es un cuento que se presta a múltiples interpretaciones. Si te fijas, hay un hablante masculino que está evocando una escena amorosa mientras va sentado en un avión. A su lado hay una señora. Él, totalmente ensimismado en su propio recuerdo o visión, no se percata de la realidad en que está inmerso: el avión ha empezado a arder y se está precipitando a tierra. Esa realidad de calor y fuego él también la está percibiendo como sinónimo de su reciente experiencia amorosa. La única otra persona que sí se da cuenta de la realidad es la señora que va sentada a su lado y que le grita. Cabe preguntarse quién de los dos personajes está viendo la realidad o qué realidad es la verdadera, la de la señora que cree estar en un avión que se hunde ardiendo en el vacío o la del hombre que rememora una experiencia amorosa de gran intensidad pasional.

SS: *Antes de escribir "Visión", ¿habías tenido alguna vez una experiencia semejante?*

AMF: Pues sí. Fue hace muchísimo tiempo, tendría yo unos cinco o seis años. Estaba jugando con unos niños a los barquitos en unos charcos de agua que dejaba el mar en las rocas cuando bajaba la marea y, de pronto, creí sentir que se me posaba en la cabeza un enorme cuervo. Durante mucho tiempo cada noche sobre las nueve me entraba un gran pánico y venía la misma visión. Ya de mayor quise hablar con mis padres sobre esto, pero ellos siempre le quitaron importancia diciéndome que había estado enferma.

SS: *¿Estabas despierta cuando te venía esa visión?*

AMF: Sí, era aterrador. Durante muchos años después no podía ni ver a un insecto volar porque me entraba tal terror y hacía cualquier cosa para huir.

SS: *¿Nunca escribiste sobre eso?*

AMF: No, nunca.

SS: *Sobre tus cuentos, algunos son más visionarios que otros, como "Las alimañas".*

AMF: Yo creo que los cuentos en *La miríada de los sonámbulos* se pueden interpretar a distintos niveles. No me parece que ninguno sea totalmente hermético. Lo que no hacen estos cuentos es darte una sola interpretación de la realidad observada o imaginada.

SS: *Claro, eso ocurre con toda creación artística.*

AMF: Por supuesto, la verdadera creación artística es ambigua, polivalente, y de ahí su riqueza interpretativa.

SS: *Pero hay una gran diferencia con la creación estética, ambigua, polivalente, pero comprensible en varios niveles. La visionaria va más allá, desafía la imaginación y sacude el intelecto, se la puede analizar pero queda el misterio; no se deja interpretar como el texto basado en experiencias individuales sean imaginadas, propias o no...*

AMF: Sí, es verdad, el poeta crea en esas circunstancias como si estuviera en un estado alucinado, en otra dimensión y se tiene que dejar llevar de esa fuerza que lo impele sin saber hacia dónde o por qué se ha posesionado de él.

SS: *¿Difiere la procedencia de la imaginería de estos cuentos con la de "Visión"?*

AMF: Si hiciera una exégesis de *La miríada de los sonámbulos* diría que hay tres clases de relatos: los que parten de una realidad conocida y aceptada, como "Las raras"; los que parten de una anécdota normal, como "La casa de huéspedes", y luego se van adentrando en una dimensión extraña y fantasmal y, por último, los que desde el principio están enmarcados en una extraña dimensión de la que no se sale, como "El tablero de ajedrez". Son estos últimos los que quizás podríamos clasificar de "visionarios".

SS: *Éstos son los que me interesan. ¿Los escribiste en diferentes épocas?*

AMF: Sí, el primero que escribí fue "El tablero de ajedrez" y recuerdo que se me ocurrió una tarde de verano cuando estaba yo trabajando de ayudante en la universidad. Me vino de pronto con una denodada fuerza y se me pasaron las horas sin darme cuenta de nada. Al final, allí estaba el cuento y yo había asistido a toda aquella situación totalmente fascinada. Esto fue en 1963, meses más tarde, siguieron apareciendo otros cuentos y aunque en total son pocos los que he escrito, sin embargo, su redacción se prolongó a lo largo de unos veinte años. El último que escribí ("Raquel Mompoy") data del año 82 u 83. Fueron apareciendo a su aire durante un largo lapso de tiempo. De vez en cuando a lo largo de esa época publiqué alguno en revistas para intentar liberarme del peso de lo inédito y porque no tenía, en principio, la idea de hacer un tomo con ellos; sin embargo, llegó el momento en que me dije que esos cuentos tenían que formar un volumen y entonces decidí no publicar ninguno más en revistas. De todas formas, la creación que a mí más me interesaba —y me sigue interesando— es la poesía, así que los cuentos iban quedándose arrinconados aunque, de tarde en tarde, aparecía una extraña visión o una idea determinada que al querer trasladarla al papel tomaba un sesgo fantasmal e inquietante ("La urdimbre", "El cuadro", "El hurto"). Lo de ordenarlos y publicarlos como libro es una idea que surge unos ocho o nueve años después de haber escrito el último de los cuentos.

SS: *¿Querías liberarte del peso de lo inédito o hay algo más que te empujó?*

AMF: Quizás haya algo más y yo al decir que quiero librarme del peso de lo inédito esté racionalizando el asunto. Lo cierto es que cuando yo publico lo que estimo que está terminado, me libero y puedo empezar otra cosa. Yo tengo inéditos escritos que no me interesa publicar porque no creo que estén logrados y que, o los trabajo más y logro, digamos, un nivel que considero digno o acabo por destruirlos. Claro que también tengo muchos intentos de poemas que he conservado pero han sido meros ejercicios con que, en sus varios momentos, me he propuesto mejorar la parte de oficio que debe existir en todo auténtico poeta.

SS: *¿Has destruido algo de tu escritura? ¿Por qué otros motivos?*

AMF: No es que yo escriba libros enteros y si no me gustan los destruya, no. A lo que me refiero es que puede ocurrir que he hecho un poema y que no haya quedado contenta ni con la versión original ni con las sucesivas correcciones. Llega un momento, pues, en que ese intento de poema o cuento lo considero fallido y, por tanto, lo tiro. Yo suelo escribir con gran intensidad y concentración el poema o el cuento que nace por primera vez, luego lo dejo estar un tiempo hasta que vuelvo a lo escrito a afinar detalles. La vuelta puede ocurrir al día siguiente o muchos meses después y puedo hacer cambios muy ligeros de puntuación o cambios más sustanciales como de colocación espacial (en los poemas) o cambios en el cuerpo de las palabras. Hasta yo no sentir esa claridad interior que me dice que el poema ya está, no ceso en el empeño. Como diría Juan Ramón, es cuestión de llegar a no tener que tocar más la rosa porque se ha acercado uno lo máximo que ha podido a esa perfección ideal que es todo poema conseguido.

SS: *¿Cuándo decidiste coleccionar tus cuentos en un tomo?*

AMF: Lo de ordenarlos y publicarlos como libro es una idea que surge unos ocho o nueve años después de haber escrito el último de los cuentos. Los organicé como creí que debía hacerlo y después sentí un gran alivio. Cuando llegaron las primeras galeradas me fue muy pesado, muy difícil, releer todo aquello. Era como volver de nuevo a muchas de las visiones inquietantes y extrañas que había experimentado durante los momentos de la creación. Me pasa con ese libro lo que con la sección "Visión"; me perturba el mundo en que esos poemas y cuentos están enmarcados, quizás porque en ese "mundo" no hay claras directrices, parámetros enmarcadores que te fijen el camino. Yo diría que el peculiar estado creativo en que se produjeron los poemas de "Visión" se asemeja mucho a la mayoría de los cuentos de *La miríada de los sonámbulos*.

SS: *¿Son "El avión" y "La pesadilla" textos críticos contra la tecnología?*

AMF: Sí, se podría decir eso, pero creo que hay algo más. En el primero, como te he comentado ya, hay un juego entre dos dimensiones, la real de un accidente aéreo y la interior del personaje totalmente inmerso en una evocación amorosa tan fuerte que anula la circunstancia del momento, su evocación del amor vence a la muerte podríamos decir. Por el contrario, en el cuento "La pesadilla" la tesitura es otra. La muerte por accidente de tráfico del personaje se presiente como una invasión alienante, extraña y perturbadora. Se podría decir que este cuento intenta plantear el paso de lo familiar y acogedor que es la vida a lo inquietante y aterrador que sería el vacío de vida. En fin, hay cuentos con una dimensión existencial muy acusada como, por ejemplo, "La urdimbre", que es el cuento ése de la niña que va a buscar a la abuela y que se desvanece en puro pensamiento: la vida en pura nada.

SS: *Estos cuentos parecen más oscuros y multifacéticos; los personajes aparecen desdibujados, ausentes o inexistentes como la misma abuela a quien la chica va a buscar y que está muerta desde hace años, pero ¿hasta dónde va a buscarla? Ese cuento es angustioso y bastante extraño. "El pozo" es otro que parece una visión.*

AMF: Recuerdo que ese cuento se me presentó tal y como lo narro. Si lo interpretara te diría que podría ser una dramatización del tremendo contraste entre la vida con toda su arrolladora fuerza (la juventud de la protagonista) y el súbito hundimiento en la nada, la muerte. Se podría pensar, por ejemplo, en una vida joven segada de improviso.

SS: *Hay unos cuentos que desasosiegan más que otros, como "Los mosaicos".*

AMF: Quizás debería reiterar que la mayoría de los cuentos fueron apareciendo en determinados momentos porque sí y sin yo proponérmelo. Yo vi con diáfana claridad y no sin cierto estremecimiento todo cuanto en ellos relato. En ese sentido la mayoría de ellos son "visiones"; ahora bien, muchas de esas narraciones podrían tener una interpretación y, de hecho, yo podría aventurar una por cada uno de esos relatos a pesar de que cuando me venían con sus nítidos perfiles yo estaba perpleja, perdida...

SS: *¿Tienes que estar en un espacio receptivo para acceder a esa imaginería?*

AMF: Yo diría que tengo que estar atenta para no perder la oportunidad de acceder a ese reino de lo creado. Por eso yo nunca me he negado a darle a la escritura su lugar preferente y siempre he dejado lo que tuviera que hacer o estuviera haciendo en el momento en que he sentido que necesitaba escribir el poema o el cuento. La escritura tiene prioridad en mi vida; la ha tenido siempre y no porque yo así lo haya planeado sino porque no he podido hacerlo de otra manera. Como te he dicho ya, yo no sé qué es esto que llamamos vida pero sí sé que he venido a esta dimensión de la existencia humana a escribir mi poema. Esto lo afirmo en este mundo de correo electrónico, Internet, celulares, contestadores automáticos y *beepers* que nos persiguen como si nos quisieran esclavizar con sus urgencias metálico-comunicativas-comerciales.

SS: *¿Has tenido instancias cuando no querías escribir, pero algo te empuja a hacerlo?*

AMF: Yo siempre atiendo a mi propia escritura dedicándole la máxima atención y dedicación. Siempre he escrito por absoluto imperativo personal y con total sinceridad conmigo misma. La escritura no miente, es decir, mi escritura no me miente. La autenticidad con una misma como creadora me parece fundamental.

SS: *¿Te ha ocurrido alguna vez no querer publicar los poemas de "Visión" u otros igualmente extraños como algunos de tus cuentos?*

AMF: En realidad no, porque cuando siento el poema o el cuento completo o logrado, cuando ha adquirido su propio ser y nada o muy poco tiene que ver conmigo porque es un ente autónomo, yo me libero dándolo a la luz de los otros, es decir, publicándolo. De esta manera yo puedo seguir adelante con mi escritura venidera que es la que me apasiona porque supone el adentramiento, otra vez, en lo desconocido y lo misterioso.

SS: *¿Vuelves a tus escritos una vez publicados?*

AMF: Sí, porque he dado más de un centenar de lecturas poéticas en todos los continentes y, a veces, en la tranquilidad del hogar me gusta releer algunos poemas u oír la grabación que he hecho yo u otros de los mismos. La poesía tiene que soportar con éxito esa prueba fundamental que es la lectura en voz alta del cuerpo de la palabra, ésa es la prueba de fuego. También suelo leer u oír grabaciones de mis poetas favoritos. Volver a leerlos u oír grabaciones de sus poemas es una forma de enriquecer el espíritu, igual que lo es oír a los compositores que más alimentan el alma. Todo el arte, la música y la poesía son los extraordinarios tesoros del espíritu.

SS: *Reiterando algo anterior, ¿has quemado o destruido algo de tu producción?*

AMF: Ya me has hecho esa pregunta antes y te la he contestado, pero déjame decirte algo más. La palabra por muy perfecta, por muy justa que sea, supone siempre un encarcelamiento, una limitación, un encuadre en un orden determinado. La percepción, por el contrario, tiene una claridad que ninguna palabra puede imitar, y de ahí que escribir sea una reducción, un amoldamiento, un contemporizar con el instrumento de comunicación y eso siempre es una concesión que el/ poeta tiene que hacer. Quizás por ello, el poeta se pasa la vida entera persiguiendo su particular visión y dejando rastros, más o menos claros, de esa percepción del "más allá de las palabras". En esa tarea de por vida siempre hay escritos que uno termina desechando.

SS: *Entre tus cuentos ¿hay alguno autobiográfico?*

AMF: Autobiográficos como tal no, aunque sí hay algunos elementos tomados de determinadas realidades observadas que luego se han transformado y adquirido una significación bien distinta. "La casa de huéspedes", por ejemplo, está ambientado en un hotel (el antiguo hotel Lacorzán en la Gran Vía madrileña) donde viví del 73 al 74. El viejo del cuento era un cliente que vivía permanentemente en el hotel y que no era ciego, ni mexicano, como aparece en el cuento mío.

SS: ¿Y "La casa de Margray Street"?

AMF: Es la casa de una amiga mía en Pittsburgh (Pennsylvania) y el matrimonio del cuento responde, en parte, a los padres de mi amiga. Yo estuve allí una sola vez en 1964 y me impactó por su extrañeza. El cuento me vino después y sin yo proponérmelo.

SS: ¿Qué tienen que ver los cuchillos al final del cuento?

AMF: No lo sé pero yo los vi allí cuando acompañé a Marie y a la temerosa narradora a la casa de los Gibson. Quizás esté diciendo que hay cosas que escapan a la lógica y no se puede uno explicar y son mágicas o extrañas, que no todo tiene por qué ser explicable.

SS: Este cuento empieza normalmente y luego como que se dispara.

AMF: Bueno, como la vida misma. A veces las cosas se transforman y adquieren unas dimensiones inesperadas; la realidad no tiene por qué ser la única medida de las cosas y en el caso de este cuento es así. No tenía planeado ese final. La escritura es una flecha que lanzamos los escritores pero que nos lleva consigo a insospechados parajes...

SS: "El cuadro" se refiere al proceso creativo...

AMF: Desde luego en el cuento hay un lienzo que está siendo pintado y un observador que quisiera ser el que pudiera pintar su propio cuadro. Se está planteando el deseo de alguien de pintar un cuadro a la par que por medio de la palabra eminentemente plástica de esta narración se está pintando ese lienzo. Tal y como se presenta en la narración hay dos niveles claros, el de la realización física del cuadro y el del proceso mental que acompaña esa creación. Siempre me ha interesado —y se ve en toda mi poesía— el hecho creador en sí. Crear no es simplemente poner las palabras sobre la página o los colores sobre el lienzo sino todo el proceso que ese producto final conlleva.

SS: Claro que sí, pero hay un aspecto más racional en unos que en otros.

AMF: Por supuesto. Creo que aun la escritura automática tiene una cierta estructura, una determinada lógica, porque el ser humano es, como nuestro planeta, una estructura, algo organizado, coherente aun dentro de la incoherencia. Por tanto, en el fondo, todo tiene algún tipo de lógica aunque el creador sea uno de los pocos seres humanos que por su capacidad visionaria pueda escapar de la "camisa de fuerza" del cuerpo.

SS: *Es quien puede salir de esa camisa de fuerza quien rescata ese espacio olvidado…*

AMF: Por supuesto, pero lo que yo quiero decir es que aun el caso del visionario más extremo sigue sujeto a la forma que subyace en todo lo humano.

SS: *¿Los has escrito en épocas diferentes?*

AMF: Ah sí, los cuentos van desde el 68, que surge el primero, que me acuerdo clarísimamente: "El tablero de ajedrez". Es un hombre y una mujer que están jugando al ajedrez. Ése fue primero y luego el último es del 80, o sea, que tienes casi 20 años.

SS: *En este tiempo ¿has tenido desdoblamientos con los cuentos como en la poesía?*

AMF: Ya, exacto. No les doy y les sigo sin dar importancia a los cuentos, los he hecho porque tenía que hacerlos en un determinado momento. Surgieron, no por un deseo mío, de hacer un libro de cuentos ¿no? Por ejemplo, un día aquí en mi piso de Madrid, de pronto me levanto por la mañana y tengo que ponerme a escribir un cuento. Pasan las horas y cuando me doy cuenta, ya es tarde, tardísimo. Tardé no sé cuántas horas, pero en un estado totalmente fuera de la realidad. Ya no me acuerdo cuándo fue ése que surgió. Entonces los cuentos han surgido así, los escribo y de pronto digo: "Voy a publicar éste o el otro o el otro". Pero llega un momento en que me digo: "No quiero publicar en revistas, ninguno". Quiero dejarlos; entonces los dejo, pero siguen surgiendo, ya son 20 años. Aquí uno, aquí otro y otro. Como surgen tengo que escribirlos, y los dejo y luego vuelvo a escribir. Cuando lo hago, es con un deseo de quitármelos de encima, porque están ahí, inéditos, la mayoría. Quiero olvidarme de ese libro hasta que decido por ese afán de recolecciones que tengo del pasado, entonces vuelvo al libro para quitármelos de encima. Allí inéditos, empiezo a colocarlos en el orden en que deben ir. Me es muy difícil hacerlo porque me pesan, me inquietan, me molestan, es que me desasosiegan, ¿te das cuenta? Luego, hago los trámites, vienen las galeradas y me ocurre lo mismo, no quiero volverlos a leer porque entro en ellos y me inquietan. Entonces yo no sé de dónde vienen. Vienen siempre en un estado de desasimiento en la mayoría de esa creación. Es el estado más cercano a cuando escribí "Visión", época, como ya te dije, en que yo no salía de mi poesía. No estaba planeada esa tercera parte que vino, pero que me desasosegó de tal forma que había creado esos poemas en un estado febril. De repente salen, quizás sea una manera, en algunos de estos cuentos es una protesta contra esta forma, digamos, social de hacer las cosas. Quizás una protesta de mí misma de verme sometida de alguna manera a esas formas o fórmulas, hipocresía o juego de manipulación política en la vida universitaria, porque es donde yo me muevo. Entonces, es mirar una realidad y luego darle totalmente la vuelta que me viene así. Una realidad que no me gusta, que la detesto, la rechazo, entonces, esa realidad se da la vuelta, muestra el revés y el revés es el cuento.

SS: *Algo con lo que se puede una identificar es la angustia, mientras que hay otros como "El pozo", cuando una joven camina por una calle recién asfaltada y termina con solo la luz del final, que es imposible. Algunos me desasosiegan más que otros, y "La miríada" es uno de ellos. "Los mosaicos", más que inquietar, molesta un poco.*

AMF: Es que te deja perpleja a ti que eres lectora y también deja a la creadora. Éstos son cuentos, en la mayoría que vienen dados. ¿De dónde proceden? La creación te llega, es parte de la realidad que tú analizas, sensorializas, sentimentalizas si se puede decir así. Otras veces, la creación surge y no sabes qué es, tú eres simplemente ese cristal por el cual pasa la luz o la tiniebla de esa creación. A veces, es más claro porque pasa la luz, a veces es tremenda, una tiniebla que no sabes lo que es. Por eso te decía al principio que muchos de esos cuentos son para mí tan inquietantes. Nunca he leído ninguno en público y no pienso hacerlo. Por cierto, hay un excelente trabajo publicado por el profesor Héctor Mario Cavallari sobre este libro de cuentos.

SS: *Pero ¿puedes manipularlo cuando lo agarras?*

AMF: Por supuesto, el creador siempre tiene un cierto nivel de control sobre su texto, sea de forma consciente o inconsciente. Pero como te he dicho ya, la escritura visionaria supone un estado de riesgo para la estabilidad de quien la practica. Menos mal que a mí me salva la profesión a la que me he dedicado y mi sentido de lo racional y del equilibrio.

SS: *Hay que estar en un espacio muy receptivo para acceder a esa imaginería que puede ser horrenda pero también puede ser mística, como en San Juan de la Cruz. ¿Puedes recordar cuáles fueron los más raros, no a propósito? El de "Las raras", por ejemplo, pese a su título, es más la parodia de una realidad cotidiana que algo raro.*

AMF: Bueno, es un invento pero a partir de realidades observadas, y luego la manipulas, haces esto, lo otro. Estás más en esta dimensión. Pero los otros están en otra dimensión.

SS: Por ejemplo, "Raquel Monpoy" tiene un final sorprendente.

AMF: Como te he explicado en otro momento, hay tres formas en que se produce este tipo de creación. Una es que de una realidad observada, vivida, o simplemente imaginada, surge un cuento lógico y, a veces irónico, como "Doña Inocencia". Puede ocurrir que de una realidad también observada, vivida o imaginada, y que se empieza a narrar de forma lógica, de pronto, en una suerte como de encantamiento, el cuento se torna en algo irreal y, en ocasiones, hasta divertido. Un ejemplo podría ser "Raquel Mompoy". Por último, el tipo de cuento que empieza de otra manera, en otra dimensión, y te lleva de forma visionaria hacia una dimensión que rebasa los límites de los lógico. En esos tres estados se producen los cuentos de *La miríada de los sonámbulos;* por cierto, libro de simbólico título.

SS: ¿Como en "La boda", por ejemplo? Son imágenes grotescas.

AMF: Sí, lo son pero también hay mucha ironía.

SS: El sueño es una experiencia de este tipo que muestra a quien no la ha tenido: el sueño ocurre sin pedirlo, causado por una comida o diferentes actividades, pero a veces un sueño irreconocible, sin motivo alguno, nos sobrecoge, no podemos olvidarlo y sigue repercutiendo hasta mucho después. A los visionarios les pasa eso pero despiertos.

AMF: Surgen despiertos, éstos no surgen así. Hay gente que dice: "Soñé tal cosa… La voy a escribir". Yo suelo soñar poco y, si sueño, al despertarme casi nunca recuerdo lo soñado. A mí el sueño me viene en la realidad, en la vigilia, y si me lanza más allá es que me sitúa en lo visionario.

SS: Esa visión ¿es como una alucinación, la ves, te viene la imagen o las palabras?

AMF: Yo no lo miro así. Está dentro, está en otra dimensión, en otro sitio, no sé donde, pero está ahí con sus imágenes y sus palabras.

SS: Pero en alguna parte, en alguna forma, como dices, hay una realidad visible, palpable. Esta realidad es impalpable, en alguna forma, no es visible, sino perceptible...

AMF: Tú la aprehendes porque está dentro de ti. No sabes tú dónde está, afuera o en un sitio determinado. Y tú accedes a ese lugar como si de pronto te llevaran en volandas, pero no a tu cuerpo, no a tus manos, no a tus piernas, no a tus ojos, sino a lo que tú eres, a lo que está en la propia esencia de tu ser.

SS: *Puede ser algo que te llega, otra forma de comunicación con el mundo.*

AMF: Lo es y por ello es tremendamente difícil, fuerte, y puede hacer peligrar el equilibrio psíquico. De ahí que sea imperativo volver a esta realidad y comprobar que el otro existe y está también.

SS: *Entiendo. Hace tiempo hablamos de tu infancia, porque muchos visionarios empiezan a tener algunas experiencias raras desde niños.*

AMF: Sí, eso que te conté cuando tenía, yo no sé, seis, siete, ocho años, que estaba jugando yo con otros niños entre las rocas que se llenaban de agua cuando subía la marea y, de pronto, la sensación que tuve fue de que me llegaba un tremendo, enorme, cuervo negro, inmenso que se me posaba sobre la cabeza. A partir de ahí tuve tremendas pesadillas todas las noches, soñaba aunque sentía que estaba despierta, que yacía en una cama en una habitación recién encalada con cemento y que olía muy fuerte a mojado. El enorme cuervo venía sobre mí y me producía un gran terror que mi padre trataba de aliviar cogiéndome las dos manos. De mayor he querido que mis padres me explicaran si eso había ocurrido realmente pero ellos le quitaban importancia diciéndome que había estado enferma. Hoy, tantos años después, ese recuerdo o visión sigue siendo muy nítido.

SS: *Hay varios cuentos que causan perplejidad, como "El pozo". Una joven va caminando, sintiéndose conciente de ser, muy oronda, pero al final: "Qué cuerpo, mare de mi alma" (64) y acaba en una raya de luz.*

AMF: Podría ser una meditación sobre la concreción que paulatinamente se transforma en algo inconcreto. Ella va caminando y va muy consciente de su cuerpo, de su físico, por eso le dicen esto y lo otro. Va muy contenta de su físico, pero ese físico se desvanece, se queda sin su cuerpo.

SS: *Ésa es la experiencia visionaria, extraña, única.*

AMF: Se pudiera decir que ese cuento es una visión de una visión...

SS: *Empieza a ser una visión física y termina en otro espacio.*

AMF: ...que desapareces totalmente. Sí, porque fíjate cómo empieza todo, luego se va a otra dimensión. Cuando tú dices, en los cuadros que me mostraste [de Sábato], siempre estás en el cuadro, tienes que poner algo. Si no pones nada, queda la página en blanco. Si pones algo, siempre representas algo. Hay una representación ahí, de lo más horrible, lo más extraño. Ese algo es el lienzo en que pintas la cara, digamos de la protagonista, pero a medida que avanzan las palabras la cara va desapareciendo hasta que inclusive se desvanece el propio soporte material en que se inserta ese rostro. Todo al final desaparece.

SS: *Como desaparece el invitado en "El banquete" (9-11), una sombra lo reemplaza.*

AMF: Claro, es una exploración a veces consciente o parcialmente consciente, de esa otra dimensión que tú llamas visionaria.

SS: *Volviendo a algo que te voy a recordar. Me dijiste que te había ocurrido algo, [...] que ibas en un auto y un pájaro entró, hay un paralelo físico con el buitre de tu infancia.*

AMF: Sí, claro. Desde esa experiencia de mi niñez tuve durante años miedo de cualquier cosa que volara. Una vez en una autopista entró un insecto volando en el coche y mi primer instinto fue saltar a la carretera. Afortunadamente no lo hice y a lo largo del tiempo he podido dominar ese miedo.

SS: *Volviendo a lo visionario. Si algunos locos pudieran crear quizás no estarían locos. Transmitir la visión es una forma de salir de la locura, como han probado muchos creadores.*

AMF: Claro, exacto, el loco sale de la locura, sale y ya no vuelve, pero el creador visionario logra dar expresión a esa suerte de enajenación y salvarse. Estoy pensando en poetas como, por ejemplo, Theodore Roethke, Sylvia Plath, Anne Sexton y Alejandra Pizarnik, quienes a ratos rozan o se instalan en esa dimensión visionaria.

SS: *El artista sale por medio del arte, aunque algunos no se recobren.*

AMF: Precisamente el arte está en ese linde, en ese linde que impide el caos absoluto que sería la locura. Claro, el arte entonces, de alguna manera, te arropa digamos dentro de esa locura y hace la locura plausible. El arte, cuando todavía es arte, es cuando esa locura la puedes plasmar, le puedes dar una vía de expresión. A veces me he preguntado cuánto de lo publicado de Alejandra Pizarnik póstumamente y que corresponde a la última etapa de su vida, es realmente artístico o está en el reino de la absoluta locura que la llevó al suicidio.

SS: *No se puede saber el estado anímico de alguien que se suicida. Hay veces que quieres y no escribes ¿te ocurre algo así?*

AMF: No, si tengo que escribir, voy a escribir, no importa el sitio donde esté ni la situación. Mira, el primer poema que abre el libro del *Diario de una* *muerte* me vino cuando iba conduciendo en la autopista de la universidad a la casa. Ese poema vino muy medido; estaba ahí, inquietándome. Me puse en el arcén de la autopista y lo trasladé al papel. Tenía que hacerlo. Cuando escribo crítica por supuesto, puedo decir: "Voy a hacer este libro, o este artículo, y hoy voy a trabajar de tal hora a tal hora". Pero la creación viene cuando ella quiere venir y como ella quiere venir. Yo, sin embargo, procuro siempre ponerme en estado de que el poema llegue, es decir, tener el ocio para que eso ocurra y poder estar en consonancia conmigo misma para propiciar la llegada de la creación. Yo soy muy activa, me gusta la gente, los deportes, pero me es imprescindible estar siempre en una manera en esa matriz interior de las cosas, de donde surge el canto: la creación.

SS: *Sí, cuando estás muy ocupada y tienes la urgencia de escribir ¿te apartas de todo?*

AMF: Claro. Eso no quiere decir que viene la inspiración y se escribe y ya está. La escritura es una dedicación de por vida, es un amor que no se acaba nunca, al que hay que estar alimentando y cuidando a diario.

SS: *¿Es la primera escritura después de la visión y antes de la corrección, con excepciones, la más valiosa?*

AMF: En cierta manera, si no atiendes a la primera escritura, ya no tienes ninguna más. Lo que puede ocurrir por cualquier cosa: una visión, o algo que se siente dentro, o un sonido que viene de Dios, o no se sabe de dónde, hay que atenderlo de inmediato y volcarlo sobre la página en blanco para, en ese momento, o posteriormente, volver sobre el mismo, ampliarlo, elaborarlo o corregirlo. Por esa razón siempre llevo en mi bolso un cuadernillo y un bolígrafo.

SS: *¿Relees lo escrito después de un tiempo o lo revisas inmediatamente?*

AMF: Depende. A veces logro que el poema esté casi terminado o totalmente conseguido en el momento de la primera creación, otras veces tardo meses y hasta años en sentir que está terminado.

SS: *Y después ya tienes que corregirlo.*

AMF: Bueno, como siempre escribo en cuadernos, los poemas quedan guardados y a la hora de la redacción definitiva del poemario en que he ido trabajando en ese cuaderno le doy el toque final que siempre pasará, en última instancia, por una grabación en cinta y una posterior corrección última antes de enviarlo al editor. Como quiera que creo que la poesía es para leerla pero también para ser recitada, lo último que hago es grabarla y oírla varias veces hasta sentir que ya he hecho todo lo que tenía que hacer y que ese libro de poesía está, para mi gusto, logrado.

SS: *¿No son más tuyos los autobiográficos? En cambio, la visión es más ajena aunque la hayas tenido tú, es más enajenante. En la articulación de esa visión no te reconozco a ti.*

AMF: Podría decir que sí, aunque, como te he dicho antes, las diferentes situaciones que informan cada uno de esos poemas de la sección "Visión" de *Como quien no dice voz alguna al viento* las viví con tanta intensidad como claridad, aunque yo sabía en todo momento que lo que estaba viviendo no se enmarcaba dentro de la realidad cotidiana sino dentro de un espacio y tiempos extraños a mi vida.

SS: *Con los poemas de la época de la muerte de tu padre, puedo identificarme, sentirlos porque todos hemos pasado por algo así, son de este momento.*

AMF: Así es.

SS: *Claro, en cambio, lo visionario parece de otro mundo; es común a un nivel atávico, milenario, con el que no podemos identificarnos en el presente.*

AMF: Exacto. Es lo que has dicho, lo visionario es milenario y atávico.

OLGA OROZCO

Datos bio-bibliográficos

▸ Olga Orozco (1920-1999) nació en Toay, provincia La Pampa; su familia se mudó a Bahía Blanca (1928) y a Buenos Aires (1936). Estudió en la Facultad de Filosofía y Letras de la Universidad de Buenos Aires; se unió a un grupo literario surrealista; ayudó a inaugurar y colaboró en la revista literaria *Canto* (1940). Fue comentarista de teatro clásico español y argentino en Radio Municipal y actriz radial en Radio Splendid, así como redactora en la revista *Claudia* y periodista. Publicó en Angola, Bolivia, Brasil, Canadá, Colombia, España, Francia, India, Luxemburgo, México, Perú, Suecia, Venezuela, EE. UU., y más.

▸ **Sus libros incluyen** *Desde lejos* (1946), *Las muertes* (1951), *Los juegos peligrosos* (1962), *La oscuridad es otro sol* (1967), *Museo salvaje* (1974), *Veintinueve poemas* (1975), *Cantos a Berenice* (1977), *Mutaciones de la realidad* (1979), *Obra Poética* (1979), *Antología* (1982), *La noche a la deriva* (1984), *Páginas de Olga Orozco seleccionadas por la autora* (1984), *Antología poética* (1985), *En el revés del cielo* (1987), *Mutaciones* (1993), *Con esta boca, en este mundo* (1994), *También luz es un abismo* (1995), *Antología poética* (1996), *Obra completa* (México y España 1988). *Obra poética* (Caracas 2000).

▸ **Entre los premios y distinciones que le han sido otorgados están:** Primer Premio Municipal de Poesía (1962), Segundo Premio Municipal de Prosa de la Ciudad de Buenos Aires (1968), Gran Premio de Honor de la Fundación Argentina para la Poesía (1971), Primer Premio Municipal de Poesía (1972), Premio Municipal de Teatro por una pieza inédita titulada *Y el humo de tu incendio está subiendo* (1972), Segundo Premio Regional de Poesía (1972), Gran Premio del Fondo Nacional de las Artes (1980), Premio Esteban Echeverría de Poesía (1981), Segundo Premio Nacional de Poesía (1983), Premio de la Fundación Fortabat (1987), Primer Premio Nacional de Poesía (1988), Gran Premio de Honor de la Sociedad Argentina de Escritores SADE (1989), Láurea de Poesía de la Universidad de Turín (Italia, 1989), Premio San Martín de Tours al Mérito (1990), Gran Premio de Honor de la Fundación Alejandro Shaw (Buenos Aires 1993), Konex de Platino de Poesía por el quinquenio 1984-1988 (Buenos Aires 1994), Premio Gabriela Mistral, otorgado por la OEA (EE. UU. 1995), Premio Fundación El Libro (Buenos Aires 1995), Premio de Honor de la Academia Argentina de Letras (Buenos Aires 1995), VIII Premio de Literatura Latinoamericana y del Caribe Juan Rulfo (Guadalajara, México 1998).

▸ **Otras distinciones:** Beca del Fondo Nacional de las Artes, para España, Francia, Italia y Suiza (1961), elegida por unanimidad para representar a la Argentina como candidata a la beca de la Unesco de París para escritores de habla hispana (1965), Ministerio degli Affari Esteri Italiani (Italia 1976). La casa donde nació en Toay se convirtió en Casa de la Cultura Olga Orozco.

Entrevistas a Olga Orozco

▸ **Entre julio-agosto de 1995-1998 en su apartamento. Buenos Aires, antes del Premio Rulfo.**

SS: ¿Cuándo y por qué empezaste a escribir?

OO: Yo creo que empecé a escribir interrogando a las cosas, haciéndoles preguntas a las personas mayores acerca de las cosas que me inquietaban, que me extrañaban y nunca me contestaban con cosas que me satisficieran, las respuestas no eran satisfactorias para mí. Entonces empecé a contestarme yo misma y naturalmente me contestaba con imágenes, con paralelismos, con asociaciones, porque era una niñita muy tímida, muy amedrentada y muy inquieta al mismo tiempo. Me interesaban cosas para las que nadie me daba nunca una respuesta satisfactoria, entonces, interrogando yo a las cosas, me daba yo misma las respuestas a través de imágenes poéticas. Ahora, mi madre fue anotando todas esas cosas que yo decía porque todo eso empezó cuando yo no sabía ni hablar casi, mucho menos escribir. Después, cuando supe escribir, las escribía, pero yo dejé de mostrarlas y con el tiempo me volví muy rigurosa, muy exigente conmigo misma en la escritura y cuando cumplí quince años mi madre me entregó todos esos papeles de las cosas que yo le decía, de cómo eran las cosas para mí. Lo que era para mí cada cosa que ella me había contestado como yo quería. Naturalmente hice una inmensa pira con todo eso. Me arrepiento muchísimo porque pienso que podría haber cosas interesantes, porque ahora me gustaría leer qué era lo que yo escribía. Tal vez mi memoria haya sido indulgente al archivar todo eso.

SS: Tu madre fue muy sensible e inteligente al escribirlo todo.

OO: Claro, y cuando me entregó todos esos papeles a los quince años había desarrollado un fuerte sentido crítico. Ya no mostraba las cosas que escribía tampoco, ya sabía escribir, no tenía la necesidad de ir hablando en voz alta, las escribía y las guardaba. Cada vez me hacía más exigente, mis recursos inclusive habían variado para decir algo y con todos esos papeles que me dio mi madre hice un gran quemazón, porque los chicos tienen ocurrencias fantásticas, están descubriendo el mundo.

SS: *¿Antes de quemarlos, los leíste siquiera?*

OO: Sí, los leí, pero no los recuerdo, de los quince años ahora ha corrido mucha agua…

SS: *Qué lástima. En general ¿qué influencias tuviste? No me refiero a lecturas específicamente. Todo lo que vivimos y hacemos forma parte de lo que nos nutre.*

OO: La influencia es hasta del viento, del paisaje, desde los antepasados, de los cuentos que me contaban cuando era chica, de los temores, de los gustos que una ha tenido desde la infancia en adelante y después encuentra parentesco también. También hay influencias idiomáticas, gente que le ayuda a perfeccionar a una sus dones de expresión, ¿no?

SS: *Cuando se trata del aspecto visionario es diferente. No puede haber influencia propia porque el proceso es transpersonal.*

OO: Naturalmente que no. Además, ya en aquel entonces tenía una cierta videncia.

SS: *Generalmente los videntes empiezan con experiencias extrañas –para los demás– desde muy jóvenes, por un motivo u otro.*

OO: Había una cierta videncia, creía que todas las personas tenían esa capacidad, entonces lo comunicaba cuando era muy chica. Le decía a mamá, por ejemplo: "Hoy va a llegar la tía Catalina", que vivía en otro pueblo, "va a venir en su auto y me va a traer una muñeca". Y mamá decía que no era posible porque la tía Catalina no ha quedado en venir hoy sino que ha quedado en venir el mes próximo. "No, va venir hoy, va a llegar esta tarde". Y a la tarde llegaba la tía Catalina con una muñeca para mí. Como esas cosas se daban muchas veces, entonces, con el tiempo, como eso despertaba gran asombro, provocaba también cierto aislamiento, era una criatura un poco diferente a las demás, así empecé a callarme y a retraerme. Mamá tenía una señora que le hacía los sombreros, una italiana, Felicitas Puñes se llamaba y algunas veces después de que se había probado el sombrero y había quedado en ponerle una cinta, un velo, algo. Mamá mandaba a la mucama a buscar el sombrero y la mucama me llevaba a mí, por ejemplo, a veces, entonces esta mujer me empezó a enseñar a leer las cartas, el tarot, me enseñó a manejar el tarot de alguna manera. Una vez con la mucama fuimos con mi otra hermana y ella volvió aterrada porque dijo que esta señora me había hecho levitar: que me había hecho acostar, me puso las manos encima del cuerpo y me levantó.

SS: *¿Te acuerdas tú de eso?*

OO: No, no. Yo no me acuerdo de eso. Me acuerdo de la sensación interior, como de un vértigo hacia arriba pero muy fuerte. Entonces se acabaron los sombreros, se acabó todo ese asunto, porque mamá huía de esas cosas, le parecían que eran enfermizas, que podían dañar [...]. Pero seguí echando las cartas a mis amigos hasta que tuve un sueño premonitorio porque da cierta sensación de omnipotencia falsa, como si uno pudiese manejar el destino ajeno. Tuve un sueño feo en que veía un personaje que me estaba juzgando, que era una mezcla entre Gandhi y Khrisnamurti, y el sueño se desarrollaba en un anfiteatro y en las graderías había sentados personajes de todas las épocas, un romano togado, un griego, un señora renacentista, una dama medieval, un soldado de cualquier época y empezaban a reclamar cosas que yo les había prometido en vidas anteriores, y que no se habían cumplido. Me desperté dando un grito, justo en el momento en el que juez iba a bajar la mano condenándome. Me desperté echando un grito y nunca más eché las cartas. También estudié astrología unos cuantos años y también hice algunos horóscopos... y también he incursionado mucho en los elementos del ocultismo [...].

SS: *Esos son terrenos muy atractivos hasta para los más racionalistas. Nos fascinan porque hay una necesidad en el ser humano de conocer los misterios, y para quien tiene la facilidad es lo más natural del mundo. Pero tu sueño es uno de esos "sueños grandes" que no ocurren a menudo. Me hace pensar en la reencarnación*

OO: He tenido muchas sensaciones de esas que se llaman paranormales...

SS: *Yo creo que todo el mundo las tiene pero no se dan cuenta o no quieren aceptarlas. Algunas personas son más receptivas al mundo en general. ¿Cuáles son las sensaciones que predominan?*

OO: Ahora, lamentablemente, las que son más abundantes son las que están relacionadas con sucesos trágicos...

SS: *Tal vez porque son más intensos, con una fuerza emocional tremenda. Esto se da en todo el mundo, algunos no los aceptan, especialmente los más racionalistas.*

OO: Sí, claro. Entrar a una casa y saber cómo es el resto de esa casa. O la sensación a distancia de lo que está sintiendo una persona dentro de una casa. Entrar a una casa y sentir que me duele la pierna, por ejemplo. Y en el último cuarto hay alguien que está en cama porque tiene la pierna enferma.

SS: *Lo sientes porque eres más que intuitiva, tienes otros sentidos despiertos, además de los cinco reconocidos. Los poetas-p(r)o(f)etas son más sensibles a todo lo que está ocurriendo, y pueden percibir lo que los demás ni se imaginan.*

OO: Como si tuviera un sexto sentido más desarrollado que lo capacita para una especie de captación a distancia.

SS: Y no tiene que incursionar en el ocultismo, ni nada por el estilo, aunque le sea fácil.

OO: Yo he leído libros de ocultismo y en general no me han traído nada nuevo, como si fuera una especie de reconocimiento de lo que estoy leyendo, como si hubiera un conocimiento previo de todo eso. No hay novedad.

SS: El ocultismo habla de lo olvidado, lo escondido por generaciones, pero no ha desaparecido para todos. Ese saber arcaico que algunos creadores y chamanes todavía mantienen es lo visionario, lo que añade una dimensión profundamente humana, mística a su creación, que parece no serlo a veces.

OO: Bueno, hay poetas que son meramente descriptivos, que son paisajistas. También hay poetas que buscan trascender cada cosa. Yo creo que la poesía es una especie de interrogación indefinida aunque no estén puestos los signos de interrogación. Que cada frase interroga y la siguiente recibe como respuesta otra frase que también es interrogación y que va dando un paso más allá, más lejos, más lejos.

SS: Y deja más interrogantes que respuestas. Ésa es la poesía más fascinante y difícil. Depende cómo presente la visión para que apele y mueva las raíces comunes de la tribu.

OO: Cuando uno escribe, siente que escribe como con todo el universo. No para todo el universo, sino con todo el universo. Uno no sabe si está sentado acá y ahora, no tiene esa sensación. Uno tiene esa sensación de esa cosa sin tiempo y sin espacio.

SS: Por esa capacidad de elevarse o sumergirse, los poetas anuncian el porvenir.

OO: Yo creo que por ese don del poeta se suponía, por ejemplo, en Grecia que era un profeta.

SS: Todavía lo es para mí. El visionario, como el profeta, parece anticipar, pero en realidad percibe y deduce los peligros que eventualmente cambian una época.

OO: El poeta escarba en lo desconocido, escarba en lo que no tiene explicación lógica. Yo creo que hay mucho parentesco con el científico de avanzada, en búsqueda de algo distinto, de algo que todavía no está establecido. Hay un pie que está en la tierra pero con el otro está tanteando el vacío para ver dónde lo apoya.

SS: *Por ejemplo, cuando Einstein estaba en el proceso de escribir la teoría de la relatividad tenía la idea germinando pero le faltaba algo que le llegó en un momento de quietud. Los surrealistas también buscaban cómo desenterrar algo de lo inconsciente, pero no lo puede hacer cualquiera sólo con quererlo, tiene que poseer la facilidad y tal vez desarrollarla, o haber crecido en las circunstancias necesarias o nacer con ese sexto sentido.*

OO: Bueno, Aragón mismo decía, si usted es un estúpido, por más que escriba con su subconciencia solamente encontrará tristes estupideces.

SS: *Claro, pero tampoco creo que lo visionario tenga que ver con la inteligencia, ésta ayuda en la escritura, la parte artística, no la profética.*

OO: No, claro, hay que tener el don, a eso es a lo que se refiere Aragón.

SS: *Además de percibir lo subyacente el poeta tiene un don mayor que la habilidad de escribir y ser inteligente.*

OO: Claro y eso tiene que ser trabajado idiomáticamente porque tiene que haber una calidad lírica.

SS: *Pero no creo que todos los poetas o escritores estén impulsados del mismo modo. Hay algunos que escriben metódicamente muy bien pero sin la magia. Hay otros que no escriben por mucho tiempo y de repente se sienten impulsados. ¿Te ha ocurrido esto?*

OO: De pronto empieza algo auditivo, o se me cruza una imagen y tengo la necesidad de expresarla. No me siento tentada de dejarla a un lado. Lo que rechazo son las solicitaciones que tengo mientras escribo. Eso que Octavio Paz llama los signos en rotación. Mientras estoy escribiendo y tengo que resolver todo en una imagen entonces en lugar de una imagen hay unas cuantas que viene en círculo y tengo que rechazar algunas porque tengo que elegir una; por eso, lo que está hecho a uno le parece un fracaso porque ha tenido que optar, ha tenido que rechazar mucho.

SS: *Lo que dice Sábato, por ejemplo, es que él trata de escaparse a veces, pero algo lo persigue hasta que se pone a escribir.*

OO: Yo no es que lo rechace tampoco. Es algo dentro de mí que dice que eso no está formado y sigo andando, pero va creciendo, creciendo, hay algo que se va formando de una manera más perfecta hasta que naturalmente cuando está más hecho se me impone.

SS: *¿Tienes épocas en las que te cuesta escribir más que en otras?*

OO: Yo cada vez que termino un poema pienso que lo he escrito con las últimas borlas, que no hay nada más. Cuando termino un poema me parece que me quedan palabras deshilvanadas: pájaro, árbol, cielo y cómo voy a unir todo esto en lo sucesivo. Pero pasa un tiempo y la cosa vuelve. La impresión de que no va a llegar nada nunca más es muy desesperante, porque por más que uno no quiera valorar lo que uno hace, es su expresión.

SS: *En* La oscuridad es otro sol *dice que una fuerza te invade sin dejarte tú misma.*

OO: Eso se debe referir a estados de angustia que he tenido cuando era chica, así como he tenido interrogantes excesivos como la mayoría de los chicos que no salen o no pueden enfrentar realidades que los trascienden y a las que después hay que renunciar, averiguar cómo son, por qué hay que sobrevivir. Yo creo que una pasa la etapa de la infancia y de la adolescencia porque pacta con la realidad, no porque haya desentrañado la realidad.

SS: *Claro que no, aunque hay gente que vive sin obsesiones y hay otros a los que les vencen.*

OO: Yo creo que la gente que vive sin ninguna obsesión es la gente que es mucho menos sensible.

SS: *Y tal vez viven más tranquilamente, sin problemas, presiones ni pasión. El visionario es obsesivo, pero al mismo tiempo tiene éxito en el descenso al fondo y la salida de éste, la vuelta a la realidad prosaica. ¿Has sentido alguna vez ese temor de quedarte?*

OO: Bueno, algunas veces, cuando me sumerjo a fondo en lo que estoy haciendo, me da la impresión de que estoy unida a la superficie de la vida por un hilo que es tan delgado como lo imaginario, que se puede cortar en cualquier momento y me puedo quedar sumergida allí y no salir jamás. Es desesperante porque es como una enajenación.

SS: *En ese momento es como vivir dos vidas: una con el cuerpo y la otra... ¿cómo sales?*

OO: Se termina siempre por salir, la palabra misma lo saca, la palabra misma precisa la va llevando a una fuera del estado.

SS: *Ana María dice que ella sale por el tacto.*

OO: Yo escribo con un piedrita negra en la mano. Una piedra que tengo desde chica, una piedrita lisa, lustrosa, como si fuera una especie de talismán que me defiende de todo.

SS: *¿Crees que el trayecto es más fácil para una mujer que para un hombre porque acepta la realidad como es y no como quiere que sea?*

OO: No sé. Yo creo que el acto creador no tiene sexo y que se produce de la misma manera en el hombre que en la mujer.

SS: *Has dicho que eres cristiana...*

OO: Bueno, creo que me hecho una religión personal. Tengo una formación católica, mi familia era católica de siempre, he ido a colegio de monjas, pero en mis creencias hay mucho del oriente mezclado. Hay un amasijo hecho a mi gusto y a mis sentimientos.

SS: *En tu poesía hay una preocupación metafísica y una vena mística.*

OO: Sí, en casi toda. Siempre hay una salida mística o trascendente.

SS: *¿Por qué tanta preocupación con la muerte?*

OO: No lo sé, estaba pensando en analizarme. Yo tengo fe, tengo fe en la perduración de mi alma en el más allá, en que hay una unidad de alma, de que todos somos uno en definitiva, que nos reunimos todos en una especie de absoluto, póngale uno el nombre que quiera ponerle, pero a pesar de eso tengo miedo a morirme. Debe ser por la metamorfosis que se pueda sentir después, que deber ser sorprendente y dolorosa. Así como se nace en este mundo, llorando, uno debe nacer al otro también llorando. Para mí lo contrario de la vida no es la muerte, creo que la muerte está entretejida con la vida. Pero, claro, llega un momento en que la vida desaparece y queda lo que se llama muerte que no es lo contrario, que es una continuidad impensable porque no se sabe cómo es, en definitiva.

SS: *Es morir a una cosa para renacer a otra, creo yo.*

OO: Claro, pero cómo es esa otra.

SS: *Cómo no quisiera saberlo, pero creo que, de alguna manera, se escoge.*

OO: Uno trata de sondear, pero una respuesta nítida, nítida no la he tenido. Hay una búsqueda, ha habido manifestaciones. A una le parece que ha tenido varias señales. Alguna vez he visto fantasmas o he tenido sensaciones de luces que no tenían de dónde producirse que una no las atribuye a un desarreglo exclusivamente sensorial.

SS: *¿Te ha ocurrido algo así despierta? ¿Te aterroriza?*

OO: Sí, muchas veces. A mí me ha ocurrido mucho de eso. Soplos en la cara. Sentir una mano en el cuerpo, un peso. He sentido olor a azares, olor a jazmín también y no tenían de dónde venir, yo tengo plantas pero no había ni jazmines, ni azares. Otras personas que han estado acá también lo han sentido al mismo tiempo y no tenían de dónde originaban.

SS: *Como si hubiera pasado alguien.*

OO: Como si hubiera pasado alguien invisible que tiene esa fragancia. Un alma con ese perfume.

SS: *Quién sabe, tal vez haya algo que te rodea o lo atraes, los espacios también cuentan.*

OO: No sé, porque todo eso es muy indefinible, muy intransferible. Son cosas muy difíciles de explicar. Es dificultoso, la palabra no llega del todo.

SS: *Eso es lo que hace. Es eso lo visionario.*

OO: Yo creo que soy, de algún modo u otro el palpante permanente en mi poesía.

SS: *¿Cómo te formó el crecer en la Pampa en lugar de en una urbe?*

OO: Bueno, estuve en la Pampa hasta los ocho años nada más, nací allí. A los ocho años nos fuimos a vivir a una ciudad grande que es Bahía Blanca, que queda en el sur. Mi padre tenía campos de explotación de bosques y aserraderos.

SS: *Pero te dio una visión diferente de la realidad, la gente que te rodeaba, las empleadas, la gente que te contaba cuentos…*

OO: Sí, sí y también mi abuela. Mi abuela por un lado descendía de irlandeses, tenía un cuento para cada día. Todos los días me contaba una historia. Mi abuela era una persona absolutamente mágica y que creía en la magia. Todos los días de mi vida me contaba cuentos. Murió cuando yo tenía veintiocho años, igual me contaba cuentos. Además yo le pedía que me contara.

SS: *Bueno, eso ayuda a tener la mente abierta, porque esto es lo que encierra la magia de la vida, lo mágico que va desapareciendo con el llamado progreso.*

OO: Claro, seguro. En mi casa no hubo gente demasiado racionalista. Hubo gente muy inteligente pero no demasiado racionalista.

SS: *En las ciudades grandes como Buenos Aires, la gente es demasiado racionalista…*

OO: […] pero suceden tantas cosas ilógicas en este país, porque la gente tampoco piensa con la cabeza fría, procede por impulsos, como si jugara a los dados, como si resolviera al azar. Es un lugar donde la experiencia no cuenta, por eso se repiten malas historias ¿no? La experiencia, la historia no es vigente, entonces se cae en los mismos errores.

SS: *Volviendo al proceso creativo, el visionario puede cambiar una época porque puede mostrar la realidad subyacente, lo que está por explotar.*

OO: No sé, pero a parte del escribir, uno tiene un cierto pudor porque toma el carácter de una predicción ¿no? […] Ahí está escrita la cosa y el que la toma, la toma…

SS: *Claro, pero al leer los símbolos en el momento apropiado cuando la sensibilidad esté lo suficientemente receptiva, va a llegar un momento en que haya un cambio. Entonces, se empezará a discernir y reconocer lo que estaba escondido.*

OO: Bueno, eso pensaban los surrealistas, decían que la poesía podía cambiar la vida.

SS: *Yo creo que sí, no sólo la vida individual, sino la de la sociedad eventualmente.*

OO: Bueno, ellos se referían a la poesía pero no sólo se referían a la poesía, en realidad se referían a lo que estaba hecho a través del subconsciente. Por eso creyeron en algún momento que tenían un parentesco con el marxismo, con el socialismo. Ellos decían que la poesía puede cambiar la vida y los otros decían que el socialismo puede cambiar el mundo. Entonces parecía que había un parentesco entre las dos cosas. Los mismos que dijeron que por darle la supremacía a la subconciencia podían entenderse con Freud, después vieron que la cuestión del psicoanálisis iba por otro camino. Freud más bien limitaba y todo lo atribuía a la libido…

SS: *Sí, y la libido de Freud se reduce solamente a energía sexual masculina Mientras que, para Jung, la libido es toda la energía psíquica. ¿Qué energía incita la escritura? No es necesariamente sexual, pero tiene ese mismo poder o mayor, según la intensidad.*

OO: Es una limitación grande. Además, parece una cosa mecánica, uno aprieta una tecla y ya le llega el complejo de Edipo, el complejo de Electra o el de inferioridad […] está todo como si estuviera programando ¿no?

SS: *Si, además Freud es falocéntrico, analiza la psique exclusivamente en relación con el hombre, tiene la fantasía de que la mujer envidia al hombre por su miembro sexual y que no puede crear porque carece de éste. Lo increíble es que todavía sea tan popular. […]*

OO: [...] bueno, ahora está esa escuela de Frankels que cree en la logo-terapia.

SS: *No sé, creo que tiene que ver con la extraversión e introversión. Freud y Marx eran extravertidos, creían que el mundo puede arreglarse por fuera. Jung era introvertido, el examen empieza por dentro de cada cual.*

OO: Pero lo de Frankels es una mezcla de los dos, es encontrarle un sentido trascendente a la vida, algo que trascienda al hombre para la curación de la neurosis misma, aferrarse a algo que vaya más allá de sí mismo. Ya sea a través del prójimo, a través de la religión, a través del arte y a través de lo que sea, pero algo que sea superior al yo.

SS: *Estoy de acuerdo completo. El ser humano necesita un asidero, en este siglo se ha fragmentado más que nunca. Ya no hay un centro fijo en la superficie y no se cree que haya una unión profunda.*

OO: Claro pero no hay nada que explique tampoco y además es impensable. Cuál es el comienzo y cuál es el final, porque tanto origen como final son impensables, no caben dentro de nuestra mentalidad actual.

SS: La oscuridad es otro sol *es un libro diferente a tu anterior producción.*

OO: *La oscuridad es otro sol* es un libro de relatos que es autobiográfico. Parece que es un libro fantástico pero la base es la realidad. Naturalmente que hay mucho trabajo de lucubración, de lo real hacia un más allá que siempre corresponde también a una cierta fantasía. Ahí hay muchas claves de lo que es mi funcionamiento y mi poesía misma.

SS: *El título mismo, La oscuridad es otro sol, es ver en la oscuridad, lo visionario: descubrir lo que no sabemos que está en la oscuridad...*

OO: Yo soy religiosa, y desde este costado todo es misterio, y sabemos que todo misterio que por mucho que indaguemos desde este lado no nos va a ser revelado nunca, entonces tratamos de espiar el otro lado con suposiciones, con intuiciones, con afinamientos llevados al último extremo del razonamiento y de la sensación misma. Pero toda respuesta es escasa y problemática. Sabremos para qué vivimos y a dónde vamos cuando hayamos traspasado la frontera.

SS: *A menudo dos personas en lugares apartados, y que no tienen ninguna relación, inventan lo mismo o se les ocurre ideas semejantes casi al mismo tiempo.*

OO: Claro, por eso a veces se produce... sin que haya plagio, coincidencias entre personas que están tan distantes como Australia y México, por ejemplo. Hay símbolos generales, pero cada uno tiene símbolos particulares que no pueden ser interpretados como un común, sino que hay que conocer mucho a alguien para saber qué significan, qué significa la llave, qué significa la sombra, lo que fuera. En eso también está la experiencia de lo que significa un sustantivo determinando que puede haber sido un desencadenante de muchas cosas en la vida de una y de nada en la de otro.

SS: *Cierto, en cada sueño, en cada texto se dan los símbolos personales, pero además de eso están los otros, los símbolos comunes a la humanidad, universales y atávicos pero que no queremos reconocer. Se los llaman primitivos peyorativamente y es posible que sean los más verdaderos del alma humana.*

OO: Claro que son los que están depositados en ese inconsciente colectivo.

SS: *Pero el artista los saca de alguna forma y los hace suyos temporalmente aunque pertenezcan a la colectividad, miope en nuestros días, por lo que paradójicamente son más difíciles de interpretar que algo personal, pasajero o racional.*

OO: […] el mar, la serpiente, hay muchas cosas que son comunes.

SS: *A veces, para algunos, la oscuridad es otro sol que han tratado de ver y cada vez que tomamos conciencia de algo que estaba en la oscuridad, este algo se hace realidad, pero hay que escudriñar...*

OO: Bueno es lo mismo que lo de San Juan de la Cruz, es la iluminación a través de la noche oscura del alma como lo dice él mismo.

SS: *Claro, el místico es visionario, igual que el que desciende al subsuelo.*

OO: Seguro, él llega a un estado de comunicación con Dios, y a través de esa oscuridad que atraviesa, tiene las revelaciones supremas.

SS: *También el visionario capta ese espacio, lo muestra, pero al leer en el presente no se lo reconoce hasta que el futuro lo reconozca.*

OO: Yo he perdido a toda mi familia, por ejemplo, hace unos días he estado revisando unos papeles escritos hace veinte, treinta o más años tal vez, y en esos borradores encontré unas frases que decían, por ejemplo: "Yo seré la última en irme, me tendré que quedar aquí para apagar las lámparas y cerrar las puertas". Todo era muy melancólico y triste y es como si estuviera hablando a través de un soplo que me viniera del porvenir. El porvenir de entonces es ahora.

SS: *Tu poesía es visionaria pero es también coherente. Tu escritura es lúcida, consciente, pero ¿de dónde, cómo proviene la primera recepción, intuición, vislumbre de lo no racional?*

OO: Puede provenir de un sueño, el primer arranque de un poema puede provenir de un arranque visual, real, irreal, la palabra puede provenir de algo escuchado al azar que de pronto queda resonando en uno, puede provenir de una cosa completamente racional también, como una idea que busca encarnarse en la palabra y a veces es simplemente como un sonido musical que va buscando su forma definida y la va formando. Después, mi selección, en general, es conciente. Mi sistema para escribir es tener el comienzo y el fin de un poema, no sé cómo voy a llegar desde ese comienzo a ese fin, no sé qué camino tengo que recorrer, eso sí se va dando solo.

SS: *¿El final nunca cambia?*

OO: No, casi siempre llegan juntos el principio y el final, sé a dónde tengo que llegar, pero el camino no lo sé. Lo que cambia justamente es el recorrido, a veces, pero nunca paso de una línea a la siguiente si la anterior no es la definitiva, es decir, no trabajo el poema cuando está terminado, lo voy trabajando paso a paso.

SS: *¿Cómo te llegan el principio y el final? ¿Hay varias formas?*

OO: Como te dije, puede ser un sueño, una frase oída al azar que despierta una resonancia extraña, puede ser algo que llega por asociación de ideas, llega de modos diferentes [...]

SS: *La imaginería abunda en tu poesía y algunos críticos la consideran difícil...*

OO: Yo creo que no es difícil, que es cuestión de frecuentación de lo que uno hace.

SS: *Para el lector es diferente. Cuando leí "Visión", de Ana María, fue un choque por la diferencia con el resto, me di cuenta de que era de procedencia visionaria. Después, ella dijo que en esa época estaba viviendo como una doble vida, que las cosas le llegaban, ella estaba funcionando normalmente y de pronto era como algo que la forzaba a escribir y esto es lo que dice Jung, que una fuerza empuja, que el artista no puede dominar. Que tiene que hacerlo o se siente mal, se enferma, le ocurre cosas hasta que escriba...*

OO: Bueno yo creo que eso les pasa a todos...

SS: *¡A mí no! [Risas.]*

OO: ...A todos los que escriben, a todos lo poetas digo yo. No digo a los prosistas. La poesía es vertical y la prosa horizontal. La poesía es vertical porque escarba en lo alto o en lo subterráneo y la prosa es horizontal, porque es lineal, cada cosa lleva a la inmediata y así sucesivamente e incluso se puede alimentar de elementos que pueden ser cotidianos, sociales, reales o no pero siempre hay una alineación continua. En cambio en la poesía no hay una alineación tan continua.

SS: *Funciona a otro nivel no lineal, pero hay prosa poética que no responde a la causalidad.*

OO: Bueno ya no existe una división tan absoluta de los géneros. Hay convenciones para poder distinguirlos pero dónde está el límite de una cosa u otra no se sabe ¿no? Incluso hay novelas que tienen un gran contenido poético.

SS: *Claro que sí,* Don Segundo Sombra, Abaddón *o* Sobre héroes y tumbas, *por ejemplo.*

OO: No, no, yo digo algunos que tiene más contenido poético, como *Pedro Páramo* de Rulfo, inclusive algunas cosas de García Márquez, imágenes muy poéticas: una mujer que se está muriendo y todos llegan a traerles cartas para que las lleve al más allá, un muchacha que se muere y arrastra una bandada de mariposas amarillas cuando se muere, otra que tiende una sábana y vuela hacia el cielo. Todas esas son imágenes absolutamente poéticas, aunque no estén contadas de manera poética.

SS: *Tienes razón y hay más. Hablando de García Márquez y del realismo mágico, tu vida parece una novela con tanta magia en la realidad de tu infancia, creciste entre locos y escapados…*

OO: Lo que pasa es que yo no nací en la cuidad, nací en la Pampa en un pueblo que se llama Toay y mi casa era una casa grande con jardines y quinta justamente, pero claro, era un pueblecito donde los médanos cambiaban de lugar todos los días. Era un pueblo lleno de arena, había cardos rusos, que son esos cardos que no tienen raíces, que van rodando y rodando. Es un zona árida, totalmente árida, donde la vegetación ha crecido a fuerza de sacrificio y de mucho trabajo sobre la tierra. Bueno ahí yo me crié con mis padres, mis hermanos y mi abuela. Mi abuela era muy especial y protegía a la gente, en especial a los pobres y a los mendigos y entre la gente que protegía hubo tres locos, uno que fue a vivir a la casa que era un cantor italiano, un tenor retirado que se llamaba Nanni, que contaba cosas fabulosas de su vida, que eran inventadas. Decía que el papel principal que él desempeñaba en una ópera se lo había arrebatado un rival que había en el elenco en el que él estaba. Con el tiempo se llegó a saber que era él el que quería fraguar ese papel del otro, que no había llegado nunca a hacer el papel principal. Él había sido un cantante del conjunto nada más. Después, había una loca que era la reina Genoveva a la que el enamorado había abandonado con una chiquita recién nacida. Ahora, yo no sé dónde estaba la chiquita, pero ella iba de pueblo en pueblo, y todavía con grandes ilusiones. Como en la novela de Dickens, viajaba de pueblo en pueblo con un traje que ya estaba todo desgarrado pero lleno de abalorios, de cuentas de colores, puntillas como un lujo y un sombrero grande, pero con botines de hombre atados con piolines en los pies. Y después otra que se llamaba a sí misma la Lora, no sé por qué, era muy pobre, vivía con su hijo adolescente, había excavado en la tierra una especie de gruta y ahí dentro vivía con el muchacho y a esos tres mi abuela los protegía de todas maneras. Ya te digo, uno de ellos llegó a vivir en la casa, le dio un lugar en el granero, donde se levantaba cantando un aria todas las mañanas. Y claro, todo eso es muy impresionante para una criatura. Todo eso se puede ver en *La oscuridad es otro sol*.

SS: *Cuando veías cosas raras ¿no te atemorizaba un poco?*

OO: No, no mucho, además del hecho de hablar con gente que está en la misma cosa te hace sentir acompañada, que no eres un personaje extraño. Cuando yo era chica lo comunicaba, hasta que me di cuenta que no le sucedía a todo el mundo. Eso empezó a extrañarme y me hizo bastante solitaria.

SS: *¿Cuándo te diste cuenta que ibas a ser poeta?*

OO: Bueno, eso lo voy descubriendo cada día. Empecé a escribir como si fuera mi misión, debe haber sido a los doce, trece años y ya no paré. Pero no soy muy prolífica, como habrás visto. Para empezar algo espero como un estado de gracia. Yo sé que si uno raspa y raspa siempre salen cosas, pero no se trata de eso, se trata de algo que te impulse.

SS: *Eso es cierto, te empuja. ¿Por qué, para qué o para quién escribes?*

OO: Yo creo que es mi expresión en este mundo. Es como lo que tengo encomendado por una fuerza mayor. Es mi razón, es hasta mi manera de ser.

SS: *La poesía es la razón de tu vida ¿no? ¿Podrías vivir sin escribir?*

OO: No lo sé porque no lo he probado, pero creo que no, porque en cuanto termino un poema siento un gran alivio cuando termino. No es una alegría escribirlo, es una alegría inmensa terminarlo, agregar ese objeto, intercalarlo en el mundo mío. Pero, creo como Rilke, que uno se debe haber preguntado muchas veces si preferiría que le cortaran un brazo a dejar de escribir, y creo que preferiría que me cortaran un brazo.

SS: *¿Has tratado alguna vez de dejar por un tiempo, de postergar la escritura?*

OO: No, he dejado de escribir en esos momentos en que termino un poema y siento de pronto que me he quedado vacía, que me quedan tres o cuatros palabras, el fondo del tarro, y no sé qué hacer con esas palabras. Naturalmente, no puedo hacer nada por una temporada hasta que no llega ese otro impulso.

SS: Entonces es una necesidad que te llega de dentro o de fuera.

OO: A veces no es de fuera, a veces es un sueño, una música, una frase oída al pasar, o una frase de otro escritor que me despierta, una réplica, por ejemplo, o una continuidad o un paralelismo. Es como si abriera una puerta y empiezan entonces a circular esos signos en relación de lo que habla Octavio Paz. Entonces se trata de elegir, abro esa puerta y veo ese larguísimo corredor en el que de pronto no hay nada y se comienzan a acumular miles de cosas, y al fondo hay otra puerta que es la que cierra, y ésa sí sé lo que es. Pero lo que va a suceder entre una y la otra no lo sé, lo voy sabiendo a medida que avanzo…

SS: Van surgiendo las imágenes…

OO: Claro, voy eligiendo, lo que también es una opción dolorosa: elegir. Son muchas las cosas que se presentan.

SS: Cada elección implica un sacrificio. Se te presenta la imagen, la idea o la palabra; me decías ayer que a veces sentías olores que no estaban allí. Ésa es una variación de las imágenes visuales o auditivas…

OO: Es una variedad de imágenes que son de todo tipo, por cualquiera de los sentidos.

SS: Los místicos, profetas, los verdaderos chamanes lo saben. ¿Es posible prepararse?

OO: Ése es el asunto, ya se ha dicho que la poesía que es justamente vertical porque tiende hacia lo alto y hacia lo bajo, entonces llegas a unas alturas en las que piensas que vas a aplastarte si te caes y llegas a unos abismos que no sabes cómo trepar para volver a salir. En fin, dejas el plano de lo rutinario, de lo diario, el plano horizontal que es el plano de la prosa. Aunque hay prosa poética por supuesto.

SS: Por supuesto. ¿Cómo desciendes del cielo o asciendes del abismo?

OO: Yo creo que se sale del todo cuando el poema está terminado…

SS: Por la escritura, ¿puede alguien que vive la experiencia terminar en la locura?

OO: Claro, has visto esa puerta final. Cuando vas llegando a esa puerta final es la puerta que te lleva a la salida.

SS: *Es esa etapa, el proceso es mas consciente, la revisión, la reescritura, ¿no es así?*

OO: Sí, sí, mucha. Generalmente no avanzo de la primera a la segunda sino [que] tengo una primera más o menos aceptable y así sucesivamente. Es decir, cuando el poema está terminado yo corrijo muy poco. Corrijo las repeticiones, las asonancias.

SS: *Tu proceso es minucioso, lento.*

OO: Yo siempre digo que construyo los poemas como un arquitecto, trato de poner en la línea cuatro [lo que] no se contradiga con lo que pongo en la línea ocho, por ejemplo. Es como que no puedo hacer una ventana sobre los escalones de una gradería de una escalera, ¿no?

SS: *Sí, tu escritura es impecable, rigurosa, y ahí está la parte consciente del arte.*

OO: Los poemas son coherentes siempre.

SS: *Sí, ese aspecto es el resultado de tus conocimientos, experiencia, inteligencia, la labor mental, pero hay varios pasos en el proceso creativo. Lo visionario nace de la percepción, génesis de la imagen, ¿se da también durante el desarrollo; un ir y volver?*

OO: También se pueden presentar en los distintos momentos pero se van organizando y se van corrigiendo. Es como si uno entrara, fuera al subconsciente con una linterna e iluminara todo de una manera muy cruda y muy exigente.

SS: *Bueno, y los años de escritura, la técnica que ya has conquistado te ayudan o no, porque alguien puede internarse al infierno y no puede salir porque no sabe escribir.*

OO: Claro, la palabra a veces es peligrosa, a veces te elude, te envuelve, te atrapa.

SS: *¿Es la palabra que no encuentras, la que te fascina o seduce, o es la imagen impensada, extraña, la más peligrosa?*

OO: Bueno yo digo la imagen cuando ya está hecha de palabras.

SS: *Pero antes que la palabra ¿no está la imagen mental? Después se expresa o muestra con palabras.*

OO: Pero la expresión de esa imagen, que está hecha de palabras, a veces falla, la que te envuelve, te ata, no te deja organizar nada. Por eso, hay gente que está en los loqueros.

SS: *Los cantos a Berenice están dedicados a tu gata que murió. La relación que muestras es de encantamiento, sortilegio, maravilla.*

OO: Bueno, yo sentía con ella que no tenía relación con un animalito, sino como con un tótem. Además, era una gata muy particular, teníamos juegos especiales. Por ejemplo, nos mirábamos las dos en un espejo grande, yo la miraba a ella y ella me miraba a mí, yo hacía una mueca y ella trataba de hacer la misma mueca, yo cerraba los ojos, ella cerraba los ojos y no los abría hasta que yo la codeaba y veía que yo estaba con los ojos abiertos y se quedaba con los ojos abiertos. Era un juego de esa naturaleza, yo iba extendiendo la mano un poquitito y ella extendía su manita hasta que nos tocábamos las manos. El juego más misterioso que se le ocurría —o uno de los más misteriosos— era desplegar una hoja de periódico, se metía debajo y caminaba por toda la casa, sobre todo si había gente. Ésa era la forma de sorprender, entraba una hoja de periódico y ella arrastrándose debajo.

SS: *Era una compañera extraordinaria. ¿Cuántos años la tuviste?*

OO: Quince años y medio. La muerte de Berenice fue como la muerte de un niñito.

SS: *Tu poesía revela una compenetración única con ella, cariño y la falta que te hacía.*

OO: Sí, empecé por escribirle un poema y seguí y seguí, y no terminaba nunca, mi marido me decía que lo había estado haciendo durante quince años sin darme cuenta. Además, le encantaba la música.

SS: *Tu poesía es una búsqueda metafísica (lo señala la crítica) la búsqueda de Dios.*

OO: Yo no sólo creo en este plano de la realidad, creo que hay muchos planos de la realidad. Éste es simplemente un relámpago de las cosas invisibles, que todo lo que vemos son meta-cosas de cosas que están mucho más allá y es muy difícil saber lo que hay del otro lado. Una tiene esas sensaciones que a veces siente que vienen de otras realidades pero son casi siempre impensables por entero o son intraducibles.

SS: *Creo que la poesía es la que más nos acerca a otras dimensiones, porque se la intuye, despierta emociones, sentimientos diversos, si no se escapa ese segundo.*

OO: Uno trata de apresarlo pero a veces se escapa como se escapa un pez o un sueño cuando uno quiere recuperarlo.

SS: *Sí, es tan escurridizo el recuerdo del sueño, se escapa como la imaginería que quiere comunicar "Los reflejos infieles" de "ese relámpago de lo invisible" de un poema tuyo.*

OO: Yo tengo un ejemplo que no sé si sirve para el caso. Tengo un poema a mi madre muerta que dice: "En vano te invoco como quien acaricia un talismán, esa piedra que guarda una gota de sangre coagulada capaz de revivir en el más imposible de los sueños". Bueno, eso estaba hecho, luego voy a la casa de una amiga que me muestra un libro de antropología en alemán con figuras. Entonces, me quedo absorta en una figura y ella me dice: "Hace medio hora que estas mirando esa figura, ¿qué es?" Se la muestro y le digo: "Dime tú qué es", y era una piedra que guarda una gota de sangre de un antepasado.

SS: *Parece mentira, pero no lo es, ya lo habías escrito antes de ver la figura. En algunos de tus poemas buscas algo por medio de la astrología, el tarot, ¿qué más?*

OO: Bueno, eso es muy en otra época, lo he abandonado por completo porque me parece que te da una especie de omnipotencia muy ilusoria. Además, creo que la poesía tiende a una ascesis, una ascensión, igual que la plegaria, comunicarte con lo alto a través de eso. En cambio, la magia trata de atraer hacia abajo fuerzas hacia donde una está, no te lleva hacia lo alto, me parece como algo más bastardo, lo otro es mucho más sagrado, tanto lo poesía como la plegaria.

SS: *De acuerdo, pero hay más. ¿Qué es lo que buscas además de lo sagrado, lo divino?*

OO: Creo que la poesía interroga, sobre todo la mía. Siempre trato de ir un paso más allá en mi búsqueda, pero cada uno de esos pasos presupone una interrogación aunque tengan la apariencia de una aseveración y el último paso es el silencio, uno llega a lo vedado, a lo que no es posible ver desde este lado. Es como que cada uno al nacer hubiese abierto una fisura en este mundo que llamamos de lo real para dejar detrás el otro que ya conocíamos y esa fisura se ha cerrado detrás de nosotros, se ha cerrado con nuestro propio cuerpo al nacer y tal vez es allí que la tengamos que abrir de nuevo al morir.

SS: *O descubrir otra fisura, la siguiente. Si no es para aprender, no sé para qué venimos.*

OO: Claro, lo que busco es eso, pero no encuentro ninguna respuesta. Cuando a mí me preguntan qué es la poesía como definición pienso que todas dejan algo fuera de la poesía misma, cualquier definición por extraordinaria que sea. Lo más aproximado que he encontrado a lo que yo quiero es una, es la definición de un poeta norteamericano que se llama Howard Nemerov que dice que la poesía es la tentativa de apremiar a Dios para que hable, claro que Dios no va a estar a disposición mía para contestar mis preguntas.

SS: *Bueno, creo que está a disposición de todo el mundo que lo lleva en sí de alguna manera y quien cuestiona algo encuentra…*

OO: Sí, seguro. Además, lo importante es la búsqueda, como en el viajero, el explorador, lo importante es la búsqueda.

SS: *Muchos de los visionarios son obsesivos, como dije antes. ¿Tienes tú alguna compulsión, perseguidores?*

OO: No, tengo angustias, muchas. Y ésas son justamente intransferibles, que no se pueden traducir casi en palabras y que es muy difícil, inclusive llegar a una terapia en épocas de depresiones en que las angustias son bravas y no se las puede… Un libro producto de angustias, aunque hay remansos en todos, es un libro que se llama *Museo salvaje*, que es mi sorpresa frente a mi propio cuerpo. Va tomando distintas cosas, toma el ojo, toma la piel, toma las manos, toma los pies, toma la sangre. Toma todo en observación y asombro. Horas de contemplar para ver que veo ahí. Ahora, ese asombro ante el propio cuerpo crea una situación angustiosa, un enajenamiento de pronto. Es una angustia brava, brava porque llega a parecerte que ésta no es tu verdadera condición. Éste es un ejemplo de una de las angustias. Creo que una se siente expuesta a transformaciones impensables, como si se pudieran cambiar en cualquier momento las leyes del universo y dejarte totalmente de costado, como fuera de todo lo organizado que hay en el mundo. Ya sea como espectadora o como desecho.

SS: *Es la continuación del cuestionamiento siempre presente. En Juegos peligrosos siento una angustia tremenda. Pero, cuando terminas la escritura ¿qué sentimiento tienes?*

OO: De alivio. Yo con la prosa me divierto.

SS: *La oscuridad es otro sol es tu primer libro en prosa y gran parte es biográfico.*

OO: Sí, y tengo otro que se llama *La luz es un abismo* que salió en el 1995.

SS: *Muchos de tus títulos como* En el revés del cielo, La oscuridad es otro sol *y* Los juegos peligrosos, *sugieren una mirada al otro lado, a lo desconocido.*

OO: Bueno, sí claro. Ahora, *La oscuridad es otro sol* son los primeros atisbos de la infancia justamente. Es entender que no es la luz lo que te va a revelar las cosas secretas.

SS: *La visión nocturna, como "El sol de medianoche".*

OO: Bueno tal vez sea mucho del romanticismo alemán la oscuridad solar y también la unidad en lo profundo.

SS: *No creo que se equivocaran. Las imágenes tan evocativas de los títulos de tus libros me intrigan; así también las foto-imágenes en La oscuridad es otro sol.*

OO: Las imágenes las hizo el poeta Enrique Molina, que también era plástico. Además de ser poeta, pintaba y tenía una expresión visual muy imaginativa. El libro suscitó mucha imágenes y ésas ahí, están hechas con retratos reales. Por ejemplo está el de mi abuela.

SS: *Me dijiste que tu abuela tuvo mucha influencia en ti de niña, que te contaba historias.*

OO: Sí, sí, me contó muchas historias y además creía en mucha magia.

SS: *No te cerró las puertas mágicas ni los amigos invisibles ni lo sobrenaturales.*

OO: Sí, me abrió muchas puertas pero además nadie me cerró muchas puertas, ni mi madre tampoco. Además, la vida que no es en la ciudad abre otras puertas a los chicos. Hay otro tipo de aventuras, seguir a una hormiga, saber a dónde va, tienen tantas cosas que descubrir de la naturaleza. Los cuentos e historias de desaparecidos eran permanentes en casa, porque además todo el mundo tenía videncias o algo. Por ejemplo, una vez con mi hermana, que dormíamos en el mismo cuarto en el que había una mecedora. Una noche yo veo a una señora sentada en la mecedora, era una señora como de humo, como una condensación de humo, y la mecedora se movía, estiro la mano y encuentro la mano de mi hermana que me dice: "¿También la estás viendo?" y le digo: "Sí, también la estoy viendo". Esto lo cuento en *La oscuridad es otro sol.* Me levanto pero desaparece y oigo un ruido en la persiana que daba a un patio, de un roce como de plumas, como de alas, como de un pájaro, me levanto para ver qué es y la puerta del cuarto de mi abuela que daba al cuarto nuestro siempre tenía una vela de noche pues ella rezaba toda la noche, dormía muy poco. Me ve pasar frente a la puerta de ella y me pregunta qué pasaba y le digo: "No sé. Oí un ruido raro en la persiana" y me dice: "No es nada, son los fantasmas, nada más que los fantasmas, váyase a la cama".

SS: *Una aceptación al mundo y a más visiones. ¿Era la aparición en la mecedora la de tu bisabuela? Está en la oración "Por amigos y enemigos" que reza tu abuela, ¿no?*

OO: Si, claro. Además hay cosas muy precisas que me ocurrieron desde muy chica. Después dejé de contar porque me di cuenta que no todo el mundo tenía ese tipo de cosas y me daba cierta vergüenza tener particularidades.

SS: *Te ha ocurrido mucho de* La oscuridad es otro sol *o es producto de la imaginación.*

OO: No, son cosas reales, el fondo siempre es real. He bordado encima diálogos, cosas, pero la base es verdadera. Yo siento que mi infancia ha sido muy rica.

SS: *Dijiste que pasaste los primeros años de tu infancia en Toay, en la Pampa.*

OO: Sí, es un pueblo que queda al lado de Santa Rosa, la Pampa. La casa donde yo nací se llama ahora casa de la cultura con mi nombre. Voy cada tanto para organizar algo.

SS: *¿Y a qué edad viniste a Buenos Aires?*

OO: A los nueve años nos fuimos a Bahía Blanca en la Provincia de Buenos Aires. Ésa era ya una ciudad grande y después, a los quince, vine a vivir a Buenos Aires.

SS: *También el escribir causa desdoblamientos. ¿A ti te ha ocurrido esto?*

OO: Yo sí he tenido desdoblamientos, por ejemplo, te puedo contar hechos concretos, decirle a una amiga: "Cuando yo estuve en la comunión de tu sobrina…" y me dice: "No, no estuviste en la comunión de mi sobrina"; "Sí, estaba tu cuñado separado de tu hermana con su nueva mujer"… Es una insignificancia, pero puedo describirle a la mujer y la ropa, por ejemplo. No había estado, pero en mi recuerdo yo había estado. Otra vez le digo a una amiga que cuando vivía en esa casa tan paquete fui a verla cuando estaba enferma, y cuando me pregunta en qué casa, yo le respondo en una casa de Palermo que tenía un jardín en un costado y tú estabas allí en una cama rosa de raso, tu chico se escondía en un armario y costaba sacarlo. Ella me contesta que todo era así pero que yo no estuve nunca en su casa. Yo digo: "Cómo no, fui con María Julia". "No, pregúntale a María Julia, nunca estuviste". Bueno ésas son dos y he tenido muchas de ésas y no sé cuándo ocurre ni cómo. No sé tampoco cuándo ocurren y tengo el recuerdo de cosas como la oscuridad hace unos años.

SS: *Ésos son desdoblamientos, estar en dos lugares a la vez, o percibir algo y acordarse vivamente, pero ¿a qué "oscuridad hace unos años" te refieres?, ¿literal o metafórica?*

OO: Después, otra vez, con Beba Valladares, que me quería presentar a un crítico musical amigo de ella. "Pero ya me lo presentaste"; "No", responde; "Sí", le digo, "fuimos a la casa". Entonces me pregunta dónde vive. "En el Tigre, pero no en las islas", le digo, "en la ciudad", y se lo describo como un chalet donde entras y todo está ocupado por aparatos de música. También le relato que tomamos el té en una mesita de *bridge* que armaron él y una señora de edad de pelo blanco que creo que es su tía, que habló muy poco, una señora tipo inglesa y entre los cuatro: "Tú, esa señora, él y yo". Ella me dijo: "Mirá, eso es así, esa señora existe, es descendientes de ingleses, la mesita de *bridge* también existe, él es como lo describes y la casa también, pero yo no te llevé nunca, fui una sola vez y sola".

SS: *Es un desplazamiento, pero uno que no lo ha tenido no lo entiende. ¿Has escrito sobre estas experiencias? Volviendo a la poesía qué es la palabra para el escritor.*

OO: Creo que la poesía es esencial, como los silencios que la cortan de tanto en tanto, que los siente uno pero que tal vez el lector no. El silencio es tan importante como la palabra.

SS: *¿Qué piensas de los exegetas, intérpretes, críticos de tu poesía?*

OO: A veces los críticos son muy ocurrentes. He tenido buenos críticos, pero son los que han sentido una liberación semejante a la que yo siento cuando escribo el poema con mi mano, pero que me hayan descubierto cosas no he tenido...

SS: *¿Es que algunos la sienten intensamente y otros se quedan en la superficie?*

OO: Hay muy poca cosa que vaya al fondo de un análisis y lo peor son las críticas en contra que se toman de cualquier cosa adyacente, que no hagas poesía social, como si eso te invalidara como poeta, por ejemplo…

SS: *Claro, ese tipo de crítica de que la poesía no está comprometida.*

OO: La poesía no tiene otro compromiso que consigo misma.

SS: *Además, el arte es necesariamente transgresivo, va contra la corriente, las modas.*

OO: […] porque no sigues las modas, un buen poeta no sigue las modas porque sabe que eso es transitorio, además, ya tiene su estilo. No lo va a modificar de acuerdo con lo que dicta la moda, sobre todo cuando la moda es tan poco atractiva, tan superficial.

SS: *Me parece que esta falta de orientación de hoy tiene que ver con cambios, ocurrencias durante el fin de siglo. ¿Qué crees tú?*

OO: Y yo creo que sí. Además, hay cosas muy forzadas, hay una serie de moldes a los que se adhiere la gente durante una temporada y casi no se puede reconocer uno del otro.

SS: *Claro, se ha masificado todo con la media. Triunfa el espectáculo, la velocidad y la fama rápida.*

OO: Eso es lo que lleva a la trivialidad. Por ejemplo, ese grupo en España que se llama "Poesía de la experiencia", que de pronto la experiencia no consiste en la experiencia misma, la experiencia es la trivialidad, es tomar un café, caminar por una calle.

SS: *Lo prosaico, mecánico, superficial que ya no quiere ver qué hay más allá del momento, no remite a la autorreflexión. Pero ahora que cambia el siglo, aunque se haya descentrado la superficie, desacralizado la palabra y las creencias, no desaparecen en el fondo, aun en el caos, lo inconsciente tiene un asidero, de algún modo, puesto que guía. El hecho de que no lo entendamos es otra cosa. ¿Qué crees?*

OO: Yo creo que sí, y en medio de la desorientación misma la gente busca elementos en lo que creer y a lo que asirse. La proliferación de sectas misma lo indica, están buscando algo. Han destruido las religiones y buscan las sectas y, bueno, volverán a las religiones.

SS: *Estuvimos hablando de la historia de Argentina ¿cómo la ves ahora? ¿Está peor?*

OO: Yo creo que el mundo entero está convulsionado. Creo que acá se dan cosas muy agudas con particularidades muy nefastas, que desorientan mucho sobre todo a la gente joven porque se han perdido las leyes de valores, están creciendo sin orientación y sin futuro. Hoy en día se vive para el momento.

SS: *¿Pero qué crees que va a ocurrir? Porque algo tiene que cambiar.*

OO: Sí, algo tiene que cambiar pero tiene que ser un cambio brusco me parece, porque el cambio lento no lo veo con todo lo que hay a la mano. Lamentablemente los cambios bruscos son desastrosos y ése es mi miedo. A veces la poesía tiene, especialmente en un momento como éste de falta de esperanza, una efervescencia entre los jóvenes. Hay muchos talleres, ciclos de poemas, cafés literarios que desbordan de gente joven. Yo no creo que la poesía nunca va a desaparecer. Para desaparecer la poesía tendría que desaparecer la parte espiritual del hombre. La poesía le sirve de ayuda al otro, inclusive en su propio desconocimiento para mirar juntos el fondo del abismo, para sentir que no esta sólo. La poesía aunque sea solitaria es solidaria.

SS: *La falta de ritos en la mayor parte de las sociedades contemporáneas ha dejado un vacío. Eventualmente ¿crees que va a haber un renacimiento, una apertura profunda?*

OO: Pero por supuesto, algo que va más allá que la meditación trascendental y ese tipo de cosas. Aunque la meditación trascendental me parece muy respetable.

SS: *De acuerdo pero, ¿cómo crees que vamos a llegar a ese cambio?, me pregunto.*

OO: Bueno, en eso también hay un principio de búsqueda y la necesidad de algo trascendental, porque no nos podemos dejar de preguntar de dónde venimos, a dónde vamos. No se puede vivir exclusivamente en el ahora.

SS: *La poesía, el arte visionaria anticipan el porvenir desde que empieza a ocurrir.*

OO: Claro, claro y a veces coincide con la ciencia misma...

SS: *Claro, todos los videntes tienen el mismo acceso a la fuente colectiva inconsciente.*

OO: Hay una coincidencia cuando no se trata de la ciencia adocenada que repite el descubrimiento ya hecho, la ciencia escolástica, los científicos de la búsqueda siempre están como el poeta, con un pie en la tierra y con el otro tratando de tantear en el vacío.

SS: *Es que las respuestas están allí, pero es necesario un receptor que sea capaz de transmitirlas también poro medio del arte, la ciencia, o por el medio que pueda.*

OO: Claro, se trata de descifrar el libro del universo, que no es fácil.

SS: *Creo que hubo una época en que teníamos la llave (faltaba la escritura) pero ha ido desapareciendo en la misma medida que ha ido progresando la racionalidad.*

OO: La racionalidad es muy presuntuosa, porque de todos modos tiene que dar un salto absolutamente en el vacío como el de la fe. Con menos elementos para llenar ese vacío.

SS: *Victoria Azurduy, quien te conoce, mencionó algo de un congreso en el Uruguay del que regresaste antes de que éste terminara porque sentías que iba a ocurrir algo.*

OO: Yo fui a un congreso en el Uruguay, donde había algunos amigos, como Romelio Rivero con su mujer, era un excelente pintor y poeta que murió hace unos años. Todo estaba planeado para una semana, diez días, pero yo les dije: "No, yo me voy a ir tres o cuatro días antes". Cuando me preguntaron por qué, les dije que iba a ocurrir algo que no quería presenciar. Me fui y hubo un muchacho que se suicidó, se ahogó.

SS: *Tú lo presentiste. ¿Te ocurre a menudo ese tipo de cosas?*

OO: Más o menos. Lo malo es que ocurre con las cosas desdichadas, no con las felices.

SS: *Es que hay un sentimiento más profundo, hay más emoción en la desdicha.*

OO: Supongo que produce vibraciones más notables. La dicha tiene otro tipo de vibración.

SS: *Tú has leído a Jung y lo has entendido, porque hay gente que no lo entiende…*

OO: Sí, lo he leído y él permanentemente hace referencia a este tipo de cosas. Hay una gran sabiduría en él acerca de todo este tipo de temas. En *Recuerdos y memorias* habla mucho de todo eso, habla de la casa que ha habitado y la ha visto antes.

SS: *Él era visionario aunque no lo admitiera en esas palabras, pero por eso entendía el proceso que investigó. También tiene que ver la orientación introvertida o extravertida. El era introvertido y la sociedad de hoy en día es extravertida…*

OO: En una nota de la revista *Vuelta* hay un comentario acerca de los grandes poetas muertos, dice que no hay poetas muertos, que hay poetas que ya no están, simplemente, pero que para él, que no. Los nombres de las calles los recuerdan. Además, que la muerte ha dejado de tener ritos, que no tiene ningún rito, que es algo técnico y mecánico, entonces, no se puede hablar de muerte tampoco.

SS: *Te interesó el surrealismo porque también estaban interesados en estos fenómenos.*

OO: Claro que me interesaba. Mucha gente me ha puesto dentro de ese grupo, pero yo no tengo nada que ver. Hay un tipo de imágenes que podrían estar un poco emparentadas porque hay una valorización de lo onírico y hay una fe, una credulidad en otras zonas de la realidad que no son éstas, y hay una exaltación de la justicia del amor, de la libertad. Hay actitudes frente a la vida que son comunes.

SS: *Claro, pero algunos de éstos ya están en Cervantes, Dante, Quevedo y muchos otros anteriores al surrealismo que no habían leído a Jung. Jung leyó a Dante y a otros* *visionarios para tratar de entender cómo funciona el proceso creativo. También creo que la mujer, más que el hombre, está acostumbrada a vivir entre lo consciente y lo inconsciente y el poeta que ha desarrollado su aspecto femenino. ¿Qué piensas tú?*

OO: Los hombres son mucho más racionalistas que las mujeres, seguro. Además, hay una cosa casi instintiva que te lleva a suponer que entre tú y yo hay miles de cosas que no estamos viendo, que los sentidos no alcanzan, que son escasos. Estamos hechos para este universo del sol nada más.

SS: *No ayuda el lavado del cerebro desde la niñez. Hay niños que de chicos sienten, ven, creen y luego va desapareciendo este universo de lo no visible. El visionario lo mantiene.*

OO: Yo tengo un poema que digo que el universo es un relámpago de lo invisible.

SS: *Sí, el dedicado a Luis Cernuda que empieza: "La realidad, sí, la realidad, / relámpago de lo invisible / revela en nosotros la soledad de Dios". (Mutaciones 37). ¿Cómo podemos suponer que solamente somos esta vida?*

OO: No, por favor, no pueden habernos llevado y traído para no darnos la explicación. Yo tengo mucho apego a la vida, tengo que aprender el desapego. Hay que aprender el desapego.

SS: *Pero cuesta. ¿Te ayuda el escribir?*

OO: No, el apego no me ayuda a escribir, tampoco el desapego. Lo que ayuda tal vez es el apego a la memoria.

SS: *Hablemos de la semilla consciente. Al empezar un poema, debes tener una idea, más o menos sería, que luego desaparece o continúa. ¿Qué ocurre cuando escribes el poema?*

OO: Bueno, ya te dije cómo empiezo un poema, las cosas me van ocurriendo paso a paso, sé que tengo que llegar a ese fin, pero el camino lo ignoro. El camino es la búsqueda.

SS: *Pero, por ejemplo, en Cartas a Berenice pensabas en un poema, en un personaje, en tu vida específica, pero luego se alargó el camino.*

OO: Bueno, resultó que había otros corredores que daban a ese mismo corredor, entonces, empecé a anotar cosas y cuando terminé el primer poema ya tenía anotado montones para el resto. Cosa que no ocurrió con otros libros, claro que tampoco eran un tema fijo, van variando aunque están emparentadas las épocas. Las cosas te llegan en una especie de oleaje según las distintas épocas, son los distintos temas que te van llegando. De repente te encuentras que ese tipo de cosas terminó y viene otra.

SS: *¿Cuándo terminas?, ¿tienes un tipo de respuesta, aunque no haya una exacta?*

OO: Por supuesto, termino una temporada y viene otra. Cuando termina viene la tranquilidad o la desazón, las dos cosas. A veces me quedo sin palabras.

SS: *Pero tiene que ser un alivio.*

OO: El alivio es terminar el poema, salir a la superficie a terminarlo, pero inmediatamente después quieres volver a sumergirte. Pasión del [*inaudible*] lo llamaba nuestro querido poeta Enrique Molina, que fue uno de mis grandes amores.

SS: *Un gran poeta, e ilustró La oscuridad es otro sol. ¿Y Valerio, tu marido?*

OO: No, no, antes. Fue entre uno y otro, porque la primera vez me divorcié. Me casé muy chica, me casé a los diecinueve años, era poeta también. Mi primer marido era Miguel Ángel Gómez, que era poeta, al que asesinaron después de muchos años de estar separados y entonces empezó un gran amor con Enrique Molina.

SS: *Una unión de dos potencias en muchos sentidos. Tiene que haber sido una relación intensa. Y luego te casaste con el arquitecto con vocación de jardinero, Valerio.*

OO: Claro, pero también me casé muy tarde.

SS: *En "Rapsodia en la lluvia", de En el revés del cielo, hay una seguridad y confianza total en quien dejó un "viejo mensaje para hoy, hallado entre dos libros" (37). En mi primera lectura pensé en Valerio, en la relectura en Enrique, ¿estoy imaginándome?*

OO: No te imaginabas.

SS: *¿Fue más fácil vivir con alguien que no fuera poeta?*

OO: No, tenía una inclinación muy grande por el arte, era un hombre de una sensibilidad muy fina.

SS: *¿Pero tan intenso como un poeta? Me parece que los artistas, sean o no más emotivos, se dan permiso para mostrar sus sentimientos. Entonces, dos sensibilidades de ese tipo, así como llegan al cielo tienen que explotar como un volcán. Ahora, viviendo con un poeta ¿ayuda al proceso creativo?*

OO: No. Al revés, nunca escribí más que en la época que estuve casada con el arquitecto.

SS: *Cuando se vive mucho se escribe poco, ¿no es así?*

OO: Bueno, los españoles tienen un dicho que dice "Boca que besa no canta" [risas.]

SS: *No pregunto más, la felicidad no se escribe.*

OO: Además yo creo que esos estados de éxtasis que uno tiene no necesitan expresarse.

SS: *Hay que vivirlos únicamente. El sufrimiento sí que se puede expresar. Más que con tranquilidad, ¿escribes con sufrimiento?*

OO: Claro que sí, yo he escrito más con el sufrimiento. Los poemas de amor que tengo son de cosas ya pasadas, no son del minuto de amor, son de cosas que ya han pasado, como la muerte de mi marido. Tengo un poema largo que se llama "Un relámpago apenas" del libro *Con esta boca en este mundo.*

SS: *Cuando se quiere y se goza el tiempo vuela.*

OO: Es una especie de itinerario por las zonas que uno pasa. En general, la poesía, para mí, es como un fracaso, porque nunca he llegado a decir lo que quería llegar a decir, ni creo que lo alcanzaré nunca, es como una puesta esperanzada y desesperanzada a la vez que se renueva cada día. Siempre lo que uno dice en el poema es la décima parte o menos de lo que uno estuvo sintiendo y palpando. La palabra asió, tomó muchas cosas pero no todas. Hubo cosas que se le escaparon. Entonces, lo que una hace es una aproximación. Por eso cada vez que dicen "maestra" miro para ver a quién se refieren, porque yo creo que todos somos aprendices en la poesía. Nunca decimos todo lo que queremos decir, es y no es. Eso, pero a la vez no es eso, es como los sueños mismos: son y no son.

SS: *Los sentimos, vemos pero no como en la vida despierta. Sin embargo, el papel del arte es hacernos revivirlos en lo posible. Ahora, habiendo vivido gran parte de este siglo y a punto de entrar en el próximo como una de las más grandes poetas hispánicas, ¿cuál ha sido la función de la poesía y cuál es su futuro?*

OO: Bueno, yo creo que va a haber un vuelco y no creo que vaya a terminar la poesía. No creo que la poesía se acaba porque el hombre tendría que concluir con el espíritu. Tendría que pactar con lo cotidiano, con lo eventual y no se puede vivir sin sueños. Además, tendría que dejar de inquietarse hasta de su propio enigma. Una lleva la esfinge dentro de sí misma. No sabemos nada de nosotros.

SS: *Si lo dices tú que has examinado tu vida, lo inconsciente, has reflexionado y escrito sobre esto. ¿Qué podemos decir?, no sabemos nada de nuestro propio inconsciente. El sueño nos comunica con la imaginería de éste.*

OO: Aun así, cuando te despiertas es como si hubieses mirado en una ranura algo que se te apagó enseguida.

SS: *Es un vistazo fugaz que generalmente se olvida. Todos soñamos, despiertos y dormidos, y por ahí encontramos alguna respuesta, pero el poeta o visionario es el que sueña por la comunidad porque es quien puede acceder al inconsciente colectivo. ¿Cómo te afecta eso?*

OO: Bueno, en el sueño, a veces se dan elementos de lo real, futuro. Yo soñé por ejemplo con esta revolución libertadora que tuvimos con soldados en las calles y un día me despertaron los aviones y las bombas de la revolución que lo sacó a Perón. Y ocurrió no muy distante, ocurrió unos pocos días después. Fue cuando lo sucedido con Lombardi.

SS: *La historia Argentina está en tu literatura...*

OO: Es que hubo mucho gobiernos militares. Desde el 30 hubo muy pocos gobiernos elegidos por el pueblo y a los que hubo los derrocó siempre un movimiento militar.

SS: *¿Si tuvieras que escoger otra profesión qué escogerías?*

OO: Tal vez me gustaría ser pintora. Nunca lo he probado. Tengo profesoras que dicen que yo pintaba y dibujaba muy bien en el colegio y que mandaban mis dibujos a las exposiciones de alumnos internacionales que había en París o Roma, pero yo nunca los mandé; siempre me parecieron que era unos esbozos insignificantes. No seguí, pero sé apreciar muy bien la pintura y es algo que me atrae fundamentalmente. Yo voy a un lugar e inmediatamente recorro los museos.

MARÍA ROSA LOJO

Datos bio-bibliográficos

▸ María Rosa Lojo (Buenos Aires, 1954), polifacética escritora, se doctoró en Filosofía y Letras en la Universidad de Buenos Aires y se desempeña como investigadora del CONICET (Consejo Nacional de Investigaciones Científicas y Técnicas), en el Instituto Técnico de Literatura Argentina "Ricardo Rojas" de la Universidad de Buenos Aires. Es profesora titular del Doctorado en Letras en la Universidad del Salvador (Buenos Aires), donde dirige también proyectos de investigación. Ha sido invitada como conferencista, escritora y profesora visitante a universidades en Alemania, Francia, España, EE.UU. y México. Es colaboradora permanente del Suplemento de Cultura del diario *La Nación*.

▸ **De poesía ha publicado** *Visiones* (1984), *Marginales* (1986), *Forma oculta del mundo* (1991) y *Esperan la mañana verde* (1998). Su narrativa incluye: *Canción perdida en Buenos Aires al Oeste* (1987), *La pasión de los nómades* (1994), *La princesa federal* (1998), *Una mujer de fin de siglo* (1999), *Historias Ocultas en la Recoleta* (2000) y *Amores insólitos* (2001), *Las libres del Sur* (2004), *Finisterre* (2005). Además de numerosos artículos en revistas académicas, entre sus libros de ensayo se cuentan *La "barbarie" en la narrativa argentina (siglo XIX)* (1994), *Sábato: en busca del original perdido* (1997), *Cuentistas argentinos de fin de siglo: Estudio preliminar* (1997) y *El símbolo: poéticas, teorías, metatextos* (1997). Parte de su obra poética y narrativa ha sido traducida y publicada en inglés por Brett Sanders. Su novela *Finisterre* se tradujo al gallego como *A fin da terra* (por Ramón Nicolás) y se publicó en Galaxia.

▸ **Entre los premios recibidos se destacan** el Primer Premio Municipal de Novela y Cuento de Buenos Aires "Eduardo Mallea" por *La pasión de los nómades* y el Primer Premio de Poesía de la Feria del Libro en Buenos Aires por *Visiones*. En 1991 se le otorgó la beca de la Fundación Antorchas para artistas sobresalientes. Recibió varios premios a su trayectoria: el Premio Internacional del Instituto Literario y Cultural Hispánico de California (1999), el Premio Nacional "Esteban Echeverría" (2004) por el conjunto de su narrativa y el Premio Kónex a las figuras de las letras argentinas 1994-2003, en 2004.

Entrevistas a María Rosa Lojo

▸ **En julio y agosto de 1996, 1997, 1998. Revisadas en 2004, y con algunas adendas en 2006. La entrevista trata fundamentalmente sobre la poesía en prosa de la autora.**

SS: *¿Cómo y cuándo comenzaste a escribir?*

MRL: En la adolescencia. No sólo poemas (que eran más bien metafísicos, no poemas románticos o sentimentales, como suele ocurrir a esa edad), sino una suerte de "apuntes de lectura", pequeños ensayos sobre textos leídos que me impresionaban o me motivaban.

SS: *Entre todo lo que has leído, ¿hay lecturas que has hecho en tu vida, que te marcan? No hablo de influencias ni de intertextualidad sino de compenetrarse tanto con la página escrita que se la llega a poseer?*

MRL: Sí, he sentido afinidades profundas con textos de Hermann Hesse, de Rilke, de Carson McCullers, por ejemplo.

SS: *Un grupo selecto pero de distintas tendencias, aunque lo que les concierne es lo interno, psíquico. ¿Qué te fascina de ellos?*

MRL: Quizá la revelación multifacética y sutil de mundos interiores cerrados a la comunicación común, abismados en cierto tipo de contemplación incomunicable: tanto el *Lobo estepario*, como *Malte Laurids Brigge*, como los personajes de *El corazón es un cazador solitario*, de Carson McCullers, tienen experiencias de esta clase, a la vez atroces y maravillosas. Y yo también las tuve. De alguna forma me sentía hermanada con estos seres y consolada, si se quiere, por ellos.

SS: *Cuando empiezas a escribir ¿tienes un plan?, ¿sigues lo que habías previsto o vas cambiando?*

MRL: Me suele suceder con mucha frecuencia que finalmente el texto no se resuelve de acuerdo a mis previsiones racionales del comienzo. Como trabajo sobre todo en base al surgimiento de imágenes, incluso cuando hago novela, una imagen arrastra a la otra, es como una concatenación turbulenta. Va surgiendo repentinamente y no puedo prever en qué va a terminar. Por ahí tengo noción, en novelas sobre todo, de grandes estructuras narrativas, de ciertas acciones fundamentales, personajes, algunos ambientes, pero no puedo calcular demasiado bien de qué manera estos personajes van a evolucionar, qué es lo que van a terminar haciendo. Es como si se te escaparan de control.

SS: *Es como que se independizan por su cuenta. ¿Puedes controlar las visiones? ¿O ellas te controlan a ti? ¿Por cuánto tiempo?*

MRL: Pienso que las visiones "suceden". Determinan el desencadenamiento de un poema, a veces el de un relato. Se asocian a los personajes de una novela, a quienes en primer lugar "veo", antes, incluso, de oírlos. Las visiones son siempre fecundas, creo que no se las debe ignorar. Creo que operan como verdaderas matrices creativas, "usinas" de significación potencial. Mi poesía surge de imágenes generalmente visuales, que calificaría como imágenes fulminantes porque sucede como si estallaran, son violentas, muy fuertes, se me imponen y una va arrastrando a la otra. Todos mis poemas en general surgen de imágenes de este tipo. Por ejemplo, en el poema "Fragilidad de los vampiros", se trata de la imagen del vampiro, pero no como el ser terrible de las películas de Drácula sino como una especie de mariposa, de luciérnaga extraña que se puede atrapar. Este poema es un pequeño relato acerca de cómo se cazan vampiros y después se los encierra en frascos de cristal. No podría decirte exactamente qué significa aquí el vampiro, supongo que si uno busca paralelos simbólicos o intenta una lectura simbólica, es como atrapar el otro lado de la realidad, el secreto de la inmortalidad, el secreto de la vida, lo oscuro que es también lo bello. Lo que para otros resulta horrible o siniestro en ese poema se metamorfosea en belleza. Lo que para otros es lo tenebroso, lo indescifrable, lo monstruoso, lo que va a llevar a la muerte, en realidad es la belleza que inmortaliza. Pero bueno, precisamente porque hablamos de lectura simbólica, y por lo tanto, de polisemia, de multivocidad semántica, éste es apenas uno de los posibles planos de significación.

SS: *¿Es lo oscuro desconocido que sacas a la luz?*

MRL: Puede ser, y al sacarlo a la luz resplandece mucho más que todos los objetos de la vida diurna. Te recuerdo un fragmento del escritor H. A. Murena que está puesto como epígrafe de mi libro anterior, *Forma oculta del mundo*. Dice así: "¡Desaprender / la tierra! / hallar /la antorcha de la ceguera.// Como moneda de oro / la esfera / entonces / refulge". Cuando los recursos de la visión ordinaria terminan, se extenúan, encuentran sus límites, comienza la visión resplandeciente de todo lo que el día y la racionalidad lógica descuidan o ignoran.

SS: *¿Te sorprendió al terminarlo?*

MRL: Sí, bastante. Racionalmente no hubiera pensado, por supuesto, en escribir eso, pero se me ocurrió la imagen del vampiro y a partir de ahí se fue desovillando todo. Después, hay otro poema que se llama "Dragones" cuya idea central es que los habitantes de una casa durante el día viven un tipo de vida, la vida que vivimos todos, de ir al trabajo, de estudiar, de vestirse normalmente, pero a la noche se transforman en dragones con escamitas, unas escamas que durante el día quedan en los bolsillos de la ropa. La imagen que tenía yo cuando empecé ese poema era la de colas de dragón colgadas en las ventanas de una casa. A partir de ahí se fue desarrollando el resto, la secuencia poético-narrativa. La idea de algún modo es la misma que la de los vampiros: que en todos nosotros hay un lado oscuro, no manifiesto, y que ese lado es el vital, en ese mundo está la raíz de la vida que ocultamos durante el día, pero es en vano porque nos quedan las escamas del dragón en el bolsillo. Hay muchos poemas así de ese estilo en mi último poemario.

SS: *Pero también los hay en los anteriores.*

MRL: También en los anteriores, estimo que se trata de una poética coherente en este sentido, que encuentra continuidad. Creo que mi poesía está particularmente arraigada en la visión como empresa comprometida con la tarea, en definitiva imposible, de "transparentar el mundo", de hacer evidente lo oculto. Esto presupone de algún modo, y es una presuposición estético-metafísica, que hay en lo real tal como se nos muestra, un núcleo duro, cerrado, clausurado, o al menos, apenas entreabierto, apenas entre-visible, jamás manifiesto en su plenitud. Un elemento secreto e irreductible de misterio. En este sentido, ninguna palabra humana llega a circunscribirlo, a cercarlo, a dar cuenta de ello. En otro sentido, no necesariamente metafísico, podríamos hablar de cierta inadecuación perpetua entre lenguaje y realidad, caminos paralelos que jamás se funden.

SS: *Para mí sería el material inconsciente colectivo o arquetípico.*

OO: No sé si lo llamaría así. Pero desde la experiencia se tiene a veces la impresión de trabajar sobre las esquirlas o desechos de un mundo perdido, de un orden roto, donde las cosas estaban dispuestas de otro modo, antes de que fuéramos quienes somos o quienes creemos ser.

SS: *De Saussure mostró que el lenguaje es arbitrario. Desde el barroco pasando por los románticos, surrealistas, no clásicos, la relación del poeta con el lenguaje es inadecuada porque no logra expresar lo inasible, insondable de la experiencia humana, mientras que a los clásicos les basta el lenguaje. Hoy, desaparecido el significado de la palabra es diferible y diferente como lo ha sido el símbolo literario o psicológico, no lingüístico. Mucho de esto ya lo habían vivido los presocráticos y, claro, los visionarios, chamanes, entre otros, cuyas visiones o profecías nunca han sido fáciles ni totalmente explicables.*

MRL: Estoy de acuerdo con tu posición. Es algo que experimenté ante todo, en forma primaria, desde la escritura, y que luego tuve ocasión de profundizar desde la reflexión teórico-crítica. En un libro, *El símbolo: poéticas, teorías, metatextos*, justamente me ocupo de la problemática del símbolo como lenguaje del arte. Desde los románticos, la expresión simbólica aparece como el núcleo polisémico de lo poético, generador de una incesante irradiación semántica, irreductible a otro lenguaje (y por supuesto a los esquemas de codificación racional), y emergente, por otra parte, de experiencias vitales con raíces en una esfera prelingüística. Podría citarte, para aclarar mejor lo que te digo, un fragmento de este libro: "Como bien lo advierte Ricoeur, y como lo confirman las poéticas de los movimientos romántico, simbolista y surrealista, el símbolo no puede reducirse a una mera estrategia de carácter lingüístico. Su profundo arraigo en lo pre-lingüístico hace posible que se perciba su funcionamiento en diferentes niveles de la existencia: estético, religioso, metafísico, psicológico. Por ello, el asedio al símbolo requiere un enfoque multidisciplinario, por ello cada disciplina estudia en él aspectos diferentes. Así, el pensamiento filosófico se interesará en el símbolo como instrumento de conocimiento, estudiará su nexo con lo real y su valor de verdad. Aunque no quepa someter lo que el símbolo revela a un criterio de verificación lógico-científico, es posible afirmar filosóficamente (como lo hacen Wheelwright y Ricoeur) que el símbolo expresa y articula una verdad vital o existencial [...], en un lenguaje oblicuo, analógico, paradójico e indirecto..." [74-75].

SS: *Estoy de acuerdo en cuanto a lo teórico, pero volviendo al proceso creativo, ¿son las imágenes que percibes visuales, auditivas, sugeridas? ¿Tienes otra forma de percepción?*

MRL: Son visuales, sobre todo. Y también lo auditivo se me impone, como un ritmo musical que da forma al poema. Pero, y esto creo que es bastante raro, tengo igualmente percepciones olfativas fuertes y diferenciadas que motivan o desencadenan experiencias poéticas.

SS: *A mí me han ocurrido estas últimas, auditivas, en sueños, y olfativas, despierta, pero no se me han impuesto aunque las sigo recordando. La videncia, en cambio, despierta zonas mucho más profundas, más allá de la realidad personal, a la realidad de la comunidad, el artista se convierte en la voz de la tribu.*

MRL: Es verdad, pero paradójicamente, ese representante de la "voz de la tribu" se interna a menudo en una "senda perdida", como decía Heidegger, un camino casi invisible que debe recorrer solo, en tanto explora campos subterráneos u ocultos que escapan al área de la percepción habitual. En cierto sentido es un "adelantado", como llamaban a los que debían abrirse y abrir paso en la conquista de nuevos territorios (valga la metáfora, que aquí no tiene, por cierto, connotaciones etnocéntricas imperialistas). Y algunas percepciones abruptas e intensas son la guía por estos senderos huidizos. Pienso en un poema de *Visiones* que comienza "Mañana vivirás...": "Ves el portón acabado de barnizar, el olor crudo y brusco del cemento reciente: esos burdos umbrales de la casa nueva por donde aún asoman trenzados el hierro y su golpe sin cincelar, vibrante. Esta irrupción desmantelada de todas las primicias, estos jirones del rápido percibir". O el poema "Alerta" 1991: 53] que a través de una trama compleja de sensaciones articula, creo, un símbolo de ese quehacer solitario que es la aventura poética, como un adentrarse en la selva donde arden los fuegos y donde se espera un advenimiento eternamente demorado, acaso la revelación de lo inefable. Recuerdo también otro texto del último libro (*Esperan la mañana verde*) que se llama "Semejanzas": es un texto sobre la génesis de lo poético, con imágenes violentas, cortantes, que aluden precisamente a la sensación de vértigo, precariedad y extremado peligro: "Como un salto de animales por la rueda de fuego, como una caminata mortal sobre una cuerda de viento, en equilibrio sobre una tierra cortada, en puntas de pie sobre un cuchillo de hielo que se va deshaciendo a cada paso. // Así, el poema" (1998: 15).

SS: *Ésta es la génesis del poema. El proceso creativo tiene varias etapas, desde la gestación a la escritura. Mi pregunta tiene que ver con la primera intuición o idea. En tu escritura, ¿hay diferencias entre el proceso creativo de la narrativa y el de la poesía?*

MRL: Supongo que las diferencias son tanto estructurales como genéticas. Un poema es un relámpago, un acontecimiento de lenguaje brusco y destellante. Surge de una imagen imprevisible que se impone —se ve— más allá de su significado y de cualquier racionalización, y "exige" de alguna manera que se dé cuenta de ella. Puede incluir un esbozo narrativo, un conato de historia (mis poemas lo hacen a menudo), pero esto no es esencial para el hecho poético. Una novela requiere de una historia, necesita personajes a los que les ocurren cosas: narra, cuenta, y si no logra una tensión narrativa mínima, suficiente como para captar el interés del lector, me atrevería a decir que fracasa como tal novela. Pero creo que esas visiones profundas que a un artista le es dado o exigido formular recorren toda su obra y emergen en ella de distintas maneras. Hay cierto ángulo de mira sobre la realidad que está presente siempre con cambios, crisis, crecimientos y que surge tanto en una historia como en un poema.

Me doy cuenta de que siempre termino escribiendo sobre seres que atraviesan mundos dispares y se transforman, o mejor dicho, descubren lo ignorado y abismal dentro de sí mismos. Escribo sobre expatriados, emigrados, exiliados, nómadas, de identidad plural, inestable, que están en varios lugares al mismo tiempo, que tienen una múltiple pertenencia. Siempre hablo de territorios donde se entrelazan —por el amor y por la guerra— cuerpos, culturas, lenguas y tiempos, e incluso lo natural y lo sobrenatural. Creo que el caso más claro es *Finisterre* (2005), mi último libro. Esa novela tiene una imagen matriz, que es muy real, geográfica, y a la vez profundamente virtual y simbólica: la del

Cabo del Fin del Mundo, en Galicia. Un lugar que siempre ensoñé, desde niña, fascinada por el nombre y por todo lo que evocaba (el fin de la tierra, el fin de todo, la experiencia del límite absoluto y de un inenarrable "más allá") y que recién conocí en 1995. Creo que somos uno y muchos al mismo tiempo: nosotros, con nuesro legado presente, y la densa memoria de los que nos precedieron, el eco oceánico de nuestra memoria colectiva. Migramos, en el tiempo, en el espacio. Venimos de muy lejos.

Una vez, en la adolescencia, tuve una experiencia extraña y extrañante. Quedó en un texto escrito cuando tenía unos veinte años, que nunca incluí en libro, precisamente porque me parecía un tanto informe e imperfecto desde el punto de vista estético, quizá en muchos aspectos incomprensible. Sin embargo lo conservé, porque algo decía que me resultaba importante. El texto se llama "Destinos de la tierra": "Suspendidos en estas horas del crepúsculo, ausentes de la ira y el temor. No sabes si es vida o si es muerte, o si es la inconmovible eternidad que hace desfilar a los hombres históricos sin peso. Quedan las graves formas, persisten traducidas a una suerte de música última. No hay pasado y presente; también tu forma y tu nombre te acechan en la eternidad. / Hay una noche sedienta de faroles, hay un cuarto nocturno donde alguien lee o recita incontables imágenes. Has morado allí mucho tiempo, bajo la luz. Ignoras si es un sueño o es el deseo, si es un hecho acaecido o imaginado, pero su permanencia palpita en la forma interior, la que será abstraída del peso violento de las cosas que unas a otras se ocultan y golpean, estúpidas. Así en el abandono del atardecer conoces cierta felicidad extraña, pero aún no eres humana por entero; excesiva en la visión pagarás con el daño y la ruina el no tener piel. Evadida del mundo opaco, cuando todo se vuelve traslúcido y el lenguaje se construye sin esfuerzo, casi necesariamente. Estás lejos de los otros cuando obran ajenos a sí mismos. No sabrías responderles cuando llamen al ser de la actuación exterior, del que careces. Pero mañana lo tendrás, la querella de los días te complicará y te armará, con su furia compacta y espesa. Serás la fuerza de la carne y de la cólera cuando el atardecer despida los custodios del tiempo y muestre los cumplidos destinos de la tierra". Fue una visión muy rara: como si pudiera verme desdoblada y desencarnada, y ver así también a todos los demás, a los "hombres sin peso". Tener, por un momento, la sensación de que el tiempo se suspende y que salimos del flujo de la Historia, y somos, sin embargo, nosotros y otros (los vivos y los muertos que en realidad nunca mueren), en algún lugar desenfocado, descolocado, donde se puede únicamente mirar, sin involucrarse en la acción, en la "querella de los días", en el deterioro y la furia del tiempo mortal. Tal vez eso hacemos cuando escribimos: evadirnos, por un tiempo, de los "cumplidos destinos de la tierra" para describirlos mejor, para ver desde otra parte, en un lugar que excede a lo individual, "excesivos en la visión", las vidas humanas.

SS: *En cuanto al proceso, ¿qué te mueve a escribir? ¿Noticias, recuerdos, sueños?*

MRL: Las noticias o las anécdotas se encadenan más con la escritura narrativa. En la gestación poética muchas veces no se puede discriminar verdaderamente el sueño de la vigilia. Nos basamos en imágenes que acaso hemos soñado, recorremos lugares que hemos visto solamente en sueños. Muchos poemas míos tienen un notorio trasfondo onírico ("La canción", "Hilando con los rayos de la luna", "Ellos", "Viajero", "Alerta", "Un rastro", "Donde el viajero se despoja", (de *Forma oculta del mundo*), "Fragilidad de los vampiros", "Ciertas herencias", "Tu boca inadecuada", (de *Esperan la mañana verde*). Al leerte ese poema, no incluido en el libro, que habla de un desfile incorpóreo, donde los hombres históricos pierden peso, lo asocié de inmediato con otro de *Visiones* que empieza "Marchan por el camino invertido...", y con la imagen de la Santa Compaña que aparecerá luego en *La pasión de los nómades*: la procesión de los muertos que sin descanso recorre la tierra.

SS: *Sí, en el poema "Marchan por el camino invertido" desfilan imágenes fantasmales, figuras, sonidos, como en un espacio ritual repetitivo irreconciliable, y aún más misterioso me parece el anterior "Son los ojos de la oscuridad...", así como muchas figuras o formas imposibles de interpretar claramente. En* Forma oculta *me sobrecoge "Ellos" y no me gusta la sensación que me deja ese "cuerpo alumbrado como un fanal, encendido por infinitos orificios". Otros poemas inquietantes son "Máscaras" y "La pared", entre otros, donde no parece haber un sujeto humano. La pregunta sería aquí, aunque reiterativa, ¿cómo se genera esta escritura, de dónde proviene?*

MRL: Está muy bien observado lo de "inhumano" o "sobrehumano". Es una categoría que efectivamente aparece a menudo en mis poemas. A veces se coloca junto a "lo extraño", o "lo siniestro", como en "Ellos". Creo que el artista, como individuo, no encuentra demasiadas explicaciones lógicas para este tipo de intuición. Pero uno sabe que la realidad no es *monoplánica*, sino densa, que se distribuye o se organiza como en capas, y que hay voces que llaman desde las dimensiones más alejadas. Hay dos ejes espaciales con los cuales podría describir esta experiencia: uno de ellos es "lo profundo" (que también se vincula con "lo oculto"). Siempre parece haber algo "más abajo", en un fundamento esquivo que se desplaza constantemente hacia lo desconocido: "Cava más hondo, más. Estos planos agrestes, superpuestos..." se dice en el poema "Donde el viajero se despoja" (66). El otro eje es "lo abierto", la "intemperie": una tierra de nadie expuesta a lo cósmico que es también lo inhumano, y puede ser lo inclemente. Una zona de éxtasis —etimológicamente, "salida" desde los límites de uno mismo hacia "lo otro", o "lo Otro") donde pueden hallarse la plenitud y la libertad, pero también el terror de lo indefinido y lo indefinible, lo que no puede ser abarcado y medido con las palabras humanas, lo desmesurado y lo excesivo. Hay un poema especialmente relacionado con esta experiencia, que se llama "lo abierto" (1991: 33) y comienza así: "En lo más fino y gris, desasida, expulsada, lejos del hábito y del morar, en el comienzo, entre la primavera y el otoño, acechando el hielo inaudible de las pisadas, sin ver huellas".

De aquí sale también la especie de "teoría del arte" que se expone en *La pasión de los nómades* (101-104): el arte como ruptura parcial de la coraza con que la sociedad nos protege del "secreto, aterrador y fascinante corazón de la vida" (103).

SS: *De todas maneras,* La pasión de los nómades, *por ejemplo, es más fácil de interpretar que tus poemas. Los personajes remiten a contextos y referencias más concretos. Rosaura, por ejemplo, con sus ojos y piel clara, pequeña galleguita con atributos muy semejantes a los tuyos, podría decirse que es un desdoblamiento de tu persona, ¿no?, con los pies en tierra.*

MRL: Bueno, en cuanto a la *physique du rol* de Rosaura, supongo que hay atributos no ya sólo individuales sino étnicos. Es posible que Rosaura se parezca a mí, claro, pero también a muchas otras personas de origen gallego, o del norte de España. Por lo demás, es verdad que desde cierto ángulo, Rosaura es también muy terrenal, y esto es parte del juego irónico y paradójico del texto. Tanto ella como Merlín, a pesar de su índole sobrenatural y de su origen mítico, se han "incorporado al sistema". La postmodernidad recicla todo, y los ha reciclado también a ellos, cuya magia se ha vuelto casi anacrónica, deslucida, ante los efectos especiales de cualquier producción hollywoodense actual. Ambos se ven forzados a vivir de incógnito y coexistir con nuestra cotidianeidad. Rosaura se viste de *jeans* y va al supermercado, y Merlín podría pasar por un abuelo bondadoso y un poco gruñón. Sin embargo, aunque han perdido significado, valor y poder, aunque se hallan tan "domesticados" como la Pampa misma que luego recorrerán en compañía de Lucio, no han olvidado su contacto primario con lo tremendo y lo sobrehumano. Unas palabras de Rosaura aluden especialmente a esta pertenencia, a su deseo de habitar en otra dimensión, que se le va revelando con creciente intensidad a medida que se internan en Tierra Adentro: "Había vivido demasiado tiempo en la cómoda amistad humana. Una vida más vieja y más salvaje, de la que el ya ridículo *chonchón*, con todo, formaba parte, me recordaba que yo pertenecía solamente por fuera al mundo de los hombres. Que más allá, en la gran intemperie donde se agotan las palabras humanas, se abrían las verdaderas puertas de la percepción, la mirada que era realmente la mía y a la que a veces, como decía Lucio, acceden en relámpagos los poetas. No me eché atrás. Porque en el camino de Leubucó, tras las rutinarias tranqueras, en las lagunas medio vacías, acechaban, ocultos para casi todos, lo maravilloso y lo terrible" (1994: 191).

SS: *Cuando la imaginería o idea parece provenir de fuera, ¿cómo se presenta?*

MRL: Me parece que la imaginería nunca viene en realidad "de fuera". No se me ocurre nada más profundo, más "privado", más secreto que las propias imágenes. Y nada más público, tampoco, en la medida en que esas imágenes presionan para salir y mostrarse ante los ojos de los otros.

SS: *Tienes razón. Debiera preguntar, más bien, si te ocurren percepciones o intuiciones que parecen ajenas a tu experiencia individual interna o externa.*

MRL: Sí, por supuesto. Hay experiencias de muerte y desprendimiento que yo no he vivido (tal vez un hinduista te diría que son recuerdos de existencias anteriores). Pienso en un poema muy raro, como "Cortinaje" (1991: 47): "Nadie te ha visto y crece el miedo en las cortinas blancas, a la luz de otra edad. El amado resucita, el padre y la madre que te hicieron el mundo, las piedras de la fundación. Entre las alas y el verano de música, la distancia se ofrece. Alguien te levanta y te ata al suave caballo rojo que te esperaba siempre. Cruzarás el umbral. Nadie te ha visto, sola de sombras en la madrugada, tras las cortinas blancas que velaron tu muerte".

En la misma clase se inscribiría también el texto "La canción" (1991: 11). O el poema "Donde el viajero se despoja" (*Ibíd.:* 66), en el que incluso se mencionan "recuerdos de antes de nacer".

SS: *Pero, insisto: ¿en qué medida son las imágenes productos, o no, de tu propia experiencia? En sueños, por ejemplo, a mí se me presentan imágenes extrañas, ajenas completamente ajenas a mi experiencia personal.*

MRL: Bueno, mis poemas trabajan a menudo con imágenes que poco o nada tienen que ver con cualquier situación común y corriente, o con las leyes del mundo natural. Se diría que son imágenes fantásticas o surreales (Magritte es un pintor por el que me siento representada como poeta). Quizá sobre todo en mi último libro (1998), en la primera parte, que se llama "Vampiros, dragones y otras metamorfosis" [los poemas "Fragilidad de los vampiros", "Transparencia", "Dragones", "Amor constante", "Ciertas herencias"]. Uno de los más "anómalos", en este sentido, tal vez sea el poema "Ojos de Dios": "Los ojos de Dios crecen en las cavidades como los hongos bajo la humedad de las lluvias. Nacen sin cultivar, indisciplinados y múltiples, para ser devorados por animales pequeños o por niños cazadores de lagartijas. Cada ojo es un mundo minúsculo que sólo puede verse al trasluz. Pero nadie se detiene a mirarlo, y el diseño profundo y delicado de todo un cosmos desaparece bajo los colmillos de un perro o los dientes de un chico, con un sabor agridulce y una consistencia viscosa que estimula la desazón y la melancolía." (1998: 20). O el poema "Las aguas grandes": "Bajo las aguas más grandes de esta tierra hay una ciudad. No es una ciudad encantada ni sus habitantes conocen la eterna dicha. Trabajan en oficios silenciosos y se calzan los pies con botas mullidas que recuerdan la seda. Son pálidos y húmedos y evitan mirarse en los espejos porque sus ojos tienen el don de transparencia" (Ibíd.: 44).

SS: ¿De dónde se te ocurrió el poema "Ojos de Dios"y no el ojo de Dios? ¿Viste en algún lado esa imagen?

MRL: No, fue una invención, o hallazgo o lo que se quiera llamar, personal. Está siempre la idea del ojo de Dios por supuesto, la idea de todas las tradiciones de que existe un ojo divino. Algunas sitúan el ojo de Dios en la frente, en las regiones elevadas del cuerpo, en el corazón. El poema no tiene mucho sentido lógico, sus imágenes nacen como un brote. Supongo que las ideas que tenemos sobre la ubicuidad de Dios, esa noción de que Dios está en todas partes y que desde todas partes nos mira, se cristalizó en esta imagen que no es para nada solemne ni sublime, es casi, si uno lo piensa, una imagen en cierto sentido degradada, el ojo de Dios como una planta, un brote que puede aparecer en cualquier lado es un poco juguetona.

SS: En varios versos de "Ciertas herencias" hay una jovencita ¿tiene que ver contigo?

MRL: Vi las imágenes del poema, vi la trenza, la jovencita envuelta en un mantón y lo escribí siguiendo la lógica en esas imágenes mismas, supongo que eso tiene lecturas simbólicas que no se pueden resumir en una sola. Y lo que vi después de escribirlo es la tensión de lo que recibimos del pasado. Las figuras, que pueden llegar a ser opresoras de las madres, las abuelas, y lo que el personaje hace con esas herencias, lo que ocultan de bueno y de malo. Los legados y mandatos familiares y la manera en que se pueden dar vuelta para abrir caminos de opresión o caminos de liberación.

SS: El poema dice más de lo que tú crees que dice, a mí me dice mucho más.

MRL: Seguramente. En textos de este tipo se depositan cargas que el autor ignora conscientemente muchas veces.

SS: Me recuerda a tu libro sobre tu familia, Canción perdida en Buenos Aires al Oeste.

MRL: Sí, supongo que en ese libro (que no es, desde luego, una transposición "literal" de la biografía familiar) hay muchos "fantasmas familiares" que reaparecen en este poema, pero aquí no como personajes, sino como experiencias interiores, extrañas y perturbadoras.

SS: Y ese otro titulado "Amor constante más allá de la muerte", de Quevedo…

MRL: "Polvo serás mas polvo enamorado"; ese soneto, "Amor constante más allá de la muerte", sí lo tenía consciente cuando surgió el poema.

SS: Conociendo el poema de Quevedo es fácil interpretarlo, si no se conoce el poema de Quevedo parece algo rarísimo. En las últimas décadas especialmente, se habla de escritura subversiva, aunque siempre lo ha sido. Nada más subversivo que la Biblia, de acuerdo a cómo se la lea. Pero hay varios tipos de subversión y oposición al canon prevalente. La subversión política es consciente, y mucha de la literatura comprometida lo es. Sin embargo, hay un tipo de escritura que desafía el canon cultural y que molesta a la mayoría. ¿Se ha quejado alguien por lo que has escrito?

MRL: Me ha sucedido, en particular con los poemas, encontrarme frente a reacciones de incomodidad e incomprensión. En general, no hay términos medios. O los poemas producen una especie de fascinación o encantamiento, o el lector queda afuera, irritado. Supongo que es por la fuerte irracionalidad de muchas imágenes, por el estrato inconsciente que ellas evocan y del cual emergen. En cuanto a la novela –pienso, por ejemplo, en *La pasión de los nómades*– hay gente que no tolera la mezcla de mundos culturales, de tradiciones muy diferentes –la céltica, la criolla, la indígena– o de lo sobrenatural con lo histórico.

SS: Este tipo de intolerancia se debe precisamente al desafío que causa enfrentar una realidad que se trata de negar, ocultar o suprimir sin resultado alguno, por lo que va creciendo en el inconsciente colectivo. La función del artista visionario es mostrarla o exponerla para confrontar a la colectividad con sus más profundos temores, prejuicios y debilidades, y esto, por lo menos, molesta, incomoda, desagrada.

MRL: Es cierto. Yo misma me he sentido desgarrada por la ambivalencia. Por un lado, la fascinación de la imagen que presiona y se apodera de uno. Por otro lado, el impulso de huída ante revelaciones que no siempre son gratas, que aterran a veces, al tiempo que liberan y alivian si se las declara.

SS: Como artista, ¿tienes una "disciplina" de las imágenes? ¿Las corriges? ¿Cuándo?

MRL: Me parece desacertado, estéticamente hablando, mutilarlas, censurarlas, "domesticarlas", al menos en una primera etapa. Esto no significa que el texto no pase luego por ciertos procesos de lectura y corrección donde intervienen sin duda elementos racionales.

SS: *Claro. Me imagino que es muy raro el texto que no tiene que modificarse, aun los más conscientes, y si tienen raíces en el inconsciente personal o en el transpersonal, con mayor razón. ¿Cómo se da vida a la imagen espontánea?*

MRL: Se da vida a la imagen respetándola, dejándola fluir y tomar cuerpo. Me parece que la primera actitud es pasiva: se espera un advenimiento y una forma de revelación. Luego, más tarde, comienzan las modificaciones, correcciones y eventuales exégesis de lo que se ha visto. La génesis del poema es visionaria pero la articulación del poema es consciente.

SS: *Tiene que ser consciente para que articules la visión inicial y logres transmitirla, pensar en los detalles e instrumentos del oficio.*

MRL: No solo se trata de la imagen. Hay un ritmo y una música que trae la imagen consigo. "Carmen" llamaban los latinos a la poesía: esto es, encantamiento, hechizo. Ésa es la raíz de lo poético y los artistas lo saben. Así como la imagen se apodera de uno, queremos que se apodere de los demás. Envolverlos en su red, y eso se logra artísticamente. Lo que no se puede producir racionalmente es la imagen primera misma. Ese estallido donde se origina el poema es anterior a la técnica, anterior a la razón.

SS: *Algunos videntes insisten en que las visiones, destellos, percepciones, sonidos, voces, se les imponen sin que las busquen ni las quieran, y después los persiguen o torturan hasta que les dan cuerpo o expresión. El loco Barragán, de las dos últimas novelas de Sábato -aunque sea personaje de novela— ejemplifica esta situación. Las visiones lo atormentan hasta que, sin querer y ya sin importarle que se rían de él, las cuenta "tal como las vio", no como el artista que las transcribe o recrea.*

MRL: Sí, de acuerdo. Me parece que en el caso del loco Barragán, el imperativo se exacerba por la connotación religiosa y profética. Aunque es un alcohólico ignorante, comprende que le han encomendado la "misión" de anunciar el Apocalipsis. Pero en el ámbito estético también sucede que las visiones se imponen, y que a veces, incluso los creadores que las reciben –no ya sólo los lectores— quisieran rechazarlas, por su carácter incomprensible, y a veces atemorizante o monstruoso.

SS: *¿Puedes ponerlas a un lado, y esperar hasta escribir sobre ellas, ignorarlas hasta que estés lista, o te molestan?*

MRL: Cuando las visiones son intensas, no se borran con facilidad. A veces crecen y se despliegan interiormente, se asocian a climas emocionales, a percepciones complejas, acarrean un intrincado material lingüístico. Nunca se las deja verdaderamente de lado. Más bien parecen "quedar al acecho", en cierta dimensión latente para surgir de nuevo con más fuerza cuando se presenta la ocasión propicia, y estamos dispuestos, otra vez, a mirar. Creo también, que presionan, invaden, pujan por captar otras áreas de la conciencia. Buscan, si es que a uno le ha tocado ser escritor, articularse en el lenguaje, "ser" lenguaje vivo y activo.

SS: *Hay creadores que, si no transmiten su visión, si tienen paran por algún motivo se enferman, no pueden funcionar (aunque depende del grado, creo yo).*

MRL: Quizá no se llega a la enfermedad, pero la "visión no declarada" es una cuenta pendiente, sin duda, que irrita, perturba, y desconcierta. Una urgencia que puede experimentarse de manera trágica. En *Marginales*, mi primer libro de cuentos (si se puede llamar cuentos a estos textos que participan también del ensayo y de la poesía) hay un relato, "La Ciudad de la Rosa", cuyo eje central es tal vez la problemática de la creación visionaria. Uno de los personajes –la Cazadora– es una figura muy clara del artista visionario, desbordado por formas desconocidas e inexpresables de las que debe dar cuenta. Por eso, para poder decirlas de algún modo, va a ver al Imaginero: "Maestro –me suplicó– quiero palabras. Dame palabras antes de que perezca conmigo la visión, antes de que yo misma muera en la visión" (1986: 92). Por otra parte, la Cazadora desconfía profundamente de las limitaciones del lenguaje, siente que toda palabra es precaria e infiel, en tanto detiene en una forma arbitraria, el flujo irrepetible y relampagueante de la visión. Por eso quizá, también, su oficio es ser una Cazadora, en busca de piezas desdichadamente condenadas a morir, al ser capturadas.

SS: *En tu caso particular, si has tenido que dejar a un lado la "visión no declarada", ¿te ocurre alguna molestia, psíquica o física?*

MRL: No necesariamente. Me produce cierta angustia que luego desparece, pero es cierto que la imagen retorna, persistentemente.

SS: *¿Es la escritura un placer para ti? ¿O es un suplicio que no puedes dejar?*

MRL: La escritura siempre ocasiona algún tipo de sufrimiento, en tanto moviliza los propios conflictos, los deseos y los temores más hondos. Pero también es una experiencia de renovación y libertad que nada puede reemplazar.

SS: *¿Te ocurre a veces escribir algo que te disgusta, pero tienes que hacerlo?*

MRL: Sí, me ha pasado algunas veces.

SS: *¿Lo has destruido o has quedado descontenta con el producto? Y si es así, ¿con qué tipo de escritura, y por qué motivos?*

MRL: Escribí mucha poesía (también narrativa) que no quise publicar. En parte, creo, esto se debe a un sentimiento de frustración por no haber llegado al ajuste entre el lenguaje y la experiencia.

SS: *Los místicos se preparaban para recibir la visión, así como lo hacen los chamanes. Pero a algunos les ocurre porque así nacen. Según el psicólogo Anthony Storr, estudioso del proceso creativo, no hay mucha diferencia entre las visiones del artista y las del demente; la diferencia está en que su creación saca al artista de ese estado, mientras que el loco se queda encerrado en sus visiones.*

MRL: No conozco profundamente qué pasa en la locura. Pero sí, desde luego, pienso que el artista, para ser tal, debe poder retornar desde su visión y dar cuenta de ella. Por lo demás, la relación de la experiencia del artista con la locura fue explorada sobre todo en el pensamiento romántico.

SS: *¿Cuán valiosa es para ti la palabra?*

MRL: Tiene un valor total, por supuesto. Es mi instrumento de trabajo.

SS: *La palabra permite transmitir la imagen.*

MRL: Pero son imágenes cuyo destino son convertirse en verbales. Si uno fuera pintor o músico tendrían otro fin, pero mi capacidad, limitada, es procesarlas como imágenes verbales. Sin la palabra habría para mí experiencias completamente incomunicables; estaría prisionera de mis propias imágenes. Hubiera tenido que hacer otra cosa, pintura, tal vez. Toda mi infancia y adolescencia me la pasé pintando pero después la articulación verbal comenzó a tomar más importancia. No he vuelto a pintar. Si fuera pintora utilizaría otros medios de articulación del mundo pero para mí el único medio posible es el medio verbal.

SS: *¿Qué tipo de pintura hacías? Tus poemas están llenos de imágenes nítidas.*

MRL: Sí. Las imágenes se me presentan con mucha nitidez, como si realmente las estuviera viendo. Es una visión interior que no llega a ser nunca una alucinación.

SS: *En la meditación profunda ocurre lo mismo. ¿Lo has tratado alguna vez?*

MRL: A mi manera, no con un gurú ni con una disciplina particular orientalista.

SS: *¿Se te han presentado imágenes cuando estás en reposo o en el duermevela?*

MRL: Sí, se presentan, sobre todo en ese momento intermedio que precede al sueño. Hay un flujo incontenible de imágenes. También al despertar pero sobre todo antes, antes cuando uno deja fluir las asociaciones libres o cuando estoy viajando. Como no tengo algo preciso que hacer, entonces aparecen realmente cataratas de imágenes. Me deja el caos diario y entro en el caos interior de las imágenes. Tengo una gran facilidad para que se suscite esa situación, me pasa con mucha frecuencia.

SS: *Cuando se te presentan estas imágenes ¿tomas notas o te acuerdas?*

MRL: A veces sí. Lo que he anotado son imágenes de sueños. De sueños que han sido muy intensos y que he logrado capturar y recordar. Pero es muy difícil captar imágenes en esas circunstancias. Son un flujo de sucesiones rápidas, cuando estoy por entrar a la inconciencia aparecen muchas de estas imágenes interconectadas, algunas muy hermosas o insólitas. No te podés acordar, te quedan sensaciones de esas imágenes. Yo estoy segura de que las cosas que vuelven en los poemas han surgido en esos momentos o las he visto en esos momentos. Creo que hay un reciclaje interno.

SS: *¿Te ocurre algo semejante al despertar?*

MRL: Sí, ahí es cuando recuerdo a veces lo que he vivido en los sueños. Pero enseguida me arrebatan, como a cualquiera, las demandas prácticas de todos los días.

SS: *Al inicio del proceso creativo, ¿te llega la imagen antes que la palabra?*

MRL: La imagen. Aunque es una imagen que yo quiero, y debo, verbalizar.

SS: *Es igual en la narrativa o se combinan más tus propias ideas.*

MRL: Sí, como te dije antes, hay diferencias. Se juega con ideas y formas narrativas, los personajes van más allá de sus imágenes; la novela, en particular, se presta especialmente a la mutación o transmigración genérica: al cruce y la combinación de elementos que provienen, incluso, del ensayo y provocan desarrollos más alejados del núcleo visionario.

SS: *La escritura es de por sí problemática. En tu caso, como madre de familia, investigadora, escritora, poeta, no te sobra el tiempo. ¿Te sientes dividida? ¿Cómo reconcilias tantas actividades y mantienes la cabeza en su lugar?*

MRL: Bueno, a lo mejor no está muy en su lugar pero lo disimulo bastante bien y nadie se ha dado cuenta todavía. Pero no. No, no me siento dividida.

Creo que, pese a todo, uno puede vivir en varias dimensiones, la cotidiana y la práctica, la académica y la creativa. Tengo pases fáciles de una dimensión a la otra, no lo vivo como un conflicto. Son dimensiones diferentes pero complementarias, y el tránsito entre ellas no me es difícil, no me trae padecimiento.

SS: *¿Qué ocurre cuando se te presentan las visiones? ¿Funcionas en dos espacios a la vez? ¿Te metes en tu estudio y sales cuando sales?*

MRL: Si se trata de poemas, trato de escribir no bien se presentan. A veces no se puede en el momento, pero cuando la visión es realmente intensa, recurre siempre, perturbadora e inquietante.

SS: *Tú tienes una familia maravillosa. ¿Ya están acostumbrados a tu trabajo?*

MRL: No creas que yo me aíslo días enteros para trabajar sin interrupciones. No me sería posible, y no necesito tanto tiempo si se trata de textos poéticos, sobre los cuales, además, se vuelve de día en día para seguir elaborándolos. En cuanto a la novela, se organiza por unidades más o menos módicas, y se va haciendo gradualmente. Nadie puede escribir una novela de un tirón. Por otro lado, en casa no somos ni muy rígidos ni muy convencionales, lo cual me da bastante libertad para crear. Y tampoco la responsabilidad de ocuparme de lo doméstico recae en forma exclusiva sobre mí. Tengo un compañero que comparte esta responsabilidad conmigo. Y tratamos de educar a nuestros hijos para que vayan haciéndose responsables, al menos de sí mismos.

SS: *La misma familia te saca de profundidades que podrían ser peligrosas, ¿no?*

MRL: Por supuesto, la familia ayuda en eso porque si no estuvieran sería más difícil. Para mí la vida familiar y cotidiana es un cable a tierra. Creo que podría haber sido una persona más marginal y extraviada si hubiera estado sola. Esto hace que uno tenga otras prioridades. Los problemas graves de la familia están primero. Cuando nuestro hijo mayor tuvo una operación delicada (afortunadamente todo se resolvió bastante pronto, en forma favorable), tanto yo como mi marido sentíamos una gran angustia. No estábamos liberados para hacer otras cosas hasta que eso se solucionara.

SS: *Claro. Algunos de los visionarios que he estudiado sufren mucho, los hombres más que las mujeres. Qué crees tú, ¿hay una diferencia?*

MRL: Yo creo que las mujeres nos atemorizamos menos ante el lado oscuro. Tal vez aceptamos mejor el margen de caos que tiene la vida. Es que hay un mandato social que identifica al varón con el área de la racionalidad y el orden lógico, y "permite" a las mujeres una relación más fluida con lo irracional. Esto no quiere decir, en absoluto, que los hombres sean "racionales" y las mujeres "irracionales", se trata de estereotipos que han hecho más mal que bien, que nos mutilan y nos condicionan, y que han justificado a menudo la posición inferior de la mujer como género, por no juzgársela capaz de tomar decisiones con la necesaria "frialdad intelectual" y "equilibrio". Pero dados estos paradigmas, probablemente los varones se sienten amenazados como tales ante la "irrupción" de lo irracional.

SS: *Sí, la mujer (en lo que valen las generalidades) funciona mejor en el caos porque su vida es y ha sido de trabajo interminable —sea o no difícil— nunca se acaban los quehaceres cotidianos. Tampoco teme reconocer que no sabe todo. ¿Encuentran en la crítica de tu trabajo algo que tú no te habías imaginado?*

MRL: Claro, las lecturas críticas inteligentes me han ayudado a ver cosas en las que no había pensado antes. Pero se requiere un crítico capaz de conectarse con ese mundo.

SS: *No todos los lectores ni críticos pueden acceder a este tipo de escritura.*

MRL: No, no es accesible para todos, eso es verdad. En el caso de mi escritura, lo primero que desconcierta, de entrada, es la dificultad para la clasificación genérica: se trata de poemas en prosa, pero dentro del ámbito crítico hay relativamente poca teoría sobre el particular (ahora se ha empezado a hablar de "microficciones", que englobarían también este tipo de textos con una dominante lírica y un mínimo cañamazo narrativo). También es relativamente escasa la misma práctica escritural, al menos en la tradición poética argentina (sabemos que en Francia no ocurre así, por supuesto). Después, otras cosas que sorprenden son la aparente falta de ilación entre secuencias, las bruscas transiciones, la rareza o extrañeza de las transformaciones metafóricas.

SS: *Aprendes de tus intérpretes como decías pero, ¿te sorprende a ti misma que haya algo en lo que no habías pensado?*

MRL: A veces sí. Porque la poesía, y la narrativa también, es una especie de ebullición, de eclosión, algo que explota dentro de uno. Por eso es difícil tomar distancia y ver que pasó con eso y el crítico en ese sentido tiende un puente. Puede ver a la distancia lo que a uno se le escapa.

SS: *Claro que sí, dijiste que algo te estalla pero a veces que te deslumbra.*

MRL: "Fulgurante" es la palabra que me parece más adecuada para explicar eso. Es como un estallido que ilumina y deja ver la matriz imaginaria —sobre todo en los poemas— que es una matriz luminosa.

SS: *Claro, lo visionario es la gestación hasta que sale a la luz, no el desarrollo del proceso de escribir, y para ti, el parto no es doloroso.*

MRL: No, salvo que hablemos de la temporaria incomunicabilidad y del extremo alejamiento del "vidente", si podemos llamarlo así siguiendo a Rimbaud. Porque es un trabajo absolutamente solitario. Sin ninguna duda esto pasa con toda creación estética, que es creación individual, en general no hay manera de hacerlo de a varios o de a dos, salvo que se piense en los talleres de pintura del Renacimiento, donde un maestro dirigía el trabajo de sus discípulos en un determinado sentido. Pero el sentimiento de soledad y de peligro, de inmersión incondicional y riesgosa, aumenta cuando se trabaja en esas zonas. No se está en la superficie de la palabra, de la razón, de la visión, se está en otra parte y eso requiere una distancia en doble sentido: distancia física porque uno se recluye en un cuarto, porque hay que retirarse físicamente para poder escribir y distancia psicológica: hay que salir del ámbito verbal y afectivo donde estamos habitualmente. Hay que entrar en un territorio "otro", más profundo, que no es el de la comunicación cotidiana, la zona de lo utilitario de lo que se maneja cotidianamente. Es otra dimensión.

SS: *Y este mundo bastante oscuro y remoto, ¿te aterroriza o no?*

MRL: A veces sí, pero estoy aprendiendo con los años a manejar con más naturalidad esa conexión de planos. En realidad son dos caras de la misma moneda, no es que estén tan separadas. Es el otro lado…

SS: *El otro lado es el desconocido…*

MRL: Sí, es lo oculto que nos negamos a ver y se va adquiriendo la valentía y la espontaneidad como para aceptarlo. Por eso en mis libros siempre surge la palabra oculta, la idea del "otro lado". Lo oculto es lo que está simplemente, no lo vemos pero está. Siempre ha estado ahí. Hay otros mundos pero están en éste, ¿no? La operatoria poética es lograr que eso oculto se vea, por eso siempre recurre en mis poemas la idea de la transparencia de una u otra forma. Es una inmersión y un desocultamiento transitorio de lo oculto. Transitorio porque nunca es absoluto.

SS: *Claro, es un vistazo en una zona tan profunda pero también cambiante de acuerdo con cada época y circunstancia.*

MRL: Vemos por ráfagas lo que está cerrado y resguardado. Hay un poema mío que habla de eso, se llama "Transparencia". La imagen es la de una mujer, una mujer sencilla, un ama de casa que al atardecer cuando cae la tarde, saca su sillita al patio y se empieza a volver transparente. La mujer levanta el brazo y ve que todo su cuerpo es transparente. Eso dura un tiempo, es una cosa mágica totalmente y después vuelve a hacerse normal. Cuando todo termina, vuelve a la casa, como si nada hubiera sucedido, y ya se hace de noche. La poesía es eso, es transparentar por un instante lo que está oculto.

SS: *Sí, recuerdo la dificultad que me causó ese poema, pero no toda la poesía.*

MRL: Por lo menos, la poesía tal como la entiendo yo, por eso hablábamos de poesía visionaria, porque es un tipo de poesía, no todo, en efecto.

SS: *¿Algo en tu infancia o adolescencia te ha marcado el camino artístico?*

MRL: No sé si se trata de hechos particulares, puntuales. Fui y sigo siendo una apasionada lectora. Siempre quise, de algún modo, escribir. Pero esa necesidad la sentí sobre todo, como te decía antes, en la adolescencia, cuando el hecho de vivir, de habitar este mundo, de estar aquí y ahora, de ser alguien (y precisamente yo) en vez de algo, o nada, me parecía un hecho de extraordinaria rareza y de palmaria gratuidad. Dar cuenta de esas perplejidades, de ese asombro, y muchas veces, de ese sufrimiento, constituyó seguramente un motor muy poderoso de mi imaginación verbal.

SS: *Más que las lecturas y anhelos o entusiasmo adolescente, ¿has tenido experiencias, acontecimientos, actividades extraordinarias en tu infancia que todavía repercuten sobre tu trabajo?*

MRL: Fui, creo, una niña "normal", aunque con una gran imaginación y una vida onírica intensa. Desde muy chica, eso sí, me fascinaban las palabras: objetos misteriosos que abrían puertas hacia lugares desconocidos, y aprendí a leer mucho antes de empezar la escuela primaria. En la adolescencia tuve una fuerte crisis (lo cual no deja de ser "normal", claro), pero la mía llegó a enfermarme, se manifestó somáticamente, padecí de anorexia nerviosa (enfermedad hoy bastante común, que se asocia a las exigencias impuestas por los modelos estéticos corporales vigentes), pero que en ese entonces era menos frecuente. Creo que todo se vinculaba, en mi caso, con una búsqueda muy conflictiva de mi propia identidad, con la escritura, con la problemática religiosa. Me aparté completamente de la religión ritual, del cristianismo ortodoxo, y comencé un camino bastante desolado, "a la intemperie", donde predominaba un sentimiento religioso cósmico, asomado por una parte a experiencias de plenitud, pero por otra parte a la visión del vacío y de la muerte. Los poemas eran parte de ese itinerario contemplativo, pero violento también, a su manera, que implicó momentos de casi intolerable aislamiento. Veía la realidad de una forma que no era habitual para la gente de mi edad y no lograba comunicar esa manera de ver lo real salvo a través de la expresión escrita, que tampoco mejoraba mucho las cosas porque escribía textos que no podían ser decodificados o no eran recibidos por los otros, salvo por algún interlocutor mayor que yo: profesores, mi madre, gente que tenía otra experiencia de vida y de lectura y que podía entender eso y saber lo que me estaba pasando, pero no conseguía compartirlo, en cambio, con personas de mi edad.

SS: *Según algunos estudiosos de este proceso, a muchos creadores les ocurren sucesos extraños o tienen infancias traumáticas que los marcan en alguna forma, no a todos, claro.*

MRL: No puedo decir que haya vivido una infancia traumática, o con experiencias anómalas. Pero en la adolescencia sí tuve muy a menudo (y eso me perturbaba bastante) la sensación clara de que la vida que estaba viviendo no había empezado con mi vida. Sentí muchas veces que mi existencia llegaba desde una profundidad inmemorial, que venía de otra parte. Todo esto sin ninguna formación filosófica orientalista.

SS: *¿En qué época te ocurrió esto?*

MRL: Cuando tenía catorce, quince años en el 66, 67. Vuelvo a decirte: no tenía mayores lecturas orientalistas. Sí, sabía que había pueblos que creían en la reencarnación, no más que eso, y algunas ideas generales, de las enciclopedias o diccionarios. Tampoco tenía ninguna imagen concreta de una vida anterior, pero sí la certeza de que mi experiencia no era nueva, de que mi "alma", si se puede usar aún ese lugar común, era muy vieja. La expresión "fondo del tiempo" es la que se me ocurre para calificar esto.

SS: *Más que la reencarnación, así como heredamos el color de los ojos y otros rasgos físicos, ¿crees que haya una herencia filo-genética, una especie de memoria psíquica de la humanidad?*

MRL: Realmente no sé. Muchos años después leí a Jung y él apela justamente a lo que dices sobre la herencia filo-genética. Jung diría tal vez que se abrió una brecha en la trama rutinaria de lo cotidiano, y yo pude ver que mi pequeña persona consciente habría logrado atisbar esa otra dimensión que excede con mucho al sujeto individual. El "inconsciente colectivo", como lo llama él. En ese momento yo no tenía conocimiento de la teoría junguiana. Simplemente era la percepción de estar vinculada con una profundidad arcana, o arcaica. No sé.

SS: *Es difícil probarlo concretamente, pero la experiencia muestra que hay algo allí.*

MRL: Hay algo diferente de las rutinas de la percepción, sin duda, y una especie de "ensanchamiento" de lo que solemos considerar como límites de nuestra persona individual.

SS: ¿Escribes para un lector determinado? ¿Importa quién sea? ¿Cuándo?

MRL: Cuando escribo poemas en particular, no pienso en los lectores. El imperativo de explicitar la visión del modo más ajustado posible a la visión misma, lo ocupa todo. En el caso de la narrativa la escritura es más lenta, más demorada, hay mayor planificación y más espacio para jugar con las expectativas de un lector posible. La construcción narrativa obliga además a tomar en cuenta la inteligibilidad, el grado de comprensión que puede alcanzar el lector de la estructura del relato como condición indispensable para continuar con la actividad lectora, mientras que la visión poética a menudo posee un alto grado de irracionalidad y así se articula y se transmite.

SS: ¿Tienes obsesiones que te empujan y/o metas que te has trazado? ¿Cuáles predominan en tu escritura?

MRL: No me trazo metas a priori. En cuanto a obsesiones, creo que surgen solas en todo lo que uno escribe. Es difícil mirarse uno mismo, pero pienso que hay ejes semánticos recurrentes: la visión y la corporeidad, el juego entre lo transparente y lo oculto, la memoria del origen (la "canción perdida"), el afán por ampliar las "puertas de la percepción", la interpenetración de lo sobrenatural y lo cotidiano, la indagación en lo onírico, y particularmente, en la narrativa, la dicotomía —cuestionada— de "civilización" y "barbarie", el mestizaje, el choque de las culturas, el exilio y el nomadismo.

SS: ¿Cómo ves el mundo actual? El mundo ha cambiado mucho en los últimos años. Hay una fragmentación y una desacralización de los valores, masificación, mediocridad. Reina la mediocridad, el espectáculo, el acelerado ritmo, la pauperización de nuestros pueblos, la violencia. Mucha de nuestra literatura lo ha anunciado.

MRL: Me preocupan esos problemas y otros. Veo un planeta donde inmensas masas de personas se están quedando sin posibilidades siquiera de acceder al sistema de lo útil, a la posibilidad de tener trabajo y funcionar más o menos dentro de ese "sistema". Y aun los que están dentro de él no tienen vidas precisamente satisfactorias o estimulantes. Lo que mencionabas de la desacralización me parece muy grave porque en general el vínculo con una cierta experiencia de lo sagrado es una necesidad humana, más allá de que se crea o no en la existencia objetiva de un Dios. Si eso no se satisface por las vías correctas, es probable que termine explotando por otro lado de manera bastarda y degradada.

SS: Tienes razón, se ve en las grandes urbes. ¿Qué anticiparías para este siglo XXI?

MRL: Ante todo, me alarma la incomunicación paradójica de un mundo que parece terriblemente comunicado, porque tenemos Internet, tenemos correo electrónico, tenemos ojos que miran con inquietante ubicuidad, pero todo es virtual: en la terminal de cada uno de esos canales o nudos de información circulante, hay seres anónimos, sin cara, entregados a una soledad real. Yo lo que veo como peligroso quizás es un retorno –no sé dentro de cuanto tiempo, y además espero que no suceda–, un retorno de los autoritarismos y de los fascismos. Me parece una amenaza latente. Ya tenemos la triste experiencia del fundamentalismo, que mezcla espuriamente lo religioso con lo político, para configurar estrategias represivas de dominación y de discriminación.

SS: *Tendrá que haber una caída antes de que volvamos a saber, creer, vivir el verdadero sentido religioso.*

MRL: Puede ser. A veces uno vive con la inminencia de una explosión que se va a producir aunque no se sabe cómo y cuándo. Si uno piensa en los *mass media*, que tienen una influencia enorme en este momento en la vida de todos, pues son una fábrica de mitos degradados, de ilusiones, de fantasmas, y una fábrica muy peligrosa, por cierto, por su grado de manipulación y a la vez de simplificación. Y yo creo que en algún momento esas fuerzas que están mal encaminadas, no tienen el cauce que tendrían que tener, pueden estallar por otro lado y de la peor manera.

SS: *Es lo que ha ocurrido con la hipertrofia de la razón…*

MRL: Es que paradójicamente la razón tiene sus propios fanatismos y el cientificismo es justamente el fanatismo de la ciencia. Por eso mi interés también en las comunidades nómadas, en las culturas arcaicas. Si bien, claro, no vamos a volver a una edad arcaica, ni a una inmersión en la conciencia mítica (a lo mejor volvemos a la fuerza cuando termine por destruirse nuestra civilización). Pero lo interesante es que estas culturas tienen una conexión con lo sagrado cósmico, mucho más integrada con la naturaleza y el cuidado del medio ambiente, cosa que, como gran novedad, y desde otro enfoque, hace ahora la ecología.

SS: *Ellos estaban salvados porque creían completamente que había algo mayor que los unía, no importaba qué o quién fuera.*

MRL: Sí, una de las cosas que a mí me impresionó de los mapuches –uno de los pueblos que más estudié, para escribir *La pasión de los nómades* y *Finisterre*–, es su concepción de la tierra. Para los pueblos originarios la tierra es el centro de todo. Los mapuches, por ejemplo, se llamaban (y se llaman) a sí mismos "gente de la tierra" (*mapú* es tierra y *che* es gente). Concebían al ser humano como una criatura de la tierra que habita, no como su dominador. Por eso, no tenían nuestra idea de propiedad personal. Creían que a la tierra debe pedírsele permiso para estar en ella, con un respeto profundo. Pensaban que para vadear un río hay que propiciarlo, solicitar su consentimiento, porque el río tiene su espíritu, su *nguén*. Vivían, así, en un mundo animado, vivo, poderoso, cualitativo, no cuantitativo, que nada tiene que ver con un conjunto de objetos inertes, dóciles a la búsqueda de utilidad y provecho. Un conocido poema mapuche habla de que todos participamos del "alma del mundo". Dice que nuestras almas no pueden morir porque somos con el mundo una sola alma, la misma idea que tenían los románticos también. Los románticos alemanes toman la antigua concepción de microcosmos y macrocosmos. Es una noción más armoniosa y menos destructiva que la idea del mundo fragmentado, absolutamente cosificado que manejamos hoy, donde el único valor pareciera que fuese la cantidad. Eso para mí no es una forma de vida plenamente humana.

SS: *Se ha deshumanizado la superficie en el siglo XX y no va mejor en el XXI, pero quedan las mismas necesidades psíquicas atávicas.*

MRL: Yo creo que sí, al desacralizarse se deshumaniza también. Cuando uno anula la dimensión sagrada ya no es plenamente humano tampoco. Esto lo digo no desde dentro de un dogma ni de una profesión de fe, ni nada de eso, sino desde la experiencia de escritura y de las necesidades que yo percibo en mí misma, más allá de cualquier confesión religiosa. Cuando hablamos de estas cuestiones el lector lo puede interpretar como un alegato confesional y no es eso.

SS: *Claro, porque religión de* religare, *en el sentido original, une lo que se ha separado, no divide, ni expulsa a nadie.*

MRL: Por supuesto. Es una experiencia de re-integración humana y cósmica. Remite a un sentido de participación, de totalidad, en un mundo donde todo se percibe conectado por hilos secretos. La poesía, acaso, hace momentáneamente visible esa suerte de red orgánica, donde los elementos aparentemente más dispares y remotos exhiben un insólito parentesco. ¿No eso la imagen? ¿No es eso la metáfora viva...? ¿O la "correlación de lejanías con la que soñaron los vanguardistas?

RAÚL ZURITA

Datos bio-bibliográficos

▸ Raúl Zurita (Santiago de Chile, 1951). Universidad Técnica Federico de Santa María de Valparaíso: Ingeniería civil y matemáticas (1967-1973). Actualmente enseña en la Universidad Diego Portales en Santiago de Chile. Ha sido profesor invitado en California State University (1984), entre otras universidades. Se le han otorgado los premios Pericle d'Oro" (Italia), Beca Guggenheim (1984), Pablo Neruda (1988), Beca Andes (1988), Municipal de Literatura de Santiago de Chile (1995) y Nacional de Literatura (2000).

▸ **Poemarios:** *Purgatorio* (1979), *Anteparaíso* (1982), *Tres últimos proyectos* (1982), "Versos sobre el cielo de Nueva York" (1982), *El paraíso está vacío* (1984), *Canto a un amor desaparecido* (1985), *Purgatorio* (1986), *El amor de Chile* (1987), *Canto de los ríos que se aman* (1993), *La vida nueva* (1994). "Ni pena ni miedo" [verso sobre la corteza del desierto de Atacama (13-VIII-1993)] e *INRI* (2004). Narrativa: *El día más blanco* (1999),

▸ Su poesía ha sido traducida al alemán, francés, inglés, ruso y sueco.

Entrevistas a Raúl Zurita

▸ **En Santiago de Chile, agosto de 1987 y 1988.**

SS: *¿Elegiste escribir, la escritura te eligió o algo te impulsó?*

RZ: Es raro, yo nunca tuve la sensación de que hubiese optado, elegido voluntariamente esto. Creo que empecé a hacerlo cuando no podía hacer otra cosa.

SS: *¿Cómo y cuándo empezaste a escribir?*

RZ: Yo creo que fue antes del golpe militar de 1973. Nunca me recibí, no hice la tesis. Ahí empezó para mí todo de nuevo de una forma bastante brutal. Estuve preso y cuando salí lo único que necesitaba era trabajar como fuera, pero no podía encontrar trabajo en ninguna parte. Mientras menos encontraba trabajo más escribía.

SS: *¿Aquí en Santiago? ¿No encontrabas nada o no querías ningún otro trabajo?*

RZ: Sí, aquí en Santiago. Yo había estudiado 7 años en Valparaíso. No era que yo decía: "Quiero hacer esto". Yo quería trabajar, estaba casado, separado, con hijos. Mi obsesión era conseguir un trabajo que no conseguía y escribía. Los primeros años de la dictadura, el 74, 75, 76 fueron extremadamente difíciles. Mientras más honda era la situación concreta en la que vivía, más dura. Buscaba trabajo porque lo necesitaba para sobrevivir y ayudar a mis hijos, pero no encontraba nada y no lo encontré sino hasta varios años después. Mientras tanto tuve que hacer las cosas más impresionantes para poder vivir.

SS: *¿Pero dejaste de escribir después de que empezaste en esa época?*

RZ: Después se transformó en mi absoluto sostén, pero era difícil, es raro, porque es una mano que lo hunde pero que lo salva al mismo tiempo. Las dos cosas simultáneamente; me salva en el mismo momento que me hunde, o me hunde en el mismo momento que me salva. Eso empezó más o menos así. Pero ya escribía en la universidad, una parte de mi primer [poemario] la hice cuando yo todavía era estudiante universitario.

SS: *Entonces no fue sólo la necesidad la que te empujó, puesto que ya escribías poesía cuando estudiabas ingeniería. Pero "la escritura en el cielo" es tan original, no es sólo individual, es para el mundo, en Nueva York. ¿Qué te indujo a eso?*

RZ: Sí, fue un gesto. Hay dos cosas en eso, una es la escritura en el cielo y hace tres años atrás hice una escritura en el desierto que se ve desde arriba del avión que son de tres cuatro estrofas. Independientemente de cómo se ve de afuera, para mi son íntimas, algo que me he imaginado muchos años antes de hacerlo. Esta idea de escribir en el cielo es algo que se me ocurrió en un segundo en el año 1966. Una escritura en el cielo, lo pude hacer, casi veinte años después. Cuando niño, en un sueño, vi un avión escribiendo una publicidad, hacía vueltecitas casi. No escribía literalmente. Siempre creí que lo había soñado hasta que de pronto me acordé de esto y hasta conocí al que lo había hecho. El cielo siempre fue desde los tiempos más remotos el lugar hacia donde todas las comunidades han dirigido sus miradas porque creen que allí están las señas de su destino. Y sería hermoso ocupar ese cielo con una gran página donde uno podría escribir los signos. Finalmente se hizo y eran quince versos.

SS: *Fue individual, pero para la comunidad. Mucha de tu poesía se relaciona con el paisaje de Chile. ¿Cómo te nace una idea? Hay literatura de fácil interpretación, pero hay otra en la que el material es tan extraño como si fuera algo que no proviene de la experiencia personal.*

RZ: Casi todo lo que escribí sobre los paisajes lo escribí antes de conocerlo. El desierto de Atacama que está en el primer libro: escribí un poema siete años antes de verlo. Y la visión que hay de unas cordilleras que caminan, de pronto me di cuenta mucho después cuando uno atraviesa los Andes en avión hacia Argentina o a la inversa vuelve de Argentina. En realidad uno tiene la sensación [de] que las montañas estuvieran marchando: tan, tan, tan. Por los años 74-75, estaba en una situación psíquica y físicamente desesperada y de pronto, en el límite de eso, en el límite, absolutamente solo, hice eso de quemarme la cara. Son cosas solitarias. Jamás pensaba que eso significaba algo desde el punto de vista estético. Fue un acto de desesperación simbólico frente a mí mismo. Después hay algo que se inicia en una situación de lo más desesperada. Un hombre que se quema la cara solo, en un baño, encerrado, puede ser que algún día termine con el vislumbre, con una felicidad colectiva. Se me ocurrió la visión de todo lo que iba a hacer. Me sorprendió mucho, pero mucho, que veinte años más tarde lo había hecho. Qué había sido eso. Que había sido la fidelidad para bien o para mal un segundo de [...] que durante veinte años que estuve trabajando en función de una idea muy borrosa pero que tenía al principio el vislumbre de algo. Fue lo que hice. Y el último libro de esto: *La vida nueva*, un libro de casi 600 páginas concluye todo esto. Eso termina con la escritura en el desierto que sólo puede ser vista desde lo alto y que permanece, y que permanecerá; que no se borra. Lo terminé en el 1994 con sorpresa en Italia. Con *La vida nueva*, me di cuenta que había terminado esto que había lucubrado casi veinte años antes. Que había llegado a su fin, me sorprendió haber sobrevivido. Me sorprendió finalmente no haberme vuelto loco. Fueron muchos años. Ahora ¿cómo se iba haciendo esto? Ya es mucho menos explicable para mí. Yo soy bastante disciplinado dentro de toda la demencia.

SS: *La experiencia demente no se opone a la creación, al contrario...*

RZ: Entonces fueron años de años y eso me ayudó para escribir total y absolutamente. Yo soy de la ciudad, tenía una vivencia de ciudad, no de paisajes, que me gustan mucho pero no los he vivido. Bueno, he vivido en el sur pero mucho después. Siempre me impresionó, me impresiona; no es algo que alguien le hace a un paisaje, una celebración como Neruda, por ejemplo, sino que los mismo paisajes son como telones. Telones vacíos que los mismos hombres van llenando con las pasiones de vivir, la pasión humana que levanta los paisajes a medida que va avanzando por las montañas y los árboles y las playas y las costas. En el fondo, ellos están construidos por la suma de los ojos que los han visto y si uno se emociona cuando ve un atardecer, el espectáculo de la cordillera, del mar, es probablemente porque otros ojos lo están saludando a través del tiempo. Entonces uno establece un contacto con esa parte tan pequeña de la experiencia humana, tan pequeña en relación a la totalidad. La pasión es la rompiente, como el modo de expresar. Estos paisajes que se mueven que no están estáticos: es la cordillera, pero es también mi sueño, tienen nombres concretos de lo que son, de lo que vemos, que están allí pero avanzan, se dan vuelta y caen sobre ella.

SS: *¿Te ves tú cómo parte de todo esto?*

RZ: Sí, sí pero como parte en el sentido que nos tocó una parte pequeña de un diálogo que nos sobrepasa, del diálogo general de todas las cosas entre sí. Creo que me tocó participar en un fragmento muy pequeño de ese diálogo general. Sería algo así si Dios existiera, la conversación de Dios consigo mismo. Tal vez alguna chispa, algo de eso queda en algunos poemas. De esa pequeña parte que a uno le corresponde en esa conversación general que lo sobrepasa y a la vez que lo sobrepasa y lo destruye.

SS: *El escritor visionario es el profeta que no habla de sí mismo sino que habla por la comunidad. Tú le das tu voz a miles de desamparados.*

RZ: Puedo intuir el trabajo que estás haciendo, es fascinante. Yo no sé quién lo hace.

SS: *Ésa es una parte de este proceso tan primordial y tan moderno; es una experiencia lejana común a la humanidad, pero desechada por el racionalismo.*

RZ: Ahora, no es que uno pueda decir: "No soy yo", porque uno está ahí, hay algo físico, tengo que estar sentado pase lo que pase aunque no ocurre absolutamente nada como ocurre en el 99 por ciento de los casos, pero está la disposición física a hacerlo. De pronto puede ser que uno esté en la calle y se ilumina el universo, así pasa a veces... Yo me he dado cuenta que en general a los artistas y a mí, tal vez no sea fácil más o menos hablar en general de las cosas, pero la visión en general es cómo ver el asunto, pero extremadamente difícil explicar cómo en concreto fue, cómo funciona.

SS: *Vivirlo y precisarlo son diferentes experiencias.*

RZ: Y al mismo tiempo explicarlo muchas veces es profundamente oscuro, tan o más oscuro que para cualquier lector. Hay otra sensación de asfixia, de una lucha definitiva por arrancarle a la oscuridad un milímetro más. Si la visión fue esto y no lo otro. Generalmente no es una experiencia personal. Como el 90 por ciento de las grandes obras, en *La divina comedia* Dante no tuvo la experiencia personal del infierno, el purgatorio, el paraíso. Tuvo una experiencia pero no fue física.

SS: *El no estuvo físicamente allí pero lo vislumbró. Sábato dice que Dante vio el infierno. Creo que lo vivió en alguna forma, claro que no concretamente.*

RZ: Al mismo tiempo es tan paradójico, porque creo que si uno lo hace, en el fondo va tocando experiencias únicas. Los grandes miedos, el amor, el terror, las pesadillas...

SS: *Por eso son arquetípicos y por eso fascinantes, algo mágico, atemorizan y ahuyentan, alejan y acercan. Los poetas, místicos, visionarios, los profetas del pasado y los chamanes son los pocos capaces de acercarse a ese territorio.*

RZ: Para mí es un poco paradigmático, no puedo explicármelo a mí mismo, o darme una respuesta que me deje más o menos tranquilo.

SS: *Lo explicas muy bien. La escritura es consciente, pero la procedencia del material varía. Como cuando estabas desesperado y te heriste a ti mismo. Hay muchos en momentos desesperados pero no comenten un acto tan ofuscado sino que van arreglando o arruinando su vida en otra forma. Cuando me dices que es una caída, es una pendiente al fondo del cual el artista sale creando.*

RZ: De esos momentos también me ha dado la impresión de que hay algo común en toda experiencia humana. Uno trata con sus experiencias, yo podría ir a cortarme las venas. No me doy cuenta que eso es algo que siempre puedo hacer, porque vivo pasivo, sigo viviendo. Pero si algo nos enseña el sufrimiento y el dolor y nos muestra amplificado es una experiencia que también puede matarnos, sirve para analizar la existencia de la vida. Revela su plenitud y sus desnudos por así decirlo: elige, cada uno elige cada segundo de su vida; está siempre diciéndoselo. La función a veces del dolor, del sufrimiento es mostrarnos eso que estamos dando, que se nos revela en los instantes de máxima desesperación. Pero algunos han dicho: "Se acabó".

SS: *Eso puede ser irresponsabilidad, rendirse a la lucha.*

RZ: No, no creo. A mí siempre me ha impresionado, es tan tremendo, tan contra natura finalmente el acto de matarse, es de tal fuerza, de tal cúmulo de acontecimientos, es alguien que paradójicamente se aferró a ella y enfrentó la lucha.

SS: *Creo que fortalece al que consigue pasar por eso sin claudicar.*

RZ: Tiene más suerte o menos suerte.

SS: *Yo no creo en la suerte.*

RZ: Yo tampoco.

SS: *Hay una responsabilidad. Vivir lo que hay que vivir y pasar por lo que haya que pasar, aunque a menudo la vida del poeta sea más difícil que la de los demás mortales porque se acerca a los límites y se atreve o tiene que enfrentarlos.*

RZ: ¿Tú crees en el dicho que uno decide realmente?

SS: *Estoy segura, pero no nos damos cuenta. Sin embargo, el visionario no decide la experiencia inicial conscientemente. Decide cómo expresarla.*

RZ: Yo he podido decidir, algo que yo ya había decidido [...] También podía haber decidido no hacerlo, aunque a veces hubiese querido [...].

SS: *¿Y qué pasa cuando has querido dejar de hacerlo? ¿Qué te ha ocurrido?*

RZ: No será muy metafísico lo que voy a decir pero hubiese sido como tratar de calcinarse. [Risas.]

SS: *¿Cómo es eso exactamente, qué te ocurrió?*

RZ: Hay unos versos de Pound que son muy bellos y dicen: "Señor, por qué no me hiciste dueño de una vaquería", estoy traduciendo al español, "por último vendedor de tomates", dice "y no este maldito oficio donde hay que estrujarse el cerebro". De verdad a veces uno le tiene repudio porque tiene costos, tiene costos que uno siente y por qué, por qué diablos tiene que sentirlo. En el momento del sufrimiento, el sufrimiento es propio. Hay otro poema, uno de Borges, se refiera a Cristo que al final termina diciendo: "Que me importa que Él haya sufrido si yo sufro ahora". Parece que la expresión misma del lenguaje oscilara entre dos extremos. Por un lado cualquiera que haya tenido una experiencia de dolor, de angustia o de miedo sabe que hay cosas que nunca va a poder expresar, que no van a cruzar el umbral de las palabras, que incluso cuando yo logro decir: "Estoy sufriendo", al menos puedo escuchar el eco de mi propia voz y de alguna forma he iniciado el proceso de mi recuperación o de mi cura.

SS: *Tienes razón, el dolor es del artista, pero es también la forma de salir.*

RZ: Exacto.

SS: *Si hay problemas de la tribu fermentando sin que la mayoría se dé cuenta, y el poeta los percibe y revela ¿crees que puede compensar el desequilibrio cuando la colectividad despierte?*

RZ: Yo pienso que eso es cierto. Es extraño porque pareciera también que las grandes experiencias poéticas no se consuman solas. Establecen un acto de equilibrio. Yo creo que por visionaria, por tremenda, por lejana que sea la visión de un artista, nunca va a ir más allá que las visiones, las pesadillas, los sueños que guarda en lo más profundo la comunidad a la cual pertenecen. Pero al mismo tiempo, creo que todo lo que se dice descansa paradójicamente sobre la emoción-vida-experiencia. De pronto una experiencia extrema radical del amor por ejemplo, del cuerpo, en que uno sabe que cualquier palabra que se diga en ese momento: te quiero, te amo, está absolutamente de más. El tremendo purgatorio de las palabras. Cuando uno está con una obra de arte es un corazón aislado, emocionado, está como llorando, es que la experiencia del que ve, el que oye, el que escucha. La emoción viene porque con palabras o con imágenes o con sonidos le está llegando a mostrar algo que ya no le pertenece. Como si quisiera tomarlo pero no puede. Y eso es lo que emociona, porque si hubiésemos sido felices, la literatura, el arte, no hubiesen sido necesarios.

SS: *Tienes razón, entonces ¿en qué reside esa necesidad? Hay una literatura que compensa lo que se ha enterrado, pero llega un momento en que se pone al nivel de la sensibilidad de la época. No siempre el artista va a verlo.*

RZ: Yo creo que nace tal vez de una comprobación límite. Yo estuve en Italia, mi madre era italiana, mi abuela también. Tuve mucha relación con ellas porque mi padre murió cuando yo tenía dos años. Mi abuela era una mujer de lectura, yo siempre tuve una visión muy mística de los artistas, de los italianos, de Miguel Ángel. Yo creo que, en el arte, las grandes obras están compensando algo y eso es absolutamente cierto pero qué es lo que están compensando no está dado a nosotros.

SS: *No en su preciso momento. Ahora que empieza otro siglo podremos verlo*

RZ: Podemos verlo después y siempre bajo una cierta pátina, porque la emoción en el arte, en ese sentido, es anterior a la experiencia religiosa. Lo que es bello es verdadero. Si no, es la experiencia del infierno. Para un cristiano religioso hay una frase que cruza desde el comienzo hasta el final de lo humano, es nuestra experiencia máxima en la vida, que es: "Padre, Padre ¿por qué me has abandonado?" Ahí está centralizado antes, después y para siempre todo el infinito desamparo de uno. Para un religioso cristiano, Jesús dijo esas palabras, el hijo de Dios. Para la poesía, esas palabras son tan inmensas que era necesario inventar un Dios que sea capaz de decirlo, porque estaba más allá de la experiencia humana. Cuando empieza Homero *La odisea* y habla de los dioses, que siempre nos culpan a nosotros de sus desgracias sin saber que son ellos mismos con sus locuras los que se acarrean desdichas no desveladas por el destino, esas grandes palabras crean la experiencia religiosa. No existen los dioses previamente, nacen de la expresión de esas palabras. Se necesitaba un Cristo de esa magnitud, para que dijese: "Padre, Padre ¿por qué me has abandonado?". La experiencia primera de la poesía es "Padre, Padre ¿por qué me has abandonado?" De allí surgió Cristo, de ahí surgió la luz, de ahí surgió todo, los Evangelios. Todo, de esa frase.

SS: *La pregunta que todo ser consciente se hace alguna vez.*

RZ: La pregunta si Dios existe o no, no tiene una respuesta; cada uno en su soledad en el fondo de su corazón... Lo cierto es que la poesía a veces a través de la función precaria o plena del lenguaje va mostrando que la experiencia poética es la experiencia original. Eso no significa darle más o menos valor que a las otras experiencias. Es una experiencia que sirve a las demás: la filosofía, la historia. Probablemente, la poesía es, a partir de los griegos, la única forma en la que los seres humanos puedan experimentar lo que solamente está reservado a los sueños sin sufrir el castigo de vivirlo. La única forma de experimentar y de vivir los sueños, las pesadillas, evitando el castigo, es mediante la poesía. Creo que esa es su gran función.

SS: *Claro, en sueños podemos volver al pasado, renacer, matar.*

RZ: Morir por amor apasionado.

SS: *Sí, por eso la literatura es simbólica, como los sueños que enseñan con símbolos. Pero en literatura descifrar los símbolos es como robar los sueños del poeta, de la comunidad. En tus poemas está Chile, su belleza, su gente, sus voces y sentimiento.*

RZ: Hay algo de Borges que me llamó la atención, dijo que quería morir de cuerpo y alma. De cuerpo y alma. Hay otra cosa en lo que tú me dices, que hay algo también en los lugares, que son misteriosos. Yo creo que Chile, o esto que se llama Chile, es una especie de pequeño milagro de la naturaleza. Imagínate que el mar hubiese subido 10.000 metros más, que la cordillera se hubiese corrido 5 kilómetros más: una cornisa fragilísima: están los Andes, luego la cornisa, luego el mar con una fuerza profunda. Algunos de los más grandes pozos de mar están frente a Chile. No los más grandes, porque la cordillera es así, sigue y cae a pique. Esa cosa tan azarosa increíble de frágil que es Chile, hay como una especie de milagro de salvación permanente o, a lo mejor, hubiese sido mejor que no hubiese existido. Da una cierta sensación de la precariedad que no sé cómo nos afecta, cómo nos ha estado afectando. Vivimos con la cordillera por un lado, el inmenso Pacífico, el desierto y los témpanos por el sur. Hay algo allí muy difícil, la manera y el modo que afecta el sentido de la vida de los que participan, a tal punto que es probable que toda existencia se percibe como una especie de milagro, no es la Argentina, la Pampa, la maravillosa estabilidad de esas planicies. Es una experiencia de confín, de algo que está a duras penas sostenido, que se quiebra entero por todos lados, que la cordillera se hunde en el mar y emerge nuevamente en los archipiélagos. Es maravillosa, porque es de una belleza impresionante. Un paisaje solitario. La cordillera de los Andes en la época de la dictadura de Chile fue el más grande, el gran reflejo de su cárcel. Creció 10.000 metros más. Como si todo esto hubiese sido una colonia penal. La cordillera de los Andes, símbolo de la opresión, de la cárcel, de nuestra separación, aislamiento. Ahora ya no es así, ya bajó un poquito.

SS: *Y ¿en qué sentido ayudaría a vivir la poesía? Eso es lo que da fuerza, ¿no?*

RZ: No sé si ayuda a vivir. No sé si la palabra es "ayuda". Lo que probablemente hace es que experimentemos nuestra propia experiencia. Puede ser tremendamente peligrosa. Al Quijote de tanto leer libros se le secó el cerebro, una experiencia de destrucción. Pero también puede ayudar, nos da el poder gobernar esos defectos. Me gustaría que la experiencia del que lee sea una experiencia salvadora, me encantaría. Si me fuera posible, iría a los tipos a ayudarlos si eso fuese posible. No puedo, no me es posible, la experiencia del mundo puede ser una de felicidad y rescate, pero también puede ser del infierno. Hay una marginalidad sin fin en todo el universo como las estrellas que chocan y explotan, una experiencia de una indiferencia absoluta, infinita, todo está desangrándose bajo la luz de las estrellas, haciéndose pedazos abajo estrellándose contra las rocas. Entonces la palabra no es sólo enseñarnos a ser solidarios, sino también mostrar esa profunda, esa gran malignidad, su poder de destrucción [...].

SS: *Precisamente, los aspectos que la racionalidad oculta, que se trata de evitar, hacer desaparecer, pero siguen allí y eventualmente tienen que salir.*

RZ: Siempre que yo leo un libro, o veo una obra de arte, como un poema que uno no ha leído, enfrentado, al menos teóricamente, el riesgo de la destrucción, de la locura, puede mostrarnos el paraíso, pero también puede destruir. Literalmente en ese sentido, yo me ha salvado, para mí fue algo salvador. Atravesé la locura, realmente la crucé, por eso, después de veinte años, me sorprende haber salido. No haber sido drogadicto o alcohólico; no lo soy. O no haberme quedado en eso y haberme matado. Hay una experiencia que hace que uno pueda sobrevivir a tanta adversidad. Hay momentos en la vida que es pasar el instante, no es pensar en mi jubilación, mi seguro, es pasar al instante que viene.

SS: *Sobre esa época, ¿son tuyos los encefalogramas en Purgatorio? ¿Por qué están allí?*

RZ: No, no son míos. Son encefalogramas de un hospital psiquiátrico. En el fondo, lo que allí se expresa es que la experiencia humana nos puede dar tanto el límite como la seguridad: lo más hondo del pozo y del abismo, pero, si uno alcanza la posibilidad de decir: "Te amo, te quiero", por ese solo hecho ya deja de ser tan infernal. Por eso al final termina con estos encefalogramas y dice: "El amor no muere solo, lo ayudaste". Por eso los encefalogramas son reales del hospital psiquiátrico. Yo creo que los propios encefalogramas que me hicieron cuando estuve muy mal de la cabeza, del corazón, de la cabeza y de todo en los 70, 74.

SS: *¿Cuándo fue lo del ácido a los ojos y por qué?*

RZ: Eso fue después, en 1980, pero eso fue ya lo último, una experiencia terrible, porque quería quedarme ciego. Realmente lo quería, porque quería que el tipo pudiera escribir un poema. En esa experiencia clímax, que no me sirvió de nada, pero sí muchos años después, conocí a un psiquiatra, al que veo todavía de vez en cuando, que me ayudó.

SS: *El tipo eras tú, ¿te sentías dividido, luchando contigo mismo?*

RZ: Si, una lucha, una impotencia. No me resultó porque me fui a una clínica, a la posta de primeros auxilios. Fue una experiencia demoledora de vida y destrucción. Ahí conocí a este psiquiatra que me ayudó.

SS: *Te costó mucho salir ¿te ayudó la escritura?*

RZ: Hay costos, pero no son sólo de la poesía, son de la vida misma. Si yo no hubiese tenido algo de poeta, probablemente no me hubiesen pasado estas cosas. Pero como lo tengo también pude atravesarlo.

SS: *Sobre la sensibilidad del poeta, Matilde Sábato decía que Ernesto es como un sismógrafo. Pero es necesario tener un ego muy fuerte para poder salir, además de la vocación y los instrumentos del oficio para crear o contar la experiencia.*

RZ: Físicamente se puede soportar más, pero hay una experiencia irreductible. Yo soy admirador de Gabriela Mistral, sobre todo los sonetos de la muerte. Una fuerza increíble, hay una experiencia límite de la no maternidad. Lo que pasa cuando Neruda es el gran Neruda: es la celebración de la lengua castellana, que ocupa el tiempo de la vida de un hombre, para celebrarse a sí mismo. Ya no es la experiencia de un poeta, no es la de un ser humano. Neruda en "Las alturas de Machu Pichu" es la máxima experiencia ¡cada palabra al lado de la otra baila! A esa lengua se le debe todo porque es mi expresión también. Pero, por el profundo resentimiento por la imposición de esa lengua, hay tantos marginados, tantas víctimas. Vallejo vivió ese dolor.

SS: *No solamente en la poesía, en la vida también ¿no? Casi como la religión, no la institucionalizada que a menudo separa, mientras que hay poesía impregnada de un sentimiento religioso de unión o la busca de reunión.*

RZ: Sí, absolutamente: la historia de la poesía. Lo que pasa es que la poesía, para mí al menos, responde a otro ámbito del sentimiento religioso. Están ligados pero no son exactamente lo mismo. Porque la poesía, por ejemplo, esa frase de la que hablábamos ayer, "Padre, Padre ¿por qué me has abandonado?", es la frase que se dice una vez y será para siempre; sintetizará todos los padecimientos, el desamparo, la sensación de desolación, de abandono que ha experimentado la humanidad desde que el primer ser abrió sus ojos, por así decirlo, y que seguramente lo seguirá experimentando. El sentimiento para un cristiano es de Cristo que pronuncia esa frase, que nace a partir de la existencia de Cristo, el Hijo de Dios. Para la poesía, esa frase es tan impresionante que tenía que surgir un Cristo un Hijo de Dios para poder pronunciarla. Está primero eso, o sea, primero la palabra y hay palabras tan fuertes como el comienzo de *La Odisea*, que realmente desde allí surgen los dioses. Para la poesía es eso, no es al revés.

SS: *Claro, el texto no muere mientras alguien lo lea y lo atesore.*

RZ: Si alguien lo lee está en el presente y en el futuro, no está atrás. Entonces, la aparición de Helena de Troya en el poema de Homero es tan contemporánea como el último conflicto. Ésa es la experiencia profunda humana.

SS: *Pero no todos los libros perduran, aunque algunos son rescatados.*

RZ: Los que permanecen son aquellos que alguien vuelve a interpretarlos y vuelve a mirarlos, aunque sea una sola persona. Es como una partitura; una partitura que no se toca, muere. Muere hasta que aparezca un príncipe encantado, le de un beso a la bella durmiente y la bella durmiente despierta y vuelva nuevamente a la vida...

SS*: Una analogía perfecta. En cuanto a los títulos,* Purgatorio *¿tiene que ver con la vida en la tierra como purgatorio?*

RZ: *La divina comedia* es una especie de levantarse extremadamente duro y doloroso, una situación absolutamente precaria. Yo creo que sí, la vida en este mundo es el purgatorio. En ese sentido todavía es purgatorio, no el paraíso, pero es donde se alcanza a ver destellos.

SS: *Esos destellos son visionarios. ¿Es* La vida nueva *un renacimiento para ti?*

RZ: *La vida nueva* tiene dos sentidos para mí que también los tenía en Dante, la vida nueva pero también la vida juvenil, una vida nueva de alguien que está empezando a vivir. Tiene también esta otra connotación de una nueva vida, de un renacimiento. Para mí tiene un poco las dos, porque siempre pensé que lo que hacía con estos libros, entre otras cosas, era quedar en paz con lo que fue mi juventud. Con sus excesos, con sus locuras, con sus culpas, con sus exageraciones. Cuando terminé *La vida nueva* en el año 93 tuve esa sensación de que había cancelado mi juventud, que había quedado en paz con ella. Aunque la terminé mucho después, la terminé a los 43 años, pero había sido como que yo quedaba en paz con un período de mi vida.

SS. *Tus versos de Purgatorio: "Domingo en la mañana: / Me amanezco / Se ha roto una columna / soy una santa digo" (13), ¿por qué "soy una santa"?, ¿es una proyección de lo femenino, poético?*

RZ: Entre otras cosas, en este libro hay una indiferenciación de los géneros. El que habla puede ser tanto mujer como hombre, de repente usa el masculino y el femenino al mismo tiempo. Y creo que es una situación en el fondo no de superación de los géneros, sino todo lo contrario, está en una situación tan desmedrada que ni siquiera se tiene la certeza de una identificación sexual. Puede ser hombre o mujer.

SS: *Por un lado, como los profetas, los visionarios hablan por los demás. Por otro, la parte psíquica (anímica) del proceso creativo es femenina.*

RZ: Puede ser. Ahora encontré que era bastante trasgresor en cierto sentido adoptar de repente un lado femenino, donde se juega mucho con eso. Aquí el tipo es claramente la foto de un hombre, que soy yo. Declara que se llama Raquel, que es un nombre de mujer. No hay una identificación de género. Éste puede ser hombre, puede ser mujer. No, soy yo mismo. Por eso acá abajo dice: "Yo soy el que soy".

SS: *Sí, pero yo leo "soy quien soy", que no apunta a un género específico sino al ser. Los poemas de las vacas son extraños: "Las ahora manchadas", "las vacas mugiendo [...]" escapan, ¿de qué perseguidores? ¿Hay una relación con la dictadura?*

RZ: Todo esto de esta famosa vaca se basa en una imagen de *cowboys*: vaqueros persiguiendo a un grupo de vacas. Pero nunca pueden pillarlas porque, de repente, se dan cuenta que las manchas de las vacas que van persiguiendo son las propias sombras de ellos. Éste sí tiene algunas claves matemáticas y de cosas. Es una persecución donde los espacios se van a extraviar unos en otros. Y al final es un fracaso porque no cazaron nada, enlazaron este animal imaginario. Al final un lazo vacío del que persigue, solamente caza algo que imaginó. Pero una imagen de paz sigue, como digo, una estructura en la escritura, pero la idea básica se da en una persecución muy concreta que se da en un campo donde unos vaqueros persiguen una vaca, y las vacas se arrancan a otros espacios. Se identifican de repente con Cristo. Con todo, en el fondo con el mundo con las cosas que al final nunca alcanzan.

SS: *Está allí el paralelo con las dictaduras que a menudo persiguen quimeras, causan daño, pero al final los perseguidores caen y no encuentran lo que perseguían, o lo inventaron. En "Los sueños como espejismos" [...] "en el desierto de Chile" no sé cómo pudiste escribir todo eso sin haberlo visto y, mostrar lo que es.*

RZ: Yo sé que lo estoy mostrando y cuando lo vi me di cuenta que era muy parecido, lo encontré igual. Igual, sí. Es más, creo que la realidad, como decía Picasso creo, al final imita al arte. Imita al arte, imita a los poemas que la describen.

SS: *Tu desierto no es el árido, inacabable que vi desde la carretera.*

RZ: Porque tú pasaste, pero si tú te hubieses internado, parado allí, es un espectáculo de una grandeza, belleza. Uno cree que es monótono, pero si se para se da cuenta que son millones de colores que cambian cada minuto. Llega el atardecer y los cerros que ves son infinitos colores del morado y son azules en un momento dado, absolutamente azules, están vivos. Eso que parece vacío está lleno, eso que es monótono tiene infinitos colores que cambian constantemente y que probablemente el desierto en ese sentido es la metáfora, la imagen de lo que se llama el alma humana. Algo vacío pero al mismo tiempo pleno; monótono pero al mismo tiempo lleno de colores. Algo aparentemente tranquilo, pero terriblemente peligroso. ¿Cuántos se han perdido? Y lleno de espejismos, de imágenes falsas. La imagen del desierto siempre ha sido así. En casi todas las grandes traducciones religiosas hay una escena en el desierto: en el judaísmo, la tentación de Cristo, en el budismo… Siempre hay un viaje en el desierto.

SS: *Como el descenso que parece vacío pero está repleto, y de donde se sale diferente.*

RZ: De donde se sale diferente. Porque en el fondo es internarse el alma. El desierto es de una grandeza tremenda. Están todas las contradicciones. Los opuestos se sintetizan ahí. Todo esto, lo había pensado después de escribirlo, en ese momento no tenía idea.

SS: *Cuando supe que no lo habías visto, se aclara el descenso al fondo.*

RZ: Absolutamente. Por eso estos poemas son para mí el desierto físico que tú puedas ver, pero simultáneamente son una metáfora de tus sentimientos, una imagen de tu viaje. Son las dos cosas. No es que no sean también el desierto físico que uno ve, creo que está descrito, pero al mismo tiempo...

SS: *Penetras en una profundidad desconocida pero que está en las raíces si uno se atreve al descenso o algo lo empuja. El sufrimiento lo vivimos todos hasta desgarrarnos a menudo, pero se lo puede expresar.*

RZ: Es que no se expresa el sufrimiento nunca, el sufrimiento es inexpresable, es necesario sufrir para crear. El que está sufriendo lo único que quiere es que se le pase lo más pronto posible, que se te pase. La única misión del sufrimiento inicial es dejar de ser sufrimiento. Si esa brecha se mantiene abierta, si el recuerdo sigue, si se rompió un poco la muralla, eso posiblemente va a generar la escritura.

SS: *Pero ¿quién puede lograrlo? Aun si se adquieren los recursos técnicos y se tenga sensibilidad, hay algo que empuja a unos más que a otros.*

RZ: Es que son muy pocos los que se preocupan. Los que se proponen.

SS: *¿Pero el ser poeta es proponerse? ¿Es algo que te nace o hay una llamada?*

RZ: Un impulso, pero también la gran mayoría de la gente no siente la necesidad de expresarlo, de escribirlo. Esas necesidades no tienen ese propósito.

SS: *Después se vuelve propósito y se lo racionaliza, pero hay escritores que dicen que si no escriben se mueren.*

RZ: Yo creo que al final es el único *test* válido. Cuando al final a mí me llegan tantos estudiantes de ingeniería como en mi caso que quieren salirse de la carrera para dedicarse a escribir poesía, pero "termina, termina lo que estas haciendo. Si realmente la poesía o la literatura es tu vocación profunda lo vas a hacer aunque te cueste sangre, pero no porque tienes 18 años, no, termina eso". Que siga, si realmente tiene el impulso que siga, pero no hay que darles ninguna facilidad, no hay que decirles: "Sí, sálgase para dedicarse a la poesía". El tipo tiene que romper las dificultades, no facilitarle el camino. "¡Ah! tú quieres salirte porque quieres ser poeta, no, sigue estudiando ingeniería" y, si a pesar de eso tienes que salir en un momento dado, la necesidad, el impulso rompe con todo.

SS: *Otro verso: "Porque por allá no voló el espíritu de Jesucristo que era un perdido".*

RZ: Yo no lo entiendo. No anduvo por esos lugares, no voló el espíritu de Él por esos lugares...

SS: *¿Está Chile olvidado de Dios? ¿Por qué está perdido? ¿En qué sentido? ¿Tiene que ver con el ser humano, también con Chile y el mundo? ¿Y qué más?*

RZ: No sé. Pero el Cristo mismo era un perdido también. Ésa es la sensación, pero no sé bien lo que quise decir. Salió.

SS: *Ése es el test, como decías antes del escritor. La geografía chilena y la geografía del ser humano se juntan en: "Atacama del desierto".*

RZ: Aquí hay una identificación de Chile que se ve como un Cristo. "Miremos entonces el desierto de Atacama. Miremos nuestra soledad en el desierto, para que desolados en esta facha, apariencia, mi pinta, en el paisaje y venga una cruz extendida sobre Chile. El mismo paisaje se transforma en una cruz y la soledad de mi facha ve el redimirse, salvarse de las otras fachas, mi propia redención en el desierto. Para que mi facha comience a tocar tu facha y tu facha otra facha, y así hasta que todo Chile se haga una sola facha con los brazos abiertos una larga facha coronada de espinas. Entonces la cruz no será un abrir de brazos en sí mismo. Nosotros seremos entonces la corona de espinas del desierto, clavados facha con facha, juntos como una cruz extendida sobre Chile habremos visto para siempre el solitario esperar del desierto de Atacama". Además está la imagen de Cristo cayéndose con el desierto de Atacama.

SS: *La del hombre común y corriente también*

RZ: Yo tengo una visión muy trágica de víctimas y victimarios. Al poeta le ha tocado ser la primera víctima y a la vez el primero que se levante para decir que no obstante vienen nuevos días. Las dos cosas al mismo tiempo. Al mismo tiempo, el poeta es la primero víctima. Él puede expresar, es dueño de la palabra, mientras un indio en las sierras puede sufrir, se dé cuenta o no pero ¿cómo lo va a explicar?

SS: *¿Habrá un cambio?*

RZ: Yo creo que está pasando algo, pero ya se veía. Se veía desde hace cuatro siglos más o menos. Que es la agonía del lenguaje. La forma que tenían era diciendo "Dios ha muerto", que es la forma metafórica de decir lo que están muriendo son las palabras. Son cuatro mil años de lengua, de lenguaje, de expresión. Esas mismas palabras de: "Padre, Padre ¿por qué me has abandonado?". La grandeza de los versos de Homero. Yo creo que estamos viviendo una época de la agonía de las lenguas, del lenguaje, que las palabras están enfermas, que los significados se han separado de los significantes.

SS: *Cuanto más se desarrolla la conciencia más arbitraria es la palabra en relación con su referente. Por eso mismo, la poesía connota más que nunca.*

RZ: Pero el hombre que nosotros conocemos solamente es hombre por la palabra. Para la poesía las palabras es la realidad básica, no hay otra. Todo lo demás deriva de eso, es creado a partir de ella, es la experiencia irreductible. La poesía es una experiencia radical del mundo, es arcaica porque tiene que ver con el primer reflejo de las cosas.

SS: *Es un reflejo que se comunica mediante la palabra antes o después de la imagen…*

RZ: Nace una palabra sin imagen, la primera palabra no tenía ninguna imagen. Era 'ahieaeaea'. Era el sonido, pero desde dónde se habla. Hablar de la poesía es hablar desde la experiencia absoluta de la lengua y las palabras que van creando la realidad.

SS: *En tu poesía se reiteran elementos de la realidad: el mar, las playas, la cordillera, la tierra, la arena. La arena personificada habla, baila, tiene luz, colores y es parte del ser humano o hay un paralelo con éste.*

RZ: Lo que pasa, la gran poesía arcaica, aunque yo no sé hebreo o griego, uno se da cuenta que había una relación entre las palabras y las cosas directas, que no mediaba la sombra de una idea, de lo intelectual. Entonces es Isaías en la Biblia, contento, no es él solamente que está contento, los cerros cantan y bailan, toda la naturaleza celebra con el pueblo, la naturaleza y el cosmos entero, se vuelve árido, terrible sollozo cuando el hombre grita desesperado. Si lees a los profetas bíblicos, sobre todo Isaías, pero también Homero no es que allí haya una relación escrita; la palabra y la cosa coinciden en una época y no se puede destruirlo. Entonces, las palabras son las cosas también. Cerros que cantan y bailan. Está hasta en la música mexicana, en donde las tradiciones llegan hasta en los lados más increíbles: "Grítenme montes y valles, háblenme piedras del campos y díganme si en la vida han visto sufrir..." y es poesía y es poesía bíblica que el profeta bíblico hace participar a todo el universo. Es la tradición que más me ha conmovido, que me sigue afectando. También estamos en una orfandad cada vez mayor. En ese sentido las palabras están agonizando, no tienen ese poder que tenían, pero hay operaciones intelectuales profundas, como autores que me han maravillado: Jung, como verdadera síntesis y conscientes de la historia. Mitos que están recreados pero no mágicamente, sino muy intelectual y muy calculadamente.

SS: *Estoy de acuerdo, aunque a Jung no todos lo han entendido.*

RZ: Exacto. También pretendo que esta poesía dialogue, si es verdad, con la tradición, con otros autores: con Dante, Neruda, con uno mismo, con los mitos. Pero lo he hecho conscientemente. A veces no, seguramente, pero recrear un poco el esquema de *La divina comedia* tiene que ver con mi abuela. Cuando lo hago siempre pienso que le estoy haciendo un homenaje de amor a ella. Hay algo de *La divina comedia* en las raíces, forzado, intelectual, pero también la experiencia chilena, la patria donde se ha nacido, un asunto biográfico por así decirlo. Yo no sé si existe lo que se llama una patria, nunca lo he tenido claro. Lo que sé que existe porque lo he visto es el amor a la patria eso "sí" que existe. ¿Qué es la patria? Es tu pasado, es tu experiencia aunque haya sido atroz. Otro autor que me llamó la atención y me maravilló a propósito de lo visionario es Kazantzákis que escribió *Cristo nuevo crucificado*, del que se ha hecho la película *Zorba el griego*, porque él tiene una odisea contemporánea de la que vuelve. Comienza con la vuelta y por fin su mujer se da cuenta que todo el viaje y los veinte años que pasó es la desmentida, porque esa mujer no tenía nada que ver con lo que él iba a buscar. Y la mujer que lo esperó fielmente veinte años le ve el sol en la cara, los rizos y se da cuenta que tiene que haber matado a mucha gente, que es un bárbaro...

SS: *Es trágico. A propósito de bárbaro, ¿te quemaste la mejilla a propósito?*

RZ: Lo hice absoluta y totalmente a propósito. No estaba pensando en poesía, ni en arte, ni en nada por el estilo, después sí, porque creo que fue el primer chillido. Yo estaba pasando por una experiencia terrible y cuando lo hice, en cierto sentido, me volví a reunir conmigo; fue como un segundo nacimiento, fue el chillido del recién nacido. Si no hacía eso me moría. Y *Purgatorio* lo primero que dice es: "Mis amigos creen/ que estoy muy mala/ porque me quemé la cara". Así parte el libro: esta experiencia que se inicia en la máxima soledad y desesperación de un tipo que en un día de mayo de 1975 pone un fierro en el calefón en llamas, se pone rojo y se lo aplica acá, ¿me entiendes? Con toda conciencia, lo pensé después; tenía que terminar con el vislumbre, la felicidad, pero no de uno, sino de todos. Ése fue el itinerario. Tenía 24 años. Y ahí empezó lo que terminó después de veinte años, con esa experiencia de lo más loca, de la destrucción, de la soledad, de la desesperación, y termina creo, con una visión que está al final de *La vida nueva*, una visión de la totalidad.

SS: *Tu visón de la totalidad son esos versos inscritos en el desierto con un final de total aceptación. "Amado padre, entraré de nuevo en ti. / Ni pena, ni miedo".*

RZ: La frase: "Amado padre ...", el tipo vuelve a la experiencia de la tierra y entra al alma, pero eso, que es una visión, casi el paraíso, casi porque no lo es, parte veinte años antes con la maximidad, una experiencia no verbal de dolor físico. Es el camino que vi, el itinerario que seguí. Si no hubiera sido por eso no habría poema, no habría nada. No sé si lo que hago vale o no, a lo mejor no vale nada. En todo caso, si hubiese habido algo habría sido muy mediocre, insignificante. O yo hacía algo así que no sabía en ese momento extremo, una cosa extrema que me salva de matarme por otro lado, porque por eso no me mato. Si tú recibes una bofetada en la mejilla, tú pones la otra. Eso, porque estaba tan mal, mal vestido, mal todo. Ésa es la experiencia de Pinochet. Traté de subir a un autobús en el primer año de la dictadura, subió un amigo y a mí no me dejaron subir por lo desarrapado, lo desastroso. Me bajaron, y fue tanta la humillación, la sensación de pérdida, de humillación, que me acordé de la frase de Cristo: que si te pegan una bofetada en la mejilla, tú pones la otra.

Entonces, bueno me la voy a quemar, ése fue el razonamiento. Es que fue una precariedad límite. De allí ocurrieron otras cosas muy tremendas pero no fueron ya nunca como ésa.

SS: *Lo del ácido a los ojos fue después, pero seguiste escribiendo.*

RZ: No, eso fue una experiencia de castigo, una cosa que se jugaba en la máxima belleza: era no ver lo que está condenado a ser visto por todos, era un poco volver al momento, era una cosa bien impresionante. Después estuve muy mal, cuando no me resultó estuve muy mal. Me recuperé cuando pude seguir escribiendo. Pero estuve muy mal, mi hija pensaba que iba a hacer lo de los ojos porque es una experiencia angelical. ¿Era acaso un ángel?

SS: *Sobre "Los campos del desamparo", "Mi amor de Dios" con el triángulo de los pescaditos, símbolos antiguos, casi sin palabras.*

RZ: Casi no hay palabras, pero esta frase se repetirá varias veces en otro libro, está en "La escritura en el cielo"; tengo que hacer una corrección pero más adelante. Yo sentía en esos poemas, estos finales, que estaba en lucha con el silencio terrible, yo lo sentía como una máxima síntesis, una lucha desesperada contra el silencio definitivo era, tal vez así de enigmático, pero la experiencia que yo tengo de ello es no poder decir que esto era todo lo que podía decir cada uno: estas cosas que son así son, que estuve seis, siete meses... Esos cuatro segundos, me costaron. A mí me gustan los peces, los pescadores de hombres. En fin, puedes tener muchas cosas y ninguna a la vez.

SS: *Es un símbolo cristiano, aunque más antiguo.*

RZ: Un símbolo cristiano, absolutamente. Le faltan los huecos y vicisitudes del otro que dice: "Padre, Padre ¿por qué me tratas así?, ¿por qué me has abandonado?".

SS: *El "que veía el cielo estrellado y los lupanares" ¿Y por qué entre éstos?*

RZ: Porque quería en ese tiempo contrastar el registro enfermo, algo que está allí, su huella, con este intento que todavía en esas condiciones de decir algo, que no estaba esperanzado, que está en esa vaca... Ese mugido será: "Padre, Padre ¿por qué me has abandonado para que un vaquero me de un lanzazo en el costado?", dice la vaca. El vaquero la persigue le va a dar un lanzazo en el costado igual que se lo dan a Cristo...

SS: *A Cristo y a todos los perseguidos. Y ¿el lancero agresor?*

RZ: Todo agresor, pero también es una vaca pastando en el campo... Hay más símbolos en las manchas, nichos, el vacío blanco, el perseguidor. Yo digo que esta vaca es una paradoja irresoluble, pasa la noche debajo de las estrellas, se alimenta del ocio y sus manchas infinitas son un símbolo y todos estos dibujos que tiene aquí serán símbolos. Esta vaca en particular en una paradoja. Esa otra en cambio odia los colores, se puede pasar un tiempo donde el único color es el negro. "Ahora donde sus manchas no son otra cosa que la misma sombra de sus perseguidores". Las manchas son las sombras de sus perseguidores. Éstos fueron los primeros poemas que escribí con el sentido de haber encontrado un lenguaje propio. Mi sensación es que nunca he hecho algo tan perfecto. Un matemático hizo un estudio con las relaciones matemáticas en todo eso, como la lógica que empieza a volverse loca pero tiene una secuencia que pasa de una cosa a otra. Te habla de las cosas de hombres y mujeres, por ejemplo, "todo maquillado contra los vidrios me llamo este afeminado". El tipo se declara una santa, un santo. Suena muy construido; cuando la hacía no tenía idea, pero con los máximos contrastes, con las máximas contradicciones; por ejemplo, éste que dice: "Destrocé mi cara tremenda frente al espejo, te amo me dije, te amo, te amo más que nada en el mundo", en apariencia una contradicción terrible, que se ama tanto que se está martirizando...

SS: *Se está auto-flagelando.*

RZ: Auto-flagelándose. Siempre he tenido la sensación de que los que se matan han querido vivir, son los tipos que más desesperadamente quieren vivir. Han querido vivir completamente, estar vivos pero les ha sido imposible.

SS: *Una profesora de psiquiatría, Key Radfield, en* Touched with Fire: Manic-Depressive Illness and the Artistic Temperament, *estudia enfermedades depresivas que contribuyen a la intensidad vivencial y al "fuego creador", pero el porcentaje de los suicidas y casi suicidios es más de un tercio (de 196 artistas, 42 se suicidaron y 25 trataron de hacerlo). En "La Gruta de Lourdes", ¿por qué el encabezamiento "Fui porque me llevaron..."? ¿Es ésta de una carta verdadera? ¿Y los nombres como Violeta?*

RZ: Sí, de una psicóloga a un psiquiatra. Ahí expresé mi nombre, el tipo borra su nombre y se pone otros nombres; puede ser Violeta Parra, pero pueden ser muchas Violetas. Rosamunda aparece en un poema de Ezra Pound y Manuela, cualquiera, ¿me entiendes? Lo que me importaba, era cambiar el género. Y la gruta de Lourdes, tengo la sensación que a esta persona que ve a la virgen en Lourdes se le aparece, en el fondo, lo oscuro. Entonces esta persona acá, sea quien sea, desde lo más hondo lo trajo un sujeto en un informe psiquiátrico, es capaz de decir te amo, te amo infinitamente. El sentido de la paradoja, de lo mas duro, probablemente el decir te amo es mucho más poderoso también, precisamente lo que ha dicho desde una condición desesperada. El tiempo de este libro fue muy largo a pesar que es tan cortito, yo era un poeta más experimental con las formas, pero aquí me jugaba más en cosas más herméticas…

SS: *Fue un sueño o una alucinación: "En la angosta cama: creí ver a Buda".*

RZ: No, es que una vez vi una estatua de Buda y vi un almohadón y me di cuenta que eran iguales y de ahí nació ese poema de una estatua chiquitita de Buda, gordito, de repente me fijé y era un almohadón que estaba en un sillón, infladito y ahí me di cuenta que eran casi iguales, y de repente me vi escribiendo ese poema... y nada mas.

SS: *El poema nace de entrever una imagen. Estábamos hablando de Ulises...*

RZ: O sea el Ulises, el mito, el deseo del retorno, de la nostalgia en el fondo, ¿no es cierto? Está demostrando que la nostalgia en sí es probablemente uno de los sentimientos dominantes, porque uno no sabe de qué es, nostalgia de algo que no conoce, lo que intuye y que en realidad el sentido de la nostalgia es la nostalgia. No es tanto la nostalgia de algo, sino un sentimiento de pérdida, de recuerdo y es más importante que el destino final o lo que se recuerde. Tanto el *Ulises* de Joyce, pero sobre todo esa odisea de Kazantzákis, lo muestra. El sentido de Ulises era el viaje, el amor que sentía, la esperanza, la experiencia. Después la esperanza se hace añicos cuando regresa a lo que creyó. No lo encuentra allí y tiene que volver y ahí se va. Eso que decía que la máxima esperanza también es el máximo fracaso. Tú pusiste todo allí, pero no es... nunca va a ser... ¡Ocurre! Tú puedes resignarte, aceptarlo, asumirlo. En este caso lo dice Kazantzákis no son capaces ellos de asumirlo y al fin se vuelven. Parten de los mares cálidos, empiezan a bajar por África y termina en la Antártida donde se muere en un témpano helado. Pero en el último momento todos los seres que se mantenían vivos por el amor en su memoria, vuelven a acompañarlo cuando se está muriendo. Así termina la odisea de Kazantzákis.

SS: *Más que mostrar la realidad concreta, el poeta despierta a la gente a una realidad distinta porque vivimos medio inconscientes. La literatura nos lleva a espacios no imaginados o negados y el arte los expone ¿no?*

RZ: Creo que sí. También en la tradición hebrea. Jeremías, los grandes profetas se niegan al comienzo a cumplir lo que Dios les pide que hagan. Les da susto, ¡no quieren! Quieren seguir llevando la vida que llevaban ¡y sufren!, se atormentan y se niegan y ¡no quieren! En una parte Ezequiel come caca, ¿me entiendes?, en esa experiencia de negación. Entonces, la experiencia como tú llamas visionaria es, por supuesto, por un lado tremendamente riesgosa porque implica lo contrario. No es solamente la carga de la luz, sino la sombra de la luz y la luz al mismo tiempo. No es ver el automóvil sino ver al mismo tiempo el accidente, el automóvil y el choque al mismo tiempo. Entonces puede ser una experiencia casi insoportable, que si no está en última instancia gobernada por un cierto hilo conductor por una cierta lucidez ¿me entiendes? confina a la locura. La locura es la absoluta soledad, la negación de lo visionario: el loco contra todo el mito. O sea, solamente la locura es la absoluta y total soledad, la imposibilidad de tomar contacto con el otro. Tomas contacto solamente contigo mismo. Un loco es alguien que vive en su esfera ¿me entiendes?

SS: *Aislado y encerrado, sin poder comunicar su experiencia como Castel.*

RZ: Aislado en sí mismo, Castel en su túnel, en su propio mundo y no puede expresarlo y no va a ser nunca porque su naturaleza se agarra a sí misma; la absoluta soledad. El que puede hace el gesto como cuando la criatura nace, si no chilla, si cuando le dan la palmada, no hace: "guuuaaaa", se muere, ¿me entiendes? Ese chillido es el primer intento por comunicarse con el mundo para decir: "¡Aquí estoy! ¡Soy yo!" Pero si no lo hace, se muere, realmente, si el recién nacido no chilla se ahogó y se murió.

SS: *Como decíamos, si muchos locos supieran expresar su visión, ya no serían locos.*

RZ: Porque yo creo que la experiencia creadora te exige el máximo uso de tus facultades conscientes de la racionalidad para crear. ¡El máximo!, porque el inconsciente va a hacer lo que quiera contigo. ¡Lo va a hacer igual!

SS: *No tenemos control sobre el inconsciente, pero para articular la experiencia es necesario ser más lúcido que el ente común y corriente.*

RZ: Allí hay una fortaleza, algo que no sé de dónde surge, porque si no, la experiencia es destructora, es insignificante y el mundo está lleno de malos poetas.

SS: *Y de dementes. El ego tiene que ser más fuerte en el profeta, místico, visionario, para que pueda resistir primero la fragmentación y luego la salida o reconciliación consigo mismo y después, la creación consciente, lúcida, pero que puede ser problemática.*

RZ: Ahí tienes otros grandes peligros, el gran enemigo: el miedo, pero después del miedo, si tú ya no lo tienes puedes transformarte en un soberbio, y eso es también un gran enemigo, porque te impide ver el mundo.

SS: *La inflación psíquica es normal y peligrosa. ¿Qué quieres lograr, tienes una misión consciente, tienes un propósito fijo o algo más nebuloso?*

RZ: Si no tengo un propósito, me es imposible. Un propósito, una visión, un horizonte que va a ser cambiado, tergiversado, aumentado, pero al final, con infinita sorpresa me doy cuenta que casi sin saberlo se llega a una fidelidad, a una visión original, a lo que se dio en un momento dado después de todo un largo empeño es perseguirla...

SS: *Dijiste que desde muy joven ya tenías esta imagen, esta idea de la escritura en las nubes pero no exactamente cómo y luego poco a poco se formó.*

RZ: Claro, y después tuve esta idea de cómo tenía que terminar esto también, con el vislumbre, la felicidad, con *La vida nueva*, lo vi, lo vi, te juro que lo vi en diez minutos. ¡Vi el horizonte! el título de los tres libros, cómo se iban a llamar. ¡Todo! y demoré veinte años y con sorpresa me doy cuenta que era más o menos lo que había visto, que está lleno de misterio para mí, de cosas que yo mismo no entiendo, pero esa visión original es más o menos la que está ahí. Queriéndolo o no fui mas o menos fiel a ella, por eso no la olvido, pero era como el hilo infinitamente delgado que me permitía seguir. Por eso, al final, no me disgregué copiosamente, o sea, perderse, ¿me entiendes?

SS: *Claro, al principio te sentías dividido ¿te reintegra la escritura?*

RZ: Ahora lo creo, lo sé de la experiencia, de amigos míos y escritores que se ponen de repente y lo hacen. Yo también lo he hecho, de repente; voy y escribo, pero me doy cuenta que tenía que ver con esta visión. Entonces digo: "Okey esto pasa, la forma de quedar en paz con mi juventud y con mi experiencia". Hay una frase que dice: "Hondo es el pozo del tiempo" y habla de un tiempo distinto, previo al nuestro, cuando un hombre podía decir: "Mi abuelo Abraham", aunque su Abraham haya vivido mil años antes, no estaba todavía corrupto, no sólo por la sensación del tiempo utilitario, sino que creía haber participado en sucesos previos. Eran parte de sí, maravilloso...

SS: *Había un sentido de pertenecer a la tribu, la palabra era sagrada. Hoy se ha rebajado todo, pero al crear y leer un texto visionario hay un diálogo entre las raíces ancestrales y la conciencia. Por eso mi pregunta sobre lo oscuro cuando dices que es entrar en uno mismo. Sientes al escribir que hay un diálogo con lo otro, aspectos inconscientes, la voz que dice: "¡Oye Zurita!".*

RZ: Sí, lo siento absolutamente. Es como que de pronto no sé quién escribe. Soy yo, el que toma desayuno, café y conversa con su mujer, que tiene problemas con los hijos, no siempre, entonces, ¿quién? Me lo pregunto y me sorprende, por eso digo que a veces no entiendo lo que digo, lo que he dicho. No sé de dónde, quién lo dijo, no lo sé, de verdad: ¡Ah!, no soy yo, es el otro, ¡no! y hay algo en *La divina comedia* que me impresionó, una parte en la que él habla a su poema y dice que la tierra y el cielo pusieron mano, o sea, no solamente lo escribió él, fue otro que también estuvo allí. Por supuesto que uno siente, tiene experiencias que no corresponden a sus experiencias de vida, experiencia de la muerte que no son exactamente las experiencias de muerte o de daño que uno ha tenido. Yo tengo en *La vida nueva* poemas que se refieren a cosas que yo jamás he vivido, no tengo idea, pero tampoco podría decir que las tomé de otra persona, no sé. No sé de dónde salen y me sorprenden.

SS: *Es intuición, duende, musa, destellos y más, lo profético, visionario.*

RZ: Me sorprende haber escrito este poema sobre "El desierto de Atacama" seis años antes de verlo, a tal punto que cuando fui a Antofagasta por primera vez y se lo leí a unos tipos allá, me dijeron: "¿Usted dónde nació?, ¿de qué parte es?". Pensaron que era de Iquique. Entonces yo les dije que era la primera vez que yo veía el desierto de Atacama. Y se enojaron, dijeron que venía a hablar de lo que no sabía y les encontré toda la razón. Cómo les iba a hablar a gente de allí mismo. Ahí me di cuenta de que mi respuesta había sido soberbia, era verdad pero habría sido mejor decirles otra cosa. Mientras no les dije la verdad, todo estaba bien, maravilloso, pero después de que les dije que ésa era la primera vez que yo estaba allí, no les gustó absolutamente nada...

SS: *La verdad no es soberbia. Hay más de un Zurita, no se puede decir cuál dice qué. Los temores colectivos están ocultos, pero el arte no es un invento que resuelva la vida ni lo personal, tal vez lo colectivo; abre caminos pero hay que reconocerlos.*

RZ: Yo creo que, sin embargo, la pregunta hay que hacerla de otra forma. Hay que decir: ¿qué pasaría en el mundo, si a partir de este minuto donde son las 3:47 nadie, pero 'nadie' más escribe un solo poema? Nadie más, ninguna, ninguna persona del mundo: ni en China, ni en Estado Unidos, ni en Perú, nadie más escribe ni un poema. Si yo le pregunto a la gente de esa mesa dirán seguramente que no pasaría nada, ¿me entiendes?, no nos daríamos ni cuenta. Yo, sin embargo, estoy seguro que si sucediera una cosa así, esta humanidad sucumbe en los próximos 5 minutos.

SS: *Habría un desequilibrio psíquico colectivo más profundo que nunca, aun para quienes no leen. Sería algo en la colectividad como la falta de sueño personal.*

RZ: [...] porque también la poesía es una muestra de la capacidad de sueño, por lo tanto de la capacidad de transformación. Si nadie escribiera más un poema, los sueños definitivamente se cancelaron. De ahí no sobrevivimos 5 minutos. Literalmente nos morimos, se terminó. O sea, la poesía es tan importante como eso: ni más ni menos.

SS: *Claro, es lo que queda del rito, del* homo religioso *del que habla Mircea Eliade, en la psique. Sin sueños no hay vida "normal" y hoy el poeta sueña por la colectividad...*

RZ: [...] hablemos de una poesía no verbal, por así decirlo, que no es del que la escribe. Yo creo que es la experiencia más menguada de vida aparentemente con menos suceso la del tipo que se casó a los 28 años, que después trabajó en un banco, que se jubiló. Una vida absolutamente blanca lineal, creo que también está cuajada de experiencias poéticas o si no, no podría vivir.

SS: *...porque tiene o tuvo un amor, sueños e ilusiones.*

RZ: Por sus sueños, por algo que lo conmovió aunque haya sido un partido de fútbol. Si se conmueve con un partido de fútbol no es solamente el partido de fútbol, se está conmoviendo con otras cosas. La experiencia poética está en la raíz de lo emotivo…

SS: *Esa experiencia comunal que pone al grupo al mismo nivel emocional, baja la emoción de algunos y sube la de otros para que la emoción sea una en conjunto. Hoy, algunos deportes, conciertos, manifestaciones, son los pocos ritos emotivos menos violentos del grupo.*

RZ: Como una manifestación política, en las que yo me veía tantas veces antes, no se pierde el sentimiento de tribu, el sentimiento colectivo...

SS: *Claro que no es una inflación emocional, cuando cada uno se siente parte de algo más grande en busca de una meta común que nos sacude...*

RZ: Yo creo que para quien no ha leído nunca poesía, se infla en otra forma, algo le habrá sucedido, le sucederá o le sucede en la vida, puede ser lo más trivial pero tiene tanta carga como un poema de Shakespeare, como cuando el tipo conoce a su mujer.

SS: *...o de pronto ver a los hijos, mirar al ser amado.*

RZ: …ver a los hijos, por eso yo no magnifico la experiencia humana, porque puede ser tremenda: el exilio, la cárcel, el dolor, el sufrimiento, el suicidio… y otro puede tener una experiencia absolutamente blanca de vida en este mundo, pero en esa experiencia blanca estoy seguro que hay momentos, aunque el tipo no lo exprese así, pero que son tan profundamente poéticas como la obra completa de Shakespeare.

SS: *Por eso también cuando hablas de la vaca y sus perseguidores ya estaban en el Chile de los setenta.*

RZ: Pero absolutamente es eso, porque esto lo escribí un año antes de que eso pasara.

SS: *Lo mismo ocurrió en Sobre héroes y tumbas y Abaddón el exterminador. Por un lado hay un hilo, por otro lo simbólico, visionario; la vaca, víctima y el victimario que tira la lanza, pero su sombra ya esta allí y lo llevará a la tumba. En otro poema dices: "Esos llanos del demonio" de Atacama, olvidados de Dios, sin colores.*

RZ: [...] esos llanos del demonio es también como decir "en estos parajes de mierda"... olvidados de Dios. Un paraje totalmente olvidado de Dios...

SS: *Claro que una época como la de Pinochet, el infierno, la opresión estaba creada por fuerzas ajenas a las de cada uno.*

RZ: Yo creo que también Freud me sorprende a veces. Desgraciadamente, en general, pero está cambiando demasiado, hasta hace treinta o cuarenta años atrás el artista era precisamente como la antena que detectaba esos infiernos que escondían lo aparentemente más opresivo.

SS: *Pero tiene que haber una caída antes.*

RZ: Va a haber una caída, en ese sentido que el hombre no se inventa su infierno: lo vive. Finalmente los artistas nos han mostrado muchas veces para desgracia nuestra también la verdadera magnitud de los infiernos que vivimos. Y han sido siempre más lúcidos, para mostrarnos los infiernos, como lo vemos en *La divina comedia*.

SS: *Claro, es más fácil soñar el paraíso concientemente, ignorando el infierno, entonces se lo esconde, pero todo eso se va acumulando en el inconsciente colectivo.*

RZ: Acabo de leer una cita de Freud en una novela, desgraciadamente no dice ni qué libro ni nada: "En cualquier lugar que me hayan llevado mis investigaciones psicológicas siempre allí ha estado antes un poeta".

SS: *¡Qué bien!* La vida nueva *también me sorprendió al principio, los sueños ¿son de gente sin hogar, por qué ocurrió eso?*

RZ: Estos sueños con que empieza *La vida nueva* son de personajes reales, se dice de dónde surgen. Aquí está la historia de cómo fue. Ocurrieron gran-

des tomas de terreno de gente sin casa tomando los terrenos fiscales, munici-
pales o privados. Se instalan ahí con carpa 5.000 personas. Yo iba a conversar
con ellos y de repente empecé a hablar con uno de sueños, no sé por qué. Es
gente pobre, pobre entre los pobres, y otro me contaba sus sueños, yo contaba los míos. Los he arreglado dándoles forma, pero ninguno de estos sueños
es inventado. Muchos son de gente con estos nombres.

SS: *En* La vida nueva *alguien dice: "Con una vergüenza que..."*

RZ: Ése no es absolutamente contado. Con la diferencia que éste es el
único al que no le puse nombre porque no es de un poblador. Pero eso abrió
el libro. Cuando me contaron este sueño me dije: "Así tiene que partir". Es
una mujer que sueña que pare, pare, tiene que parir. Fue una mujer la que me
contó ese sueño, que va a parir por el ombligo.

SS: *"... y me vi enteras las entrañas". ¿Es una madre entonces?*

RZ: Claro, está acurrucada. Sabe que va a parir pero está pariendo en un
sitio público. Hay mucha gente y le da vergüenza. Entonces quiere hacerse
chica para desaparecer de la gente que la está mirando. Viene una y la toma,
pero cuando viene ésa, se da cuenta que viene otra y que después de ésa
viene otra y otra y otra...

SS: *¿Y por qué te impresionó tanto?*

RZ: Porque sabía que mi libro se iba a llamar *La vida nueva* mucho antes
de escuchar este sueño. Ahí estaba la imagen más terrible, este parto múltiple
y desesperado.

SS: *Aunque no sea tu sueño, te llegó de alguien creando vida, un paralelo al
proceso creativo que es gestación múltiple y desesperada que otros van a examinar y devorar. En* El amor desaparecido, *la paz con pasión ¿alude a los desaparecidos durante la dictadura y a los desaparecidos enamorados?*

RZ: Pero también uno puede leerlo como el amor de una mujer que
desaparece. "El tormento, los golpes, ésa es la tortura" [...] "y en pedazos nos
rompimos, yo alcancé a oírte pero la luz se iba, te busqué entre los destroza-
dos, hablé contigo... te abracé. Todo acabó no queda nada, pero muertos de
hambre nos amamos". Está lleno de esas cosas: "Quebrados caímos, y en la
caída [...] fue golpe tras golpe [...] pero los últimos ya no eran necesarios". Ya
estaba muerto el tipo, no tenía ningún sentido. Entonces mezcla en una sola
voz todos los desaparecidos latinoamericanos de esos momentos chilenos.
No es que importe tanto el amor o el abandono, sino que a veces la grandeza que tiene el amor ése que sobrevive a pesar de la muerte del amor. Sobre-

vive en lugares que tú no sospechas, a veces parece un sueño de alguien de 30 años atrás. El verdadero amor sobrevive a la muerte de sí mismo, la muerte del amor, ésa es la idea. Por eso "muertos de hambre nos amamos" y a cada rato aparecen dos muertos que se abrazan.

SS: *¿Es por la situación política? ¿Y los mapas o dibujos de países al final?*

RZ: No creo que sea un poema "absolutamente" político, pero es un poema político que denuncia, porque se habla de eso. Y aquí al final estos nichos estos dibujos... Por ejemplo aquí, cada uno es un país. Y hay algunos países que son inventados, no existen, Argentina, el Arauco es Chile, los países centrales. Ésta al final: "Todo es noche en las tumbas dicen y noche en la tumba americana [...] yace como el bisonte en paz [...]". Aquí hay otra cosa también, en Cuba: "[...] murió la isla, muere, sonó Cuba. USA [...] muertos en paz como el bisonte y [...]". Es como una visión apocalíptica de lo que creo que estaba en ese momento sucediendo... como una fusión total de las dos cosas, a una mujer, a todos los desaparecidos que también están allí.

SS: *Claro, porque todos los países sufren igual. No importa cuán poderosos sean.*

RZ: Entonces se levantan de nuevo los paisitos muertos. Los chilenos somos así: traidores. Hay mucho juego con la sintaxis y cosas. Hay una trasgresión con la lengua también. Romperla, quebrarla, sacarle otros sonidos...

SS: *La poesía es el género literario más subjetivo; el poeta escribe de sus experiencias y vivencias, y de las de su pueblo.*

RZ: Es que la poesía es el canto de los demás oficios también. La poesía es un oficio, que habla y celebra los otros oficios humanos. Cuando uno habla de los trabajadores está celebrando los otros oficios, al peón, al que está arando, a todos...

JOSÉ WATANABE

Datos bio-bibliográficos

▸ José Watanabe, considerado parte de la generación del 70 por su primer poemario, *Álbum de familia* (1971), pasaron 18 años hasta que volvió a publicar. Regresó a la escena con *El huso de la palabra* (1989), y siguió con *Historia natural* (1994) y *Cosas del cuerpo* (1999). *El guardián del hielo* (2000), Premio Lezama Lima de la Casa de las Américas, reúne poemas de los cuatro libros que publicó en treinta años. También ha sido traducido. En Edimburgo apareció *Path through the canfields* (1997). Reflejando la historia de la inmigración nipona, escribió la parte narrativa de *La memoria del ojo: cien años de presencia japonesa en el Perú* (1999), álbum de fotografías recopiladas en colecciones familiares. En 2000 Watanabe retomó uno de los mitos más antiguos de Occidente, *Antígona*, montando su versión del poema dramático que encarna el dilema entre la obediencia a la autoridad civil o a la conciencia y tradición. En *Habitó entre nosotros* (2002), título tomado del versículo de San Juan, poetiza sobre escenas del Evangelio. Es guionista de películas como *La ciudad y los perros*, adaptación de la primera novela de Vargas Llosa dirigida por Francisco Lombardi; *Maruja en el infierno*, también de Lombardi, la novela de Enrique Congrains; *Alias la gringa*; y *Reportaje a la muerte*, dirigida por Danny Gavidia, basada en un dramático motín ocurrido en la cárcel limeña. En 2005 publicó *La piedra alada*.

Entrevistas a José Watanabe

▸ En julio-agosto 1998, 1999, 2002

SS: Historia natural es *tu primer poemario, ¿por qué lo llamaste así?*

JW: En Laredo, un encuentro se producía de un hombre de origen japonés haciendo su tarea en el norte peruano, se encuentra una mujer de origen andino, mi madre, y yo soy el producto de ese encuentro. Ellos llegaban trayendo su cosmovisión. El andino separa al mundo en dos grandes etapas históricas: una es la natural y la otra es la cultural. La etapa natural se llama la etapa de los gentiles. La historia tiene sólo dos etapas, la etapa de lo gentil, natural o biológico y la etapa de cuando ya se crea cultura. Muy pocas veces me explico por qué el libro se llama *Historia natural*, es porque me refiero a esa historia que uno vive de modo más biológico, más natural. Allí se habla del cuerpo, del físico. Es poco intelectual realmente, es anti-intelectual el título, alude a una vida más natural, más biológica, más esencial, más primaria.

SS: *La relación del andino con la tierra es de respeto, comunión con la Santa Tierra, la Pacha Mama y con todos sus hijos, desde los más ínfimos animalitos.*

JW: Es mucho más primario. Esa etapa de los gentiles o esa etapa natural se puede dar hoy también en este tiempo cultural, si tú te relacionas de modo esencial primario con las cosas, con los animales.

SS: *La cosmovisión andina separa el mundo en una etapa natural y otra cultural, la etapa de lo gentil, natural o biológico. ¿Anterior a la escritura y a la historia, no?*

JW: Antes de la historia, algo así como prehistoria. Aquí se dice así, lo gentil es la etapa de los antiguos. Cuando algo no tiene explicación histórica se habla de los gentiles. Viene más de gente que de gentileza. Cuando alguien encuentra una ruina, no un estudioso, porque un estudioso puede fechar, saber. Es el pueblo que encuentra una ruina que no la explica pero está ahí, no la entiende: "¡Ah!", dice "es del tiempo de los gentiles".

SS: *Es una mirada a un pasado remoto, un retorno a una cultura más honesta.*

JW: Para mí, la vuelta no es intelectual, no es por rechazo a, sino es porque nací en Laredo y salgo de ahí. No es una reacción contra un exceso de intelectualismo. Mi poesía es explícitamente poco filosófica y no es por reacción a una poesía anglosajona, sino que vengo de un pueblo donde la relación con la naturaleza es más esencial, más primaria con menos intermediación intelectual.

SS: *Es la forma de vida que has aceptado desde niño, no te cortaron los lazos con el mundo natural, al que el mundo judeocristiana llama mítico o mágico.*

JW: La acepté porque no tenía otra alternativa. No tenía lo intelectual, tenía lo natural a mi alcance. Cuando uno es adulto, lees, te formas, te das cuenta que tú traes algo distinto a un mundo cosmopolita que es más intelectual.

SS: *Pero hay mucho más en tu poesía que lo natural. Empiezas con una visión, acción, hecho, anécdota que parecen ordinarias, luego una interpretación de lo concreto, nada por los cielos ni por el subterráneo, pero de pronto aparece u ocurre algo súbito, extraño, como las cucarachas blancas, por ejemplo…*

JW: Bueno, pero esas cucarachas blancas existen, son de profundidad, de grandes sótanos que como no salen a la luz no existen. Son cucarachas albinas, son de verdad concretas. Obviamente, en el poema está escogida esta cucaracha blanca con una intención, como que algo sale de la tierra sin color, algo que es como un anuncio de algo hasta perverso o asqueroso.

SS: *Algo del subsuelo misterioso que en la lectura queda sin respuesta. Esas imágenes raras, como algo atávico es lo visionario, las asociaciones que despiertan temores primigenios.*

JW: Lo que más elogian los críticos de mi poesía es esta habilidad, diciéndolo humildemente, que yo conecto dos o tres elementos de la naturaleza, los confronto y aparece, de algún modo, una verdad. Esos dos o tres elementos siempre son de la naturaleza y pasan o convencen en el poema que yo los he visto o los he vivido. Claro, lo vivido no le da categoría a ningún poema.

SS: *¿Cómo nace el poema para ti?*

JW: Yo tengo influencia de mi padre que era japonés, me leía *haikus* y aprendí un poco de eso, que el mundo se escribe. De alguna manera Dios o la divinidad se expresa, habla, dice, y quien debe interpretar es el poeta, pero la naturaleza habla con cosas, con seres y la imagen e interpretación la ponemos nosotros. Dios insinúa fuertemente dos elementos puestos en la naturaleza, el poeta los lee y quiere decir algo pero no sé qué es, entonces yo describo, por eso mi poesía es muy descriptiva. Describo para decirle al lector: "Yo vi esto, intuyo algo, creo que es esto. A ver que es lo que tú piensas". Hay un poema de dos toros en el campo que tienen un pajarito que los limpia, les recoge los gusanitos en las raspaduras en las heridas. Yo vi al toro con el pajarito y vi que había una relación, una confrontación y una afinidad al mismo tiempo. El toro, una bestia, la ferocidad, la posibilidad de la muerte, frente a un pajarito débil que le da un servicio, le come los gusanitos de las heridas, pero esos gusanitos alimentan al pajarito también. En el poema dice que el toro entra en paz y el único que tal vez sabe que esa bestia tiene una profunda ternura es ese pajarito. Y el pajarito no solamente recibe el pago de los gusanitos sino también recibe el pago de saber que esta bestia que está abajo es muy tierna. Sabe la paradoja de la bestia.

SS: *¿Cómo y cuándo empezaste a escribir poemas?*

JW: En realidad yo quería ser pintor, estudié en la escuela de Bellas Artes pero después, como los padres presionan para que tengas una educación un poco más decente, más rentable, estudié arquitectura, que abandoné posteriormente y me dediqué a hacer cine, a escribir guiones.

SS: *Si pintabas antes de escribir ¿cuándo empezaste a escribir poesía?*

JW: Empecé a escribir terminando la secundaria por una cuestión que puede ser muy patética: la de un chico que a los 17 años se le muere la novia, escribí un poema y creo que eso es importante, los mejores poemas se escriben en situaciones extremas, no en la misma situación extrema sino cuando ya pasa un poquito, cuando se toma distancia, porque en el momento es imposible. Lo que creo es que hay que tocar un extremo. Imagínate para un chico adolescente, perder a la chica era algo terrible, empecé a escribir ahí. Obviamente los poemas eran muy malos, eran de increpar a Dios y esas cosas, ahí empecé a pensar que era mejor escribir, que era más inmediato que hacer pintura. Otra cosa que fue importante es que gané los dos orales de la Universidad de Trujillo, cuando tenía 18 años. Te hace sentir que eres poeta de alguna manera. El hecho de ganar un concurso, aunque seas pequeño, provinciano, te hace sentir más importante. Tus amigos te invitan una cerveza a brindar con el "poeta". Por más de 18 años que tengas eso de alguna manera te consolida una vocación. Dejé de practicar pintura, pero sigo enterado de la pintura, tal vez por la pintura pasé al cine. Para volver a tu pregunta de cómo se me ocurre un poema, a veces tengo una idea, pero desnuda, si se puede hablar de idea desnuda, una idea muy incipiente y le busco un escenario, la ambiento..

SS: *¿Te ha aterrorizado alguna imagen que se te presentó?*

JW: Sí, claro, pero no da miedo. Yo he padecido alguna enfermedad muy severa, estuve desahuciado incluso hace doce años. Me salvé entonces. Los poemas que se me ocurren alrededor de eso me aterran, me dan espanto, a veces no quiero escribirlos pero me vienen. Los apunto muy rápido y los dejo por ahí, y cuando me tranquilizo, una semana o más escribo un poema. Pero también hay ideas que no tienen que ver con mi vida y también son espantosas.

SS: *¿Cómo, cuál es el germen, el primer vistazo? En el poema "A la noche" hay algo misterioso, un retorno extraño al paraíso perdido…*

JW: Por ejemplo, ese poema me dio miedo, un paraíso perdido medio perverso. Yo estaba escribiendo muy agotado hasta las cuatro de la mañana, no poemas sino mi trabajo y me fui a la cocina a tomar agua. En la cocina habían puesto una canastilla con papas grandes y veía caras reducidas con ojitos. Vi el poema, me dio miedo y me fui a escribirlo. Hablo de la noche. Un amigo psiquiatra que estudió conmigo me dijo que el ciclo circadeano, que es el de la noche, es el de mayor vitalidad. Yo vivo principalmente de noche, trabajo o escribo hasta las tres, cuatro de la mañana, porque me siento bien y me gusta vivir de noche. Me dijo que no hay mucho escrito sobre eso, pero que puede ser que la noche te devuelva algo más inicial, es más uterina, más arrulladora, más protectora. Y bueno, yo conecto esas dos ideas de las papas que parecían caritas y hablo de la noche, es algo aterrador el final del poema cuando dice que tal vez ahí "ya picado", ahí rompe al paraíso perdido.

SS: *"Cualquier papa soy yo, el primario, / acaso nonato, y quién sabe si ya pica-do". O sea, ¿que ya ha empezado el fin? Esa imagen es aislante. Tampoco tú tie-nes la respuesta.*

JW: No, el poeta no tiene la respuesta. Lo que más me sorprende, más que la idea básica de dónde surge un poema, el escenario, son los finales. De dónde se me ocurrió no lo sé. Sientes que no sale de ti el poema sino que te lo dicen.

SS: *Es un aviso dictado sin que sepas qué o quién es ese algo que se mani-fiesta.*

JW: Claro, esa imagen tal vez sea del inconsciente colectivo. Tal vez uno ya nace dañado, nos pica de algún modo. Cuando escribo un poema espero que la gente tenga la reacción que has tenido tú porque si un poema no altera es como que no es válido.

SS: *El verdadero arte es trasgresor, afecta, altera, inquieta, molesta especial-mente la dificultad de aprehenderlo completamente. En "La deshabitada", la casa vieja, el suelo ablandándose, las cucarachas blancas, el círculo parece un sueño aunque haya cucarachas blancas concretas. La visión se va volviendo amenazante, desde el altillo de donde se ve deshacerse el mundo, lo que está ocurriendo hoy en día, en realidad.*

JW: Es una casa que se va deteriorando día a día, como las baldosas van formando un espiral para formar una especie de gran tornado hacia dentro. Al final él piensa que está lejos porque está arriba, pero al final el altillo tam-bién va a hundirse.

SS: *Con él allí, es aterrador, pero si él lo sabe y lo va a transmitir no va a caer en la locura, quien no pueda hacerlo termina en el manicomio.*

JW: Estoy de acuerdo con eso. Si uno no escribiera eso de alguna manera no estaría muy normal.

SS: *¿Te sientes acosado por ideas, imágenes o puedes dejar el poema y volver después?*

JW: No, tengo que terminarlo, por lo menos hasta un punto que sé que el poema está, lo puedo dejar para corregirlo pero ya es perceptible. Si dejo pasar el momento me da mucha cólera porque ya no tengo la misma fuerza. Cuando pasa un tiempo ya no tienes la misma fuerza, hay una alteración, ya se razonó la idea. El hecho de dejarlo molesta porque no deja escribir otras cosas. Yo escribo guiones para cine, y si yo no escribo el poema cuando se me ocurre no puedo escribir el guión después. Entonces paro cuatro, cinco horas y después hago el guión más tranquilamente, dejo el poema en una forma que es perceptible, la semilla está.

SS: *A algunos artistas les causa problemas físicos, psicológicos, como una adicción.*

JW: Yo no quiero hacer un melodrama del acto de escribir. En el prólogo de este libro azul celeste *El huso de la palabra*, digo que yo no quiero ser como los pobrecitos poetas quejándose de cuánto dolor causa escribir…

SS: *No me refiero a ese dolor indefinido, sino a problemas físicos o psicológicos y que se vuelven familiares, que te persiguen si tratas de escaparte de algo que te llegó.*

JW: Siempre te persigue, es imposible escaparse. Mi temperamento es obsesivo, cuando tengo una idea estoy obsesionado con ésa hasta que la escribo. Mi personalidad es obsesiva, estoy divorciado dos veces. Creo que una de las razones por las que me he divorciado es porque soy obsesivo. Hay que ir al cine y no voy, por qué, porque tengo que escribir. Nadie entiende que por escribir una línea deje de ir al cine. Aunque el hecho de no salir logre conquistar solo un verso, uno nada más, y tal vez mañana lo deseche porque estaba mal. Eso es molesto, es duro, pero en el fondo hay algo rico también. Yo siento que es algo así como algunos católicos que van a confesarse, cuentan sus pecados, pero que los realizarán de nuevo, hay algo contradictorio.

SS: *Eso es cierto. En "La ardilla", ésta es rodante, cíclica, pero cambia cuando lo terminas.*

JW: Ése es un poema de cómo queda inconcluso un poema. Yo estoy en un hospital y viene al balcón a visitarme una ardilla. La describo, viene, come pan, huye al bosque, corre por una verja y se produce como un juego óptico para cruzar la verja, parece que se desdobla. Hasta el momento que escribí eso no le encontré un significado real. No encontré el sentido del poema. Después le encontré el sentido…

SS: *Después de tu operación, ¿sientes un renacimiento y sorpresa de "la incredulidad de su despertar" y la esperanza. La alegría es por poder ser feliz otra vez?*

JW: Sí, sí. Claro, estar contento, estar vivo, continuar vivo. Hiberna ella y luego despierta. Ya no me interesa si le estoy encontrando un sentido a la ardilla o no. La ardilla representa cualquier cosa que pueda ser feliz.

SS: *¿Escribes de tus sueños? Hay imágenes oníricas en tus poemas.*

JW: No, pueden parecer de sueño, pero no las saco de sueños. Sueño pero no me sirve para escribir. Aunque yo considero que el poema más realista tiene siempre una calidad onírica en la medida en que trabaja con palabras y las palabras no nombran exactamente las cosas, las aluden. Al aludirlas quedan flotando siempre.

SS: *Entre la imagen y la palabra, ¿cuál viene primero? Te viene la imagen o te viene la idea en palabras, como ver una imagen sin saber qué es y después la nombras.*

JW: Es como un regalo con su envoltorio, vienen juntos. Hay imágenes que vienen sin palabras, dices tú, porque las palabras no encuentran cómo nombrar la imagen, pero esa imagen inicial vino con palabras para que tú sepas que esas palabras son insuficientes para nombrarlas y por lo tanto buscas otras.

SS: *El primitivo antes del lenguaje dibuja imágenes en las paredes de la cueva, todavía sin nombre. Al grabarlas, las nombra en su incipiente lenguaje. La primera intuición consciente salió del inconsciente en imagen. Para el psicólogo Erich Neumann, la primera percepción consciente de una imagen es también el primer acto creador, después lo consciente y lo inconsciente se van separando. ¿Te vienen imágenes sin palabras?*

JW: Me vienen con palabras, no con las palabras precisas, después hay que ir buscando otras. Después las cambio.

SS: *¿Cómo y cuándo te empezó a gustar la poesía?*

JW: Yo empecé escuchando poesía, los primeros poemas que yo escuché eran *haikus* japoneses de mi padre. Mi padre era un inmigrante japonés que llegó a un lugar en el norte, Laredo, para trabajar en una hacienda, pero tenía una formación cultural superior al medio en que vivía. Él había estudiado en una escuela de Bellas Artes, incluso tengo pinturas de él y no lo hacía mal. Aventurándose vino y terminó como todo inmigrante, trabajando. Trajo algunos libros y cuando venía a Lima también trataba de conseguir libros, que aparecían en mi casa, lo que no sabía es que eran poemas. Estaban escritos en *canji*, ideogramas. Él me llamaba al patio interior o corral de la casa y me traducía algunos poemas, los recuerdo muy, pero muy vagamente, pero eran *haikus*. Así me fue dando la idea, supongo que me fue dando las ideas sin intención, simplemente tenía un hijo que se acercaba a él y le traducía lo que estaba leyendo, del japonés al español. Entonces yo tenía una idea de lo que era la poesía a través de mi padre; empecé a escribir cuando estaba en el colegio. Lo único que había leído en poesía eran los poemas sueltos en textos escolares y no son siempre los mejores. En un salón siempre hay un poeta, un pintor, un deportista, yo era más bien el pintor y había otro que era el poeta del salón. Nunca pensé competir con ese condiscípulo, pero cuando se murió mi primera enamorada sentí esa necesidad. Creo que en ese momento la poesía se escribe alrededor de momentos extremos de la vida.

SS: *¿Por qué, para qué o quién escribes poesía?*

JW: Porque es inexplicable, siempre se responde porque no puedo dejar de hacerlo. Pero eso es bastante cierto, aunque sea una respuesta bastante trillada creo que es cierto. No necesariamente la escritura como forma, pero uno entra en un mundo en que no te puedes desligar de una visión poética aunque no escribas. Yo puedo estar en una situación x y de pronto me descubro que estoy viendo poéticamente las cosas, que estoy dando una interpretación distinta tal vez. Estoy percibiendo algo que sospecho que los otros no están percibiendo. Comienzo a ver un poco distinto y eso no necesariamente llega a ser escritura poética pero la forma de ver el mundo metafóricamente persiste. Encontrar los signos, las metáforas. Ver cómo el mundo habla. Estás viviendo el mundo real y uno se sorprende tratando de ver más allá de lo aparente. Te sorprendes de alguna manera tratando de interpretar o convirtiendo en signo ciertas cosas, es algo así como que nace, lo otro ya es formación poética.

SS: *A medida que vas escribiendo vez algo, lo ves de diferente forma, pero hay otro tipo de material que te va llegando aunque no esté físicamente allí… ¿Cómo accedes a ése?*

JW: Son esas cosas que tú sientes que te van dictando el poema. Sientes eso. Hay una parte del proceso en que sientes que sí, que tienes un control más o menos racional, pero hay otra parte que es muy oscura, muy extraña que uno siente que es una voz que se mete dentro de mí y me va dictando estas frases porque a mí normalmente no se me ocurrirían estas frases. Incluso yo admiro más las frases que se me ocurren de ese modo. Parece que vienen de un mundo muy lejano, inexplicable, muy arcano. Frases, imágenes que a mí me sorprenden y digo:"Yo no tengo la inteligencia como para hacer estas frases", debe ser alguien que me las dicta. Yo se las atribuyo un poco graciosamente, humorísticamente a mi padre y digo:"Viejo, me estás ayudando".

SS: *Bueno, ese ser que llaman primitivo peyorativamente estaba más en contacto con sus antepasados y con la naturaleza, conversaba con ellos, veía lo que hoy, al tratar de ser conciente, se ha perdido. El visionario mantiene ese contacto, en alguna forma accede a la fuente común, regresa a ese espacio.*

JW: Yo creo que la poesía es un regreso que busca lo primitivo, que es un regreso a lo esencial, una nostalgia de lo esencial, de lo primario de lo más atávico. El otro día escribí un poema, estaba mirando unas frutas en un frutero de lejos y comencé a pensar: por qué no vienen a mi mano, por qué tengo que moverme yo hasta ellas. He escrito sobre eso, que para conseguir algo en el mundo hay que destruir mucho, mucho movimiento, hay que romper el mundo para comer una manzana. Tal vez en el pasado la manzana venía volando a la mano, yo sé que no fue así pero... El sueño, el sueño del haragán.

SS: Sí ese sueño de volar, de mover cosas es arquetípico, está en la psique. Pero se te ocurre de repente y no sabes por qué, inconscientemente.

JW: Es que no es un proceso consciente. Yo tengo una imagen de cuando era niño. En mi pueblo había un ojo de agua, es un pequeño lago, un manantial que se supone que viene de las profundidades, que aflora, pero en las orillas hay un movimiento de un ligero oleaje. Tengo esa imagen de que llegué y discutía con mis amigos que al fondo de ese ojo de agua había un animal que estaba respirando. Ahora pienso que tal vez era el animal esencial que yo siempre añoro, el que da la vida a todo. Un gran monstruo esencial que nos mantiene con vida a todos, ése es un agregado, si quieres llamar filosófico, de ahora. Entonces cuando era niño veía el manantial y veía la respiración de un animal primario, primitivo una parte de todos nosotros, algo así. Cuando yo era niño no sabía qué era el inconsciente, lo veía así.

SS: Es que lo niños ven el fondo, las verdades escondidas o podrían hacerlo, si los mayores no les inhibieran ese aspecto maravilloso.

JW: El pueblo en que he vivido es muy místico, está lleno de fantasmas, de muertos, de aparecidos, de chamanes. Enfermedades infantiles en las que uno se pone pálido y adelgaza, por ejemplo, fueron curadas por chamanes. Tengo un poema sobre una cura del huevo porque de niños nos pasaban el huevo para curarnos de las enfermedades, es un ritual que siempre lo hacían muy placentero. Yo creo que en los pueblos como el que yo he vivido hay un equilibrio perfecto entre los terrores y la protección ante esos terrores. Hay efectivamente pestes, plagas, terrores que matan a los niños. Tengo efectivamente dos hermanos muertos de bubónica y de meningitis, la peste no era un mito, era un hecho. Hay amenazas pero, hay como compensación esa protección que te daban los chamanes, los padres. Había una parte que era vital, que el chamán, un personaje sanador, curador y que te curaba con cosas que tú conocías: el huevo, lo hierva, las agüitas... Entonces hay un equilibrio entre la amenaza y la protección. En las ciudades ese hecho no se produce, tienen la amenaza y no tienen la parte compensatoria que se ha perdido, más bien las amenazas han crecido y hay una reacción de defensa por la violencia.

SS: *¿A qué atribuyes esta reacción, será porque se ha perdido el sentido de lo sagrado?*

JW: Claro, se ha perdido la naturaleza sagrada de las cosas y vivimos muy desorientados. La poesía puede servir para orientar a las personas, para decirles que hay, que hubo otro mundo y hay que seguir deseándolo. Que hay un mundo sagrado y que si se lo perdió hay que volver a desearlo, recuperarlo.

SS: *Tienes razón. ¿Has tenido alguna vez premoniciones, vislumbres, destellos?*

JW: No, los que tengo quizás sean producidos por mis miedos. A veces pienso que es inminente que se produzca algo. Nunca se produce, pero cuando pienso en esto sufro mucho. Es terrible estar viviendo al borde de algo que va a suceder y no sucede, pero por ejemplo, siempre me despierto antes de que los temblores produzcan el movimiento, siempre. Estoy profundamente dormido me despierto y digo: "Va a haber un temblor", y me despierto con una gran lucidez. No como de costumbre, soñoliento y entre bostezos. Me despierto violentamente, de modo muy brusco, allí siento que va a haber un temblor y de verdad que se produce.

SS: *Matilde Sábato me dijo que así era Ernesto, como un sismógrafo que siente los movimientos de la tierra, lo que sucede por debajo, es una compenetración con la naturaleza o supersensibilidad con el entorno.*

JW: Yo creo que mi gran tema al margen de los otros temas culturales es la naturaleza.

SS: *Está en tu poesía. Volviendo a lo sagrado lo religioso que es re-unir no separar…*

JW: …y la amenaza siempre está. Somos latinoamericanos, la inseguridad siempre está. Por ejemplo yo he vivido en Inglaterra por un tiempo y el inglés vive en una seguridad excesiva a veces. No tiene esa inseguridad que tenemos los latinoamericanos pero creo que tendrían que tener un poquito de inseguridad a veces. Ellos salen de su casa y saben que llegan al trabajo de todas maneras, acá uno sale y no sabe si llega, vamos rezando por así decirlo. Recurrimos a convocar a lo sagrado: "Ayúdame", sea a quien sea, a Dios o al papá muerto. Pero mira, por vivir en un país subdesarrollado no tenemos la seguridad, pero esas inseguridades de alguna manera son positivas, porque nos hacen recordar que tenemos que pedir ayuda, que somos débiles. Es un equilibrio, como en mi pueblo.

SS: *Sí, todavía nos queda el sentimiento mítico de pedir ayuda para escapar del mal. En cambio, los ingleses y anglosajones han heredado la seguridad incon-*

movible. Pero, en tus versos, más que la coherencia racional o la técnica, hay algo irracional.

JW: Sí, hay ciertos versos que no los entiendo. Incluso en mi poesía he dejado algunos versos que no me he atrevido a retirar o a corregir porque vinieron así y siento que están bien puestos ahí pero hasta hoy, yo no los entiendo. Es como que cuando ocurren de improviso es más verdadero y hay menos atrevimiento de mi parte para corregir, tocar esos versos. Como que me los dictaron; tienen que estar ahí.

SS: *Hay un poema que me hizo pensar en los alquimistas y su búsqueda de transformar la materia baja en oro que era en realidad lo elevado, espiritual.*

JW: Claro, lo que buscaban los alquimistas era convertir en oro todo lo desechable, una aspiración a lo que era más divino, más precioso. Creo que la poesía tiene un nacimiento bastante prosaico por que tiene esa idea… Ese poema de los excrementos que se elevan como una bandera, alta, y está viviendo en una realidad que no siempre es poética…

SS: *Porque el ente consciente ha despoetizado, ha vuelto sucio lo natural.*

JW: Hay una dicotomía, la poesía no son versos, es una actitud ante la vida, es una ética ante la vida. Cuando uno se pone en el plan de buscar palabras, las palabras son muy evasivas, las palabras no se corresponden estrictamente con las cosas que nombras…

SS: *Por eso hay que interpretar, la fe en un significado último ha desaparecido. El poeta se desnuda en público, muestra sus entrañas. ¿Qué te produce desnudar tu alma?*

JW: Hay un sentimiento contradictorio de vergüenza pero también es exhibicionista. Los poetas son exhibicionistas, es contradictorio. A nivel de pronombre siempre nos estamos describiendo con vergüenza y con goce de exhibición. Es una exhibición a través del poema, como el teatro griego, no hay drama sin testigo. Por ejemplo, cuando una mujer llora por un hombre, si llora sola es como que no es tan dramático; ahora, si llora con otras personas es más dramático. Por lo menos en el drama griego, necesita un público.

SS: *En el drama, en la literatura. Tal vez por eso la persona privada busca un libro cuando sufre, también el espectador...*

JW: […] el comportamiento ya es distinto a nivel individual. Creo que incluso el esconderse es también una forma de exhibirse: "Miren cómo sufro tan en silencio". Siempre creo que uno sospecha que la gente, de alguna manera, se va a enterar, alguna persona va a apreciar eso o por lo menos nos apreciamos nosotros frente al espejo. Larra se mató frente al espejo, se alistó, se vistió de domingo y se disparó frente al espejo.

SS: *Tienes razón, tienen que ser exhibicionistas para mostrar lo más íntimo. ¿Recuerdas los poemas que escribiste durante esa época? Por ejemplo "El grito (Edward Munch)". Por la sangre y como lo escribes, no en sentido figurado, se refiere al dolor de la mujer desfigurada que "Viene gritando, gritando, desbordada gritando. / Ella no está restringida a la lengua figurada: / Hay matarifes / y no cielos bermejos, grita" (Historia 83). Tu visión en el agua tiene que ver con algo verdadero.*

JW: Ése lo he escrito en pleno terrorismo, es una lucha del ejército. Yo estaba en Chosica con mis hijas y por el periódico me entero que el ejército había masacrado a unos miembros del MRTA. No tengo solidaridad con los terroristas pero tampoco tengo solidaridad con un ejército que masacra a prisioneros por más terroristas que sean. En una comunidad de Huancayo hubo un enfrentamiento un poco oscuro. Como resultado de todo aquello parece que un militar resultó herido y hubo unos 14 a 15 miembros del MRTA muertos. Estaban alineados los cadáveres cerca del río y cuando leí eso, fue muy fácil imaginar que la sangre de estos masacrados llegaba al río. Ahora yo estaba en Chosica donde llega, pasa por ahí el río Rímac que no es el río Mantado, pero aluciné de alguna manera que podría ser el mismo río y justo era el atardecer y se reflejaba un poco de rojo en el río. Yo pensaba que de alguna manera metafórica podía ser la sangre de estos masacrados. Describo ahí una situación de horror, yo siente eso que alguien, una mujer viene gritando, producto de la guerra, de violencia que la ciega. Y me pregunto, qué me queda de todo esto. Tal vez la unión de la poesía me permite hacer esta reflexión de ese poema silencioso. Nunca menciono ni guerrilleros, ni ejército. La poesía es siempre elusiva, es una de sus virtudes, nunca ser enfática, señalizadora, tiene que ser elusiva. Entonces había que retirar cualquier referencia al ejército o a los guerrilleros, no era necesario.

SS: *De una visión física y de los acontecimientos del momento nace la vislumbre del poema y además se infiere al sentimiento angustioso de las madres y familias de todos estos muertos. Una noticia, un acto horrendo se te convierte en material poético.*

JW: Claro, lo esencial. Esa capacidad elusiva que tiene la poesía hace que sea universal. Para mí fue ejército versus terrorismo pero para cualquier otro lector puede ser un crimen x. Ésa es la idea, que funcione el poema al margen de los factores específicos.

SS: *En tus poemas en Alemania hay imágenes de sufrimiento. ¿Están relacionados con una enfermedad que tuviste?*

JW: Yo hace once años padecí un cáncer pulmonar y me operaron. Me descubrieron una tumoración felizmente incipiente y mis amigos en Alemania gestionaron el viaje y me operaron allá, esos poemas son de esta época. Ese poema de la estrella está relacionado. Estaba en el hospital y miraba preguntándome si podré volver alguna vez realmente. Cuando te operan de una enfermedad así, ningún médico te da la seguridad, no hay un pronóstico. Estás viviendo en ascuas, suspendido casi de la vida, es muy duro.

SS: *Sólo viviéndolo se puede alguien imaginar la enormidad del terror. Pero, ¿escribiste mientras estabas en el hospital?*

JW: No, no, después recordando. Después de la operación tuve una depresión que los psiquiatras llaman reactiva ante la enorme inseguridad de saber si vas a continuar vivo o no. En vez de estar satisfecho porque todo salió bien comienzan las grandes preguntas. Estoy vivo pero hasta cuándo. Voy a vivir, pero hasta cuándo, es la pregunta que uno se hace; pero como no hay respuesta uno entra en una depresión ante el silencio. En esa época es como pedir alguna señal a la vida, a Dios a quien sea. Que llueva y si llueve es la respuesta. Es que después de la operación no había seguridad, entonces tuve la depresión un año mientras veía si volvía o no volvía. Había que controlarse cada tres meses, una forma en que mis amigos bromeaban era diciéndome: "Oye, eres hijo de samurái, pelea" [risas]… Me puse a escribir y la mayoría de esos poemas están escritos en medio de esa depresión […] para mí fue muy curador escribir poemas. Cuando dicen que de algún modo la poesía es terapéutica yo tengo, de algún modo, bastante como para decir que sí lo es.

SS: *Para el que la escribe, y también puede serlo para quien la lee.*

JW: En ese momento lo era para mí nada más. Me metía a la noche en un solo poema. Como soy obsesivo corrigiendo me olvidaba de la enfermedad, de la vida, si iba a continuar vivo o no. Ese poema era lo más urgente que tenía que hacer y si me demoraba más días, mejor, porque estaba más involucrado y me olvidaba de los miedos.

SS: *"Y las siluetas de los pájaros de cartón pegados al vidrio en los ventanales / Así afuera es más severo el límite en la transparencia del aire" ¿Qué veías entonces?*

JW: El otro día, en los talleres de poesía de la Católica, me preguntaron eso y les dije: "Esas frases las recibo de dictado y no las puedo corregir". Es como que me las hubieran dictado y no me atrevo a cambiarlas. Sé que ésa es oscura, lo único que sé es que suena bien y que alguien me la dictó, así que la respeto y la dejo ahí. Tiene un sentido, pero no lógica.

SS: *Es inasible. A algunos escritores dejar su trabajo inconcluso cuando algo lo impele, les hace mal, se intranquilizan, les acarrea problemas. ¿Te ha ocurrido algo así?*

JW: Bueno, de hecho yo no puedo dejar un poema, no puedo olvidarlo. No puedo.

SS: *No digo olvidarlo, sino tratar de postergarlo, ir a una fiesta en vez de escribir.*

JW: No, soy obsesivo, no puedo, estoy hasta que salga, tiene que salir aunque sea malo pero igual va a ser. Muchas veces sé que no va a ser un buen poema, que no lo voy a publicar, pero tengo que terminarlo, casi por disciplina. Hay un cuento muy breve de Juan José Arreola, el mexicano, "La migala", es algo así, es el mismo tema. Compra en una feria una migala, que es una tarántula muy venenosa, la compra en una jaulita, la lleva a su casa, le abre la puertita, la migala sale, se corre detrás de unos muebles y él mismo se construye su estado de angustia. Es el mismo tema.

SS: *Para mí, esa migala era un símbolo de las redes femeninas que atraen y aterran al hombre, pero igual cae en la red y vive con el temor de ser devorado. Claro que las palabras rondando por la noche, como la migala, sin dejarlo dormir en paz, es peor, es más que angustioso. ¡Qué horror! Hablando de "El sonámbulo", ¿el título es porque escribes más por la noche?*

JW: Sí, porque escribo en la noche. Yo había ido a mi pueblo por quince días y cuando volví a mi casa en Lima, veo en mi cama una extrañeza, que era mi mujer y mi hija, pero para mí era una extrañeza, y empecé a escribir de noche y escribí "Yo el sonámbulo…"

SS: *Hay una sensación de fragmentación, alejamiento.*

JW: Sí, de extrañeza frente a lo que te pertenece. En algún momento lo que te pertenece sientes que tal vez no sea tuyo.

SS: *"El nieto" empieza con la muerte de tu abuelo, pero lo de la rana ¿es un decir, un recuerdo, un temor? "Una rana / emergió del pecho desnudo y recién muerto / de mi abuelo, Don Calixto Varas. / Libre de ataduras de venas y arterias, huyó / roja y húmeda de sangre / (...) Así la noche transcurría eternamente en equilibrio / porque en Laredo / el mundo se organizaba como es debido: / en la honda boca de los mayores", y termina antes de tu operación: "Me inyectan. / En mi somnolencia siento aterrado / que mi corazón / hace su sístole y su diástole en papada de rana" (El Huso, 77).*

JW: Cuando yo era niño preguntaba de qué murió mi abuelo, Don Calixto Varas, me decían: "Es que su corazón se transformó en sapo" [risas]. Hay un mito en que los órganos se transforman en animales, abren tu cuerpo y huyen. Entonces cuando yo estoy en Alemania enfermo, siento que un órgano mío se está convirtiendo en animal, tal vez en sapo, en rana. Trato de convencer a los doctores de que no me estoy muriendo de cáncer sino de la transformación de un órgano, los doctores no me creen, pero dentro yo siento que respira una rana.

SS: *Sin conocer la cultura, es difícil entender, pero ahora, ya estás curado.*

JW: Tengo que cuidarme y chequearme periódicamente. Tengo los bronquios más cortos y en Lima, con su humedad, padezco mucho. Tengo una respiración muy agitada, no por los pulmones sino por los bronquios, y se me forma uno especie de asma. Hace doce años que tuve esa operación, pero hace cuatro años que tuve lo mismo en el otro pulmón. Los médicos me dijeron que la única explicación era porque "eres poeta". Hace doce años yo estaba sentado en mi casa un día después de mi cumpleaños, yo fumaba mucho, vi mi cenicero lleno de colillas y pensé: "Caramba, estás fumando demasiado", no sé qué se me cruzó en ese momento, pero me levanté por un impulso y me fui a un médico amigo. Le dije: "Quiero hacerme una placa de rayos X". Me hice la placa, la leyó y se asustó.

SS: *Igual que los terremotos, la intuiste.*

JW: Claro, porque no tenía ningún síntoma. Por qué me levanté, por qué vine si yo no tenía ningún síntoma, la única explicación es "porque eres poeta". Luego me operaron en Alemania y hace cuatro años sentí un malestar y terminó siendo el otro pulmón. Esa vez me dio dolor y fiebre. No da normalmente. Me operaron nuevamente y todavía estoy aquí. Me hago mis controles y todo está bien, lo dice el médico. Hay pura sospecha, él conversa con sus colegas y parece que los orientales tenemos mayor resistencia. Se produce el cáncer, pero reaccionan de tal modo que lo encapsulan y lo confinan a una sola zona. Lo lamentable es que se produce, lo positivo es que el cuerpo lo controla.

SS: *Las operaciones fueron experiencias difíciles, ¿cómo te marcaron?*

JW: Vivo con cierto miedo, el hecho de dos experiencias es bastante duro realmente. En mis últimos poemarios hay muchos poemas sobre eso, sobre el miedo. Por ejemplo "El lenguado" es una proyección de mi miedo. Un lenguado vive en el fondo marino, gracias o en virtud a que hace este proceso de camuflaje y se iguala con la arena, se viste de color gris como la arena, se va al fondo marino, el lenguado habla: "Yo soy la gris contra la gris", y esta habilidad le permite vivir pero se convierte en un pequeño monstruo. El lenguado no es simétrico, por estar en el fondo, uno de los ojos ha girado para el otro lado. Tiene los dos ojos de un mismo lado. El lenguado sigue hablando pero el tema es mi miedo, no el lenguado. En el fondo marino puede evitar todos los depredadores, pueden pasar por encima sin percatarse pero yo soy el único que sabe que tiene ese miedo. Sé que mi vida depende de disfrazarme de esta arena para liberarme de los depredadores. Ellos pasan pero el miedo siempre sigue conmigo hasta que un día me descubran, me atrapen. Sueña todo el tiempo en dejar de ser lenguado y ser definitivamente arena, y al final dice: "[…] ya no soy lenguado soy todo el fondo marino…" Es vivir con miedo todo el tiempo y que algún día te descubran.

SS: *"El lenguado" empieza: "Soy / lo gris contra lo gris / [...] y los grandes depredadores me rozan sin percibir mi miedo..." y termina: "A veces, sueño que me expando / y ondulo como una llanura, sereno y sin miedo, y más grande / que los más grandes. Yo soy entonces / toda la arena, todo el vasto fondo marino" (Cosas, 11). El miedo a la muerte se acentúa frente a esa experiencia y desaparece en el sueño despierto: la reflexión.*

JW: Claro, te lleva a reflexionar más. Yo parezco tranquilo, ahora estoy estable pero hay situaciones en que me loqueo, nunca para el psiquiatra, pero como que me cambia la percepción de la vida y quiero consumirlo ya todo.

SS: *La cultura actual, más y más racionalista, trata de negar lo inaceptable, pero hay aspectos oscuros en nuestro mundo que alguien tiene que excavar.*

JW: No se puede sacar y mostrarla como es, sino que hay que transfigurarla y ponerle un elemento adicional de belleza. La podredumbre debe salir, pero no con su crudeza, sino con belleza. A mí me gusta el pintor Beacon, pinta figuras de carne viva, terribles; influye en el arte contemporáneo. Lo primero que hice cuando llegué a Londres fue ir a ver a Beacon. Me gusta mucho. La belleza puede ser repulsiva como en el caso de Beacon.

SS: *Lo sublime puede ser horrible o bello. Para Joseph Campbell, si se mirara el mundo alrededor desde una pirámide, la gente que mirara desde abajo, vería sólo un lado de la pirámide por vez, el que está arriba de la pirámide vería todo el paisaje al frente, a los lados y detrás —pasado, presente y futuro— todo lo que la rodea sea bello u horrible.*

JW: Esta pintora, Christa Suchia, creo que encajaría en tu definición de visionaria. Hemos sido muy amigos y teníamos un grupo de pocos amigos que como que dividíamos al mundo. No de forma elitista, pero dividíamos a la gente entre los que tenían clase y los que no la tenían. No era clase social, el que tenía clase era visionario, un aristócrata espiritual. Decíamos: "Con fulano se puede hablar y el muro se aleja". A veces hay un muro que se interpone para que haya una buena comunicación. Hay personas que tienen un muro muy cerca; los que tenían el muro muy lejano eran los visionarios o los aristócratas de espíritu y los que tenían clase. A veces te encuentras con conocidos y sientes que conversando puedes llegar a cualquier sitio, pero hay personas con las cuales no se puede.

SS: *¿Tiene esto algo que ver con la cultura japonesa y la creación de* haikus?

JW: Son poemas que describen siempre, describen una situación, no narran. Yo tengo influencia del *haiku* en la medida que trato de describir una situación. El *haiku* describe una situación para decir más.

SS: *Muestran, sugieren, ¿no? Los imaginistas imitan los* haikus.

JW: Hay una poeta inglesa, Edith Sidewell, del movimiento imaginista, que escribe poemas breves que no llegaron a ser *haikus* porque no los comprendieron. El *haiku* es la expresión del budismo, de la contemplación y la intuición, adaptado por el Japón, y dentro de la contemplación está ese salto espontáneo de una verdad que nos llega por saltos espontáneos irracionales; es lo visionario.

SS: *Proviene de lo inconsciente transpersonal, del caos casi impenetrable.*

JW: Es que cuando tratas de explicar la organización del mundo llegas al caos, porque lo esencial y profundo, para varios, es el caos. Tú tratas de explicar al mundo por cualquier disciplina. Ahora básicamente la geometría que se ha metido en todo, en genética, todo tiene una organización geométrica. Cuando el racionalismo vino trató de explicar todo, entonces cuando tú tratas de explicar y de controlar todas las variables de un fenómeno llegas a un caos.

SS: *Claro y ahora en ciencia está ocurriendo lo que el arte ya sabía.*

JW: Es tan popular la teoría de caos que la película *Jurasic Park* está fundada conceptualmente en la teoría del caos. Hay un científico que explica la teoría del caos en la película, es un actor que, enamorando a una chica, le pregunta si él deja caer una gota en su nudillo, le pregunta para qué lado va a caer la gota, para qué vertiente del nudillo. Pero nadie puede responder eso, hay una textura de piel, una porosidad distinta, hay tantas variables que no se podría predecir a dónde va la gota. Si tratamos de explicar llegamos al caos, es imposible la respuesta.

SS: *Como lo inconsciente, hay un orden incognoscible. Todo lo desconocido es inconsciente hasta que se hace consciente, explicable, pero siempre queda más en el caos.*

JW: Quizás en el caos están todas las experiencias, todas las sensaciones que podrían decirse que están también en el inconsciente colectivo, de ahí surgen, nosotros tratamos de organizarlas como podemos. Es como lo veo, por eso hay muchas cosas en mi poesía que yo siento que salieron de ahí, que me lo dictaron, vinieron. Algo más sabio que yo.

SS: *Hay que ser humilde para aceptarlo y sabio también.*

JW: Tú sabes que eso que ha venido es más sabio que tú aunque tú no lo entiendas. Yo siento eso y por eso lo dejo y lo respeto. Vinieron de mí, pero detrás de mí.

SS: *¿Del pasado atávico, memoria colectiva o herencia filo-genética? ¿Te ha ocurrido que los críticos, por ejemplo, lean un poema tuyo y vean algo que no se te habían ocurrido?*

JW: Sí, eso ocurre mucho, sobre todo cuando toman un poema tuyo en una universidad y los estudiantes ven cosas, lo interpretan distinto porque es una lectura más profunda que la común y corriente. Tienen que discutirlo, a veces se da una confrontación entre ellos. Cuando me llaman y me preguntan y usted qué quiso decir, yo les respondo lo que tú dices pero también lo que dice el otro, el otro y el otro.

SS: *Claro las interpretaciones del texto no se agotan. Otro poema "Refulge otra vez el sol" es tu arte poética.*

JW: Es, de alguna manera, un arte poética, sí. Brilla, brilla, destella.

SS: *Desde el título y la primera parte suena poético, pero después lo cambias como en otros poemas, al dejar de ser lírico, sorprende e inquieta…*

JW: No, más bien es lo que generalmente hago en muchos poemas míos y que la novelista Laura Restrepo me ha hecho notar y me dice: "Yo quiero estudiar tu poesía por eso, porque tú planteas algo muy lírico al comienzo y empiezas a invitar al lector a que entre en un poema y, de repente, lo detienes y le dices: 'Estoy escribiendo un poema' […] Cuando te invitan a leer un poema, entras en el poema y comienzas a convencernos de un lirismo, y hay siempre un momento en que tú desmontas ese clímax, creas un anticlímax en la medida en que le dices de alguna manera al lector: 'Un momentito, lo que estoy haciendo es embelleciendo un hecho, tiznando, pero no me crea demasiado porque justamente es poesía'". En ese poema, hay ahí unos muchachos que se están bañando y yo empiezo a especular, yo mismo me digo: "No continúes porque los chicos están ahí, bañándose, sintiendo las cualidades tangibles del agua, gozando el momento, gozando lo físico. Y tú poeta no te pongas a reflexionar, deja la especulación poética en la medida que los chicos no se están bañando por lirismo sino porque quieren sentir las cualidades tangibles del agua, vivir la materia porque hace calor, por algo muy elemental". Y el poeta quiere especular sobre eso, darle una sobre lectura, entonces yo mismo me digo: "Detente, no hagas eso, porque es tu especulación poética que no vale para nada y más bien deja a los muchachos reírse y bañarse, simplemente. Y luego, comienzo a crear….

SS: *Lo cotidiano, familiar, no es simple, puede ser más difícil y poético que lo extraño.*

JW: Laura me decía eso, tengo que aprender eso…

SS: *Ya lo sabes, pero es difícil para aquellos acostumbrados a la poética que oscurece el sentido produciendo la distancia estética, hay otro alejamiento.*

JW: Pero ese desmontaje de la poesía, también es poético, probablemente. Más bien es un cambio de registro, digamos que trata de ser sorpresivo.

SS: *En la primera entrevista hablaste de la relación biológica, primaria, más esencial del andino con la tierra; una relación de respeto y cercanía. La Pacha Mama o tierra madre está en la vida de los antiguos, del andino.*

JW: Si, fíjate, obviamente en la vida de los andinos que eran básicamente campesinos, e incluso los antropólogos dicen que la adoración a la Virgen María en realidad es adoración a la tierra. A la Pacha Mama, que la Virgen María ha venido a reemplazar a la Pacha Mama. Cuando ellos adoran a las vírgenes y hay tantas en el Perú, en cada pueblo hay una Virgen con un nombre distinto, en realidad están adorando a la Pacha Mama, la Virgen María ha reemplazado a la Pacha Mama. Hay un sincretismo ahí.

SS: *¿En que se diferencia de la cultura japonesa?*

JW: Bueno, la cultura japonesa es una cultura de la naturaleza.

SS: *Pero hay diferencias y semejanzas en la alianza con la tierra, la naturaleza; la percepción japonesa es más poética.*

JW: En el fondo las dos culturas son panteístas, ésa es la mayor cercanía entre las dos culturas. En la cultura japonesa hay panteísmo y animismo incluso. Mira, siendo las dos culturas de la naturaleza, la diferencia está en la forma, en la mirada estética. El indio tiene una estética distinta frente a la naturaleza, que la han reprimido, que la han fracturado.

SS: *Cierto, la han aplastado. Volviendo a tu poesía. En la presentación de tu poemario* El guardián del hielo, *Rosella Dipaolo y Luis Jaime Cisneros comentaron sobre la visión que tú presentas del objeto, lo físico, sin metáfora, el* haiku *y más.*

JW: El *haiku* no es una metáfora. Muchas veces la gente confunde el *haiku* con metáfora y no es una metáfora, es una pequeña parábola. Es como un iceberg, muestra un fragmento y que debajo hay más, un noveno no más aparece y los nueve novenos están bajo el agua. Muestras muy poquito el *haiku*, pero lo que dice textualmente implica algo que está mucho más allá...

SS: *Es metonímico más que metafórico; la comparación de contigüidad, no de semejanza. En una relación entre dos, tú le otorgas sentimientos a los animalitos, dije que los personificas, más bien son una parte de la naturaleza que muestra una relación simbiótica entre el pajarito que le limpia la oreja al toro o cualquier otra relación de la naturaleza, sea animal o humana.*

JW: Sí, la idea es la misma, son formas de relación en la que yo no veo mayor diferencia si son animales o si son personas. Alguna vez he pensado que cuando el mundo fue creado, los seres, nosotros fuimos creados, hubo un propósito inicial, hubo una justificación, un por qué hacer todo esto, pero creo que ese propósito se ha perdido para que estemos en este mundo, para que vivamos las grandes preguntas que dan lugar a la filosofía. Ese propósito, esa justificación se ha perdido. Entonces, cada poema es una especie de fragmento de ese gran propósito. Es buscar una frase de ese gran discurso, de ese gran propósito, lo que encontramos son palabras sueltas, aisladas, que tratamos de juntar para encontrar esa justificación que de alguna manera nos diga: "Sabes que has nacido para esto y muérete en paz. Ya estás justificado, muérete tranquilo, muérete en paz, sin angustia". Pero no lo encontramos, entonces yo creo que una de las motivaciones de la poesía es tratar de armar ese propósito que se ha fragmentado, pero que creo que ha quedado en las cosas, en la naturaleza.

SS: *Está en todo lo vivo, ¿no?*

JW: Sí, en todo lo vivo. Esto de juntar dos o tres cosas de la naturaleza, la interrelación. Y en esa relación o interrelación hay una frase, un fragmento que me hace sentir que, vaya, que estoy en camino para encontrar la gran frase, el gran propósito que nos haga, básicamente aceptar nuestra finitud. Que básicamente entendamos por qué estamos acá y por qué nos morimos. Yo siento muchas veces que las respuestas a esas preguntas están en elemen-

tos de la naturaleza porque hace soportable la vida. Es parte del discurso jus-
tificatorio de por qué estamos acá. Hay muchos propósitos. Einstein, el físico,
por ejemplo, le preguntaron algún día acerca de esto y él dijo:"No sé si exista
Dios o no, yo lo único que sé es que todo lo creado tiene un propósito",
pero si uno le hubiera preguntado cuál era el propósito, no lo hubiera sabido
responder por mas sabio que haya sido. Entonces, de alguna manera la poesía,
la literatura, el arte el arte en general trata de encontrar ese propósito. Pero
como tú dices es algo atávico.

SS: *Desde el nacimiento está en la psique, desde que el ser humano empieza
a razonar y cuando empieza a pintar ya está enfocando la búsqueda y perdién-
dola. ¿Sabes lo primero que pintan los niños?*

JW: Circulitos.

SS: *Sí, círculos, la mandala, la unidad ya añorada.*

JW: Ésa es una obsesión que tengo, morir sin morirte, desaparecer sin
desaparecerte. Es el pez que tiene miedo y no quiere morir, más bien quiere
disolverse en el fondo marino, ser el fondo marino. Tengo varios poemas,
como "La montaña" con el mismo tema. Alguien va a hibernar en una montaña con la esperanza de cambiar de sustancia, de ser montaña, pero cuando
despierta él dice, sospecha..."Y me toqué el cuerpo / y si sigo siendo blando /
es que todavía no soy la montaña, algún día seré una montaña". Lo que yo
planteo es una especie de trascendencia más allá de mi cuerpo y entrar en un
cuerpo mucho mayor y más prestigioso como el fondo marino, una montaña.
Espero que no sea solamente poético, que sea verdad.

SS: *Otro tipo de energía, algo como una reunión con los inicios. Tus finales me
atrapan siempre. "Que no tienes carne ni vegetales sino arena en la lengua, te
explicas, tal vez haz comido una sequedad infiel, insidiosa de pecho y nunca se
acaba el desierto, nunca se acaba. Otro alimento".*

JW: Claro, ahí hablo de comidas vegetarianas como comidas de carnes.
No soy vegetariano, pero lo escribí en un restaurante vegetariano, se me ocurrió. Entonces separo las comidas entre vegetales y las carnes. Pero hay un alimento que no es ni carne ni vegetal, que es la arena que no la como ahora
sino que la bebí en algún momento, de pecho, mamado, y eso nunca se me
acaba, la sequedad, el desierto.

SS: *Tienes otros poemas del desierto. Hay un desierto que se vivifica.*

JW: Ah, sí, sí, que camina, que avanza.

SS: *Ése es uno, pero en el poema de los camioneros, me dijiste que ellos memorizan el paisaje desértico personificándolo como imágenes que les recuerda partes del cuerpo de una mujer, y las van repitiendo para hacer el recorrido más llevadero, y así memorizan el camino. En otro, "Paisaje móvil", el desierto defeca...*

JW: Es un alto, los caminantes hacen pascanas y pasan la noche juntos.

SS: *Y bajo la luna los espacios parecen gigantes...*

JW: Sí. Las punas se amontonan y parecen gigantes sentados... Se me ocurrió que estaban defecando... Como que en algún momento descansan, hacen una pascana y se sientan. Parecen gigantes que están defecando.

SS: *Viste la silueta, una visión extravertida. Como ver figuras en las nubes.*

JW: Es igual, ¿qué hace uno con las nubes? Ve formas, que también tienen que ver con la vida. Mira, en Laredo no había agua ni desagüe, entonces las necesidades físicas la tenía uno que hacer en el campo y allí no había el pudor de defecar uno junto a otro. Es lo normal, más bien se decía: "Acompáñame". Entonces dos o tres se van al campo y se sientan en cuclillas. Entonces ocurría una defecación social, estaban conversando entre ellos y en medio de la oscuridad tu vez esas siluetas, eso fue lo que se me ocurrió cuando vi las dunas amontonadas.

SS: *Claro, ahora lo veo, el paisaje móvil, los camellos se mueven. Pero tienes que haberlo vivido para entenderlo. El niño del río tiene consigo la alegría del diario vivir...*

JW: Es el riesgo de vivir que me parece bello, vivir en riesgo. Y el hombre, que está observando ese niño, se supone que es más conservador, que ya no vive en ese riesgo. Él se va tristemente por la cañada mientras ese niño, que fuese él mismo, y que alguna vez vivió en ese riesgo siempre se llevará ese riesgo.

SS: *Ya no eres el que fuiste a los cinco años, pero lo puedes revivir.*

JW: Sí, y sigue bailando sobre las piedras del río. Creo que uno nunca deja de ser niño.

SS: *Con las malaguas cambia el poema.*

JW: Las malaguas son medusas. Tiene un sonido más bonito, "mal agua". Son muy acuosas, transparentes. Te producen urticaria. Ahí planteo que un ser de muy poca sustancia, cercano a la sustancia del sitio donde vive... O sea, la malagua vive sobre el agua y es casi agua... Las comparo con nosotros, que somos seres de sustancia tan compleja. En cambio, ellos son seres más esenciales, elementales.

SS: Y regresaban al mar con la ola que amenaza a los bañistas. Algo tan leve, tan liviano que pueda amenazar tan seriamente.

JW: Y varan, pero a veces viene la ola y se las regresan. Entonces...

SS: Pero cuando se quedan en la playa, son alarmantes.

JW: Se producen una picazón que irrita la piel. Por eso preferí la malagua a la medusa.

SS: La "Canción de la señorita Ester H.", ¿te ocurrió algo así o lo soñaste? "Ella dilató por primera vez la nariz de mi corazón", ¿qué edad tenias?

JW: Sí, sí ocurrió. Yo tendría como unos once años. Es una anécdota que sí me sucedió. Es una historia muy larga. Pero yo digo, cuando ella se pone a orinar, siento que todo se erotiza y todos se antojaron. Todo se expandió, más que el olor se expandió un clima erótico por todo el campo a partir de ella. Es una visión muy infantil, por eso le puse canción. Además, uno dice de dónde sale la orina y a dónde...

SS: Es algo que viven los niños. Era esto...

JW: El epígrafe de Santa Valera, pero San Vaciada es una entrada de frente a una explicación que aquí le llaman el vaciamiento, pero es una histerectomía en realidad. Yo he tenido muchas amigas y parientes que han sido histerectomizadas, en un momento se me ocurrió qué es sentir que te quiten el órgano que se supone matriz. Entonces, cuando le hicieron esta operación a una hermana mía, la acompañe, estuve con ella en el hospital y comencé a reflexionar sobre eso, el poema fue muy textual; solamente que al final hay una rebeldía de esa mujer, que dice que "yo voy a formar otra nueva Huera", vacía, no productiva. Huero es el huevo que no produce pollo.

SS: Es erótica.

JW: Marcos Martos así lo reseña y dice que quizás hago una poesía andrógina. Hay veces que hago una poesía andrógina. Hay una especie de envidia hacia los senos de una mujer. Lo descubrí cuando veía a mi esposa dándoles de mamar a mis hijas, yo decía: "Qué envidia no poder darles de mamar". Se me ocurrió que había en el fondo una envidia. Pero en el poema traté de hacerlo mas erótico.

SS: "El ojo interno" parece algo sagrado...

JW: Ése fue una especie de sueño que tuve, que había un ojo que me recorría el cuerpo, que me miraba por dentro, y lo peor era que nunca decía qué veía.

SS: *¿Te ocurrió esta visión antes o después de que te operaran en Alemania?*

JW: No, después. Posiblemente el sueño venia de ahí. Me miraban y no me decían qué pasaba, entonces soñé eso.

SS: *"El ojo que navega dentro de tu carne es el ojo que te recorre, analiza tus órganos y te guarda el secreto".*

JW: Nunca habla, es cruel porque nunca me dice nada.

SS: *Igual que tu ángel, tienes un ángel cruel. Nada de angélico. ¿Qué le pasa a él?*

JW: No tiene nada de angélico, porque era una rata en realidad.

SS: *Y tú lo llamabas ángel irónicamente, me dijiste, en desagravio a la madre muerta. ¿Por qué le exigías más ojo con lágrimas? ¿No hay nada mate burilado?*

JW: Burilado es una artesanía que se hace en el Perú, una especie de calabaza que tiene unos dibujos, como un buril con incisiones. Muchas veces dibujan animales inscritos en la redondez del mate.

SS: *Admirablemente inscrita. La figura del mono establece la redondez de la calabaza. Humor de serrano, ¡ah! La ha puesto llena de gente.*

JW: Sí, porque el mono está tocando la flauta, quien les pone. Cuando se hace Kun Fu, es una danza, tiene movimientos casi dancísticos y tú vas creando, o sea, cada movimiento que haces estás anulando una agresión de tu enemigo. Entonces te lo vas inventando a tu enemigo, cada movimiento lo está eludiendo o parando un golpe de tu enemigo o desviándolo. Es una danza y cuando en el poema yo le pregunto al maestro: "¿Usted crea a su enemigo?" En la danza, él dice: "No, él me crea a mí".

SS: *Sin enemigo no habría danza. Pero cómo estás allí, él crea. Igual que cuando creas el poema. Éste te va incitando a crear, a escribir.*

JW: El invisible me crea a mí.

SS: *Pero en realidad eso es cierto en algunos poemas.*

JW: Uno no escribe, hay ciertos impulsos, cierta pulsión interna que te hace escribir el poema y que tú no te lo explicas a veces. Y te dices: "¿Cómo me vino esto?"... Tú me acabas de decir: "¿Cómo se te ocurrió esto?" y entonces, yo mismo me digo: ¿"Cómo se me ocurrió"? Es algo que viene y uno no sabe por qué, de dónde, cómo, no hay una explicación racional o por lo menos inmediata.

SS: *Es extraño lo visionario. Pese a lo que se ha escrito, el proceso creativo es todavía incomprensible, no es igual para todos, pero hay características reiterativas en ciertos escritores. Aunque explicas los poemas más difíciles, entiendo parte del proceso, pero todavía no sé de dónde proviene la imagen, no tiene nada de lógico.*

JW: Yo creo que las imágenes o una gran reserva de imágenes que uno tiene es la infancia, yo creo que la infancia es una gran reserva y de allí sacamos muchas imágenes.

SS: *La imaginación infantil pre-racional, como la del ser arcaico creador innato.*

JW: Con el sentido común y el entorno, el niño no intelectualiza nada, vive. Es una reserva, el mundo de la infancia es una gran reserva de imágenes...

SS: *Regresando al Perú en barco, ¿de dónde vuelves, hay algo que tiras al mar?*

JW: Inglaterra. Tomé el barco en Barcelona, en realidad. Si estás en un barco en medio del Atlántico y tiras una cáscara de naranja, se queda flotando y te dan nervios que se quede ahí, parece un documento tuyo, cualquier cosa que dejes, así sea una cáscara de naranja, y por más que te alejes, se va quedando allí y me da pena haberla tirado, parece un documento, algo humano...

SS: *Según algunos artistas, crear es como parir. Sábato responde a la pregunta de lo que siente cuando crea preguntando as u vez: "¿Le preguntan a una parturienta cómo se siente?"*

JW: Algunos me dejan muy removido, otros, conmovido. Al escribir en la noche uno maneja otros códigos y evocas lo que no quieres a veces, cosas vividas nada gratas. Das una vuelta alrededor del escritorio, no quieres escribir; lo asumo, lo escribo. Y quedas tan removido que hasta te tomas un sedante para poder dormirte. Es casi como una sesión terapéutica, después quedas removido.

SS: *Es después... Yo creí más bien que el sacarlo de ti te tranquilizaría.*

JW: No, porque al sacarlo entran en juego otras cosas, las palabras, la indeterminación de la palabras, el criterio estético, el ritmo, el balance de una frase, y todo eso te ocupa más.

SS: *Algo parecido me dijo Olga Orozco, dijo que quedaba no removida, pero quedaba como que le hubieran sacado todo y después, por un tiempo, tranquila.*

JW: Yo entré a la iglesia [de] San Francisco, donde hay depósito de santos esperando ser restaurados, que no puedas reconocer porque les faltan las narices, están muy viejos, tú no sabes qué santo será, lo que sabes, reconoces, es un bulto humano al que alguna vez le rezaron y ahora está depositado allí, como muerto. Entonces yo digo, estos son los santos de verdad para mí: los abandonados. Allá en mi costa, en mi país, come mi carne cualquiera de ellos abandonados. Y les rezo, casi con piedad hacia ellos, me apiado de ellos, me solidarizo con ellos, les rezo con más solidaridad que fe. Un día me sucedió eso, estaba echado en mi cama, y no me podía parar, tenía mucha pereza de pararme y veía en una mesita una manzana que yo había dejado. Empecé como un loco o tonto a creer que si yo la llamaba podía venir. Fue una actitud un poco infantil, llamarla pensando que podía venir. Pues no vino obviamente, tuve que pararme y cogerla, eso termina así; las cosas cuestan demasiado esfuerzo. Bueno, la idea es… es una parábola del esfuerzo que hay que hacer por la vida.

SS: *"La Jurado"*…

JW: Cuando soy jurado de poesía, mi madre ya había muerto. Muchas veces siento que mi madre sabía más de poesía porque amó harto. "Usted sabe cómo es ahora la poesía". Y sobre el hombro, me dice: "Cuidado, pura tinta, pura palabra, la poesía es una forma de la templanza, la poesía es casi silencio…"

SS: *Escribes: "Ella siempre fue petulante y yo soy el jurado que ella me adelanta…" Por lo que dijiste de tu madre, era práctica, con la sabiduría de la mujer que vive con los pies en tierra, sin tiempo para irse por las nubes.*

JW: No es una filosofía elaborada, es una filosofía popular, y cada vez que decía una frase era de sentido común, digamos, pero resumía ciertos conceptos filosóficos, sin una mayor elaboración.

SS: *¿Y tu hermana Dora? Es como tu segunda madre, te cuida.*

JW: Ella es mi segunda madre, se quedó soltera, criando hermanos y sobrinos, y ahora me sigue criando a mí.

SS: *Con sus cuidados te da tiempo, qué suerte la tuya. Escribiste que tú ya sabías que ibas a venir con esa suerte. Te responsabilizas ante la gente en tu poesía, el poeta da lo que ve, descubre, vive; es generoso lo quiera o no.*

JW: Claro, si tú vas caminando y descubres en una relación como te decía de dos o tres cosas, hay una sabiduría que no es tuya, sino que está fuera de ti pero que tú la has captado. ¿Por qué no escribirla para los otros? Es para compartir, eso por un lado. Y por otro lado, ¿por qué tratas de hacerla, [de] encerrar esa sabiduría en un discurso bonito, bello, conmovedor? Porque sientes que si tú no lo haces no lo va hacer otro. Mi experiencia, lo que yo he visto, no lo puede hacer otro. Puede hacerlo parecido, semejante, no exactamente igual, entonces mi deber es evidenciar esa sabiduría que vi, pero en un discurso en un formato bonito.

SS: Pero no es tan bonito, no veo que lo trates de hacer bonito como...

JW: Si uno trata de hacerlo bonito, malogra el poema. Picasso dijo: "Hay que cuidarse de lo bonito". Y creo que eso es muy importante. Cuando tú comienzas a escribir en clave de bonito llegas a una retórica empalagosa. Cuando una frase me sale bonita, la escribo.

SS: Y tienes versos sobre esto. Pero no veo lo bonito, trivial, aunque a veces puede parecer por un segundo, como en "Los poetas", en Cosas del cuerpo.

JW: Sí, hay un decir natural, sin rebuscamiento, sin buscar lo bonito. El último poema de *Cosas del cuerpo* alude a un amigo. Él me pidió que le presente su libro y le dije: "No. No le presento el libro porque no sé explicar un poema, un poemario. No soy crítico, no soy académico". Realmente, lo que yo busco siempre, exagerando un poco, es una palabra solamente, esa palabra que hace sonar a todas las otras. Entonces, estoy buscando esa palabra entre el que es un honrado, yo que soy un honrado y entre todos los honrados...

SS: "Como si estuviera masticando / mi propia lengua". ¿Qué quieres decir?

JW: Poniendo todo de mí, y todo lo que pueda, hasta mi propia sangre.

SS: Para ti, ¿implica la escritura en general una búsqueda personal o no?

JW: Sí, es de mí mismo y el mí mismo en todos los hombres.

SS: En tu poesía está presente el yo y el tú mismo en todos, que es lo arquetípico. Dijiste antes sobre las cabras, el bosque, que te sientes un genio cuando estás creando, que eso te satisface. Mi pregunta es, si te divierte simplemente o te llena de un goce intenso.

JW: Un goce intenso, en realidad lo que quise decir es que es muy intenso. Como si me hubieran dando un instrumento, que es la palabra, inmenso, enorme, inagotable y con el cual yo puedo jugar. Es como si me hubieran dado una piscina en la cual yo me divierto inmensamente, chapaleo, a veces hago que me ahogo, a veces salgo a flote... Es una sensación tan satisfactoria cuando uno está en una piscina y puede flotar. Yo siento que las palabras son así, son un instrumento tan amplio, tan bonito que puedes jugar a forjarlo, sin embargo, nunca estás seguro si esa palabra era la correcta, la justa.

SS: *Hay muchos que tienen facilidad de palabra, los mismos recursos técnicos que tú tienes, pero les falta algo para darle vida al poema. En algunos casos dijiste que tu primer vislumbre no era consciente, te llegaba de alguna parte. En ese momento no está la palabra todavía.*

JW: No, es una visión. Es una visión que tú percibes como un conjunto, y tú dices, sin palabras todavía, intuitivamente tú dices: "Sí". Como una aparición espontánea, algo muy súbito. Tú sabes, pero en ese momento, así tan súbito como viene, tú también eres conciente que allí hay un poema.

SS: *Ésa es la diferencia de los poetas y no poetas. No es sólo la palabra, hay algo más que te nace, te empuja, el atisbo que incita la germinación.*

JW: Ayer yo miré de modo muy casual una enciclopedia y vi un busto, una estatua sobre un pedestal, eso me llevó de un modo tan rápido como un relámpago a recordar un busto que yo vi en Alemania de un personaje cuyo nombre nunca supe, el pedestal estaba envuelto por enredaderas, entonces nunca supe quién era, qué había hecho. Era un parque grande, al borde de un bosquecillo. Esa estatua siempre estaba allí, yo pasaba, pero al momento que yo pasaba nunca pensé en él, nunca me llamó la atención. Era un hombre grande con bigotes, pero nunca supe cómo se llamaba, qué hizo, en qué año nació, en qué año murió, etc., todo lo que está en el pedestal es un busto porque está cubierto por enredaderas. Pero cuando ayer vi el busto, inmediatamente me encontré de un modo tan rápido, me conectó con el busto que yo vi en el bosquecito de Alemania. Y fue tan violento que yo supe que allí había un poema sobre ¡qué importa cómo se llamara, qué importa qué hizo, qué importa en qué año nació! Si le erigieron un busto es porque hubo un hombre bueno en el mundo, qué importa si fue científico, filósofo, lo que haya sido, si mereció que otros hombres le erigieran un busto es porque era bueno. Y eso para mí es suficiente, no me importaría quién fue. Yo siento que ahí hay un poema y lo voy a escribir. A un busto desconocido, vi eso a una velocidad instantánea.

SS: *Fue una ráfaga. Ya tienes el poema aunque no la hayas escrito todavía.*

JW: Sí, una ráfaga, luego voy escribo el poema, viene el cubrimiento...

SS: *Ahí viene la palabra, la pasión y todo lo vivido. Lo creativo está en que te das cuenta de que tienes un poema. Algo te dice, hay un júbilo.*

JW: Además es un calor intenso. No sé cómo viene, creo que nadie lo puede explicar. Eso que has dicho, júbilo, es bien bonito, eso es lo que siento. Sientes ganas de decir: "Gracias Dios mío por haberme dado ese poema en ese momento". No gracias a mí, porque yo no lo inventé, eso estuvo fuera de mí. Los críticos dicen que tengo alguna sabiduría, yo no la tengo, porque estaba afuera, el busto no lo hice yo.

SS: Pero ese recuerdo repentino, esa visión, imagen, sea del busto o cualquier otra provocación, como que te despierta a otro espacio. Es la forma en que miras el mundo o en la que los visionarios se relacionan con el mundo. No es exactamente igual en todos, pero es diferente de los no poetas.

JW: Respondí una encuesta en una revista, un *test* que les hacen a escritores, deportistas y a otros, y una pregunta era: "¿Cuál es tu mayor logro?" A esa pregunta yo dije que aprender a mirar, eso es lo que he logrado, he aprendido a mirar. Más allá de las superficies, aprender a mirar lo que las cosas quieren decir en su intimidad, más allá de su apariencia.

SS: El primitivo sabía mirar pero no podía articularlo aún, como los niños.

JW: Pero yo creo que esto que se pone tan elaborado como es la poesía finalmente es un rezago muy primitivo. Es lo más primitivo del ser humano.

SS: El saber mirar, percibir, escuchar, usar los sentidos indiscriminadamente es la diferencia entre el resto del mundo y los poetas, no son sólo los que escriben poesía. Genios como Einstein y otros que no son poetas también saben escuchar, mirar con la atención de un niño descubriendo el mundo cada día. Ponen el oído al pasado remoto, no han perdido la visión candorosa.

JW: La primera postulación de la teoría de Einstein, de la teoría restringida de la relatividad, no sé hasta qué punto hay un gran porcentaje de intuición ahí. Tenía una base científica, pero también una gran intuición.

SS: Cierto, aunque todos tienen intuición, no todos le prestan atención.

JW: Es increíble que lo que tú llamas visionario, esa capacidad de mirar el futuro, venga de algo tan arcaico, del ser humano más primitivo. El poeta tiene ese rezago del primitivo para poder mirar como miraba virginalmente, panteísticamente, cuando sentía que todo estaba vivo, tenían un alma, un espíritu, que podían hablarse y eso que todavía no tenían la posibilidad de la palabra, ahora la tenemos. La palabra es posterior. Primero, lo que tenemos, en esencia, lo que adquirimos en poesía [es] ese primitivo que no hemos perdido, no tanto ese niño que nunca se perdió. Fíjate en el niño, es muy cercano al primitivo...

SS: Claro que sí, antes de los 6 0 7 años especialmente, pero se pierde por la cultura racional. Si el niño dice que ha visto algo inaceptable le dicen que no existe.

JW: Se vuelve racional...

CAPÍTULO IV

ANÁLISIS DE LA CREACIÓN VISIONARIA

Ernesto Sábato: desdoblamientos y componentes psíquicos subyacentes en la configuración narrativa de *Abaddón el exterminador*

Abaddón el exterminador (1974), novela meta-literaria o auto-reflexiva, examina y dramatiza su propio proceso creativo. Ernesto Sábato inicia esta indagación por medio del pintor y escritor Pablo Castel en *El túnel* (1948). Empieza a discriminar parcialmente el proceso mediante algunos personajes de *Sobre héroes y tumbas* (1961), y logra una mayor diferenciación en *Abaddón el exterminador*, donde las voces, más maduras, se diversifican y alternan. El escritor se exige una compenetración total en el mundo novelístico e ingresa en este espacio mito-poético como protagonista, con su propio nombre modificado (Ernesto Sabato, sin acento), pero con las mismas señas de identidad del individuo Ernesto Sábato.[1] Sin la máscara que supone adjudicar una experiencia vital tan compleja e incomprensible a uno de sus personajes, Sábato se desdobla en otro personaje de *Abaddón* compartiendo el peregrinaje del espíritu lúcido con las criaturas nacidas de su auto-análisis, así como el del alma (psique) animando la faceta creadora mediante el personaje Sabato.[2]

En *Abaddón*, Sábato diferencia ciertos aspectos psíquicos de la personalidad creadora y ejemplifica otros componentes inconscientes (*transpersonales*) que afectan el proceso creativo visionario. Mediante desdoblamientos, proyecciones y visiones que dramatizan la diferenciación de múltiples niveles de conciencia, se desarrolla el psicodrama polifónico de voces en pugna entre los niveles conscientes e inconscientes que mueven y conmueven al creador.[3]

---

[1] Me refiero al personaje Sabato en las páginas de *Abaddón* sin la tilde, y con ella al ciudadano Sábato. La preferencia de éste es firmar su apellido sin la tilde "en su forma originaria y ancestral". (Carta de Ernesto Sábato, noviembre de 1987).

[2] Luis Wainerman analiza la importancia de los nombres y sobre Sábato vs. Sabato en *Sábato y el misterio de los ciegos* (1978: 29-37, 108-110, respectivamente).

[3] José Ortega ya notó que: "La compleja estructura de *Abaddón* se deriva de la necesidad de captar la riqueza de significados de la realidad humana, es decir, de las contradicciones del individuo y del medio social. Obra, pues, que podría ser categorizada como polifónica en virtud de la elaboración narrativa de ideologías antitéticas, así como múltiples aspectos de la inagotable y siempre cambiante realidad" (1983: 151).

Sin embargo, no se trata de analizar la personalidad del individuo Sábato, sino de examinar la función del proceso de diferenciación del protagonista Sabato, paralelo a la disgregación de componentes subyacentes del aspecto creativo visionario en la novela. En *Abaddón*, el creador se auto-analiza durante el quehacer literario. Una parte del proceso exploratorio sigue los patrones mencionados; pero, hay otra parte que se aparta de lo comprensible y se expande al terreno transpersonal, profundizándose en estas raíces inconscientes.

La escritura lúcida o diurna (Sábato) informa, expone ideas, revela el imaginario colectivo e ilustra racionalmente el funcionamiento consciente de la producción artística, mientras la parte irracional ("nocturna") dramatiza el sub-mundo inconsciente transpersonal, inaccesible al individuo conciente, y asequible sólo al visionario, quien revela la realidad profunda desechada por la unilateralidad e hipocresía racionalistas, ya que el representante de la civilización occidental judeocristiana, seguro del control de su destino, ha perdido la capacidad primigenia de percibir los indicios que subyacen la urdimbre colectiva. Pese a la evidencia de los horrores diarios, no asume la responsabilidad que le corresponde como miembro de la misma especie, alienándose al rechazarla. El creador visionario traspasa su momento y su circunstancia personal, ofrece una visión de la condición humana tan profunda y remotamente típica (arquetípica) que es irreconocible con la realidad presente, pero que posee la vitalidad del símbolo de inagotable interpretación. Las visiones en el descenso al abismo replican un rito primigenio, consubstancial con la naturaleza y necesario para el equilibrio psíquico colectivo, el cual se producirá en la medida en que la sensibilidad y la conciencia del grupo en una época dada lo permitan.[4]

Los desdoblamientos en *Abaddón* reiteran la interacción dramática entre diversos aspectos psíquicos del creador: Primero, en un proceso de diferenciación, reconocimiento y reintegración a nivel personal y luego, en un proceso de fragmentación simbólico de la polaridad profética a nivel transpersonal. Entre los desdoblamientos directos e indirectos, el protagonista Sabato encarna la problemática del creador compulsivo, cuya extrema sensibilidad está constantemente expuesta al asedio de fuerzas impersonales, espontáneas e incontenibles, de las cuales es y está más consciente que el individuo común y corriente, pero que aun así, permanecen indiferenciadas. Dramatiza la impotencia de transmitir cabalmente los impulsos que le exigen al visionario explo-

---

[4] Algunas de estas obras, ignoradas, mal interpretadas o atacadas inicialmente, son reivindicadas por el tiempo y se revitalizan con la sensibilidad de una nueva época. La creación simbólica desafía y trasciende su momento, su circunstancia y a su creador; afecta profundamente.

rar esa realidad ignota, así como la incapacidad de aprehender el plan divino/satánico que la misma mente humana crea y recrea en sus cambiantes mitos, pero que es incapaz de comprender en toda su magnitud. En *Abaddón*, dice Balkenende: "Sábato se sitúa en personaje y no lo será contando y observando solamente, asumirá su papel descarnado y vivirá todas las contingencias y la persecución de sus propias criaturas" (1983: 29) para compartir con ellas las experiencias conscientes e inconscientes que su proceso de novelar conlleva. El artista visionario, compenetrado con las reverberaciones de lo inconsciente transpersonal, ejerce parte de su labor poseído por fuerzas autónomas que, como los personajes de Sábato y a pesar de haber sido engendrados por él, se transforman espontáneamente. Explica Sábato:

> El artista se siente frente a un personaje suyo como un espectador ineficaz frente a un ser de carne y hueso: puede ver, puede hasta *prever* el acto, pero no lo puede evitar... Lo curioso, lo ontológicamente digno de asombro, es que esa criatura es una prolongación del artista; y todo sucede como si una parte de su ser fuese esquizofrénicamente testigo de la otra parte, de lo que la otra parte hace o se dispone a hacer: y testigo impotente (1971: 197, énfasis del original).

Sabato le confiesa a Silvia (personaje de *Abaddón* que le cuestiona) su aspiración de no sólo "hacer el examen desde dentro" de la novela, sino de ahondar en ella, poniendo "en juego el propio novelista... en la misma calidad que los otros [personajes], que sin embargo salen de su propia alma. Como un sujeto enloquecido que conviviera con sus propios desdoblamientos... no por espíritu acrobático sino para ver si así podemos penetrar más en ese gran misterio" (*Abaddón* 248-249). Al percatarse de la idea, Sabato transciende de la exposición teórica sobre la creación a la intuición de certidumbre que eludía a Castel y se encuentra simultáneamente en el terreno vivencial, "[c]onducido por sus propios fantasmas, hacia el continente que sólo ellos podían conducirlo. Y así, con los ojos vendados, sentía de pronto que lo llevaban al borde de un abismo, en cuyo fondo estaba la clave que lo atormentaba" (249). El lector retrocede con el personaje al momento inicial de introspección que anticipa su ingreso al espacio novelístico y, al mismo tiempo, sigue en su lectura la conflictiva travesía del escritor de la novela que está leyendo. El protagonista multifacético —escritor angustiado; pensador, teórico y crítico literario; personaje público; actor-experimentador, soñador, vocero y partícipe a menudo inconsciente del drama onírico textual— reflexiona, informa, cuestiona, justifica e ilustra desde la inseminación e incubación de la novela hasta su alumbramiento y difícil ejecución. Encarna varias facetas y épocas críticas del creador, reencarnándose directamente en sus dobles e indirectamente en sus otras criaturas de ficción, representantes de algún aspecto del novelar. Transportado al mundo textual por sus propios hijos literarios y a su mismo nivel, busca descubrir la raíz de la autonomía de éstos y del dominio que ejercen sobre él. Confiesa que tenía el "propósito de llevarlo a Martín hasta el suicidio" (250), pero no pudo hacerlo porque el personaje se le impuso y se salvó.

Cuando lo determinan fuerzas y eventos ajenos a sí mismo, el papel de Sabato es el de paciente pasivo, receptivo a las imágenes y situaciones que se le imponen. Sin embargo, es agente activo cuando articula sus percepciones (impresiones y sensaciones) y expone los sentimientos e ideas del novelista, auto-crítico, defensor de la verdad y en pos de la validación de su quehacer literario. Catania señala que "para enjuiciarse como escritor, Sábato debe enjuiciar la literatura y encontrar respuestas para su justificación en este mundo. La desarma al tiempo que la defiende, como esos amantes desengañados una y otra vez, incapaces de sacudirse la pasión" (1983: 513-14). Como el amante apasionado, que en realidad está poseído por un afecto o complejo,[5] el visionario, dominado por una energía psíquica ajena a él, se siente impelido hacia un ámbito desconocido, sin voluntad propia, desgarrado entre dos planos antagónicos de la realidad. Mientras el amante puede resolver el conflicto interno al diferenciar, reconocer y asimilar su proyección individual, la compulsión del visionario, multiplicada por la enormidad de la colectividad, se apacigua sólo al darle expresión, pues no se la puede asimilar individualmente por su carácter impersonal. De allí el poder magnético y la perdurabilidad de los personajes y hechos autónomos.

En *Abaddón*, Sabato caracteriza algunas facetas del escritor Sábato, pero en función de personaje autónomo se conduce al mismo nivel ontológico de los otros seres de ficción. Sin las ataduras corporales explora un universo mítico como símbolo producido por energía psíquica acumulada, personal y transpersonal, consciente e inconsciente. Al ser imposible el ingreso físico en la novela, Sabato ingresa como otro componente estructural psicológico del artista, parcialmente diferenciado durante el proceso de gestación de la novela. En su recorrido se relaciona con aspectos diferenciados y algunas estructuras arquetípicas indiferenciadas o vagamente vislumbradas, para investigar los resortes misteriosos que motivan su creación.

En un primer movimiento introspectivo, el protagonista desciende al yo, desde donde es impulsado al inconsciente transpersonal, fuente de toda actividad crea-

---

[5] El complejo es el medio autónomo por el cual se expresa la psique, nos obsesiona y se posesiona de nuestra voluntad sin que nos demos cuenta cabal.

dora. Allí lo confronta una imaginería atávica, análoga a los sueños "grandes", arquetípicos o chamanísticos, o a visiones y percepciones místicas, apocalípticas, escatológicas, etc., que sobrepasan el posible conocimiento individual.[6] La inmersión en lo inconsciente para aprehender los misterios de la realidad de la vida, la creación y los orígenes se inicia para Sabato como una intuición que elude la memoria, como si lo tuviera "en la punta de la lengua", y algo, una enigmática prohibición, una orden secreta, una potencia sagrada y represiva, se lo impidiera ver con claridad. Y lo sentía como una revelación inminente y a la vez imposible. Pero acaso ese secreto le fuera revelado a medida que avanzase, y quizá pudiese finalmente verlo a la luz terrible de un sol nocturno, cuando ese viaje terminara (*Abaddón* 249).

La imaginería onírica comunica al consciente contenidos inconscientes fáciles de discriminar y asimilar individualmente. En cambio, la imaginería mito-poética, de origen arquetípico, revela la estructura de la psique colectiva: los cimientos atávicos que van de lo instintivo (psicoide) a lo espiritual (arquetípico). Aunque el significado de contenidos inconscientes transpersonales de carácter compensatorio para la colectividad no se hace consciente al ego individual, el artista recupera una paz relativa al articular su percepción de la experiencia visionaria, aunque no la haya diferenciado ni asimilado personalmente.

En un cóctel al que asiste Sabato, "alguien comenzó un inventario de calamidades" mientras discutían un episodio relatado en *El túnel* sobre el pianista obligado a comer una rata viva en los campos de concentración. Sigue una descripción gráfica de las quemaduras de *napalm* en personas todavía vivas, lo que produce "varias exclamaciones de horror" y disgusto, pero no cesa la fascinación con el desfile de torturas: "varios dijeron que ya todo se estaba poniendo muy feo, pero nadie se movió, [...] se esperaban nuevos ejemplos [...]" (85). Sabato en su "persona" o máscara social "[i]mitó a Quique hablando sobre las necrologías, contó chistes... Lo encontraban mejor que nunca..." (93). Pero como siempre que se traiciona o enfrenta al horror de hechos inhumanos, se sintió arrastrado e "intuyó que aquello comenzaría, con invencible

---

[6] Entre los estudios recientes sobre chamanismo destacan el de Mircea Eliade (1974) y la compilación de Shirley Nicholson. También se menciona esta práctica en *Rites and Symbols* de Eliade (1975: 90-91). Según Eliade: "initiation takes place during a mystical descent to the underworld" (1974: 51), parte del ritual incluye "the important element of an initiation [...] dismemberment of the body" con variaciones (*Ídem*). El chaman por vocación empieza con sueños raros y alucinaciones desde la niñez (como Sábato). Hay casos en que llegan a "tear of their eyes" (1974: 54), como le ocurre a Sabato que experimenta la extracción del ojo izquierdo frente a la Sra. de Falú sin que ella note el cambio por ser simbólico (*Abaddón* 399).

fuerza, pues nada podía frenarlo una vez el proceso iniciado. No se trataba de algo horrendo, no aparecían monstruos". Explica Sabato que esta experiencia de desdoblarse o deslizarse fuera de su cuerpo,

> le producía ese terror que sólo se siente en ciertos sueños. Poco a poco fue dominándolo la sensación de que todos empezaban a ser extraños, algo así como lo que se siente cuando se ve una fiesta nocturna a través de una ventana. [...] Pero tampoco era eso exactamente: quizá como si además la gente quedara separada de él no por el vidrio de una ventana o por la simple distancia que se puede salvar caminando [...] sino por una dimensión insalvable (93).

Frente a la frivolidad que lo rodea y a la trivialización del horror en el mundo actual, la parte más sensible del artista reacciona proyectándose como observador descarnado, fuera de su caparazón o "persona", que sigue funcionando en el nivel social. El doble se desplaza "[c]omo un fantasma que entre personas vivientes puede verlos y oírlos, sin que ellos lo vean ni lo oigan. Aunque tampoco era eso". Así como son insensibles, inconscientes o ciegos al horror de los instrumentos inventados por el hombre para degradarse y destruirse mutuamente, los demás no advierten su cambio, "en ningún momento experimentaban la menor extrañeza, ignorando que el que hablaba con ellos no era S., sino una especie de sustituto, una suerte de payaso usurpador. Mientras el otro, el auténtico, se iba paulatina y pavorosamente aislando" (93-94). En su doble función de actor-espectador, el polo sensible de Sabato se aleja del círculo indiferente al dolor ajeno, dejando a la persona de Sabato con el grupo. El cuadro es más crudo aún por la yuxtaposición de vivencias de los aspectos más nobles de Sabato y otros personajes que representan espíritus incorruptos, como la imagen materna en la memoria (97-99), la pureza de personajes como un joven Marcelo y su abuelo (81, 88, 94), los hermanos Nacho y Agustina (57-62, 94), la actitud de rebeldía irreverente y amarga del primer mensaje de Jorge Ledesma (105-106), así como un poema de Sabato (94-96). Todo esto lo lleva a soñar con la trágica protagonista de *Sobre héroes y tumbas*, Alejandra, en llamas que él siente como propias: "El agudo dolor y la ansiedad lo despertaron. Volvía el vaticinio... la víctima y victimaria de su padre. Y Sabato volvía a preguntarse por qué la reaparición de Alejandra parecía recordarle su deber de escribir" (107).

Bruno, personificación del ego artístico en Abaddón

Aunque Sabato elucida sobre su labor, no puede aclarar el significado de la producción nocturna. Pero Bruno, que encarna el pensamiento, da las claves y comentarios sobre muchos de los pasos de la creación literaria, por lo cual su función como ego discriminante, capaz de soportar la tensión del conflicto creativo, es indispensable para que el creador salga del substrato nocturno (inconsciente transpersonal o colectivo). Esto no implica que Bruno sea una réplica de Sábato ni de Sabato, como se ha señalado. Desde *Héroes*, se considera a Bruno el alter ego de Sábato y portavoz de sus ideas.[7]

Efectivamente, Bruno personifica el alter ego de Sábato en *Héroes*, donde es una encarnación menos diferenciada y más humanizada que su sucesor: se enamora de la madre de Alejandra y un poco de la hija (*Héroes* 467), interactúa con los otros personajes de la novela y escribe únicamente cuando sufre (521). En *Abaddón*, se diferencian deliberada y conscientemente algunos aspectos psíquicos personales, por lo cual es posible acercarse a los heterónimos sabatianos racionales. Bruno, espíritu sobre-consciente que salva al visionario de la disolución o vértigo, personifica la reflexión y el Logos. Funciona como filtro que reconoce, discierne y asimila los contenidos inconscientes individuales que se van haciendo conscientes en la personalidad del escritor protagonista, pero no los contenidos *trans*personales. La psicología analítica postula que el ego, sede de la razón, de la voluntad y centro de la psique individual, filtra todo contenido consciente previamente inconsciente. A medida que los contenidos inconscientes emergen, el ego se encarga de discriminar lo propio (individual) de lo no propio (colectivo), internalizando paulatinamente los materiales, en cuanto se hacen conscientes, durante el proceso centrífugo de integración, en una serie de etapas reconstructivas.[8]

En su función del ego discriminado y discriminante del artista, Bruno es el asidero reintegrante durante los altibajos del descenso de Sabato al abismo. Se caracteriza por su espíritu, sin cuerpo, con un sólo rasgo físico, sus ojos

---

[7] Siebenmann observa que en "*Abaddón* hay una voz narrativa autorial, la de él, Sábato, quien escribe cartas y trozos autobiográficos, quien cuenta, quien además se expresa a través de otros personajes heterónimos, pero idénticos evidentemente, aunque con diferentes facetas de su propia persona, efectuándose así la articulación de su ser complejo en varios estratos, la dramatización eficaz en el desempeño de varios papeles. Bruno [...] reaparece como el bondadoso y razonable *alter ego* del autor" (1982: 297). Por su parte, Segre nota que "[e]l Sábato que se mueve en el libro no goza de ninguna prerrogativa, ni como testigo ni como *alter ego*; tanto es así que la historia se configura como proyecto de otro personaje, Bruno" (1985: 180). En tal caso, Bruno es más que otro ego, es quien planea el proyecto y filtra la información inconsciente; es el ego mismo.

[8] A nivel individual, se produce la reconciliación paulatina de oposiciones, en varias etapas y niveles, proceso psicológico que marca la madurez emocional del individuo en general. Tal discusión requiere de la participación consciente del ego como mediador entre las contrapartes. El grado de autorrealización dependerá de la capacidad de discernimiento del ego, complejo que discrimina y asimila los contenidos inconscientes.

celestes tan claros como su mente (*Abaddón* 315). Es testigo de la actividad
racional, emisor y receptor de las ideas, pensamientos, recuerdos y confesiones de Sabato, pero no de la percepción del recorrido anímico como las emociones intensas, afectos o manifestaciones irracionales. Desaparece durante la
experiencia subterránea de Sabato cuando cesa el diálogo entre ambos (376)
puesto que a la razón no le es dado internarse en el submundo transpersonal; y tampoco al artista, como individuo, discriminar y menos asimilar esos
contenidos. La tendencia del ego es controlar las fuerzas instintivas y la del
individuo moderno es identificarse con su ego; por eso la función que cumple
Bruno es necesaria para entender el psicodrama íntimo del creador.

Con algunas excepciones, la concentración mental se enfoca en una actividad a la vez, mientras otras actividades funcionan mecánica o inconscientemente; pero el artista de doble visión (lúcida y sensible) percibe sus desdoblamientos que son más marcados en épocas de desequilibrio social. En las
primeras páginas de *Abaddón*, Bruno, en su función racional, es testigo de un
momento inicial crítico del descenso de Sabato en "lo que él llamaba un
'pozo'" (11). La escisión del protagonista es semejante a la neurosis o disocia-
ción "desunión con uno mismo" ("disunion with oneself", *OC* 8, par. 62). Sabato mira a Bruno sin verlo ni reconocerlo, pese a la estrecha relación que los
unía, y cruza "la peligrosa esquina sin cuidarse para nada de los automóviles,
sin esas miradas a los costados y esas vacilaciones que caracterizan a una persona despierta y consciente de los peligros" (*Abaddón* 11). Bruno, caracteriza-
ción del ego de Sabato, articula uno de los pasos iniciales de la conducta dis-
yuntiva del creador, la que corresponde al *abaissement du niveau mental*,
relajamiento del nivel consciente, esencial para el acceso espontáneo de la
mentalidad moderna a la fenomenología psíquica transpersonal.[9] El desplazamiento del ego reduce la voluntad y energía propias, las que se transforman
en energía vital y se constelan alrededor de la percepción del vidente, tarea
que domina cualquier otro imperativo personal voluntario.[10] Esta situación

---

[9] Como autoridad psíquica funciona espontáneamente, igual que un complejo cuando una
parte inconsciente de la psique se activa atrayendo hacia sí otras porciones del inconsciente y
gana terreno al reforzarse con la compañía de éstas. Obtiene suficiente energía del consciente
(salvo cuando el sujeto se identifica con el complejo), cuando ocurre *abaissement du niveau
mental* (Janet), apatía, desarrollo regresivo que sitúa al sujeto en una situación psíquica indiferenciada análoga a la del infante o a la del primitivo, en *participation mystique* con su medio. Prevalecen las funciones instintivas: la inocente apertura infantil y la inadaptación sobre la moralidad.
"The autonomous complex thus develops by using the energy that has been withdrawn from
the conscious control of the personality" (*OC* 15, par. 123).

[10] Se parece a la actividad patológica, sin serlo. Es una manifestación involuntaria semejante
al estado inconsciente del primitivo denominado "pérdida del alma" (*loss of soul*).

dramatizada por un Sabato fuera de sí, corresponde a la fase de incubación del proceso creativo visionario. Bruno, polaridad vigilante del creador, cavila sobre la enajenación del otro:

> Empezó a recordar algunos relatos que [S.] le había hecho sobre maleficios, sobre un tal Schneider, sobre desdoblamientos. Un gran desasosiego comenzó a apoderarse de su espíritu, como si en medio de un territorio desconocido cayera la noche y fuese necesario orientarse con la ayuda de pequeñas luces en lejanas chozas de gentes ignoradas, y por el resplandor de un incendio en remotos e inaccesibles lugares (11-12).

Bruno recuerda otros descensos y lejanas vislumbres de Sabato en el fondo del "pozo". Estas regiones, inaccesibles a la razón, limitan su propia visión, impidiéndole compartir la experiencia de Sabato en ese espacio psíquico. Sin embargo, las luces relampagueantes en la oscuridad que no orientaban a Castel (el protagonista de *El túnel* que encarnaba ambas funciones), no extravían a Bruno, quien, pese a su desasosiego y dudas, caracteriza la fortaleza del espíritu que calma las emociones y equilibra los estados de ánimo inestables de la personalidad sensitiva de Sabato. Bruno cede el control del ego a los cambios de Sabato sin juzgar, resistir ni persuadirlo, lo cual sería imposible.

Entre los numerosos pasajes que ilustran la diferenciación de distintos niveles de conciencia distribuidos entre varios personajes y situaciones relacionados en el espacio atemporal de la memoria, están: Sabato siente y vive una experiencia, mientras Bruno interviene a menudo, entre paréntesis, con los recuerdos y reflexiones que la actitud de Sabato le hace evocar. Cuando Sabato tiene la visión del joven personaje Nacho, pero de niño, como "representante de una parte decisiva" en su vida (cit. por Barrera 1982: 133), le "parecía un hijo de Van Gogh... con los mismos ojos enigmáticos y verdosos" (*Abaddón* 25). Mientras Sabato asocia a Nacho, proyección de su pasado e ideales juveniles, con el pintor también visionario, interrumpe repentinamente un paréntesis de Bruno, con reflexiones análogas sobre las impresiones y añoranzas de Sabato, yuxtaponiendo pensamiento (Bruno) y sentimientos (Sabato) que revelan la simultaneidad del funcionamiento psíquico:

> (Paralizar el tiempo de la infancia, pensaba Bruno. Los veía amontonados en alguna esquina, [...] [¿]A qué jugaban? [...] Todo era distinto, pero acaso todo era igual en el fondo. Crecerían, tendrían ilusiones, se enamorarían, disputarían la existencia con ferocidad [...] y todo volvería a empezar [...] sentía necesidad de paralizar el curso del tiempo [...]) (25).

Cerrado el paréntesis de Bruno, Sabato siente un impulso "inexplicable [de] [...] hablar con aquel chiquilín, sin saber que un día reaparecería" (26), para pedirle cuentas por sus acciones como personaje público, con la misma mirada que lo anonada, paralela a la dureza con la que Sabato se reprocha a sí mismo. Estimulado por la imagen infantil, Bruno articula las constantes de la ensayística sabatiana sobre la creación de la novela total: la impotencia de la razón pura para trasformar la realidad, conmover: ofrecer esperanzas; proteger y preservar la pureza de la infancia y las ilusiones e idealismo de la adolescencia (25-26). Pero frente a tal angustia, Bruno, personificación de la razón, no es más que un "*testigo, testigo impotente*" (14-18 énfasis del original).

Las reflexiones de Bruno sobre el ensimismamiento de Sabato le traen a la mente la imagen de Martín pensando en Alejandra (ambos personajes de *Héroes*), lo que provoca en Bruno "la necesidad de escribir, aunque no le era posible comprender por qué ahora le nacía de ese encuentro con Sabato" (15), situación análoga al sueño de Sabato con Alejandra que también lo impulsa a escribir (107). Bruno se inquieta pues ya conoce esta fase durante la etapa de germinación de la creación visionaria que exige la introspección o descenso de Sabato en un desarrollo paulatino como el embrión que es. Como Sabato, Bruno cuestiona la habilidad de la memoria para revivir el pasado, la impotencia intelectual para conmoverse con el dolor distante y ajeno o para eternizar a héroes y mártires. Se responde él mismo a sus dudas con el sentir y la fe de Sabato,

> todo era muy complejo, porque si no habría que repudiar, como decía Sabato, la música y casi toda la poesía, ya que tampoco ayudaban a la revolución que esos jóvenes ansiaban. Además, ningún personaje verdadero es un simulacro levantado con palabras: estaban construidos con sangre, con ilusiones y esperanzas y ansiedades verdaderas, y de una oscura manera parecían servir para que todos, en medio de esta vida confusa, pudiésemos encontrar un sentido a la existencia, o por lo menos su remota vislumbre (15).

Por medio de Bruno, Sabato cuestiona el valor de la literatura (14-15), la defiende y critica, reafirmándose en la tarea de escribir. En su diálogo mental con lo que dice Sabato, Bruno entiende lo que a éste le pasa "en el fondo de su alma"; pero como ente racional, duda de la validez de la escritura, de su pretensión de mostrar la realidad total (racional e irracional) o de su capacidad de consolar y ayudar "de alguna manera a esa madre vietnamita que clama por su hijo quemado". Sabe que su escritura mesurada no lo conseguiría. "Pero ese milagro era posible y otros podían lograr lo que él no se sentía capaz de conseguir" (16), transmitir la esperanza implícita en la búsqueda absolutista del adolescente que el adulto deja atrás pero que el artista sensible todavía mantiene, faceta irracional que una parte de Sabato comparte con sus personajes más puros, piensa Bruno y plantea el plan de la novela que leemos:

> Una novela sobre esa búsqueda del absoluto, esa locura de adolescentes pero también de hombres que no quieren o no pueden dejar de serlo: seres que en medio del barro y el estiércol lanzan gritos de desesperación o mueren arrojando bombas en algún rincón del universo. Una historia sobre chicos como Marcelo y Nacho y sobre un artista que en recónditos reductos de su espíritu, siente agitarse a esas criaturas (en parte vislumbradas fuera de sí mismo, en parte agitadas en lo más profundo de su corazón) que demandan eternidad y absoluto.... (17).

Entre un ir y venir entre el pensamiento de Bruno y las intuiciones y sensaciones de Sabato, Bruno "siente agitarse a esas criaturas... vislumbradas fuera de sí mismo" y, carente del calor e intensidad emocional e irracional del ente corpóreo, duda "con aquel exceso de honradez que lo hacía vacilante y en definitiva ineficaz... incapaz de esos actos absolutos de la pasión y el heroísmo" (15). La razón y la voluntad sin la participación de los sentidos, emociones e intuiciones es incapaz de crear la novela total que postula Sábato pero su participación como conciencia vigilante es imprescindible para la escritura de la novela.

Como señalan Barrera, Montenegro, Petrea y otros, Bruno es el hilo conductor que abre y cierra la novela, pero a diferencia de los participantes activos, "a Bruno se le retrata en un papel pasivo" ("Bruno is portrayed in a passive role"). Según Montenegro, "la expresión *Bruno pensó*, repetida por el narrador, da la clave de su personalidad. Bruno funciona sólo a nivel mental" ("the expression *Bruno thought*, repeated by the narrator gives the key to his personality. Bruno only functions on a mental level", 1978: 53; énfasis del original). En efecto, Bruno no reacciona irracionalmente como un ser humano complejo sino hasta el final de la narración, cuando adquiere cuerpo y se humaniza. Hasta entonces sólo tiene el sentido de la vista y el del oído, no muestra emoción alguna, aunque tampoco puede comparárselo con el racionalismo unilateral que el doctor Carlitos Arrambirre tipifica (*Abaddón* 136-145). Comprensivo, compasivo y consciente de las más nobles aspiraciones humanas, Bruno se da cuenta de la imposibilidad de trascender por la vía racional únicamente.

Al responder las preguntas de un grupo de jóvenes, Sabato —que encarna el intelecto además de los aspectos más humanos del artista como los sentimientos, emociones intensas, sensaciones y la percepción intuitiva del visionario— reacciona emocionalmente, mientras Bruno apenas "se sentía incómodo" (169) ante la discusión entre ellos. Los jóvenes cuestionan a un Sabato abrumado que, si bien arguye lúcidamente, reacciona al dogmatismo arrogante de algunos jóvenes tratando de marcharse. Mientras tanto, Bruno, que cavilaba sobre la heterogeneidad del grupo aunque también "quería irse", interviene en silencio para calmar a Sábato "tomándolo suavemente de un brazo" (182-185), precisando a la vez los pensamientos de Sabato y el efecto que le causa.

Bruno acompaña a Sabato en sus caminatas por los parques y lo escucha en los cafés, elaborando y meditando sobre lo que dice, piensa y hace. Mientras Sabato distraído o bajo un impulso camina "sin rumbo fijo" (387), siempre sucede algo significativo (*cfr.* 54, 62, 88, 255, 261, 287, 411). A continuación, el proceso dialéctico de Bruno evalúa una frase común y examina la dicotomía de la voluntad consciente y el destino inconsciente, mientras Sabato siente la experiencia sensual del caminar

> sin rumbo fijo. Expresión que en ese momento surgió en su mente, lo que demostraba, en opinión de Bruno, que hasta los escritores se dejan llevar por las expresiones corrientes, tan superficiales como falaces. Porque siempre caminamos con un rumbo fijo y, a veces, lo que resulta todavía más asombroso, demostrando a la larga tener más razón que nuestra voluntad consciente. S. sentía bajo sus pies las blandas hojas (387).

Mientras, Bruno medita sobre la sabiduría del inconsciente como una "voluntad desconocida", pero sin actuar. Solamente tras la muerte de su padre, un Bruno más humano que el crítico de "expresiones corrientes", como Sabato, Marcelo y Nacho anteriormente, "caminó sin rumbo" (467) y "ambuló hasta la madrugada" (469), irracionalmente, sufriendo como ellos por primera vez en la novela.

Por la alternancia de voces narrativas, reflexiones, saltos rememorativos, acciones espontáneas yuxtapuestas, Bruno articula los pensamientos de Sabato y comenta sobre los sentimientos de éste relacionados con sus memorias de la infancia del angustiado Nacho. Éste, asqueado de la vida, de la perversidad y de la *media* (como Castel y Sabato), mirando a las fieras frente a una jaula del zoológico revive sus conversaciones infantiles con el bondadoso personaje Carlucho, ejemplo de sencillez y justicia. Sabato atisba a Nacho, "fascinado por su presencia y por su actitud estática y contemplativa" (388). Simultáneamente, Bruno, nostálgico, desde la mente de Sabato sigue el desfile reflexivo y los sentimientos de éste que penetra en la memoria de Nacho, quien a su vez evoca la candidez de Carlucho, capaz de entender y comunicarse con las fieras. El ir y venir en el tiempo y en el espacio dramatizan el funcionamiento de diversos componentes psicológicos diferenciados en el texto. Sabato y Nacho comparten pensamientos, el estado de ánimo sobre las fieras y hasta la manera de caminar:

Porque, qué clase de ternura, qué palabras sabias o amistosas –pensó Bruno que pensaba Sabato–, [¿]qué caricias podían alcanzar el corazón escondido y solitario de aquel ser, lejos de su patria y de su selva, brutalmente separado de su raza, de su cielo, de sus frescas lagunas? No era difícil que cavilando en esas penurias Nacho bajara finalmente sus brazos y, encorvado y pensativo [...] pateando distraídamente alguna piedrita, caminara luego [...] [¿] Hacia dónde? [¿]Hacia qué soledades todavía? (398; énfasis del original).

Consciente de la nostalgia retrospectiva de Sabato/Nacho, paralela a la atribuida por ellos a las fieras desarraigadas de su lugar de origen, Bruno cierra el párrafo anterior identificándose con la mente y a Sabato con el cuerpo en camino hacia el ritual iniciático de éste: "Pero como el corazón del hombre es insondable –se decía Bruno– con ese pensamiento en su cabeza, el cuerpo de S. se dirigió hacia la calle Cramer, donde se encontraría con Nora" (399). Aunque Bruno anhela lo absoluto no se lanza en su búsqueda como Sabato (14-18, 168, 185), sino que se desplaza sin rebelarse ni intervenir, dando paso a las fuerzas inconscientes que invaden a Sabato, y retornando sólo cuando es necesaria la razón para recobrar la serenidad.

A lo largo de la narración, Bruno supervisa las actividades físicas y psicológicas de Sabato. Funciona como confesor, cuando Sabato le confía sus dudas y temores (21-28, 64-76, 267-310, 314-330); como oyente activo y receptivo, al escucharlo sin interrumpir ni aconsejar; como asesor pasivo, que apenas contesta con monosílabos y sólo para reasegurar a un Sabato paranoico plagado de amenazas sombrías (Schneider, Hedwig, los sueños de M., R., el Dr. Schnitzler; 314-322). También comparte las ideas de Sabato sobre el arte y la vida, presentando la teoría de la novela total sabatiana (14-17) y reconoce, a veces mejor que Sabato (188), a personajes de las novelas anteriores de Sábato –e.g., a Castel de *El túnel* (*Abaddón* 167-168), a Alejandra y Martín de *Héroes* (*Abaddón* 204-209)–. Ya había ejercido el mismo papel de "analista mudo, el confesor omnipresente" ("mute analyst, the omnipresent confessor", Foster 1975: 86) con Martín. Además, informa sobre el estado externo de Sabato, contempla y comprende su actitud, su conducta, sus reacciones visibles (*Abaddón* 53-54, 62-63, 170-177), las presenta (11, 170) y entiende la situación de Sabato. Pero no toma parte en las experiencias de naturaleza transpersonal (54-63, 373-450); registra únicamente las señales externas del descenso: "Bruno lo encontró raro y le preguntó por su salud" (314). En otra ocasión, "encontró a S. como ausente, como quien está fascinado por algo que lo aísla de la realidad, pues apenas pareció verlo" (373), "intuyó que una misteriosa sustancia había caído en el fondo de las aguas profundas de su amigo" (375). En la primera página lo encuentra en su pozo, ya auto-escindido (11) y casi al final lo sigue cuando se encamina a su inmersión simbólica (376). Bruno desaparece durante la experiencia ritual de Sabato con Soledad y R. en el submundo; durante sus desdoblamientos en París; cuando confronta su propio cuerpo vacío hasta que se une a éste en su monstruosa metamorfosis de rata murciélago. Antes de su descenso, Sabato cavila que "jamás relató a nadie los hechos vinculados con Soledad, si exceptuaba a Bruno", pero sólo después de discriminar su posible sentido "casi cuarenta años más tarde, cuando por primera vez le contó a Bruno, como si en aquel entonces sólo hubiese tomado una fotografía y recién después de tanto tiempo fuera capaz de interpretarla" (413). Sabato se refiere a una experiencia límite en 1927 que se hace parcialmente consciente al ego (Bruno) en 1967, pese a que "nada le dijo [a Bruno] del monstruoso rito" (413), lo cual subraya la inhabilidad de la razón para asimilar este tipo de experiencia.

Llamado por su familia a Capitán Olmos, Bruno se encarna visiblemente. El espíritu vigilante que únicamente dialogaba con Sabato o con evocaciones reanimadas de *Héroes* (Martín, Alejandra, Castel), pero invisible a los otros actores de *Abaddón*, retorna a su pueblo natal en 1953 (470) "después de 25 años" (450). Por primera vez en la novela habla con alguien que no sea Sabato; con la gente del pueblo, con su padre agonizante y con sus hermanos (454-464).[11] En 1973, vuelve nuevamente al pueblo, tras las experiencias visionarias de Sabato; y esta vez, es a Bruno a quien se le presenta una visión de la tumba de Sabato en Olmos, en lugar de "su pueblo verdadero Rojas" (472), pueblo natal de Sábato y del personaje Sabato. Pero es en Capitán Olmos, espacio literario atemporal y cuna de Bruno, donde él se imagina haber visto la tumba de Sabato sin fecha, con la única inscripción que éste quería: "Paz", indicio de que el artista ha encontrado la paz en la articulación del texto. Bruno responde:

> [¿]qué significaba esa *visión*? [¿]Un deseo, una premonición, un amistoso recuerdo hacia su amigo? [¿]Pero cómo podía considerarse como amistoso *imaginarlo* muerto y enterrado? En cualquier caso [...] era paz lo que seguramente ansiaba y necesitaba, lo que necesita todo creador, alguien que ha nacido con la maldición de no

---

[11] Por eso dice Ortega que "El itinerario final de Bruno supone un enfrentamiento contra los fantasmas del pasado. El retorno a la casa de su agonizante padre tiene, como el viaje de Martín a la Patagonia, un importante valor catártico [...] Bruno, que también persiguió, como Martín, un quimérico absoluto, toma conciencia al final del relato de que 'Su existencia había sido un correr detrás de fantasmas, de cosas irreales' [522]" (1983: 147). Salvo que la muerte "se trata del padre de Ernesto Sábato", de acuerdo a Barrera López entre otros críticos enterados "por informaciones textuales y extratextuales" (1982: 72).

resignarse a esta realidad que le ha tocado vivir [...] no hay felicidad absoluta, pensaba. Apenas se nos da en fugaces y frágiles momentos, y el arte es una manera de eternizar (de querer eternizar) esos instantes de amor o de éxtasis [...] (472, mi énfasis).

Se ha interpretado esta visión imaginada de Bruno como una mirada concreta a la tumba de Sabato, que también sería simbólica, pero al ser imaginaria ilustra la relación íntima entre ambos y una transformación o renacimiento. Para Bruno, es una etapa involutiva irracional –ingreso y salida del submundo– después de la cual, recuperada el alma por el ego se invierten los papeles. Ahora, Bruno-poeta se dirige a su amigo interno: "[¡]Cuánto te comprendo para querer verte enterrado, descansando en esta pampa que tanto añoraste, y para soñarte sobre tu lápida una pequeña palabra que al fin te preservase de tanto dolor y soledad!" (473). Ésta es una situación arquetípica de carácter iniciático: retorno ritual a la madre tierra (tumba-inconsciencia) presenciado y diferenciado en un rito simbólico por el ego previamente discriminado. La reconciliación de estas oposiciones supone la trascendencia a otro nivel de conciencia. En este nuevo estado, Bruno "salió del cementerio con un sentimiento que nada tenía de trágico" después de imaginar la tumba, señal de renovación, puesto que la muerte implica transformación y renacimiento. Su entorno le produce "esa sensación de melancólico reposo que se siente de niño cuando se pone la cabeza en el regazo de la madre, cerrando todavía los ojos llenos de lágrimas después de haber sufrido una pesadilla" (472). Este nuevo estado de paz, seguridad y confianza, muy diferente al de sus dudas e inseguridad anteriores es la consecuencia de una autorrealización, equivalente a un ciclo superado.

Función estructural de los personajes y animaciones simbólicos en la narración

Como los sueños que reiteran imágenes simbólicas con el mismo motivo central, Sábato vivifica sus obsesiones por medio de sus personajes. Para Calabrese: "Quedan en pie varias cuestiones a resolver, así el interrogante sobre la reaparición de personajes de otras ficciones, los cuales transitan la misma dimensión que el propio NP [narrador-personaje]; finalmente el por qué de su misma existencia novelística, ya que no cumplen ninguna función en el nivel de las acciones" (1981: 186). Si bien algunas figuras no funcionan "en el nivel de las acciones", animan o encarnan aspectos de la personalidad del artista, mientras otras representan emanaciones de lo inconsciente transpersonal, nivel donde la acción responde a un funcionamiento intangible, evidente tan sólo por sus manifestaciones fenomenológicas psíquicas. Estas figuras no adquieren cuerpo y se interrelacionan únicamente con Sabato en un espacio íntimo o mito-poético. Sabato funciona como el eje estructural narrativo y centro de referencia con el que se relacionan y comparan todos los personajes, experiencias y eventos en la narración; él mantiene contacto con las polaridades divergentes. Sólo él trata con figuras o animaciones simbólicas como R., Soledad, Jorge Ledesma y un grupo de entes misteriosos que lo asedian. Bruno conoce a algunos de éstos únicamente por medio de sus diálogos con Sabato, aunque ve a personajes intratextuales como Castel de la primera novela de Sábato, *El túnel*, y recuerda a, o sueña con Alejandra de la segunda novela de éste, *Sobre héroes y tumbas*.

Los personajes de *Abaddón* que representan tendencias colectivas sombrías, como Schneider, Schnitzer, Citronenbaum, Costa, identificables con tipos sociales reconocibles pero externos al individuo, no revelan sus móviles ni se substancializa su función. La misma atmósfera sombría e incomprensible que los une, los aparta de la experiencia individual cotidiana. El distanciamiento del lector se acrecienta frente a la animación de entes enigmáticos como R., sombra que llama a S. "su gemelo astral" y con quien Sabato sólo se comunica "en la soledad y en las tinieblas" (269); figuras teriomórficas como Nora, Soledad (*ánima*), la rata-murciélago alada en que Sabato se convierte (sombra colectiva); animación de actividades y situaciones rituales (descenso de Sabato a los subterráneos bonaerenses mientras su mente permanece en un jardín abandonado y su cuerpo lo espera en casa); además de otros desplazamientos de un Sabato desencarnado (desdoblamiento en el cóctel, experiencia con la ciega en París, extracción simbólica del ojo izquierdo en público, ascenso entre la fauna subterránea), posibles sólo en el ámbito mítico (psíquico). Sabato revive así el rito primitivo de *participation mystique*[12] con la naturaleza, proceso vital disyuntivo e imperioso que comprende desde la inseminación hasta el nacimiento de la novela entretejida con el material problemático de la vida humana diaria, en una compleja visión recreada desde una diversidad de ángulos conceptuales y anímicos.

La lucha interna que Castel sostenía consigo mismo en *El túnel* se ramifica en una compleja interacción en *Abaddón*. Los personajes procedentes de la profundidad y animados por la intensidad vital de la experiencia del explora-

---

[12] Ver capítulo 1. El arquetipo de *participation mystique* recrea innumerables experiencias filogenéticas originales. Según Neumann, en la primera etapa de desarrollo de la humanidad se puede ver: "the group as an integral psychic field, in which the reality of the individual is embedded, so that he is organ and instrument of the collective" (1971: 88).

dor subterráneo dan al arte esa oportunidad de redimir la inercia racional que Bruno caracteriza, su "crónica impotencia frente a la inmensidad" de la naturaleza insensible que condiciona un universo de "[c]atástrofes y tragedias, amores y desencuentros, esperanzas y muertes, [que] le daban la apariencia de lo inconmensurable. [¿]Sobre qué debería escribir? [¿]Cuáles de esos infinitos acontecimientos eran esenciales?" (15).

Abaddón es la psico-biografía del creador Sábato en cuanto relaciona hechos y actitudes compulsivas que determinaron su vía artística y es también una biografía espiritual en cuanto expresa las aspiraciones y anhelos de superación sobre la vida materialista. Pero sobre todo, revela un ahondamiento en el alma o psique inconsciente de su pueblo y de su momento histórico, con el riesgo implícito de quedar atrapado en el vértigo de un abismo sin fondo, que sin embargo el artista exorciza al dar expresión a sus visiones. Al hacerlo, cae en otros riesgos menos peligrosos, pero molestos para el visionario por su extrema sensibilidad y su poderoso ego; riesgos como el ridículo por la incredulidad e incomprensión de la mentalidad media ortodoxa, la maledicencia y burla por un lado y, por otro, la exposición pública de la propia psico-biografía que implica despojarse de coberturas conscientes y máscaras sociales; diseccionarse en público. Además, al des-encubrir las imágenes del ámbito instintivo más secreto, vergonzoso y detestado por el canon o consciente colectivo, el creador se asegura de una vasta oposición y la crítica voraz de los más cercanos adherentes al canon social vigente.

La apariencia caótica e incomprensible de algunas situaciones y personajes y la pluralidad de perspectivas a diversos niveles de conciencia (intelectual, sensorial, perceptivo, intuitivo y afectivo) se van aclarando al seguir los patrones arquetípicos que descubren la unidad estructural profunda de la narración que da a la ficción sabatiana una coherencia vivencial. A primera vista la novela impresiona como un rompecabezas que hace falta reconstruir; los apartados colocados sin orden alguno duplican los saltos prospectivos y retrospectivos, involutivos y evolutivos de la psique. La fragmentación de la forma reproduce la ruptura del tiempo y espacio lineal (necesariamente sucesivos en la narración) para dar el efecto de la simultaneidad recreable sólo en el espacio mito-poético de la psique, aunque no se logre elucidarlo.[13]

Aunque la mentalidad racionalista no acepta la fenomenología de lo inconsciente ni las dotes visionarias del escritor Ernesto Sábato, una gran

---

[13] A este respecto dice Jung: "In myths and fairytales, as in dreams, the psyche tells its own story, and the interplay of the archetypes is revealed in its natural setting as 'formation, transformation / the Eternal Mind's eternal recreation'" (*OC* 9.i, par. 400).

parte de la crítica (Callan, Chiesi, Gimelfarb, Martínez, Maturo) la menciona y reconoce. Para Ortega "*Abaddón* representa uno de los más angustiosos documentos novelísticos del siglo XX realizado por un lúcido y visionario testigo de los terrores de nuestro tiempo" (1983: 151). Sin explicar completamente el fenómeno de la videncia y clarividencia del escritor, la personalidad de Sábato, sus confesiones y declaraciones, sumadas a su ficción, respaldan los postulados de la psicología analítica sobre la experiencia visionaria, aclarando en gran parte un fenómeno extremadamente complejo para la mentalidad racional. Establecidos los límites de los personajes verosímiles, se hace más perceptible la producción originada por la polaridad visionaria aunque se mantenga enigmática.

Como toda actividad humana derivada de la psique, examinar la novela desde una perspectiva psíquica, sin por ello devaluar otros acercamientos, recupera una dimensión cognoscitiva profunda personal y transpersonal. Con una novela tan vasta como *Abaddón*, como es el caso de toda gran obra de arte, ningún estudio será definitivo. Además de ideas y reflexiones del pensador se acumulan las obsesiones, afectos, sentimientos y el escrutinio masivo y ambivalente de aspectos inconscientes indescriptibles e incongruentes aun para el propio Sábato. Pero, al seguir el recorrido lúcido del creador se aclara una buena parte del proceso creativo psicológico, el que concluye en una reintegración a nivel personal en la figura de Bruno. Por contraste se destacan los espacios, imágenes y aspectos indiferenciados que no se integran, sino que mantienen su misterio y quedan en suspenso, amorfos, fragmentados, indiferentes y amenazantes.

Ana María Fagundo: "Visión", una modalidad distinta en su poesía[14]

La creación literaria de Ana María Fagundo exterioriza su proceso auto-cognoscitivo o su indagación del ser en el poema.[15] Para Fagundo misma, el poema es su "vehículo de conocimiento" (1985: 86). Concibe el poema como la representación textual de un proceso vital de indagación propia. Sin embargo, la

---

[14] Esta sección es una versión revisada de "'Visión': Una modalidad distinta en la poesía de Ana María Facundo", en *Ana María Fagundo: Texto y contexto de su poesía*. Madrid: Verbum, 1993, 91-112.

[15] Ver Francisco Carenas (*Poetas españoles en USA*. Madrid: Rialp, 1972, 292-93), María Gardeta-Healey ("Nuevas directrices en la poesía española contemporánea: conocimiento por la creación", en *Monographic Review*. Texas Tech. University VI, 1990, 138-144) y Silvia Sauter (1994).

cuarta parte del poemario *Como quien no dice voz alguna al viento* (1984), subtitulada "Visión", sorprende y fascina de una manera perturbadora, en contraste con el resto del poemario. Estos poemas polisémicos revelan el proceso creativo visionario por la predominancia de una imaginería insólita, y por ello, enajenante. Si bien en el siglo XX se aceptan la fragmentación del ser humano, se profundiza en el inconsciente, y se lo populariza y trivializa, es de esperar que en el siglo XXI se realice una reevaluación y reconsideración de sus implicaciones colectivas. En relación con este propósito, Gilbert Durand expresa que "los contenidos del inconsciente (imágenes) serán el campo de exploración más importante del siglo XXI" ("the contents of the unconscious [images] will be the most important field of exploration for the 21st century", 1971a: 85).

Como ya se analizó anteriormente, Jung distinguió dos modalidades básicas de creación artística: la psicológica e intencional y la visionaria e involuntaria opuesta al canon cultural vigente. Ambas pueden darse en la misma creación, como ocurre con la escritura de Fagundo. Su creación cronológica revela las diferentes etapas psicológicas que sirven como marco de referencia a su proceso creativo. En las primeras etapas predomina una imaginería personal concreta que alude a su proceso creador: "Qué duro este oficio de ir pariendo" (81); y en su "Clamor" angustioso: "¡Cómo, Dios, se me encoge todo / espalda y pecho en espina / ¡Cómo, Dios, se me exprime / lo último sin remedio... Dios, / ¿Hasta cuándo oirás inmutable mi grito?" (82), dolor personal intenso, pero con el que es posible identificarse. Más adelante, las referencias meta-literarias sobre el propio quehacer poético se despersonalizan, apuntando a la humanidad y no al individuo: "La única justificación de este estar nuestro / es el instante glorioso de percepción / el poema en ciernes, siempre en ciernes de palabra, / no conseguido nunca / sino imaginado en los sesgos diversos de la voz [...] La justificación de esta huella que no se deja nunca / en ningún camino, / esta huella que deja su trazo de amor, trazo de vida / y trazo de poesía / en la brisa de todos los amaneceres" (317-18). En "Están cayendo sobre los mantos piedras", se acentúa la distancia "[...] sobre las piedras hierros. / Cortantes tajos de sueño sajan la tierra. / Están rompiendo piquetes de ruidos / los caos de las cunetas / No hay sol que pueda iluminar tanta confusión / y llanto / no hay sendas claras, cimas altas, [...] de esta pesadilla negra / que tiene forma de tierra [...]" (371). La recepción de estas imágenes apocalípticas es impersonal, distante y distinta de la experiencia ordinaria. En "Visión" desaparece el calor humano; se produce una despersonalización donde lo 'concreto' de las imágenes y de la realidad que puedan presentar se esfuma o se dispersa. En contraste con los poemas anteriores, el ámbito onírico o mitopoético parece emerger de un sustrato psíquico remoto, ajeno a la vivencia contemporánea.

En la poesía de Fagundo conviven ideas inteligibles –varios planos de la realidad material, conceptual y psicológica– con situaciones e imágenes foráneas e incomprensibles racionalmente, las mismas que desasosiegan y confunden pero también seducen. En "Visión", la hablante se convierte en la receptora de una realidad *im*personal, colectiva, subyacente en un proceso en el que la visión *trans*personal se le impone a la artista como un complejo autónomo e intruso que se entremete con mayor fuerza que la suya propia. La obliga a captar imágenes espontáneas y a expresar lo impensable, lo cual no corresponde a su realidad personal. Al comentar sobre esta parte de su creación poética, Fagundo admite que el material de esta sección le llegó como algo ajeno a su propia personalidad. Las imágenes así originadas resultan extrañas e inquietantes y continúan resonando en la mente después del primer encuentro con ese ámbito. La autonomía de esta imaginería establece una dinámica con la comunidad que eventualmente compensa algún desequilibrio psíquico de una sociedad.

Aunque casi toda la poesía de Fagundo exhibe imaginería visionaria, esta modalidad predomina en los poemas de "Visión", como lo revela la extraña atmósfera de "Elegía en blanco y gris" donde el paisaje brumoso es

> El blanco espacio de la arena se pierde
> contra el incierto gris de la distancia.
> En la playa solitaria,
> una destartalada caseta desvaída
>
> por el diente salobre de la espuma
>
> cruje sus tablas tambaleantes.

Estas personificaciones sinestésicas del diente de la espuma, la caseta decaída y crujiente, "[E]l viento marino [que] pasa por los huecos / vacíos de las ventanas / ululando broncos gemidos de otros siglos" (420), deshumanizados por el sonido milenario que sugiere el metonímico "diente" a la vez lamento y clamor atávico, ajeno a la experiencia personal aunque aplicable a la experiencia cíclica de la naturaleza; y, si se interpreta el mito como manifestación de lo inconsciente colectivo subyacente a la experiencia de los pueblos, no transmite un mensaje sino que transcribe una experiencia extraña y misteriosa.[16]

---

[16] Los mitos, ritos, leyendas, cuentos de hadas, visiones "are spontaneous manifestations from which we can deduce spontaneous psychic activity… creations of the unconscious" (Jacoby 1968: 104). De carácter arquetípico, las figuras míticas cambian de acuerdo al desarrollo de la

En este escenario ingresa al recinto una figura autómata, a quien la hablante se dirige en segunda persona, pero no para comunicarse con un destinatario o receptor como lo sugeriría el tú: "Entras lentamente en la casa / Tus pies desnudos sienten la aspereza / de la sal". Independiente del tú caminante, la hablante recrea la experiencia sensorial de la figura en un piso concreto marcado por el mar. El contexto referencial es todavía factible y reconocible, "Tus ojos se hieren contra el gris desteñido / de las paredes". La segunda estrofa, se aleja de la realidad cotidiana,

> En el espacio acordado yacen los dos:
> blancos huesos
> lavados por la sal del tiempo.
> Blancas calaveras.
> Blancas pelvis triangulares.
> Blancos diafragmas.
> Crispadas carcajadas blancas (420).

Despojadas de toda corporalidad por su inhumana frialdad, estas imágenes escatológicas ponen de manifiesto una experiencia que parece brotar de "angustias nocturnas y vislumbres siniestras de las tinieblas anímicas" (Jung 1982: 13). Afectan de una manera transpersonal, des-automatizando la atención, por su extrañeza, así como lo hace "la palabra ajena" ("the allien word"), de otra cultura (Lotman 1976: 107)[17] puede tener un efecto remoto e incompatible que obliga a cuestionar —conscientemente— y reconstruir el texto de acuerdo a la cultura, experiencia, conocimiento y expectativas de cada cual. La imagen visionaria es todavía más remota, impresiona como algo lejano e ignoto, imposible de estabilizar racionalmente sin especular, y menos acomodar esa imagen en un territorio conceptual conocido. Desde otra perspectiva, para Elena Andrés, en "'Elegía... se alcanza la sutil atmósfera de lo innegable a

---

conciencia de una época pero fundamentalmente "the dramatic representation of our deepest instinctual life, of a primary awareness of man in the universe, capable of many configurations, upon which all particular opinion and attitudes depend" (Schorer 1968: 356).

[17] Según Lotman la percepción del texto poético difiere de la ordinaria —el lenguaje ordinario comunica un código convencional conocido por ambas partes— porque el texto se encuentra en la intersección de muchos sistemas semánticos. El oyente o lector lo reconstruye según sus conocimientos, ideología, modelos bellísticos, etc. Cuando encuentra un texto que no conforma con sus expectativas estructurales trata de reconstruir, a veces arbitrariamente, el lenguaje: "The relationship, sometimes one of proximity and compatibility, sometimes of remoteness and incompatibility, between these two ideational, cultural, belletristic languages becomes the source of a new type of artistic effect on the reader" (1976: 107).

través de la palabra [...] la palabra ya no 'se nota', porque es espíritu que se introduce en el espíritu receptor, es la fragancia del vaso. [...] termina con un epifonema sorpresivo 'crispadas carcajadas blancas'. Se alcanzó el misterio. ¿Qué conexión inédita tuvo la autora mediúnica, de vuelo sublimado? No me resisto a citar 'La escalada', 'La estancia', 'La esposa', 'Fantasmal'" (1993: 20), analizados más adelante.

Se podría interpretar "Elegía..." metafóricamente como una relación muerta, o contemplar con Candelas Newton que,

> en la playa-página la caseta desvaída es mero esqueleto de una casa que sirvió de cobijo a alguien, dándole identidad. En ella se hallan huesos de dos amantes que allí mantenían, posiblemente, reuniones secretas.... Los huesos de los amantes son el garabato, el mero perfil de lo que fueron cuerpos vivos y concretos, materia turgente (1990: 51).

Sin embargo, la gélida visión de esa pareja de esqueletos fragmentados con huesos ya asexuales e inmutables y "crispadas carcajadas blancas" sugiere una desolación funesta.

Paradójicamente, algo tan común a la humanidad es por su misma universalidad más temible en su descarnada verdad, hoy camuflada y más rechazada cuanto más racional o sofisticada se vuelve la sociedad. El presente absoluto de la pareja atemporal e inmemorial, convertida en huesos incógnitos e incoloros, "lavados por la sal del tiempo", deja una sensación perturbadora nada rutinaria. Paralela a esa mueca, la grotesca carcajada del "Niño" (419) que la hablante quiere retener "pero se te resbalaba de entre los tactos / y huía / riendo estruendosas carcajadas / contra tu regazo solitario", carcajadas que destrozan el primer acercamiento o inclinación maternal, des-familiarizando la pureza infantil inicial. Como es propio de la modalidad visionaria, esta imaginería parece emerger "del abismo de épocas prehumanas... un mundo sobrehumano de contrastante luz y sombra [resultante de] una experiencia primordial que trasciende la comprensión humana" (Lieb 1991: 3).

En estos poemas no hay cuestionamiento sobre la dicotomía de la vida y de la muerte, como en tantos otros, especialmente en *Diario de una muerte*, donde cuestiona, se rebela, desafía a Dios y sufre personalmente por su impotencia ante la progresiva deterioración y muerte de su padre. En "Visión" no protesta, simplemente recrea su visión de una realidad inconsciente ajena transmitida por medio de imágenes simbólicas destinadas a permanecer en el misterio, pero que compensan algún desequilibrio colectivo.

La función impersonal impasible del tú en éste y en los demás poemas de "Visión" excepto en "Palomas al amanecer", "El gesto" y parte de "El sueño" (en tercera persona) contrasta, por ejemplo, con "Tiempo y recuerdo" en la primera parte de *Configurado tiempo* donde un yo se dirige a un tú para rescatar el tiempo de la infancia y de la adolescencia ("Retorno","Entrada","Puntos cardinales", "Sin puerto", "Niñez", "Despertar", "El rayo de luna", "Juego", "Insomnio", La azotea"), expresando esperanzas y vivencias personales muy humanas. Esta modalidad creativa correspondería a la psicológica. A diferencia de esta modalidad, el material de naturaleza transpersonal surge de lo inconsciente en desafío a lo consciente. Este material se presenta como algo externo que trasciende nuestra comprensión "en la misma medida en que estaba en suspenso la conciencia de la creadora".[18]

En los poemas de "Visión" predomina la percepción ininteligible, una vislumbre de imágenes extrañas que se sobreponen al Logos y al Eros respectivamente (la palabra como búsqueda de claridad y auto-conocimiento, y el amor en sus diversas manifestaciones) que predomina en la mayoría de los versos de Fagundo. "Introito" anuncia la atmósfera ritual, reiterativa. Según André Virel, el rito busca integrar "la conciencia y el inconsciente". Por medio del rito se consigue la relación "con el inconsciente colectivo, a la vez que protege de sus efectos [...] que pueden ser destructores"; el individuo rinde la razón para ponerse a disposición de un factor 'eterno' autónomo o 'actuante' más allá de las categorías de conciencia existentes. "Los ritos son transformadores de energía, 'símbolos de actos, manifestaciones o expresiones del excedente de libido [...] son transiciones hacia nuevas actividades, a las cuales se puede dar el nombre específico de actividades culturales, por oposición a las funciones instintivas que se desarrollan según sus leyes'" (1985: 264).

Ya ha señalado Cavallari que desde "Introito", que inicia *Como quien no dice voz alguna al viento*, hay

> una clara alusión a la modalidad del rito y, en efecto, el desarrollo ulterior del recorrido poético valida esa connotación al entregar sus figuras según el tono ritual del *canto* que nombra, designa y convoca para celebrar una didáctica entrañable de la existencia en múltiples y contradictorias modalidades y vicisitudes (1987: 239, énfasis del original).

En la sección subtitulada "'Palabra', ésta *nombra*, en 'Materia' *designa* y en 'Visión' convoca o hay *algo* que circula [...] fantasmático'" (*Ibíd.*: 240, énfasis del original), desde un ámbito de percepción foráneo, intuido o vislumbrado.

---

[18] "[...] to the same degree that the author's consciousness was in abeyance during the process of creation. We would expect" (*OC* 15, par. 116).

En el escenario espectral de "El camino" (417), imágenes paradójicas anticipan el psicodrama irresoluble que se intensifica a medida que transcurre el recorrido de profundización. A su vez, éste se hace evidente en la progresiva desmaterialización de las imágenes a menudo seductoras, repelentes otras veces, pero que difícilmente dejan indiferente a quien las lee.

> Un viento oscuro cabalgaba por la llanura.
> A lo lejos, vertical contra el silbido del aire,
> un álamo solitario erguía su muñón desnudo

En el primer verso el viento, elemento natural, "aspecto activo, violento del aire" (Cirlot 1979: 464) es el jinete de otro elemento dinámico no nombrado, pero que se infiere como animal. Frente a esta doble energía (natural y animal), más amenazante por su tonalidad oscura, se yergue también intimidante la fuerza vegetal lejana de "un álamo solitario", un árbol "que no cambia y es eterno" (Jung 1984: 102), enraizado en tierra y elevado al cielo en un afán de unirlos; pero, además, el álamo "posee una significación alegórica determinada, por la dual tonalidad de sus hojas. Es así el árbol de la vida, verde del lado del agua (luna) y ennegrecido del lado del fuego (sol)" (Cirlot 1979: 60). Paralela a esta configuración vertical plurivalente del álamo se presenta una figura humana femenina en movimiento:

> Enhiesta contra el furor del silencio
> el perfil clareando la oscuridad,
> caminabas.

La imagen del álamo con un miembro lacerado —muñón— en alto, en rebelión más que unión con el cielo, "vertical contra el silbido del aire", corre paralela a la silueta que camina vertical "contra el furor del silencio". Pero el sentimiento de la figura del álamo iracunda se transfiere al "furor del silencio", imagen que anima el silencio otorgándole emoción o vida al vacío inmensurable, implícito en el silencio.

> Los siglos te habían arbolado de tiempo las manos
> y tu gesto, inmóvil ya, sobrepasaba
> todos los álamos del mundo.

El álamo humanizado con un "muñón" en alto y la caminante de manos arboladas aquí, pero independientes en los versos iniciales, se confunden yuxtapuestos, sugiriendo un paisaje dinámico nebuloso. En movimiento al principio, la caminante se va convirtiendo en borrosa configuración humano-vegetal para luego desmaterializarse, reducida a la inmovilidad de un gesto que se extiende desmesuradamente por "todos los álamos del mundo". Sin un referente inmediato con el cual asociar estas imágenes, salvo por "las venas al envejecer se vuelven más marcadas y salientes en el dorso de la mano... se parecen un poco a un árbol con las raíces visibles",[19] el tiempo transcurrido durante "Los siglos [que] te habían arbolado de tiempo las manos" modifica un acontecimiento inevitable en la vejez en una imagen humana milenaria, unida en una dimensión atemporal.

> La senda no tenía más paso que el tuyo
> de árbol solitario en la llanura,
> tu paso de inmóvil movimiento
> en la raíz de un siempre ya absoluto.

La imagen metonímica del paso que condensa a la caminante, identificado con el "árbol solitario", se acentúa con el oxímoron "de inmóvil movimiento", paso arraigado en una dimensión inconsciente abismal "en la raíz de un siempre ya absoluto". En el siguiente verso se perfila la figura en movimiento que se disuelve incorpórea en violenta fuerza natural informe; imaginería visionaria que no corresponde al diario vivir ni mirar.

> Y pasabas, desnuda, vertical, enhiesta,
> negro huracán de viento sin esquinas ya,
> sin resquicios en la andadura (417).

En estos versos, sin un referente aprehensible, la palabra no informa, ni socava o transgrede la significación. Sobrepasa lo conocido, remitiéndonos a la imagen simbólica rebosante de inacabables posibilidades interpretativas. Difícilmente se podrá interpretar quién o qué es el "negro huracán de viento sin esquinas ya, / sin resquicios en la andadura".

La imagen psíquica, espontánea y dinámica de recepción pasiva, equivale al lenguaje primigenio coexistente en la mente moderna con el lenguaje racional, activo (Jung, Freud, Lévy-Bruhl, Joseph Campbell, Mircea Eliade). Estas imágenes son configuraciones portadoras de sentido y propósito, repetidas universalmente en sueños, ensueños, arte, fantasía infinitamente variables. Vedadas por el énfasis logocentrista, se han relegado al ámbito llamado irreal: onírico, mítico, irracional o simbólico. A diferencia de la idea, "la imagen representa el *sentido* del instinto" ("the image represents the *meaning* of the instinct", *OC* 8, par. 398, énfasis del ori-

---

[19] Naomi Lindstrom sugirió que hay este referente familiar e inevitable.

ginal) , lleva en sí su propio sentido y es su equivalente psíquico (*OC* 8, par. 397); postergándose el significado permanece en el misterio. La imagen simbólica, único medio inmediato y directo de aprehensión psíquica, es rescatada en la escritura en toda su complejidad y riqueza plurivalente por el visionario.

El ambiente y escenario fantasmal de "El camino" se reitera en dieciocho de los diecinueve poemas. La única excepción es "Trinos" –más humanizado y personal– que anuncia la salida después del descenso. Las imágenes auditivas son reconocibles; los trinos alegran el recinto; el canto perfumado apela al olfato y la personificación de la mañana destaca y anuncia una incipiente primavera que el yo siente brotar desde sus manos a la página, la mañana de su cumpleaños, así como ha celebrado otros: "Cumpleaños" ('Viene marzo con su día trece') (460), también "En torno a otro cumpleaños" ('en un día trece de marzo...') (507) y en "Marzo" (284-85). "Trinos", se refiere al rasgo muy humano de reflexionar, después de cierta edad, sobre el paso del tiempo y las consecuencias que cada cumpleaños acarrea. El contexto referencial reconocible como experiencia personal, no tiene nada que ver con un proceso inconsciente primigenio como voz colectiva.

> Contra tu ventana trinan los pájaros
> un canto perfumado de azahares
> esta mañana tímida de marzo,
> esta mañana llena de verdades
> Y recoges sus trinos desde el viento
> que brota la primavera en tus manos.
> este marzo que trae de sustento
> cuarenta y cuatro inviernos entrecanos.

A continuación, pese a la ambigüedad por la atmósfera claro oscura entre sombra y luz, sonido y silencio, ausencia y presencia, triunfa la nota diáfana. Los recuerdos y esperanzas personales no alejan, permiten apreciar el sentir e identificarse con éste.

> Sientes que tu apagado hogar se alumbra,
> que trinan tus silencios por la casa;
> que hay niños que alborean tu penumbra;
> que suena a isla, a mar, a lava;
> que irrumpe la alegría con su jungla
> de amor que te persigue enamorada (429).

En todos los otros poemas de "Visión" se destacan los paralelismos por identidad, analogía, semejanza morfológica y similitud de formas; iteraciones que recrean la atmósfera ritual, poblada de imágenes que parecen invariables y repetitivas en cuanto a la a-temporalidad del mito colectivo pero al revelarse en imágenes simbólicas que las representan reclaman por su "enorme fenomenología [...] la necesidad interpretativa del lector" (Jung 1982: 11) para revelar su pluri-dimensionalidad significativa. En los dieciocho poemas predominan imágenes dinámicas de la naturaleza como: "Un viento oscuro cabalgaba..../ vertical contra el silbido del aire [...] negro huracán de viento" (417); "que era dios un viento inmenso / crujiendo sobre el tiempo" (418); "viento marino [...]/ ululando broncos gemidos de otros siglos" (420); "huracán sordo [...]" "Rugía el mar" (421); "Un viento extraño distendió [...]" "El campo estaba fantasmal [...] / Ni un simulacro de viento [...] Era fantasmal / el campo" (422); "golpeaba la lluvia / golpeaba el viento". "Devenía la vida inmensa como un viento" (424); "dócil viento [...]/[...] luz sin tempestades [...]// ni el cataclismo que ahora te espanta / te arrasaba con su lava ardiente. // Pero vino implacable la tormenta [...]" (425); "El mar rugía olas negras" (426). Esta imaginería confusa reiterativa personificada o animada se deshumaniza o des-realiza a medida que avanza cada poema.

Por su insistencia se destacan las imágenes corporales que se desintegran hasta esfumarse: "ósea reliquia [...] arena blanquísima [...] tu gesto, inmóvil ya [...] tu paso de inmóvil movimiento" (417); "Tu cuerpo, garabato nítido [...]/ Tu materia, pura ya, / blanquísimo diseño primigenio [...]/ (calavera, fémur, falange, / columna, polvo)" (418); "[...] yacen los dos / blancos huesos [...]/ Blancas calaveras / Blancas pelvis triangulares / Blancos diafragmas / Crispadas carcajadas blancas" (420). En "La estancia" (421) ya "No existían paredes ni quicios de puertas / ni alféizares de ventana alguna" visibles al/la protagonista que es el tú del poema, declara: "Avanzaste" para divisar desde fuera "la huella de los cuerpos [...] intacta", ajenos al tú actuante, "como si el huracán sordo / no hubiera arrasado las paredes, las puertas, / los alféizares enmarcadores del tiempo" (421). "El paseo" termina con un desdoblamiento parecido, "No sabes ya si vas o vienes por el tiempo / fantasma para siempre de ti misma" (423). Igualmente en "In memoriam", la visión nocturna de un "Tú, apenas un punto visible / en mitad de la cama, atenta escuchabas / el diente avaro del tiempo / royendo las sábanas [...]// En mitad de la cama yacía / el garabato solitario de tu cuerpo" (424), reducido a un signo apenas esbozado sin volumen corporal alguno. En "Sideral" (426) la imagen corporal se agiganta en un ámbito cósmico: "[...] Tu cuerpo desnudo llenaba el espacio / de aquel vacío / y era tu perfil, blanco / contra las estrellas / un ritmo anochecido de llanto sobre el mundo. // Eras ya tú tan única / que el mar apartaba del hondón infinito de tu alma / la ola horadante de su cuerpo". En silencio y soledad, el único movimiento marino humanizado se retira para que su ola no invada a la protagonista disuelta en la nada, "No venías. / No ibas / a ningún espacio sideral. // No eras ni arena, ni estrella, ni mar, / ni espuma / No eras" (426). En palabras de la poeta: "Otro poema para mí escalofriante es el titulado 'Sideral'. Hablo de mí misma en un espacio realmente fuera de lo terrenal. Si te fijas es de un color blanco como etéreo, como de fuera de este mundo; es como si se hablara de algo existente en otra dimensión, algo que no tiene fisicidad o fisicalidad" (entrevista en este volumen). Fagundo es consciente de sus sentimientos cuando se desdobla o desliza fuera de sí misma, pero no se da exacta cuenta del espacio en el que se encuentra la otra parte de ella. ¿Es esta poesía una amonestación profética para que haya un cambio?

La progresiva y total des-materialización del cuerpo se replica y extiende en el poema "El gesto" hasta el desvanecimiento del gesto mismo (247-48). "No, no era el cuerpo el que moría / Era el gesto. / Era el gesto que no tenía espacio [...] El gesto / que se había quedado congelado / como un misterio más / en el Misterio" (428), ese gesto vital, simbólico, impregnado de significación e irreductible a la experiencia exclusivamente individual se opone a la inercia mortal. Otras imágenes también sinestésicas que llaman la atención por su originalidad t extrañeza reaparecen en este poema donde "[...] bajaba, ajeno de cuerpo, / a encontrarse, sin tacto de vista, / sin suavidad de piel, / sin son de beso, / bajaba / a encontrarse con aquel inmenso / espacio / donde habitaba, / poblado de ruidos, olores y colores, / de táctiles sueños, / un silencio tan / extraño como el Silencio" (428). La poeta rearticula lo inexplicable por medio de contrastes que sacudan la realidad consciente.

Otro aspecto iterativo es el motivo del recorrido a través de un sendero espinoso: "El campo estaba fantasmal / bajo tus pies desiertos.../ entre las peñas desnudas / donde apoyabas tus gestos. // [...] Creíste que era el sonido de otros pasos / en tus pasos y caminaste / con tu huella en otra huella / que era tuya, que iba a tu lado./ Pero no. Era fantasmal / el campo. Y tú no habías tenido pies. / No habías hollado ningún camino" (422). En "El paseo", se reitera la senda, esta vez bordeada de coloridos árboles sufrientes: "Tú sigues caminando / entre las rojeces destructoras [...]/ entre las sendas verdes / y es otro gemir el que atenaza su garfio / en el trayecto de ahora", el que se vuelve nebuloso e inacabable para terminar sin dirección ni meta: "No sabes ya si vas o vienes por el tiempo / fantasma para siempre de ti misma" (423). "Esperanza" (424-25) niega su título, al volver a una travesía inasible, tortuosa y torturante sobre una tierra personificada cuya aspereza parece querer ignorar la protagonista, "El traqueteo absurdo de tus pasos / abría sendas que se esfumaban en el polvo [...]/ Tú seguías con la devoción de la inercia / hecha materia de huella / y ponías animosa tu planta / sobre la piel desnuda de la tierra. / Era arista el dolor. / Era bisturí punzante que horadaba / tu solitario caminar. /

Mas, proseguías / ajena a las zarzas y a las ortigas /como si en aquel desierto / creciera el trigo ondulante de la ternura / y la retama fuera una luz alborozada / de hijo incipiente en tu útero" (424-425). La situación hipotética que señala con la cláusula preposicional "como si" anula la esperanza personal de los tres últimos versos. La "Honda brecha" (425) se inicia con el imperfecto del verbo ir, indicando repetición, hábito o descripción en el pasado. Marca una travesía caótica que sugiere un descenso al receptáculo colectivo que el mar simboliza "Ibas sobre la proa abriendo mares [...] / No había la noche hincado el diente / en la prieta piel de la esperanza / ni el cataclismo que ahora te espanta / te arrasaba con su lava ardiente" (425); versos que combinan los elementos de la naturaleza en su máxima actividad destructiva, para terminar reiterando la desesperanza absoluta, "Pero vino implacable la tormenta / sobre tu quilla y tu vela blanca / rompiendo el frágil timón de tu barca, / destrozando tu nítida silueta; / dejando en el espacio del alma / un vacío de dios; una honda brecha" (425); el abismo. En "El sueño" (426-427) el sujeto inicial es plural "En el sueño corrían con un son familiar", aunque un tú singular sienta la experiencia, "alborotándote los huesos [...]//.Tu enloquecida carrera en el sueño tocaba tactos extraños, / tactos que fueron vuestros", que vuelve a convertirse en experiencia plural pero con ecos milenarios "y subía por tu sangre un himno / que tuvo niños y sones de dios, / monasterios de amor, lunas blandas" de ritual reiterativo imperecedero: "Tu ferviente pisada era un ala en vuelo / que sonaba trastocando el misterio / del tiempo y su vacío [...]"(427). "El trayecto" (419) evoca un escenario análogo al de "El camino" (417), "Caminabas, / y era tu caminar, silencioso, entre abrojos", pero este camino es mucho más escabroso y ambiguo "por la llanura azul [en la que] / A veces tus pasos tropezaban contra un roce de ala" (419). Sin embargo, más que alas que rozan el pie caminante en una llanura sideral, este verso trae a la mente el "Palomas al amanecer" (418): "palomas azules luminosas, pardas / como un arco iris acuchillando el cielo" las que, como el álamo con su muñón, parecen atacar al cielo, pero resultan ser agentes y protagonistas "palomas gimientes de una pesadilla / de la que no saben despertar", son sujeto y objeto de su propia pesadilla. "La espuma blanca, blanquísima / sangra sus alas [imagen invertida a la anterior del cielo] destrozadas contra los acantilados". ¿Impulsan a las palomas las alas o la espuma? Los acantilados y las sangrantes alas se asemejan a "La escalada" (420-421) donde una figura escala en tinieblas "Quizá allá arriba, coronando aquella cúspide, / estaba la luz / pero no lo sabías" empeñada en ascender pese al ataque de "zarzas" y "pedruscos"

Y, a veces, las zarzas del camino
desgarraban tu escalada

...
Los pedruscos clavaban sus aristas en tu piel.
Se te rompían las manos ajenas ya a la ternura.
Pero seguías subiendo
implacablemente
...
Seguías, segura ya
de que no existía ninguna cima

Otra vez, el imperfecto sugiere una acción repetitiva. Como Sísifo (Ixión, Tántalo, Titio y las Danaides) (Ángel Garibay), esta figura prometeica repite su difícil ascenso pese a la seguridad de que la tortura es inacabable. En "El trayecto" el tú también parece escalar en lugar de caminar, porque una naturaleza animada lastima las manos, no los pies de la protagonista: "A veces era la piedra dura la que te golpeaba / sin compasión las manos" (419). Pero en los últimos versos camina y, como anteriormente en "El camino", reaparecen las imágenes amorfas "sin esquinas ya" (417):

Tú seguías caminando
como si el infinito no tuviera recodos ni esquinas,
como si el tiempo no hubiera tenido nunca
un son de voz amaneciendo espacios (419).

El punto de mira flota en retroceso a un espacio indistinto, atemporal, alejándose más y más de la experiencia cotidiana. Otro escenario parecido sorprende mayormente en "La estancia", porque los versos no corresponden al recinto implícito en el título: "No existían paredes ni quicios de puertas / ni alféizares de ventana alguna" (421), contraste que destaca lo insólito de la experiencia, que al suprimir la forma, también borra las imágenes.

Escenas alucinantes u oníricas como las anteriores, corresponden según Virel, a "la escenificación, en el transcurso de un estado de conciencia específico, de factores psíquicos que no han hallado su lugar en el consciente diurno". El psicodrama onírico no puede ser racional debido a que el ego descansa durante el sueño, por lo cual "utiliza poco el lenguaje conceptual, y sus medios de expresión más primitivos requieren un desciframiento al que el consciente está poco habituado" (Virel 1985: 295).

La focalización externa de una voz suspendida, divisa desde un punto elevado y lejano un vestigio de esqueleto: "Tu materia era ya ósea reliquia / sobre la arena blanquísima" que, a continuación, confluye la playa con elementos naturales y cósmicos primordiales:

A tu lado, batiendo su inocencia
como el mar,
una niña medio mar, medio espuma,
astral y terrena.

Omnipresente el claro dibujo esquelético en el paisaje marino, ya convertido en polvo, se agiganta sacralizado en potencia inmensurable.

Tu cuerpo, garabato nítido
para toda aquella esbeltez de playa,
no había llegado allí
ni se había ido nunca.
Tu materia, pura ya,
blanquísimo diseño primigenio
sobre la tierra,
yacía en perfecta, tan en sí,
(calavera, fémur, falange,
columna, polvo),
tan en sí yacía tu materia
que era dios un viento inmenso
crujiendo sobre el tiempo (417-418).

Con un ámbito referencial tan distante por la magnitud de la visión, la imaginería cósmica inabordable, alienante y religiosa por reconectar el presente con lo ancestral igual que la experiencia mística, según Lieb,

La esencia de la experiencia visionaria es "penetrar" en el mundo que es la "visión" misma encarnada. Realmente una palabra en la cual los medios de ver se vuelven el objeto del ver, la experiencia se concibe [...] por medio de una multitud de complejas asociaciones que transforman y re-imaginan el *Urerllebnis* en una forma única y fascinante (1991: 71).[20]

La creación visionaria trasciende su época y circunstancia personal; su visión de la condición humana es irreconocible por su profundidad y simbolismo inagotable.

---

[20] "The essence of the visionary experience is 'to penetrate' to the world that is itself 'vision' incarnate. Truly a word in which the means of seeing becomes the object of sight, the experience is conceived [...] through a multitude of complex associations that transform and reenvision the *Urerllebnis* in an entire and unique and fascinating way".

Entre otras imágenes, la de "[...] dios [como] un viento inmenso / *crujiendo* sobre el tiempo" (mi énfasis) revela lo que en la concepción de Rudolf Otto es lo numinoso o sagrado, "lo indecible, lo enigmático, lo horripilante, lo completamente distinto, la propiedad experimentable directamente, sólo en lo [que le incumbe a lo] divino" (Jung 1981: 417). Además, añade que "Lo numinoso —cualesquiera sea su causa— es una experiencia del sujeto independiente de su voluntad [...] es una cualidad perteneciente al objeto visible o la influencia de una presencia invisible que causa una alteración de conciencia peculiar (*OC* 11, par. 6).[21]

También en "Fantasmal" domina lo insólito, "completamente distinto". La caminante en "El campo [que] estaba fantasmal / bajo tus pies desiertos", imagen metonímica de una parte del cuerpo que debiera representar a la protagonista de la acción, pero que en este psico-drama en el vacío, califica a "los pies" de "desiertos". ¿Está el cuerpo sin pies, los pies incorpóreos, o son parte del desierto? El escenario, adecuado esta vez, es "Fantasmal",

> Ni un asomo de árbol.
> Ni un simulacro de viento
> entre las peñas desnudas
> donde apoyabas tus gestos.

En este espacio sagrado (psíquico) de eventos incorpóreos sin naturaleza concreta; los gestos reemplazan los pies. Según Eliade, un espacio consagrado ritualmente equivale a una repetición cosmogónica, "este universo es siempre una réplica del universo paradigmático creado e inhabitado por los dioses" ("this universe is always the replica of the paradigmatic universe created and inhabited by the gods", 1961: 34). Pero también el tiempo sagrado "es indefinidamente recuperable, indefinidamente repetible" ("indefinitely recoverable, indefinitely repeatable"); tiempo ontológico no cronológico, ni de "una duración irreversible" ("an irreversible duration", *Ibíd.*: 69) como la mayoría de los poemas de "Visión" en los cuales el tiempo se ha detenido.

En "El paseo" la hablante fragmentada en medio de un espacio natural indiferente, atribuye la angustia humana a siete arbustos de cambiante colorido, nada extraño durante el otoño: "Caminas por la arboleda inmensa / y de pronto se te enredan en los ojos / siete arbolillos rojos de otoño / Los demás están verdes / pletóricos de savia compartida / y ajenos a la angustia / de los siete arbustos otoñales". Se renueva la transformación anual con el sacrificio

---

[21] "The *numinosum* —whatever its cause may be— is an experience of the subject independent of his will [...] [it] is either a quality belonging to a visible object or the influence of an invisible presence that causes a peculiar alteration of consciousness".

de las hojas tiñéndose de un color, "que brinca / su sangre agonizante", mientras la figura todavía incorpórea sigue su recorrido,

> Tú sigues caminando
> entre las rojeces destructoras
> y, de súbito,
> es otro otoño el que brinca
> su sangre agonizante
> entre las sendas verdes
> y es otro gemir el que atenaza su garfio
> en el trayecto de ahora.
>
> Se repiten iguales los siete arbustos.
> Igual oro. Igual rojo candente.
> No sabes ya si vas o vienes por el tiempo
> fantasma para siempre de ti misma (423).

Una situación poética reiterativa y comprensible termina con dos versos que sugieren la desorientación espacial y temporal de una figura espectral angustiada que sólo sabe lo que ha visto en un bosque en que la compenetración de la naturaleza en deterioro cíclico la siente como propia. En varios poemas se reitera imaginería auditiva y visual, "un son pardo [...] palomas azules, luminosas, pardas / como un arco iris [...] La espuma blanca, blanquísima / sangra sus alas" (418). Una vez más, el sacrificio ritual paralelo al de los árboles parece el recuerdo de un sueño en ráfagas: Ciertas acciones, colores, partes de la naturaleza, del cuerpo, animales extraños, escenarios alucinantes; "blanco y gris" (420), "llanura azul, blancos huesos, paloma blanca, blancas espumas, olas negras". Otras imágenes visuales reiteran principalmente colores "árbol, retama, mar, álamos, musgos, luz, faros". Como ya se vio, la reacción psíquica al impulso creativo es obedecerlo y ejecutar sus órdenes. Así también, indica Neumann, "las corrientes subyacentes que rigen los sentimientos y la imagen del mundo se manifiestan por medio de colores, y formas, tonos y palabras que se cristalizan en figuras simbólicas espirituales..." (1971: 84-85).

Sin descartar otras lecturas y relecturas de estos poemas, la combinación de situaciones e imágenes insólitas e incomprensibles fascina tanto como desasosiega a quien las enfrenta, desafiando interpretaciones racionales. Se acercan a vislumbres del mundo de las pesadillas, alucinaciones, sueños y mitos. El elemento ritual, religioso en un sentido primordial de alejamiento y unión con lo desconocido o inconsciente, convierte la lectura de "Visión" en una experiencia numinosa, de extrañeza en cuanto a lo personal y lejana resonancia en cuanto a lo compartido con el género humano.

Olga Orozco: videncia o invocación en su poesía

> ¿Dónde hay menos poder? ¿En el habla, en la
> escritura? ¿Cuándo vivo, cuándo muero? O bien
> ¿cuándo morir no deja que me muera? (Blanchot
> 1987: 18)

Olga Orozco, distinguida con prestigiosos premios durante su vida (poesía, prosa autobiográfica, teatro, traducción, periodismo y radio) obtuvo, un año antes de su muerte, uno de los más acreditados galardones literarios en Hispanoamérica: el Premio de Literatura Latinoamericana y del Caribe Juan Rulfo 1998. El jurado consideró que Olga Orozco es "una de las voces más originales en la lengua española en la segunda mitad del siglo" y que en su escritura prevalece "la fidelidad a una tradición poética fundacional, intensidad creadora, singularidad estética y hondura humana" (Clarín, 21 de julio de 1998). Entre sus cualidades subrayan que la "colosal poeta argentina", tiene un "temperamento privilegiado [...], una inteligencia aplastante [...], lógica rigurosa, así como una capacidad visionaria poco común en nuestra era".[22] Además, Orozco tenía una presencia vital transmitida por su expresividad y voz extraordinaria, aun después de sus 72 años cuando la conocí (y entrevisté en 1993 y 1997). A fines de la década de los treinta, a los 17 años, ingresó en la Facultad de Filosofía y Letras en Buenos Aires y poco después empezó a publicar en la revista Canto. Como explica ella misma en Olga Orozco/Gloria Alcorta. Travesías: Conversaciones coordinadas por Antonio Requeni (1997: 23-24), se insertó en el mundo literario porteño –la llamada generación de los 40– sin mayor problema. Sin embargo, su imaginación ilimitada e intereses variados, tal vez por sus raíces pampeanas donde se aceptaba la vida natural y a la gente tal como era, y donde lo llamado sobrenatural era la realidad cotidiana, la apartan de cualquier movimiento específico o modas fluctuantes como lo señala la mayor parte de su crítica. Orozco funciona naturalmente tanto en el ámbito consciente como en el inconsciente individual y colectivo. Se mueve entre ambos en su vida cotidiana y en su creación poética. Mientras su narrativa relata la historia psicológica y el estado anímico de la poeta, la poesía transmite un mundo imaginario, onírico, mágico, no ajeno al surrealista, aunque se distingue de éste en la forma, coherencia y rigor, ya bastante estudiados.[23] María Rosa Lojo especifica,

---

[22] El mismo año se reconoció el valor de su recorrido artístico con la publicación de dos antologías de sus textos completos, una en México y otra en España.

[23] Por ejemplo, Stella Moris Colombo, Julieta Gómez Paz, Naomi Lindstrom, Juan Liscano, María Rosa Lojo y Melanie Nicholson, entre otros. Elba Torres de Peralta analiza rigurosamente la poética completa de Olga Orozco hasta 1987.

Olga Orozco es hoy quizá la voz argentina que reúne con mayor plenitud tres condiciones no siempre concurrentes: inconfundible originalidad, ímpetu arrasador y perfección verbal [...] la poesía de Orozco converge empero, en sus estratos profundos, con lo ancestral de la memoria humana. Excava así los depósitos antiguos de la imagen, en el ancho asombro de la infancia, en sus cuentos y los mitos que los subyacen, para encontrar en esas 'canteras de resurrección, un nuevo modelo de la realidad [...] (1988: 3).

Melanie Nicholson distingue las tendencias ocultas del gnosticismo y hermetismo en la mayor parte de la poesía de Orozco (2002: 1-40). Señala que su creación se nutre de su propia experiencia (consciente e inconsciente), y de su intuición y receptividad de la energía psíquica de lo inconsciente.[24] Nicholson resume algunas de las más destacadas conclusiones críticas sobre la poesía de Orozco que "renegocia la línea entre lo personal y lo universal, entre angustia subjetiva y contemplación aislada" (2001: 73).[25] Su editor destaca "la unidad conceptual de un mundo en el cual se manifiesta un sujeto iluminado, un 'yo' intercambiable, un 'no-yo' o un 'yo que sabe', y es tal vez memoria anterior que es uno con todos y se siente llamado a lo lejos" (contratapa *Poetics*). Este 'no-yo', o un 'yo que sabe' semeja a lo inconsciente colectivo o arquetípico de donde emana la herencia filo-genética de la humanidad.[26]

---

[24] Para Octavio Paz "la condición humana no es mediocre. Al reflexionar sobre la condición humana y la obsesión de poetas como él que persiguen trascender los límites de la condición humana para descubrir el misterio de la vida y de la muerte, [...] Paz concluye que el ser humano no es mediocre, más bien es 'Una parte de sí –tapiada, oscurecida desde el principio del principio– está abierta al infinito. La llamada condición humana es un punto de intersección de otras fuerzas. Quizá nuestra condición humana no sea humana'" (cit. en Loubet 1980: 7).

[25] En "Olga Orozco and the Poetics of Gnosticism'" Nicholson señala que "Cuando Olga Orozco murió en 1999 se había ganado una reputación como una de las escritoras más respetadas aunque no las más leídas" (73)

[26] "Jung's term 'unconscious resembles Freud's in that in both describes mental contents not apprehended by the ego and designates a psychic place with its own functions and laws. However, unlike Freud, Jung believed that the unconscious exerted a creative force upon the ego, was the space or origin of meaning and value and [...] the unconscious was distinguished by its independence from the ego, containing potent elements beyond structures formed by the ego's repression of inadmissible material. The unconscious is an autonomous entity independently capable of organizing a compensatory relation to conscious attitudes of personality". Jung distingue el inconsciente personal del inconsciente colectivo, el primero almacena material olvidado, reprimido o ignorado que pertenece a la experiencia individual, mientras el inconsciente colectivo, estructurado por los arquetipos, lo más arcaico y común a la humanidad "the strata of archetypes that are Inherited and represent a phylogenetic layer. Archetypes are not inherited potentials for image formation and meaning. They are unrepresentable and can manifest themselves only as archetypal images, which are subject to the cultural and personal input through

Segura de su videncia, Orozco afirma, "[C]omo Eliot, he hecho que el futuro influya en el pasado y que cada tiempo incida en los otros a su manera" (Mascona s. f.: s. p.). En una entrevista con Roberto Alifano, en respuesta a su concepción de "la actividad creadora [...], su sentido", Orozco responde que ésta,

> [c]omo acto es la repetición arquetípica del primer acto creador, del que dio origen al universo. Es crear una constelación particular extrayéndola del caos, de oscuras fuerzas que solicitan encarnarse, intercalándose con vida propia en el espacio y en el tiempo. Creo que su sentido, cualquiera sea el territorio en que se produzca, es el de una denodada lucha contra la fugacidad, la limitación y la carencia. Intentamos cazar en el instante fugitivo esas especies de fantasmas anteriores que eran para Mallarmé las infinitas posibilidades del azar y a los que Octavio [P]az llama "signos de rotación", sometiéndolos a un eterno retorno (1988-1999: 77).

Orozco recapitula el proceso creativo visionario que coincide parcialmente con la experiencia de otros visionarios como Mallarmé y Paz.

La escritora se responsabiliza de su propia creación, pero también reconoce que parte del germen creador no siempre emana de la experiencia individual. Ella se mueve entre el ámbito consciente y el inconsciente individual y colectivo en su vida cotidiana y en su creación poética. Su poesía transmite el mundo imaginario de su infancia y el del presente: sus experiencias, ideas, sueños, y lo mágico o arquetípico. Expresa vivencias de esta naturaleza desde niña, las que han quedado plasmadas en su narrativa autobiográfica *La oscuridad es otro sol* que "invita a descubrir la luz en aquello que precisamente parece sustraerse a toda indagación" (Loubet 1980: 7). Los juegos ceremoniales de Lía, la precoz niña fabuladora de sus travesía infantiles, anticipan la voz mágica de la poeta madura. Según Loubet, el universo poético de Orozco,

> es mágico, como mágico es el universo en que se mueve el niño antes de introducir en él las categorías del conocimiento [y también las prohibiciones]; es onírico, tal como se le aparece al niño que confunde las fronteras de la realidad y de la

---

the personal unconscious. Therefore, a dream image of a maternal figure may be constelling inherited potentials for mother images but is crucially 'coloured' by the dreamer's own cultural perceptions of mothering. Archetypes themselves can be ascribed to the tradition of platonic ideas, which exist in the minds of the gods and function as the blueprints for entities in the human dimension. When defining archetypes, Jung is clear that they are not inherited mental contents: he uses the imagery of crystallization Its form might perhaps be compared to the axial system of a crystal, which, as it were, performs the crystalline structure in the mother liquid, although it has no material existence of its own" (cit. en Rowland 1999: nota 4. pag. 10).

fantasía antes de ser obligado a escindir brutalmente aconteceres en verdad y mentira [...] y es empecinadamente indagador [...] como es empecinado el *por qué* que no encuentra cómo saciarse cuando se instala en el labio infantil, reiterativo hasta espantar al adulto (*Ibíd.: 7-8*).

Para Elvira Orphee, "Lía repite de antemano a Olga Orozco, quien antes de que naciera en las páginas del libro la había puesto a vivir intensamente en los poemas. [...] opera una proyección constante de sí misma" (1984: 4). La niña inicia su indagación en los misterios de la vida y de la muerte con la mayor naturalidad. Orozco confiesa que esas memorias de su niñez son una autobiografía de su vida creadora, su vida psíquica, en las cuales: "hay muchas claves de lo que es mi funcionamiento y mi poesía misma" (entrevista en este volumen).

El título del libro *La oscuridad es otro sol* alude a la noción romántica de la visión en la oscuridad, equivalente a la percepción de lo inconsciente productor de la realidad psíquica del drama onírico nocturno, tan común y corriente pero a la vez tan inaudito. El lenguaje ancestral de los sueños por ser pre-lingüístico comunica su mensaje en imágenes cuya evocación, sea vívida o escurridiza, se hace consciente fácilmente cuando la imaginería corresponde a la experiencia individual. La imaginería abismal de lo inconsciente colectivo puede ser clara o vagamente percibida, pero la carga semántica mantiene el misterio por su hondura y distancia polisémicas, lo que no permite una interpretación inmediata hasta que se logra captar sus posibles reverberaciones colectivas.

Después de una era de desacralización y rebajamiento del verbo y del sentido, la fascinación por lo misterioso, lo inexplicable o lo inconsciente persiste, así como el ansia de tener el poder de invocarlo y convocarlo. Mientras casi toda la poesía de Orozco "encarna la noción del yo poético como invocador, el individuo encargado de llamar a los habitantes del mundo material para percibir y establecer un contacto con 'otro reino', y a los seres del mundo no visible para presentarse y establecer la comunicación con lo tangible" (Naomi Lindstrom 1985: 766). Puesto que el conjuro que mediante "el vaso comunicante del rito seduce, hechiza y embruja para atraer y cautivar lo invocado desde el otro lado, o para transportar a los lectores a un ámbito sacralizado mediante el conjuro mágico de la sacerdotisa" (*Ídem*)[27], en la mayor parte de la poesía de Orozco, hay un ir y venir entre convocar y ser convocada. A diferencia del control de la sacerdotisa, sus revelaciones coinciden con

---

[27] *Cfr.* Liscano (1975).

el proceso creativo visionario cuando ella es la vidente de manifestaciones espontáneas (desde su infancia) como receptora de una imaginería ajena a su experiencia personal que se le presenta espontáneamente. Por un lado, para el niño (como para el primitivo) este tipo de vivencia es tan natural que la acepta sin cuestionar, pero aprende a esconder y olvidar a medida que se da cuenta de que ese tipo de experiencia causa la atención negativa de los mayores, lo que no ocurrió en el medio familiar tan flexible de Olga, por lo cual no la inhibieron.[28] Por otro lado, para evitar la crítica y hasta el ridículo de sus coetáneos en su desarrollo social, a medida que los niños se dan cuenta de la incredulidad de los mayores, callan este tipo de vivencias (espontáneas) y experiencias (que se pueden recrear o invocar). Sin embargo, en el caso de Olga, no silenciaron su voz aceptada desde niña ni en la adolescencia entre artistas, más tolerantes y abiertos a otros mundos, especialmente los surrealistas. No obstante, Orozco misma, después de años de buscar en la astrología, el tarot, el ocultismo, lo esotérico (en realidad lo inconsciente para descifrarlo) se dio cuenta de que todo eso

te da una especie de omnipotencia muy ilusoria. Además, creo que la poesía tiende a una ascesis, una ascensión, igual que la plegaria, a comunicarte con lo alto a través de eso. En cambio, la magia trata de atraer hacia abajo fuerzas hacia donde una está; no te lleva hacia lo alto, me parece como algo más bastardo; lo otro es mucho más sagrado, tanto la poesía como la plegaria (entrevista en este volumen).

---

[28] Orozco, en *También la luz es un abismo*, escribe: "Una llave abre un panel del muro. Es la misma llave que abre de par en par las puertas del insomnio, y entonces aparecen lejanas ciudades, viajeros desconocidos, carruajes, epidemias y naufragios que invaden el recinto donde estoy. Pero quienes me visitan con mayor frecuencia son personas y mapas que se asemejan a un trozo de mi destino. [...] Una mano de arena acaricia lentamente esa distancia sin fin hasta mi almohada. Una mano empalidecida por la media luna muerta en el regazo de los médanos, siempre dispuestos a cambiar de lugar" (1995: 9-10) y sigue: "veo la casa que siempre por las noches comienza a andar, lenta y majestuosamente, arrastrando el jardín, las quintas y el molino, trasladando a los moradores que han conquistado con mi sangre el billete para viajar. [...] Mamá, papá, la abuela, [...] juegan a ser los pasajeros de la eternidad, cada uno en su silla de oro, cada uno en su papel marcados por la providencia, por el poder, por la misericordia, por el aturdimiento, por la ausencia, por la complicidad, por la aventura. / Se bambolea la casa, oscila, se inclina, ya escorada, como si quisiera arrojar a todos los viajeros [...]. No temo, porque de mí depende. / Aun después, esta casa errante, con la que siempre tropiezo en todas partes seguirá apareciendo, convocada por cada verano, por cada luna llena, porque la soledad es memoriosa y la clama por aparecidos y desaparecidos y los hace visibles. La soledad es prolija y exhibe sus pertenencias *bajo el sol de la total oscuridad*. Se detiene en un hombre, en una rueda, en una sombra, en unos huesos que encenderán sus luces buenas en la noche, y los aísla y los muestra y los levanta hasta el cielo como a ángeles de su propia anunciación. La soledad de la llanura [...] en el centro del mundo. *Se ve desde todas partes* (Ibíd.: 12-14, énfasis mío).

Para Orozco, como para Gastón Bachelard, la poesía es vertical, ascienda a las alturas y desciende al abismo en un ámbito intermedio que la poeta diferencia para discernirlo, pues el poema le llega como detrás de un velo que desgarra o de una puerta que abre. Ella ve, percibe y sabe cómo empieza y cómo termina el poema, el resto es la senda que va creando como si recorriera un pasadizo.[29]

Esta dicotomía en la poesía de Orozco incide en su experiencia creadora y en la concepción del material supeditado a este propósito artístico, lo cual no implica intención autorial ni influencia del surrealismo u otras corrientes literarias. La experiencia primordial excede la capacidad mental racionalista occidental judeocristiana, por lo cual si el ego individual es débil no puede resistir la enormidad de la energía psíquica colectiva; queda desquiciado como el ego de Castel en *El túnel* de Sábato. La artista no puede resistir las fuerzas autónomas ajenas que se apoderan de ella, pierde el libre albedrío y requiere una fortaleza prometeica para salir de ese espacio que la controla. Por ello, esa energía imperativa debe expresarse de algún modo. Orozco, como en casi toda la creación visionaria, se expresa en ambas modalidades creadoras. Como un proceso entre dos polos, la creadora por un lado y su mundo impersonal inconsciente por otro, "mantiene un proceso dialéctico continuo entre el mundo y el yo, y el yo y el mundo [...] No se puede localizar la creatividad como fenómeno subjetivo, no se la puede nunca estudiar simplemente en términos de lo que va dentro de la persona".[30]

Aunque algunos artistas aseguren que el material más extraño en su creación proviene de su propia experiencia, el producto revela su procedencia transpersonal por lo alienante (pero no en la concepción marxista, ni tampoco la del distanciamiento crítico o estético) y por la plurivalencia simbólica que perpetúa el misterio.

---

[29] "Siempre creí, con Bachelard, que la poesía era vertical y la prosa horizontal. La prosa sirve para lo cotidiano, lo lineal; la poesía sirve para lo extraordinario, va hacia lo alto, hacia la plegaria, pero también intenta trascender el mundo hacia lo bajo, hacia los abismos y las zonas más oscuras tratando de vislumbrar lo invisible en el hombre. Además creo que todos los hombres somos en cierto punto invisibles, somos para los demás una cáscara que no revela todo lo que oculta" (Mascona s. f.). Para Bachelard: "Cuanto más brillante es la imagen, más turbadora es la ambigüedad de las profundidades. [...] La buena gente quiere que la imagen sea superficial y efímera. Un agua que corre sobre una arena inmóvil, un agua que en su curso refleja un cielo lejano [...] Pero el cielo y la tierra, ambos, dan a la imagen su verticalidad. Todo lo que se eleva oculta las fuerzas de la profundidad" (1992: 190).

[30] "A continual dialectical process goes on between world and self and self and world [...] one can never localize creativity as a subjective phenomenon, one can never study it simply in terms of what goes on within the person" (Jung 1966: 51).

Entre muchos otros, un poema clave de Orozco, "Repetición del sueño" en *Los juegos peligrosos*, da un indicio sobre la sensación de sentirse peligrosamente poseída que guía a la escritora durante la germinación del proceso creativo visionario:

Como una criatura alucinada
a quien ya sólo guiara la incesante rotación de la luna entre los médanos
(...)
girando con un lento remolino de adiós,
así voy convocada, sin remedio (1991: 92).

Aquí, sin solicitarlo y sin que su voluntad intervenga, es ella la convocada, ya no la maga ni sacerdotisa invitando a las fuerzas ocultas a visitarla o revelarle lo que pide. Poseída "convocada, sin remedio", sin intención ni meta propias, obedece. Conversando, admite que a veces, durante la inseminación del proceso creativo escucha o ve algo: una forma de convocarla, "De pronto empieza algo auditivo, o se me cruza una imagen y tengo la necesidad de expresarla... rechazo... las solicitaciones que tengo mientras escribo, eso que Octavio Paz llama los signos en rotación" (entrevista en este volumen).

El primer poema de *Mutaciones de la realidad* ilustra la recepción de un material que combina lo conocido (coraza férrea, sueño, lacre, la luna) en contraste con un ámbito irreal, extraño que se empeña en dejarse encerrar u opacar, pese al deseo de la hablante de internarse en éste, de cruzar las fronteras corredizas:

No niego la realidad sin más alcance y con menos fisuras
que una coraza férrea ciñendo las evaporaciones del sueño y de la noche
o una gota de lacre sellando la visión de abismos y paraísos que se entreabren
como un panel secreto
por obra de un error o de un conjuro.

Pero es sólo el deseo sedentario, como fijar la luna en cada puerta;
    Nada más que un intento de hacer retroceder esas vagas
                            fronteras que cambian de lugar
—¿Hacia dónde? ¿hacia cuándo?—
o emigran para siempre aspiradas de pronto por la fuga de
                    la revelación impenetrable (1991: 9-10).

Una realidad inaccesible es apenas entrevista aquí, material evanescente como el de los sueños que se esfuman casi olvidados al despertar en cuanto la mente empieza su monólogo irrefrenable, cerrando la memoria y la visión como "una coraza férrea". No hay seguridad alguna sobre la procedencia de la imaginería por la fugacidad de la imagen lacrada que opaca la percepción de la visión de "esos abismos y paraísos que se entreabren" y se sellan. ¿Cómo aprehender y reproducir esos límites fluctuantes? ¿Anticipa el mundo contemporáneo de centros y fronteras oscilantes y los rescata cuando parecen haberse desvanecido para que se retorne o se desgarre "la revelación impenetrable", la visión de un presente inconsciente que ya prefigura un futuro incierto que se está fraguando en ese espacio impreciso?

Entre los poemas que sugieren fuerzas extrañas en *Mutaciones...*, el llamado "Presentimientos en el traje de ritual" ilustra la llegada de visitantes convocados, esta vez, por el ritual que el traje del título sugiere; invitados cuyos procedimientos drásticos causan las mágicas aperturas:

> Llegan como ladrones en la noche.
> Fuerzan las cerraduras
> y hacen aparecer esas puertas que se abren en un error del muro
> y solamente indican la clausura hacia fuera.

Con puertas de ingreso solamente donde no las hay, el yo receptor interpreta sus visiones con el lenguaje más cercano a la vivencia como: cuando lo que ingresa

> Es un manojo de alas que aturde en el umbral.
> Entran
> los pájaros insomnes, con su brizna de fuego arrebatada al fuego de los dioses.

> Es una zarza ardiendo entre la lumbre
> un crisol donde vuelcan el oro de mis días para acuñar la llave que lo encierra.

Estas criaturas aladas, refulgentes en la noche, con el fuego robado a los dioses, recrean la labor prometeica en beneficio del poema, convertidas en la sagrada zarza ardiente o "crisol" que derrite "el oro de mis días para acuñar la llave que lo encierra", incorporando la búsqueda de los alquimistas. Para éstos "los pájaros y pescados nos traen el *lapis*" (transcripción del alquimista Sir George Ripley en *Alchemy*, Jung OC 322, par. 433) asociada a la *prima materia* del alma [psique].

> Me saquean a ciegas
> truecan una comarca al sol más vivo por un puñado impuro
>   de tinieblas,
> arrastran algún trozo del cielo con la historia que se inscribe
>   en la arena

Es una bocanada que asciende a borbotones desde el fondo
                                              de todo el porvenir.
Hurgan con frías uñas en el costado abierto por la misma condena,
despliegan como vendas las membranas del alma,
hasta tocar la piedra que late con el brillo de la profanación.
Es una vibración de insectos prisioneros en el fragor de la colmena,
Un zumbido de luz, unas antenas que raspan las entrañas.
Entonces la insoluble sustancia que no soy,
En marea a tientas que sube cuando bajan los tigres en el alba,

tapiza la pared,
me tapia las ventanas,
destapa los disfraces del verdugo que me mata mejor.
Me arrancan de raíz,
Me embalsaman en estatua de sal a las puertas del tiempo.

Soy la momia traslúcida de ayer convertida en oráculo.

Estas figuras que ingresan en el recinto interior de la hablante, cambiando la
luz por "un puñado impuro de tinieblas", y arrastran "algún trozo del cielo con
la historia que se inscribe en la arena", surgen en visiones de lo inconsciente
anunciando el futuro ya fraguado. Como la lombriz solitaria que devora al
escritor por dentro (Vargas Llosa), o la "cosquilla en el estómago" que obliga a
contar ("Las babas del diablo" de Julio Cortazar), las "frías uñas en el costado
abierto" aquí son "Un zumbido de luz, unas antenas que raspan las entrañas" y
la vibración de los "insectos prisioneros en el fragor de la colmena" consumen
y mortifican las fibras más profundas de la hablante. Ascienden del espacio
abismal afectando el centro de su creación. Cuando esto ocurre, la invasión de
lo ajeno, "Entonces la insoluble sustancia que no soy, / esa marea [...] / Me arranca de raíz", convirtiéndola en la figura que subvierte las tablas de la ley, embal-
samada en "estatua de sal a las puertas del tiempo", es testigo involuntario "[...]
momia traslúcida de ayer convertida en oráculo" que vierte en sus poemas,
pero para descubrirlo hay asumirlo, sentirlo e interpretarlo de acuerdo al
momento. ("Presentimientos en traje de ritual", en *Mutaciones* [1979: 15-16]),
   El siguiente poema, que sugiere otra invasión convocada por alguien no
nombrado, muestra otra indagación en el proceso de gestación del poema en
otra "Operación nocturna". Alguien

Sopla contra mi casa una envoltura de cortinajes negros,
una niebla sedienta que husmea como hiena en los rincones,
unas sombras que incrustan trozos de pesadilla en la pared. Alguien sopla y

convoca los poderes sin nombre.
Mi guarida se eriza,
se agazapa en el foso de las fieras,
resiste con su muestrario de apariencias a los embates de la mutación
Alguien sopla y arranca de sus goznes mi precaria morada (19).

Entre otros poemas, los siguientes evocan a visionarios del pasado y apuntan al proceso creativo visionario desde sus títulos: "Brillos, soplos, rumores"
(28-30), "Rehenes de otro mundo", dedicado "a Vincent Van Gogh, a Antonin
Artaud, a Jacobo Fijman", todos creadores visionarios. Orozco escribe en
"Traslación del sueño", en esa misma sección: "Venían a buscarme, / ellos, / los
emisarios de la ciudad que grazna en las tinieblas / y acechan con los ojos
encendidos las fisuras del alma" (40-42). Certeramente, Manuel Ruano declara que este poema "es un gran testamento", añadiendo que en Orozco hay

> eso que nunca debió perder la poesía: la inspiración. Para los poetas antiguos la inspi-
> ración era algo natural, precisamente porque lo sobrenatural formaba parte de su
> mundo. La poesía de Olga era de largo aliento. Allí hay grandes poemas como "Cate-
> cismo animal", "Al pájaro se lo interroga por su canto", "La sibila de Cumas" y, entre
> otros, "Testigos hasta el fin". Toda la poesía de Olga es un largo poema. Parece haber
> una continuidad en sus palabras. Ella es la que sueña despierta como una sacerdotisa
> de nuestro tiempo para vaticinar la Caída. En los versos finales del último poema de
> este libro, "En el final era el verbo", hay una lucidez que sobrepasa cualquier razona-
> miento. Ella escribe: "Miraba las palabras al trasluz./ Veía desfilar sus oscuras progenies
> hasta el final del verbo./ Quería descubrir a Dios por transparencia (Ruano 2000).

Mientras que en "Pavana para una infanta difunta", dedicada *a Alejandra
Pizarnik*, también visionaria y amiga de Olga, quien, conocedora del proceso
que invade a la visionaria, la recuerda

Pequeña centinela,
caes una vez más por la ranura de la noche
sin más armas que los ojos abiertos y el terror
contra los invasores insolubles en el papel en blanco.
Ellos eran legión
Legión encarnizada era su nombre
y se multiplicaban a medida que tú te destejías hasta el último
        hilván,
arrinconándote contra las telarañas voraces de la nada
El que cierra los ojos se convierte en morada de todo el universo (72-77).

Esa "legión encarnizada" se interna en la fragilidad juvenil descuidada al bajar
la guardia y cerrar los ojos, y la convierte en campo abierto para que la posea

una energía psíquica demasiado poderosa para quien no tiene el ego bien fortalecido. Orozco declara sobre este aspecto vital en el proceso creativo,

> algunas veces cuando me sumerjo en lo que estoy haciendo me da la impresión de que estoy unida a la superficie de la vida por un hilo que es tan delgado como lo imaginario que se puede cortar en cualquier momento, y me puedo quedar sumergida allí y no salir jamás. Es desesperante porque es como una enajenación. Se termina siempre por salir, la palabra misma lo saca, la palabra misma precisa lo va llevando a uno fuera del estado (entrevista en este volumen).

En el primer poema de *En el revés del cielo*, la protagonista articula sus dudas y la extrema dificultad de traspasar al otro lado. La lucidez, rigor y coherencia de Orozco confirman su racionalidad, lógica y total seguridad en sí misma que no le permiten rendirse fácilmente a las llamadas del otro lado, a su veta irracional, con los ojos cerrados,

> Es angosta la puerta [...]
> Inútil insistir mientras lleve conmigo mi envoltorio de posesiones transparentes, es angosta la puerta
> y acaso la custodien negros perros hambrientos y guardias como perros [...]
> Es estrecha e incierta y me corta el camino que promete con cada bienvenida
> Con cada centello de la anunciación
> No consigo pasar
> Dejaremos para otra vez las grandes migraciones,
> el profuso equipaje del insomnio, mi denodada escolta de luz en las tinieblas [...].

La apertura es fugaz, se cierra u oscurece en cuanto se ilumina y desaparece por las preocupaciones o tareas cotidianas que acompañan al ente contemporáneo. Éstas interfieren, no tanto con la recepción sino con la retención del material visionario. Por ello la dificultad no está únicamente en la estrecha puerta ni en los probables guardianes caninos ni en la "brecha esquiva", sino en el "envoltorio de posesiones transparentes", mientras que "con cada centello de la anunciación" la entrada prometedora de revelaciones seduce con titilantes y repentinos resplandores: apariciones tan fugaces que no le permiten abrir la puerta de ingreso, sino que más bien debe dejar "[…] para otra vez las grandes migraciones" de luces, ideas e imágenes que "el profuso equipaje del insomnio, mi denodada escolta de luz en las tinieblas" no le permite mantener en foco "ese equipaje del insomnio [...] más tenaz porque lo dirigen los temores, emociones [...]" que no permiten que las necesidades esenciales sigan su curso de cruzar por sobre la "brecha esquiva, la angosta [...] puerta' que no le permite el salto, pero que tampoco es impenetrable bajo ciertas circunstancias (la dificultad de mantener el foco mientras la razón vuela y las luces o destellos desaparecen). Aunque lo inconsciente está en sombras por el incesante monólogo interno que no se deja disciplinar, todavía le permite vislumbrar oscura pero no apagada, esa "denodada escolta de luz en las tinieblas". La avalancha mental cotidiana, más fructífera cuando más se trata de silenciarla, no apaga del todo la marejada de pensamientos, ideas, preocupaciones y más...

> No cabe ni mi sombra entre cada embestida y la pared
> Inútil insistir mientras lleve conmigo mi envoltorio de posesiones transparentes,
> No puedo trasponer esta apertura con lo poco que soy.
> Son superfluas las manos y excesivos los pies para esta brecha esquiva
> No llegaré jamás al otro lado.

Esta fluctuante apertura inaccesible por volición propia se abre cuando la situación lo exige y a menudo cuando menos lo espera la visionaria. En este poema, la referencia a otra pared con la cual la hablante lucha, la lleva a preguntarse: "¿No será que yo llevo esta pared conmigo?" (29-30), pared metonímica del consciente entrometido que no le permite acceder a las visiones comunes al primitivo y que todavía lo son a los niños aún ingenuos y abiertos a la fenomenología no racional.

En el poema "Rapsodia a la lluvia", que yo llamaría "Entre dos mundos", ya sin puertas, la vigía omnisciente otea un escenario ilimitado, desde un punto excepcional que le permite atalayar lo inimaginable, el eje vertical y el horizontal del mundo suspendido en el caos:

> Ahora
> desde tu hora estás viendo [...]
> Sólo quiero decir que eres testigo desde todas partes
> huésped del tiempo frente al repertorio de la memoria y del oráculo.
> y que cada lugar es un lugar de encuentro como el final de una alameda (37).

Este escenario límite perpetuado desde siglos, desde este punto aespacial y atemporal y desde el cual la hablante es testigo omnipresente con quienes han sido congregados sin saber por qué o quién; sigue en "Grandes maniobras",

> No puede ser aquí donde se libra la batalla [...]
> Entre ascenso y caída
>
> Más allá o más acá, una zona en alerta
> una tierra de nadie adonde nos convoca a oscuras y acudimos,

aun más incompletos, aun más mutilados,
casi a punto de ver, siempre al alcance de la sanción de la muerte (41).

En esta zona yacen los secretos ancestrales de la humanidad (lo inconsciente colectivo), prontos a develarse a la visionaria, aunque la ruta presente un sin fin de peligros psíquicos (el riesgo de perderse en el caos inconsciente) a los cuales no se puede desafiar impunemente. Esta última fase era una de las preocupaciones de Orozco, irrefutable en vida: ¿se habla aquí de la batalla creativa o de la batalla humana inmutable desde los principios y que no ha cambiado excepto por las armas más mortíferas? La voracidad de riqueza y poder sigue inalterable, los medios más letales que parecen multiplicarse si no nos responsabilizamos y nos hacemos conscientes de nuestros planeta y de los otros seres humanos terminará en "una zona en alerta / una tierra de nadie adonde nos convoca a oscuras./ [...] aun más incompletos, aun más mutilados".

En *Travesías*, Orozco cuenta que no sabía lo que estaba pasando en los años de los desaparecidos, como la mayoría en esa época, debido a la censura. Sin embargo, desde mucho antes escribe poemas que apuntan a lo que ocurriría, como lo explica Eduardo Chirinos en *La morada del silencio*, en su análisis de "Sol en Piscis" de *Los juegos peligrosos* (1962), señalando que el fragmento que empieza con "Solamente los muertos conocen el reverso de las piedras" y termina con "Es necesario saber como si no estuvieras" (cit. en Chirinos 1998: 111),

admite una lectura política y profética de la situación argentina de los años 60 y 70: la tragedia de los desaparecidos, el silencio que rodea la verdad acerca de los más horrendos crímenes, el miedo de aceptar las pruebas más obvias, el temor de pensar en las muertes que pesan como un fardo en la conciencia, conducen a la hablante a una demanda por la canción como reclamo ante la coerción impuesta por el silencio. [...] la segunda estrofa revela la azarosa existencia de dicha canción ('Es un grito de náufragos que las aguas propagan borrando los umbrales para poder pasar') [...] las preguntas de la tercera estrofa tienen como única respuesta el silencio. El reclamo por la palabra exige su angustiante búsqueda ("Escarba, escarba donde más duela en tu corazón") (*Ibíd.*: 187-188).

Notas de "Alrededor de la creación poética", de Olga Orozco (Regalo de la poeta en agosto de 1998)[31]

La poesía puede presentarse al lector bajo la apariencia de muchas encarnaciones diferentes, combinadas, antagónicas, simultáneas o totalmente aisladas,

[31] Olga Orozco me ofreció, regaló, 8 páginas mecanografiadas por ella sobre su creación poética la última vez que la vi en su apartamento de Buenos Aires, en Arenales, el 6 de julio de

de acuerdo con la voz que convoca sus apariciones. Puede ser, por ejemplo, una dama oprimida por la armadura de rígidos preceptos, una bailarina de caja de música que repite su giro gracioso y restringido, una pitonisa que recibe el dictado del oráculo y descifra las señales del porvenir, una reina de las nieves con su regazo colmado de cristales casi algebraicos, una criatura alucinada con la cabeza sumergida en una nube de insectos zumbadores, una anciana que riega las plantas de un reducido jardín, una heroína que canta en medio de la hoguera, un pájaro que huye, una boca cerrada. Las imágenes creadas por sus resonancias se fijan, se superponen, se suceden. ¿Cuál será la figura verdadera en este inagotable calidoscopio? Todas y cada una. La más libre, la más trascendente sin retóricas, la no convencional, la que está entretejida con la sustancia misma de la vida llevada hasta sus últimas consecuencias. Es decir, la que no hace nacer fantasmas sonoros o conceptuales para encerrarlos en las palabras, sino que hace estallar aun los fantasmas que las palabras encierran en sí mismas.

Pero estas conclusiones anuncian características y no significados de la poesía. Y es casi fatal que así sea, porque la poesía en su esencia, en su representación total, así como el universo, como esa esfera de la que halaban Giordano Bruno y Pascal, y varios siglos después el mismo Borges, y cuyo centro está en todas partes y la circunferencia en ninguna, es inaprensible. No se la puede abarcar en ninguna definición. Cualquiera sea el centro cambiante desde el que se la considere —pepita de fuego, lugar de intersección de fuerzas desconocidas o prisma de cristal para la composición y descomposición de la luz— su ámbito se traslada cuando se lo pretende cercar y el número de alcances que genera continuamente excede siempre el círculo de los posibles significados que se le atribuyen. Intentar reducirlos a una fórmula equivale a suspender el vuelo de una oropéndola, a paralizar a un ángel, a domesticar a un dios natural y salvaje y a someterlos a injertos, a operaciones artificiosas y disecciones hasta lograr cadáveres amorfos. Y aun la definición más feliz, la que parece aislar en una síntesis radiante sus resonancias espirituales y su mágica encarnación en la palabra, no deja de ser un relámpago en lo absoluto, un parpadeo, una imagen insuficiente y precaria. La poesía es eso y algo más, mucho más. [...]

El poeta sólo puede intuirlo por medio de los recursos que domina "confundiendo así de alguna manera el camino con el objetivo" ya que se refiere a la poesía desde el propósito que ha sustentado su acto creador, porque aunque las consecuencias de éste sean insospechadas, sus procesos están delibe-

---

1998. Quedamos en que la visitaría al siguiente año pero murió el 15 de agosto de 1999. Se reproduce aquí un extracto de dicho texto.

radamente o no marcados por la intención de quien los suscita. Es decir, la intención inicial del poeta tiñe en un sentido último a su poesía, a esa faz particular de la poesía. Quiéralo o no, cada uno funda su arte poética, aun remitiéndose a la negación de toda regla, y le impone sus leyes: las de la libertad absoluta, las del rigor extremo, las del abandono y la brusca vigilancia. Bajo estas directivas que rigen un material en ebullición, una arquitectura pétrea o una sustancia cristalina, el acto creador se convierte, en uno u otro caso, en arco tendido hacia el conocimiento, en ejercicio de transfiguración de lo inmediato, en intento de fusión insólita entre dos realidades contrarias, en búsquedas de encadenamientos musicales o de símbolos casi matemáticos, en exploración de lo invisible a través del desarreglo de todos los sentidos, en juego verbal librado a las variaciones del azar, en meditación sobre momentos y emociones altamente significativos, en trama de correspondencias y analogías, en ordenamiento de fuerzas misteriosas sometidas a la razón, en dominio de correlaciones íntimas entre el lenguaje y el universo [...].

María Rosa Lojo: escritora visionaria

> Situado en la pureza, tu cuerpo se ha hecho espejo y transparencia: verás.
>
> (Lojo 1991: 61)

Decía Julio Cortázar que gran parte de sus cuentos "fueron escritos [...] al margen de [su] voluntad, por encima o por debajo de [su] conciencia razonante, como si [él] no fuera más que un médium por el cual pasaba y se manifestaba una fuerza ajena", como si estuviera en un trance.[32] El proceso se inicia para él con un desdoblamiento súbito que da lugar a un estado de conciencia alterado, enajenado del yo racional desplazado o expulsado a otra zona inconsciente, poblada de imaginería onírica, alucinante e irracional (*Ultimo round*). Louis Aragón, William Blake, Allen Ginsberg, entre otros, llaman visionaria a la experiencia de disolución de la percepción racional en busca de trascendencia; sin embargo, el proceso mismo no es siempre una búsqueda sino más bien una apertura a la vida y al mundo en sus diferentes manifestaciones.

Desde su primer poemario, los versos de María Rosa Lojo despliegan rasgos visionarias inexplicables racionalmente, por lo cual me limitaré a comentar

---

[32] "Algunos aspectos del cuento", en *Revista Casa de las Américas*, 15-16 (noviembre 1962-febrero 1963): 7.

el producto que habla por sí mismo, destacando algunos versos que patenti-
zan esta modalidad, citando declaraciones de Lojo sobre la génesis y desarrollo de su proceso creativo.

El fenómeno poético y más el del proceso creativo visionario, indomable a
la mentalidad racional, ha sido poco investigado, en parte por el escepticismo
y temor de lo oculto, desconocido o inconsciente que el racionalismo occidental ha tratado de eliminar, ignorándolo o negándolo. Sin embargo, no se
duda de la experiencia del sueño, pese a su irracionalidad, porque es una
manifestación común y cotidiana, mientras que las alucinaciones y/o visiones
sensoriales-sensitivas como la intuición (si se puede considerar esta última
como un sexto sentido, y si hay un séptimo que va más allá del intuitivo, es el
del visionario) despiertan dudas y hasta la sospecha sobre la cordura de quien
las cuenta.

Por lo general, los visionarios han sentido la llamada desde su niñez. Lojo
escribe poemas desde los 12 años (Pfeiffer 1995: 110).[33] Su poesía seduce
por la sutileza verbal lírica de matices delicados sin afectación, pero el hechizo
inicial se convierte en perplejidad e incertidumbre frente a una imaginería alucinante e inasible. Enrique Molina resume que, en la poesía de María Rosa
Lojo, "se pasa continuamente de una realidad liberada a una realidad profunda" (Lojo 1998: contratapa), realidad elusiva, inquietante que en su primer
poema de *Visiones* (1984), bajo el sugestivo título de la primera parte "Signos
oscuros", anuncia un recorrido entre realidades nebulosas:

> Con pasos de cazador nocturno, escuchando el murmullo de los astros que
> caen sobre las aguas quietas, con pasos de peregrino y de amante en vela, con los
> ojos atónitos del que alcanza la orilla de otro mundo inconcebible durante el
> sueño.

En este escenario sorpresivo, la protagonista divisa a un misterioso intruso
que sigilosamente se acerca maravillado. En la primera lectura pasan desaper-

---

[33] Ana María Rodríguez Francia analiza algunos aspectos lingüísticos de los primeros poemarios de Lojo, así como algunos paralelos intertextuales en cuanto al sentimiento sobre la
poesía entre las citas de los epígrafes en *Visiones* y la visión poética de Lojo. Ellos son: Rainer
María Rilke ("Aprendo a ver […] Tengo un interior que ignoraba"); San Agustín ("[…] intuimos
con la mirada del alma la forma de nuestra existencia […]"); Carson McCullers (versos de *El
corazón es un cazador solitario*); Arturo Rimbaud ("Visto bastante. La visión se ha encontrado en
todos los aires […] !Oh rumores y visiones!"); Eráclito de Efeso ("Una misma cosa en nosotros
lo vivo y lo muerto, lo despierto y lo dormido […] lo uno […] es lo otro y lo otro, a su lugar
devuelto, lo uno"); Dámaso Alonso ("[…] [¡]Amor, amor, principio de la muerte!"); Friedrich Höl-
derlin "[…] Cercano está el Dios, y difícil es calmarlo" (1996: 132-133).

cibidos sus sentidos sobrehumanos, "escuchando el murmullo de los astros sobre las aguas quietas", imágenes sinestésicas, atrayentes, pero que no transmiten ese mensaje tan alejado de la realidad consciente. En la relectura obligatoria de un texto tan inasible, pero henchido de posibilidades, surge un cuestionamiento sin respuesta sobre "el sonido de los astros en el agua" o sobre el intruso "con pasos de peregrino y de amante en vela", ojos desorbitados y penetrantes en un mundo aún "inconcebible" en el inconsciente personal de los sueños comunes. Y sigue, en los últimos versos de este poema lo que en una primera lectura podría parecer el recuerdo del propio nacimiento, pero

> ... así te asomas a
> las aguas donde el mundo se invierte,
> donde las formas reales del ser y del amor te miran
> desde balcones ya intocables, desde terrazas
> desamparadas y olvidadas, desde los cuartos
> de infancia donde la madre cantó por vez
> primera en el abrirse original del día, en el
> momento del júbilo y el tránsito.

¿Cuál es la realidad de este ámbito, de "formas reales del ser" de objetos intocables? ¿Se reflejan las figuras del balcón invertidas en las aguas de un lago o de algo más misterioso? ¿Se rememora el propio nacimiento o la primera percepción del canto materno? ¿Evoca la imagen psíquica-simbólica-mitológica a la madre prístina arquetípica que abarca voz y luz, tierra y agua: fuentes generadoras de vida terrenal y también la transición de la salida del ámbito edénico al mundo externo?

Según Cirlot, el "'cazador nocturno' acecha con pasos silenciosos en la oscuridad", como el amante peregrino del poema, quien avanza a ciegas en busca de la "aventura del caballero andante" (1979: 357-358), lo cual concuerda con la nocturnidad del cazador y del amante; pero, también con

> el origen celeste del hombre, su 'caída' y su aspiración a retornar a la patria celestial, todo lo cual da al ser humano un carácter de extranjería en la morada terrestre a la vez que una transitoriedad a todos sus pasos por la misma. El hombre parte y regresa (exitus, reditus) a su lugar de origen. Precisamente porque la existencia es una peregrinación, ésta tiene valor religioso. [...] relación con el laberinto como tal y tender a superarlo para llegar al 'centro' (Ídem).

La imagen sinestésica del "Murmullo de los astros que cae sobre las aguas quietas", más que apelar al oído sugiere centellas de luz en la quieta superficie de un cuerpo de agua convertido en espejo donde se reflejan las imágenes invertidas, nada extraño en una noche de luna y estrellas. Cerca de la mitad del poema se revela un tú cuya visión desplazada del sujeto llega de un recorrido nocturno sigiloso alucinante "con los ojos atónitos del que alcanza la orilla de otro mundo inconcebible durante el sueño" (4-6). ¿De qué mundo inexplorado, que ni en sueños se lo encuentra, llega esa figura alucinada? ¿De qué experiencia proviene esta visión y las siguientes imágenes ajenas a la existencia ordinaria?, "formas reales del ser y del amor te miran desde balcones ya intocables desde terrazas desamparadas y olvidadas, desde los cuartos de infancia donde la madre cantó por vez primera en el abrirse original del día, en el momento del júbilo y el tránsito" (1er. poema, *Visiones*). Los primeros versos del segundo poema parecen responder:

> Son los ojos de la oscuridad, los ojos de
> aquello que aún en lo más claro está cubierto.
> Son los que miran sin que puedas adivinar su
> color, los que susurran y compadecen en su
> impiedad de faro desnudo, de murallón levantado en la más alta noche.
>
> Las olas dan,
>
> una y otra vez sobre la niebla. Las olas dan
> pródigas de sí mismas, una terrible dádiva que
> no cabe en la mano humana, un oráculo que
> ningún oído traduce, un esplendor para unos
> ojos más densos. Para los ojos de las tinieblas
> que giran en el borde del tiempo, suspendidos, a punto de caer sobre
>
> el tibio amor de la
>
> inocencia que aún no siente...

Esta visión traspasa la oscuridad, lo oculto, no sólo en las tinieblas sino también en la luz; ojos que ven, pero son invisibles. Nadie más sabe acceder a esa dimensión. Mantienen el sentido de la vista pero son imperceptibles a los demás Y el sentido del oído poco agudizado percibe los susurros nocturnos. La contraposición de imágenes antitéticas que aparecen y dejan de estar o ser se oponen entre compasión/impiedad; faro desnudo/murallón levantado en la oscuridad y se niegan mutuamente sin aclarar los susurros y vislumbres que le llegan constantemente al protagonista de este drama, así como las reiterativas y abundantes aguas del mar que aquí caen "sobre la niebla", imposibles de retener en una mano metonímica que condensa figurativamente a la hablante. Todas las imágenes de posible apertura, visión y sonido se oscurecen, silencian, crecen, se vuelven inasibles; pero ya la captación de los destellos o susurros permiten un vistazo del otro espacio:

Las olas dan,
una y otra vez sobre la niebla. Las olas dan
pródigas de sí mismas, una terrible dádiva que
no cabe en la mano humana, un oráculo que
ningún oído traduce, un esplendor para unos
ojos más densos. Para los ojos de las tinieblas
que giran en el borde del tiempo, suspendidos, a punto de caer sobre el tibio amor de la
inocencia que aún no siente, sobre el anhelo
del pensamiento que ignora, sobre las cosas
del día, las que viven su vida leve en las amarras de la tierra firme,
                                    no maduradas por ninguna muerte.

El "oráculo" intraducible excepto para los "ojos densos" "de las tinieblas/ que giran en el borde del tiempo, suspendidos, a punto de caer [...]", ojos aún no nacidos, incapaces de acceder a la a-temporalidad que desafía los sentidos. Esta respuesta, tan enigmática como el proceso, impide una interpretación racional, postergándose el sentido infinitamente pues las posibilidades interpretativas del símbolo, creador de mitos, son inagotables.

¿Qué figura primordial está detrás de la imaginería visionaria? El arte es simbólico, proviene del espacio psíquico creador de mitos y sueños. El símbolo es el principio de una intuición apenas perceptible que va "más allá del nivel de nuestros poderes de comprensión actuales" (Jung 1966: 76, par. 118). Colmado de significación, mantiene el misterio que le otorga pluri-dimensionalidad y, en el arte, la persistente renovación del texto en cada lectura. Para Lojo, el símbolo conlleva: "Ambigüedad. Misterio. Inagotabilidad. Vinculación con experiencias profundas y básicas de la vida humana" (1997: 106). Comenta también que en poesía,

hay un ritmo y una música que trae la imagen consigo. Carmen llamaban los latinos a la poesía: esto es, encantamiento, hechizo. Ésa es la raíz de lo poético y el artista lo sabe. Así como la imagen se apodera de uno, los artistas queremos que se apodere de los demás. Envolverlos en su red, y eso se logra artísticamente. Lo que no se puede producir racionalmente es la imagen primera misma. Ese estallido donde se origina el poema es anterior a la técnica, anterior a la razón (entrevista en este volumen).

A Lojo se le presentan imágenes cuando reposa "sobre todo en ese momento intermedio que precede al sueño. Hay un flujo incontenible de imágenes. También al despertar [...] cuando uno deja fluir las asociaciones libres" e igualmente cuando viaja. O cuando no tiene una tarea específica, "aparecen realmente cataratas de imágenes. Me deja el caos diario y entro en el caos interior de las imágenes. Tengo una gran facilidad para que se suscite esa situación", por lo cual no la sorprenden ni atormentan, las asume como parte de su vida cotidiana. Explica que todos sus

> poemas en general surgen de imágenes de este tipo. Por ejemplo [...] "Fragilidad de los vampiros", se trata de la imagen del vampiro, pero no como el ser terrible de las películas de Drácula sino como una especie de mariposa, de luciérnaga extraña que se puede atrapar. [...] No podría decirte [...] qué significa aquí el vampiro, supongo que si uno busca paralelos simbólicos [...] es como atrapar el otro lado de la realidad, el secreto de la inmortalidad, el secreto de la vida, lo oscuro que es también lo bello[...]. Lo que para otros es lo tenebroso, lo indescifrable, lo deletéreo, lo que va a llevar a la muerte, en realidad es la belleza que inmortaliza (entrevista en este volumen).

"Semejanzas", en *Esperan la mañana verde*, bosqueja el movimiento del poema con imágenes dinámicas de un recorrido precario sobre una "cuerda de viento" inasible e invisible como el ingreso a "la rueda de fuego" que derrite el filo de hielo, perfilando una sensación de inminente caída;

> Como un salto de animales por la rueda de fuego, como una caminata mortal sobre una cuerda de viento, en equilibrio sobre una tierra cortada, en puntas de pie sobre un cuchillo de hielo que se va deshaciendo a cada paso. Así, el poema (1998: 15).

Con los cuatro elementos en juego: fuego (aro), aire (viento), agua (hielo) y tierra (donde lo anterior termina), lo que podría parecer un equilibrio natural, para esta acróbata "sobre una cuerda de viento" que se siente rodeada por un aro de fuego "en puntas de pie", suspendida en el aire "sobre un cuchillo de hielo" cortando una fisura en la tierra si logra mantener el equilibrio mientras se derrite el hielo, asegura su penetración en el subsuelo de "la tierra cortada" para indagar sus secretos o hundirse en las tinieblas. Aquí se acentúan los peligros de internarse o de ser llamada a este ámbito que sin ser completamente ajeno ni prohibido es demasiado lejano y tremendo. El tono, sin embargo no es aterrador, más bien es de serenidad; la poeta confiesa que "[u]n poema es un relámpago, un acontecimiento de lenguaje brusco y destellante. Surge de una imagen imprevisible que se impone –se ve– más allá de su significado y de cualquier racionalización, y 'exige' de alguna manera que se dé cuenta de ella" (entrevista en este volumen).

Para Lojo hay dos soportes espaciales: uno va hacia 'lo profundo' (vinculado con 'lo oculto'), pues parece haber algo al fondo como un caudal huidizo fluctuando y hundiéndose inmutablemente en un terreno más y más desconocido y distante. Lo 'abierto' o la 'intemperie' es el otro eje: oquedad expuesta al cosmos, a lo inhumano e inclemente. Esta zona de éxtasis —etimológicamente, salida— desde los límites de uno mismo hacia 'lo otro', donde puede hallarse la plenitud y la libertad, o el terror de lo indefinido e indefinible, lo que no se puede abarcar ni medir con la palabras: lo desmesurado y excesivo insinuado en el poema "Hacia lo abierto" que expresa esa vivencia de 'lo abierto' (Lojo 1991: 33) y comienza así

> En lo más fino y gris, desasida, expulsada, lejos del hábito y del morar, en el comienzo, entre la primavera y el otoño, acechando el hielo inaudible de las pisadas, sin ver huellas (entrevista en este volumen).

Este escenario fantasmal ilimitado evoca la configuración inicial en "Elegía en blanco y gris" de Fagundo, entre otros poemas de esta poeta en "Visión". Para Lojo, ese poema es tan raro y parecido a "Cortinaje" (de *Forma oculta del mundo*), pero en éste, el tono es más que aprehensivo. Su lectura inquieta y causa incredulidad por tratar del recuerdo de otra vida y su muerte o la anticipación de la muerte en esta vida, o puede ser una experiencia común a la humanidad que se la presenta a la visionaria. Es solamente posible especular, sin haber tenido la experiencia.

> Nadie te ha visto y *crece el miedo en las cortinas blancas, a la
> luz de otra edad*. El amado resucita, el padre y la madre que te
> hicieron el mundo, las piedras de la fundación. Entre las alas y
> el verano de música, la distancia se ofrece.
> Alguien te levanta y te ata al suave caballo rojo que te espe-
> raba siempre, *tras las cortinas blancas que velaron
> tu muerte* (47, mi énfasis).

Aunque es común a la humanidad, la experiencia primordial parece imposible porque es muy diferente del diario vivir actual. Sin embargo, así como sacude y altera a quien la articula, perturba también a quien lee el producto visionario, lo cual "le da su valor y su desgarrante impacto" (Jung, *OC* 15, par. 41)[34]. Como guiada por una energía autónoma intrusa, la poeta vislumbra imágenes que parecen provenir de otra dimensión.

El siguiente poema da la sensación de un vacío mental y emocional causado por un sujeto disgregado entre ámbitos superpuestos: el de la cambiante

---

[34] "It is a primordial experience [...]. The very enormity of the experience gives it its value and its shattering impact".

tarde poblada de una imaginería alucinante, de sonidos sin un emisor concreto, con un dios contemplándonos "en el fondo del espejo". ¿A quién contempla? ¿De quién, qué puertas han golpeado? ¿Son puertas metafóricas o es la hablante la receptora humana empeñada en su busca de Dios a quien le atribuye su propio reflejo, del mismo modo que se le ha atribuido la semejanza al ser humano?

> Han golpeado las puertas, claramente,
> con un sonido perenne de órgano y de clavicordio,
> con un sonido de alguien que no
> muere. Y sólo está fuera la tarde, la enorme
> tarde gris, hueca y abierta como un cántaro de
> bordes arrasados, un cántaro sin bordes
> donde un dios nos contempla en el fondo del
> espejo.

Todo lo cual nos remite a un cuestionamiento sin respuesta:

> Han golpeado la tarde llena de árboles, la
> tarde acosada por frentes estudiosas y perturbada
> por el amor... que huele como
> una resina de bosques un tronco herido,
> huyéndose a sí mismo, cantándose a sí mismo
> con su lengua de humo.
> Te han golpeado, y es la nada entre tus
> sienes, y es el vacío en lugar del corazón,

Desdoblado el yo en un "tú" a quien observa desde fuera, sigue,

> mientras el cielo rueda en torno de ti: tú el
> despojado el que la hiedra corona como a
> una casa en ruinas, tú el arrojado a la insaciable
> soledad del mundo, el que arde como una
> cuerda pulsada por manos indecibles: tú el
> aterido en la tarde que se estremece (Visiones poema 3º).

A Lojo no le ocurren los cambios extremos como a algunos visionarios si no comunican su visión, pero explica que

Quizá no se llega a la enfermedad, pero la "visión no declarada" es una cuenta pendiente [...] que irrita, perturba, y desconcierta. Una urgencia que puede experimentarse de manera trágica. En Marginales, el único libro de cuentos que publiqué (si se puede llamar cuentos a estos textos que participan también del ensayo y de la poesía) hay un relato, "La Ciudad de la Rosa", cuyo eje central es tal vez la problemática de la creación visionaria. Uno de los personajes, la Cazadora, es una figura muy clara del artista visionario, desbordado por formas desconocidas e inexpresables de las que debe dar cuenta. Por eso, para poder decirlas de algún modo, va a ver al Imaginero: "Maestro —me suplicó— quiero palabras. Dame palabras antes de que perezca conmigo la visión, antes de que yo misma muera en la visión" (1986: 92). Por otra parte, la Cazadora desconfía profundamente de las limitaciones del lenguaje, siente que toda palabra es precaria e infiel, en tanto detiene en una forma arbitraria, el flujo irrepetible y relampagueante de la visión. Por eso quizá, también, su oficio es ser una Cazadora, en busca de piezas desdichadamente condenadas a morir, al ser capturadas (entrevista en este volumen).[35]

El primer poema de la tercera parte de *Visiones*, titulada "Revelaciones", empieza con una cita de Arturo Rimbaud, cuyo último verso, "¡Oh rumores y visiones!" apunta a lo que sigue en esa sección, donde se reitera la elusividad de la visión y la aparente imposibilidad de expresarla justamente, de nombrarla en un pasado lejano.

> Así es como conozco la mañana alarmada
> Por su cántico trémulo. Viene a darme lo que
> aún no soy, atravesada por exclamaciones y
> promesas [...].
>
> El hijo de David aún no ha
> nacido. Veo el pequeño camino del campo
> por donde han de pasar los carros afanosos
> pobres y alegres libélulas indómitas.
>
> Toda mi
> palabra es una gran torpeza, ducha en entrelazar visiones indecibles. [...]
>
> (*Visiones*, poema 10°).

La referencia al "hijo de David" todavía en el porvenir alude a una época bíblica o prebíblica, donde el yo poético todavía no nacido tiene más clara la visión del mundo, aunque en una época prelingüística no le es posible expresar verbalmente lo que entonces le era fácilmente perceptible.

El último poema de la segunda parte de *Visiones*, titulado "La palabra muda", se acerca a un testimonio de lo que no es "el don" y la variedad de las

---

[35] Ver, sobre este relato, el artículo crítico de Rodríguez Francia (1996).

visiones según los receptores. La voz poética precisa lo que no es la visión, puesto que la experiencia misma es imprecisa,

> No es un objeto, un rostro, un nombre. Esta
> visión a través del objeto, del rostro, del nombre,
> lo reclamado. No es la mano que ha de
> tomar su imagen en sí para que ella no con-
> suma sus propios ojos; no es el amor. Es el
> mundo sin habla, la inabarcable tierra cercada
> inútilmente por todo el rápido mirar de los
> pasajeros exteriores, los industriosos vecinos
> que sacuden el polvo de sus plantas en las
> esferas de tu mansión sin número, sin seña
> alguna que la identifique (*Visiones*, poema 9°).

En este poema no hay un referente concreto al cual recurrir ni del cual asirse, ni tampoco un yo consciente. El proceso creativo visionario no sigue el mecanismo mental ni automático, puesto que la actividad inconsciente, espontánea y dinámica se manifiesta sin la participación del yo consciente, así como ocurre en sueños, pesadillas, ensoñaciones, alucinaciones o fenómenos semejantes que asaltan los sentidos súbitamente hasta tal punto que "a la mente consciente no sólo le influye el inconsciente sino que en realidad lo guía" (*OC* 15, par. 114), mucho más cuanto más se lo ignora. Al reconocerlo se podría encontrar un equilibrio. El proceso creativo, como *complejo autóno-mo*, capta la energía psíquica colectiva inconsciente, la misma que se comporta como "una autoridad extraordinaria capaz de fustigar o estimular al yo para sus propósitos" (*OC* 15, par. 115). En la segunda parte del poema ante-rior, el yo escindido observa a "otro" cuya lengua "de áspero cristal" es "rugo-sa y fría", solitario con sus quejas que lo mantienen encerrado, mientras el tú frente a la misma puerta recobra algo con la mirada y expone sensaciones y emociones encontradas.

> El otro exhibe su lengua de áspero cristal
> rugoso y frío. Tú también estás a las puertas
> con tu mirada de mundo rescatado, ofrecido
> para que alguien lo reconozca. El otro está
> solo y oye sus propias quejas, sus insolubles
> cárceles hirientes.

La imagen se le impone al hablante que atestigua su desplazamiento o dis-gregación del yo:

Te vuelves con el don que
tampoco es tuyo, con el lenguaje concebido
en la insistencia, con ese desgraciado balles-
tero que nunca da en el corazón de nada (*Visiones* poema 9°; mi énfasis).

Insistencia que presiona a la creadora para que, por medio del lenguaje, le dé voz a la imagen o palabra todavía muda en la mejor forma que exprese la experiencia del proceso que la estimula. La tenacidad de la energía psíquica impersonal, dinámica y espontánea que guía la creación visionaria acosa a la poeta, quien inundada de imágenes extrañas e involuntarias, como le ocurre a Lojo, acepta la avalancha sin angustiarse. La imaginería en "Transfiguraciones" sugiere un estado escindido tal como el anterior. La voz lírica observa su cuerpo autónomo: "Situado en la pureza, tu cuerpo se ha hecho espejo y transparencia: verás" (1991: 61), transformación físicamente improbable en el mundo concreto, pero no imposible en el ámbito mitopoético, onírico, visionario polisémico que permite vislumbrar otras dimensiones o posibilidades de conocimiento. Al mismo tiempo, al despojarse del subjetivismo frente a un ámbito tan extraño, se aliena el placer automático de la lectura ingenua, más allá del distanciamiento crítico, por lo cual fastidia, creando una incertidumbre incómoda.

En "Donde el viajero se despoja", el vidente revela su certeza de que "Hay más —tendrías que haberles dicho—. Hay más ¿Por qué / no ven también?", pregunta, no retóricamente, pues no todos son visionarios, aunque nuestros más lejanos antepasados lo fueran. También sugiere la milenaria búsqueda alquímica, auto-cognoscitiva, metafísica, mítica, psicológica, religiosa, trascendental, la que cambia nombres, propuestas, títulos, pero que en última instancia se reanima y robustece cada vez que parece desaparecer la necesidad de una esperanza que asegure un más allá todavía incognoscible. La visión en el poema da lugar a un entretejido de elementos discordes inaudito en imágenes que rescatan un aspecto de la búsqueda alquímica, para quienes el oro verde representaba:

el claro acero celeste sobre las estaciones, el
azul esqueleto del espíritu y este agrio, desierto, áspero suelo
del vivir. Cava más hondo, más. Estos planos agrestes, superpuestos... Te dices: el color del asfalto es como el de los huesos
en su armadura irracional, errante, se te aparece toda la historia
de la raza que caes.
Insistes: qué es el gris radical de la tarde viajera. Hay un recuerdo de antes de
nacer que debes hallar para saberlo, una vida vieja vida vivida en los bosques
profundos. Insistes. Más abajo,

en la sumergida planicie de tonos neutros, de severos colores
incipientes, oyes entrechocarse el vago rumor mineral de las
cosas, de los objetos mecánicos y olas exactas manos operarias y
la violencia sin nombre de lo que rueda
Quieres tu yo y no lo hay: es un incesante y complejo ramo de seres o de visiones, desmembrados y finos recuerdo de
muchos mundos. El más remoto y amado quien imagina:
ese guerrero que atraviesa infinitamente los altos montes de la
madera viva y cerrada, el morador de las doradas tierras sus-tentadoras de casti-
llos y huéspedes. El más rasante y próximo:
este subsuelo de la luz pétrea, las carreteras sin límite bajo la cómoda conciencia
común, donde el viajero se despoja, inmisericorde (1991: 66).

Podría el poema aludir al *opus* alquímico,[36] a posibles vidas en distintos espacios al mismo tiempo, o en otro tiempo, en diferentes estados de conciencia u otras innumerables posibilidades, especulaciones, conjeturas, sondeos filosóficos, gnósticos, esotéricos o a la percepción visionaria que parte de ésta o la suma de las anteriores. El hecho de haber intuido, cuestionado, estudiado las posibilidades de vida, muerte, otras vidas anteriores y se siga haciéndolo a un nivel profundo pero inexplicable en cada época del desarrollo humano, prueba que el "hombre religioso" de Mircea Eliade (1975) o la psique humana en busca de reintegración individual y comunal existe y persiste. *Forma oculta del mundo* reitera algunos aspectos examinados anteriormente:

Arrancada sin violencia del confín sigiloso, puesta claramente
en espacio, dejas las aguas que los días han filtrado sobre la
grava y aquella fragua severamente gélida que ahuyenta a los
forjadores, *los maestros en la transformación.*
Forma oculta del mundo traspasadora de las tierras compac-
tas , allí donde reclama con cercanía el fresco temblor impalpable de la primavera que desdeñan (Lojo 1991: 67; mi énfasis).

En la creación poética de Lojo la modalidad visionaria sobresale de tal manera que se merece un estudio más comprensivo que incluya toda su poe-

---

[36] Para los alquimistas, el oro verde, tesoro o metal transmutable era la metáfora de la indagación interior para transformar el alma o psique y poder acceder a la realidad completa, perceptible a los iniciados, artistas, místicos entre otros pocos. Algunas de las pinturas de Sábado ilustran esa búsqueda. Véase: *El pintor Ernesto Sábato* (1991: 64, 70, 71 y 79), entre sus otras pinturas de visiones y visionarios, que incluyen a Sábato, y otros visionarios como Baudeleire, Domínguez, Dostoievsky, Hesse, Kafka, Nietszche, Sartre, Woolf, entre otros.

sía y también su narrativa. Por el momento, aquí su poesía exterioriza la vitalidad visionaria contemporánea. En cuanto a su narrativa, Lojo confiesa que siempre hay

> un personaje vivo que me empieza a inquietar y al que siento como si fuera una persona al lado. Es una impresión muy fuerte. Cuando va a ser poesía surgen las imágenes, hay imágenes sensoriales y hay música. La poesía es una combinación de imagen y música que se me presenta en forma de iluminación o destello, intenso pero muy fugaz y que va a desaparecer, entonces tengo que escribir el poema [...] Es casi impostergable. En cambio... Una novela la escribo casi toda 'por dentro' y después... mecánicamente digamos. Pero suelo escribir mucho interiormente" (en Pfeiffer 1995: 113).

También admite Lojo en su entrevista con Pfeiffer que la gestación del proceso creativo es bastante parecida a la del embarazo. Los versos de "La pared" exhiben la imaginería sobre la gestación psíquica, la paciencia requerida de la mujer, la espera con todos los sentidos a los avisos y sensaciones que van sucediéndose mientras el proceso avanza:

> Del otro lado de la pared cantan el amor y el odio de todos los siglos. Vínculos de almas ya muertas que se estrechan en las grandes casas vacías, a la sombra de los bosques eternos. Podrías arrancarte la máscara que usas para dormir, cruzar del otro lado y escucharlos. Pero sigues escribiendo sobre la mesa de la fruta y el vino, sólo atenta al llamado de los trenes oscuros que cruzan infinitamente el mundo (Lojo 1991: 36).

Entre tantos otros poemas que ilustran aspectos del proceso creativo visionario me limito a enumerar algunos pocos del mismo poemario: "Magias" (9 y 19); "La canción" (11); "Bellezas" (12); "Ellos" (15); "Máscaras" (18); "Hilando con los rayos de la luna" (26-27); "Y es solamente un hueso un hueco..." (37-38); "Cosmos" (31); "Libertad" (35); "Dones" (55); "Otra blancura" (57) y "Duelos" (74), sin contar sus otros poemarios o parte de ellos, poblados de una imaginería mágica, onírica, sombras, cortinas metafóricas, fantasmas, terrores, entes nocturnos, pero también translúcidos y esperanzados.

La creación de Lojo, aparentemente sencilla, se problematiza en cada lectura, profundizándose pero sin aclararse completamente. Sugiere otra realidad más profunda, casi inescrutable y tenebrosa por la falta de respuestas. Si no se presta atención a los posibles avisos, éstos irán inflamándose hasta explotar eventualmente, mientras que si la comunidad toma conciencia, se evaporan sin mayor daño. En los siguientes versos, Lojo resume el por qué de su apertura a esa imaginería: "dejarlos acercarse o no a riesgo de perder una lección en la vida".

Dos poemas de Raúl Zurita inscritos en el cielo y en el desierto

El único sentido que tiene el arte
es hacer que la vida sea más visible.[37]

Raúl Zurita es uno de los poetas contemporáneos más innovadores en cuanto al empleo del lenguaje, técnicas, comunicación poética y resistencia socio-política en una época funesta para el pueblo chileno. Lo impulsa una fibra moral solidaria, religiosa y mística en un sentido propio, no muy distante del de los profetas bíblicos.

Su inmensa visión del paisaje chileno se ramifica por toda América del Sur y Central, hasta Norteamérica, en una voz profética contemporánea. Según Julio Ortega, Zurita "recobra el dramatismo oral del salmo, la retórica de la mística, la ironía del coloquio popular, el empaque de la prédica nacional, para inscribir en las hablas su desgarrado grito interior" (1991: 9). Además, éste es

uno de los poetas jóvenes más apreciados en América Latina, tanto por su persuasión mítico poética (la voz del poema reconstruye el espacio de la identidad puesta en crisis por la historia) como por su sistemático proyecto de reconstruir la voz tribal desde el salmo, la elegía, el versículo, la secuencia paralelística de un renominar para restaurar. Zurita sigue la lección nerudiana de una palabra cósmicamente situada, en una topología distinta, que ahora parte del malestar del sujeto en un mundo desustantivado. Así, su poesía testimonia los desajustes del sujeto histórico con un retorno a la tradición mística (477).[38]

---

[37] Raúl Zurita en Fernando R. La Fuente (1991: 19).

[38] Para Ortega: "Después de las exploraciones comunicantes, los más jóvenes ensayan en el espacio impugnador del texto rehacer el mundo desde la escritura, desde su precipitado sígnico no dependiente de sus códigos sino, más bien, liberado por el placer del grafema y el espacio gestual ocupado. Esta partitura es otra, un nuevo desnudamiento del signo, libre de logos comunicante, en busca de su lector cifrado, con lo cual se subraya [...] el hecho de que las varias lecturas no suponen un archilector sino varios lectores, librados a su suerte y hechos en su particular abecedario. Que estos marcos del leer se amplíen demuestra no sólo que la lectura no es un fenómeno natural sino que ella se desplaza por la letra como su noción más libre; trama y destrama, funda y desfonda, arma y desarma de acuerdo con sus nuevos márgenes, en movimiento circulatorio y respiratorio, incorporador y proliferante, siempre distinta en su ocurrencia y siempre resonante en su escenario de lo visto y oído" (1991: 9-10).

Zurita reconoce que su familiaridad con la Biblia y *La divina comedia*, desde su niñez, son los pilares en los que se afinca la estructuración de su tríptico que empieza con *Purgatorio* (1979), sigue con *Anteparaíso* (1982) para terminar con su monumental poemario *La vida nueva* (1994)[39] (más de 500 páginas de extraordinarios poemas testimoniales). Para acercarse al proceso que llevó a Zurita a escribir un poema en el cielo, grabar otro en la superficie del desierto, pasando por momentos tormentosos como quemarse la mejilla y tratar de enceguecerse, entre otros actos desesperados para lograr su visión, se debe indagar en las raíces que lo nutrieron y lo impelen, así como en momentos específicos que dispusieron su recorrido vivencial y poético.

Si bien la vida privada de un escritor no es parte de su producción artística ni debe ser el objeto de un análisis literario, en el caso de los creadores visionarios como los que forman parte de este libro, hay aspectos de su vida o parte de ésta que inciden en su proceso creativo y viceversa. Es más, en el caso de Zurita, la situación política y económica de la década de los setenta en Chile influyó concretamente en su vida, en su proceso creativo y en su producción artística, por lo cual resumiré los datos relevantes relacionados con la creación poética de Zurita únicamente, sin interferir en su vida privada ni tratar de psicoanalizar al ser humano. Además, me centraré en *Purgatorio* que –por la época en que se escribió– anuncia una de las peores pesadillas colectivas de su pueblo, entonces todavía desconocidas.

En 1973, con 22 años, se graduó de ingeniero civil y matemático.[40] Ese mismo año el golpe militar resultó en una dictadura androcrática que duró 18 años[41] La dictadura marcó y marcará física y psicológicamente a todos los chilenos y a Zurita, cuya poesía se solidariza con su país. Según Juan Armando Epple, este golpe "significó no sólo una ruptura violenta en la vida social y política del país, sino también una interrupción en el proceso cultural caracterizado hasta entonces por el diálogo abierto con la tierra, la historia y las tradiciones de Chile".[42]

---

[39] Su último poemario, *INRI* (2002), surge "a partir de la desollante imagen de los cientos de cuerpos que fueron arrojados al mar, las cordilleras de Chile […]. *INRI* […] representa una Pasión que hace de los paisajes un inmenso memorial" (reseña en: <www.fce.com.ar/detallesli-bro.asp?IDL=3053>).

[40] Nicanor Parra era profesor de matemáticas (noticia biográfica en *Anteparaíso*). Sábato se doctoró de físico-matemático. Zurita me explicó que no terminó la tesis para graduarse [oficialmente].

[41] El término *androcracia* es adecuado para esa época, como lo entiende Raine Eisler "a social system *ruled through force or the threat of force by men*" ("sistema social *regido mediante la fuerza o la amenaza de fuerza humana*"; mi trad. y énfasis; 1992: 105).

[42] Epple "considera que en Chile ocurrió un *Blackout cultural*", que las medidas drásticas coercitivas de la dictadura acabaron con toda posibilidad de producción artística. Entre 1974 y 1976, el país pasó por una fase de desarticulación forzada (1986: v-vi).

Mientras numerosos artistas, intelectuales y otros grupos fueron exiliados, las medidas represivas de la dictadura forzaron a otros a expatriarse, pero una mayoría tuvo que permanecer en el país. Con muchos de los que quedaron, Zurita, que había participado en los "movimientos estudiantiles universitarios" fue apresado el mismo día del golpe. En sus propias palabras, mientras simplemente caminaba,

> mirando cómo iban colocando las tanquetas. Y de repente me dicen: "Alto... Me tiré al suelo. Entonces ahí nos subieron... me pusieron en una fila donde había montones de tipos enfilados en una pared. Y ahí, bueno, ahí de frentón caí preso con muchos gallos y nos sacaron la correspondiente cresta y nos llevaron. Estuve cerca de veinticinco días en las bodegas del Maipo con miles de fulanos, en unas bodegas de barco donde había seiscientos tipos apelotonados. Allá, en la noche, se caía uno encima del otro" (Marras 1985: 40).[43]

Alrededor de 130.000 presos políticos fueron torturados durante tres años y muchos de ellos desaparecieron (*Enciclopedia Británica*). Esto causó un apagón cultural debido a las drásticas medidas coercitivas de la dictadura. La censura impuesta a los medios de comunicación y a toda manifestación cultural silenció cualquier posibilidad de libre expresión. En estas circunstancias, los artistas no exiliados o los que no pudieron dejar el país, "crearon un sistema de defensa propia conocido como autocensura", según Epple (1986: v), quien añade que:

> Entre 1974 y 1976, el país pasó por una fase de desarticulación de sus medios de existencia y de su identidad nacional históricos. El gobierno de Pinochet trató de imponer un sistema económico de mercado libre al mismo tiempo que controlaba la circulación de ideas permitiendo sólo aquéllas que expresaban valores individualistas. Pero entre 1976 y 1981 (los años del 'boom' del modelo económico y el período en el cual ciertas contradicciones en la orientación ideológica del régimen aparecieron), una nueva generación de poetas empezó a crear una apertura pública bajo circunstancias extremadamente difíciles. Muchos de estos escritores se habían educado a sí mismos pese al hecho de que les cortó del pasado de Chile, de la generación anterior que fue forzada al exilio casi en su totalidad. En un mundo de incomunicación, la poesía renovó su misión secreta y evidente de clarificar la nueva situación de vivir y salir del aislamiento y de la soledad. Estos nuevos poemas no circulaban en libros, sino en revistas provisionales, pequeños grupos literarios y reuniones poéticas y, sobre todo, lecturas asociadas con otros actos públicos (*Ibíd.*: vi).

---

[43] En el prólogo de Alejandro Tarrab, hay una declaración más elaborada sobre lo que le ocurrió a Zurita y a otros estudiantes el 11 de septiembre y los días siguientes (2004: 16).

A la incertidumbre se suma la impotencia por la cesantía general. Zurita, joven profesional sin trabajo ni posibilidad de encontrarlo y con la consecuente pobreza extrema, como gran parte de sus coetáneos, buscó cualquier tipo de trabajo sin ningún resultado. Explica que en esa época pasaba por una experiencia muy terrible, y cuando se quemó la mejilla en cierto sentido se volvió a reunir consigo mismo. "Con toda conciencia es lo que después pensé que tenía que terminar con el vislumbre, la felicidad, pero no de uno, sino de todos.... Ése fue el itinerario mismo... fue como un nacimiento... fue el chillido del recién nacido... si no hacía eso... moría" (entrevista en este volumen).[44]

Zurita cuenta que bajo la dictadura de Pinochet se encontró con un amigo con quien iba a subir a un autobús, pero cuenta que no se lo permitieron "por lo desarrapado, lo desastroso... y fue tanta la humillación, la sensación de pérdida que me acordé de la frase de Cristo: que si te pegan una bofetada en tu mejilla, tú pones la otra. Entonces, bueno me la voy a quemar, ése fue el razonamiento" (entrevista en este volunen). Separado de su familia sin la mínima posibilidad de encontrar trabajo ni de mantener a sus hijos, en un gesto de desesperación dio la otra mejilla para expiar la tentación del suicidio (Epple 1994). Hay que preguntarse si se marca físicamente el rostro para inscribir físicamente el dolor individual y tribal anímico y, si desamparado, expone la mejilla izquierda al fuego y al acero para exorcizar ritualmente la impotencia de la vida misérrima causada precisamente por el metal y el fuego de la dictadura, expiando así el peso de culpas propias y las del imaginario colectivo. Como el profeta que indaga y testifica por su pueblo, el visionario en su sociedad sueña por la comunidad. Así como la falta de sueño causa, entre otros problemas, falta de memoria e irritabilidad, la unilateralidad racionalista causa problemas de desequilibrio en la comunidad, pero multiplicados. El visionario detecta antes que sus coetáneos las corrientes psíquicas subyacentes y amonesta a su pueblo de los peligros por un lado y, por otro, anima y asesora a su gente

---

[44] Zurita confiesa en la entrevista a Epple: "A partir de un hecho completamente atroz y absolutamente solitario, cuando me quemé la cara (me imagino que como una forma de exorcizar la tentación del suicidio), descubrí la necesidad de re-crearme y comunicarme con otros. Cualquiera que haya vivido situaciones de angustia, de soledad, de miedo, sabe que independientemente de tantas cosas hay experiencias que nunca van a acceder al lenguaje, a constituirse en palabras, que nunca van a poder contarse. Pero entendí también que esa situación tan depresiva, que estaba más allá de cualquier posibilidad enunciativa, era capaz de expresar algo [...] la poesía como la corrección y la re-invención de la propia experiencia. De hacer de nuestra vida algo parecido a las lecturas míticas [...] de adueñarnos [...] no sólo de nuestra experiencia, sino de toda la historia" (1994: 874). Con esto responde a la pregunta de cómo se le ocurrió un "proyecto de tal envergadura" (Ibíd.: 873) que concluiría con *La vida nueva* "como una forma de exorcisar la tentación del suicidio", según sus propias palabras (Ibíd.: 874).

sobre la mejor manera de proceder para no seguir cometiendo los errores del pasado ni los del presente.

En su peor momento de desaliento y confusión, Zurita escribirá:

> mis amigos creen que
> estoy muy mala
> porque quemé mi mejilla (1979: 7),

versos con los que abre *Purgatorio*. Asume la voz femenina otra vez en el primer poema de la primera sección, "En medio del camino":

> Me llamo Raquel
> estoy en el oficio
> desde hace varios
> años. Me encuentro
> en la mitad
> de mi vida. [tenía sólo 23 años]
> Perdí
> el camino (*Ibíd.*: 11).

y al pie de ambas páginas, establece su identidad primordial, sin nombre público ni personal "EGO SUM QUI SUM" ["yo soy quien soy"], en grandes letras, debajo de su foto, a la izquierda (*Ibíd.*: 10) y del poema a la derecha (*Ibíd.*: 11). En "Domingo por la mañana", vuelve a asumir el papel femenino pero, esta vez, de santidad: "Me amanezco. Se ha roto una columna // Soy una Santa digo" (*Ibíd.*: 13). De prostituta a santa, sigue con desvaríos que el poema XXXIII responde, connotando que lo han internado en un sanatorio porque no está bien mentalmente:

> Me han rapado la cabeza
> Me han puesto estos harapos de lana gris
> —mamá sigue fumando
> Yo soy Juana de Arco digo la ardida
> la que se mordió entera de amor entre sus piernas (*Ibíd.*: 15).

Confinado y aislado sin género definido, insiste en que está bien, pero el poema XXXVIII lo contradice o apunta a otra dimensión, que no tendría significado para alguien racional:

> Le aseguro que no estoy enfermo créame
> ni me suceden a menudo estas cosas

pero pasó que estaba en un baño
     cuando vi algo como un ángel
"Cómo estás perro", le oí decirme
bueno —eso sería todo
Pero ahora los malditos recuerdos
ya no me dejan ni dormir por las noches (*Ibíd.*: 16).

Por su formación de ingeniero y matemático, Zurita se caracteriza por su exactitud y lógica, evidentes en el formato y técnica de su escritura. Sin embargo, como poeta y protagonista de sus versos, atestigua en sus versos la arbitrariedad de su propia experiencia y la de su pueblo en un momento intolerable de la historia chilena, del mismo modo que pasa por vivencias límite, desintegrantes, paralelas. En ese momento y situación irracional se tortura para entender ese mundo que debería sonreírle después de años de estudio, pero que en ese momento lo rechaza, acrecentando su desesperanza. El cambio de género en los poemas mencionados sugiere, por un lado, que asume el papel femenino porque proyecta su *anima* (contraparte psíquica del género opuesto) en el poema, pero también que al sentir el menosprecio del despotismo reinante consciente o inconscientemente se sitúa en este papel desvalorado, asignado tradicionalmente a la mujer. Se autodenomina virgen y santa pero también añade el sentimiento de perdición y perversidad, atributos con los que el patriarcado ha construido el paradigma femenino. Sin embargo, esta imagen perdida y santificada a la vez, no es ni la una ni la otra; es ambas, por la situación tan marginal del hablante como la de los llamados subversivos.

Ya no importa la profesión ni el género, quien no apoye la dictadura pierde su independencia y libertad de expresión. El poeta escribe:"Yo soy el confeso Mírame la Inmaculada" (*Ibíd.*: 14); así como asume el papel disminuido, lo santifica y purifica adjudicándose otra figura devaluada cuando "algo como un ángel" lo llama "perro" (*Ibíd.*: 16) en una serie de versos alucinantes aunque la voz asegure estar bien (*Ídem.*).

La escritura de los poemas es consciente, están calculados y esmeradamente estructurados, pero su experiencia de la época, cuando en realidad estuvo internado temporalmente en un sanatorio, es delirante. En *Purgatorio* Zurita convierte en poema la carta de una psicóloga a un psiquiatra sobre su estado mental. El poeta borra su nombre, sustituyéndolo con nombres de personajes literarios como Violeta, Dulce Beatriz, Rosamunda, Manuela; y sobre el membrete de la psicóloga superpone como título el nombre de un espacio sagrado concreto:"La gruta de Lourdes" que alude a hechos milagrosos. Convierte así el contexto científico en escenario intertextual religioso, añadiendo como rúbrica:"Te amo te amo infinitamente". ¿Se dirige este verso como autoafirmación, lo dirige a la Virgen de Lourdes o a otras figuras femeninas? Éstas pueden representar a la cantautora chilena Violeta Parra o a una guía en el inconsciente, la "dulce Beatriz" *psicopompa* de Virgilio en el infierno, entre otros personajes intertextuales. Otro paralelo está en el sentimiento de locura por el desamparo individual, la situación colectiva en esos momentos y lo que le quedaba por expiar. Anteriormente escribió estos versos que sugieren sentimientos encontrados, "maquillado, contra los vidrios... besé mis piernas / Me he aborrecido tanto estos años" (*Ibíd.*: 14) mientras en el poema XXII vuelve al desvarío que tal vez le salvó la vida:

> Destrocé mi cara tremenda
> frente al espejo
> te amo –me dije– te amo
> Te amo a más que nada en el mundo (*Ibíd.*: 15).

Este ritual autodestructivo corresponde a un sacrificio renovador y reitera el tono hondamente religioso que impregna la poesía de Zurita.

> [...] Zurita enamorado amigo
> recoge el sol de la fotosíntesis
> Zurita ya no será nunca más amigo
> desde la 7 P.M. Ha empezado a anochecer
> La noche es el manicomio de las plantas (*Ibíd.*: 28).

Aunque el hablante está auto-fragmentado fluctúa entre el rechazo y el ansia de vida, de pertenecer al mundo como algo vegetal, acaso en una alusión intertextual a lo dichoso que sería como "el árbol que es apenas sensitivo", de Rubén Darío, lo suficiente para no sufrir por ser consciente y poder renovarse cada día con la luz del sol sin enloquecer en el doble encierro físico y mental –a oscuras– en el que se encuentra el individuo y el país. Sólo le queda la fe. En "Domingo por la mañana/Epílogo/C", señala:

> Se ha roto una columna: vi a Dios
> aunque no lo creas te digo
> sí hombre ayer domingo
> con los mismos ojos de este vuelo (*Ibíd.*: 19).

Según Steven White, "En *Purgatorio* hay una preocupación con el yo que resulta en su sucesiva multiplicación, deificación, y atomización: el poeta se convierte en varios dobles no confinados al sexo masculino, profeta omnisciente en el desierto y un estudio electroencefalográfico" (1986: 133). Más que multiplicarse, la primera persona de los poemas está fragmentada y proyectada en diversas voces de las criaturas menospreciadas en la sociedad de esa época, como las del género femenino (Zurita 1979: 7, 11, 13, 14. 15, 41, 63, 65) y también las más humilladas como "Raquel [...] en el oficio desde hace varios años [...]. Perdí el camino" (11); o el otro "Todo maquillado [...] me llamé esta iluminada dime que no / el Super Estrella de Chile..." (14); o el yo con la cabeza rapada como "Juana de Arco, la ardida" (15); o como "perro" (16). Y también se sueña vaca y "que era Rey / me ponían una piel a manchas blancas y negras / Hoy mujo con mi cabeza a punto de caer" (17). Otras "manchas blancas y negras" en el apartado "Áreas verdes" aluden a tumbas causadas por la locura del sistema de esa época (45-52), anuncio profético (pero no omnisciente; atribución divina, no profética) de las tumbas verdaderas sobre las que el poeta escribirá catorce años después en *La vida nueva* (1993), cuyos nichos, en lugar de palabras, están trazados como agujeros en blanco "En el medio del mar" (Zurita 1993: 283). En otro poema cada nicho tiene el nombre de un país o región alguna vez atropellada, cuyos muertos terminaron eventualmente "En el medio del mar" (*Ibíd.*: 275). Para White, en Zurita la preocupación técnica deja paso a su preocupación social, aunque uno de sus recursos sea la alegoría política en los poemas "Las cordilleras del Duce". Sin embargo, el sentimiento religioso implica sacrificio y auto-desintegración transformada en reunificación mediante la solidaridad de la voz que articula su identificación con la geografía de Chile y su simbolismo: las playas, la cordillera, los desiertos, las áreas verdes, las vacas blancas, cuyas manchas negras son nichos en un momento en el que niños, mujeres y hombres en seis o más países sudamericanos, fueran o no disidentes, desaparecían en la nada (los espacios blancos sin manchas), muchos en el mar o en oscuros nichos, todo lo cual revela una preocupación social de fondo, nada retórica ni superficial.[45]

> Comprended las fúnebres manchas de la vaca
> los vaqueros
> lloran frente a esos nichos
> (...)
> Ahora los vaqueros no saben qué hacer con esa vaca
> pues sus manchas no son otra cosa
> que la misma sombra de sus perseguidores

---

[45] Ver Almada (1978), testimonio del descubrimiento de los archivos del terror denominado "Operación Cóndor" que incluye acuerdos entre 6 gobiernos autocráticos en Argentina, Bolivia, Brasil, Chile, Uruguay y Paraguay (106, 224-42).

Vamos el increíble acoso de la vaca
La muerte
no turba su mirada.

I. Sus manchas finalmente
    van a perderse en otros mundos (Zurita 1979: 48-49).

Además, esa vaca se equipara con Cristo, encarnación paradigmática de bondad y amor incondicional a la humanidad. Ese mugido recrea la más angustiosa pregunta de dolor e impotencia del hijo de Dios, impotente por el abandono de un Padre todopoderoso que parece haberse olvidado de sus hijos:

II. Esa vaca muge, pero morirá y su mugido será
     "Eli Eli / lamma sabacthani" para que el
     vaquero le dé un lanzazo en el costado y esa
     lanza llegue al más allá (Ibíd.: 49).

Lanzazo simbólico de la violencia política contra tantas víctimas sacrificadas. El arriero clava una lanza en el espacio blanco de la vaca, el vacío poblado de víctimas perseguidas por vaqueros que rigen "las áreas verdes" y están locos (Ibíd.: 50), como lo estaba el grupo sediento de poder que desencadenó los horrores en la década de los setenta.

En la primera parte de Purgatorio, donde se dan las claves para su interpretación, en el poema LXIII, el poeta se identifica con la figura de una vaca de manchas blancas y negras:

Hoy soñé que era Rey
me ponían una piel a manchas blancas y negras
Hoy mujo con mi cabeza a punto de caer
mientras las campanadas fúnebres de la iglesia
dicen que va a la venta la leche (Ibíd.: 17).

Se identifica también con el rey-Cristo, rey-sacrificado, en un sueño donde le ponen "una piel a manchas blancas y negras", convirtiéndolo en vaca mugiente, por quien doblan "las campanadas fúnebres de la iglesia", comparación que se extiende al pueblo por las manchas negras que son los "pastos infinitos / donde las vacas huyendo desaparecen" (Ibíd.: 46) previendo el escenario mortuorio de quienes ya estaban desapareciendo a pesar de que todavía no doblaban las campanas para todos porque aún no se los daba por muertos. Como los profetas bíblicos, el hablante amonesta directamente a quien quiera escuchar, "Comprended las fúnebres manchas de la vaca / los vaqueros / lloran frente a esos nichos" (*Ibíd.*: 48), como llorarán las víctimas y los victimarios eventualmente por no haber comprendido a tiempo lo que estaba sucediendo. Reitera algunas preguntas y frases que conllevan su propia respuesta: "*Sabía Ud.* que las manchas de esas vacas quedarán / vacías y que los vaqueros estarán entonces en el otro / mundo videntes laceando en esos hoyos malditos?" (*Ibíd.*: 49; en lugar de comas hay espacios dobles en el original). Y en el siguiente poema

> "*Sabía Ud.* Algo de las verdes áreas regidas?"
> *Sabía Ud.* Algo de las verdes áreas regidas
> por los vaqueros y las blancas áreas no regidas que las vacas
> huyendo dejan compactas cerradas detrás de ellas?
>
> I.   Esa área verde regida se intersecta con la primera
>   área blanca no regida
>
> II   Ese cruce de áreas verdes y blancas se intersecta
>   con la segunda área blanca no regida
>
> III.   Las áreas verdes regidas y las blancas áreas no
>   regidas se siguen intersectando hasta acatarse las
>   áreas blancas no regidas
>
> *Sabía Ud.* que ya sin áreas que se intersectan comienzan
> a cruzarse todos los símbolos entre sí y que es Ud.
> ahora el área blanca que las vacas huyendo dejan a
> merced del área del más allá de Ud. Verde regida por
> los mismos vaqueros locos?
> (*Ibíd.*: 50, espacios dobles sin puntuación del original, énfasis mío).

El hablante pregunta directa y reiterativamente a su lector si discrimina entre los espacios verdes visibles, poblados y dominados por los perseguidores locos y los blancos vacíos e invisibles en apariencia, pero que eventualmente de tanto entrecruzarse no dejan un espacio blanco excepto el simbólico de quien lee. Este espacio corresponde al peligro inminente, la ignorancia, la falta de interés o el temor de saber de parte del imaginario colectivo, detrás de entrecruzamientos aparentemente lógicos pero maniáticos y simbólicos por el misterio no resuelto todavía [sea éste voluntario o involuntario]. Las áreas verdes en contraste con las blancas pertenecen a los perseguidores locos; mientras que las blancas quedan cerradas detrás de éstos, perdidos en un espacio vacío teórico y tétrico, por haberse convertido en un panóptico sin salida regido por esos perseguidores, carceleros de los perseguidos, perdidos o desaparecidos en un espacio blanco de apariencia pura, invisibles al público, pero repleto de muertos en ese vacío tras las sombras de los desaparecidos.

"[¿]Quién daría algo por esas auras manchadas?" insiste en la locura de los perseguidores, y en el limbo en que se convierten las áreas blancas, así como el desinterés por averiguar y escuchar.

> *Quién daría* algo por esas auras manchadas que las
> vacas mugiendo dejan libres en los blancos espacios no
> regidos de la muerte de sus perseguidores?
>
> I.   La fuga de esas vacas es en la muerte no regida del
>   vaquero Por eso mugen y son simbólicas
>
> II   Iluminadas en la muerte de sus perseguidores
>   Agrupando símbolos
>
> III   Retornando de esos blancos espacios no regidos
>   a través de los blancos espacios de la muerte de Ud.
>   que está loco al revés delante de ellas
>
> *Daría Ud.* algo por esas azules auras que las vacas
> mugiendo dejan libres cerradas y donde Ud. está en
> su propio más allá muerto imaginario regresando de
> esas persecuciones?
> (*Ibíd.*: 51, espacios dobles del original; énfasis mío).

Para Scott Jackson, quien estudió la estructura matemático-poética de *Purgatorio* como la intersección de las series psicológica y poética, sería la intersección entre ciencia y arte [o entre razón y sinrazón]:

> Zurita emplea el símbolo de una figura geométrica, el triángulo, para representar la unidad de la trinidad. La Trinidad, en este caso, es su entonces mujer Diamela Eltit, a quien llama "la Santísima Trinidad y la Pornografía" [...] una aparente paradoja que dramatiza el hecho de que ella es todo para él. Ella es, de hecho, un elemento clave en su redención de su purgatorio. En "Mi amor de Dios" el motivo de la Trinidad aparece repetido como un triángulo diseñado como un grupo de veintiún [que suman 3 o la trinidad] peces, símbolo cristiano tradicional y también símbolo del universo físico completo (1985: 12).

> Además, el triángulo "con el vértice hacia arriba también simboliza el fuego y el impulso ascendente de todo hacia la unidad superior, desde lo extenso (base) a

lo inextenso (vértice), imagen del origen o punto irradiante". Sin embargo "con el
vértice hacia abajo, [es] símbolo del agua" (Nicolás de Cusa cit. en Cirlot 1979:
448), donde terminaron tantos cuerpos en los años de la "Operación Cóndor".
Por un lado, el agua que simboliza los orígenes, nacimiento, renacimiento, continuidad y el final de la vida, en esos momentos fue el receptáculo que acogió a los
muertos lanzadas al mar furtivamente. Por otro lado, el pez como símbolo religioso es "un animal místico y psíquico que vive en las aguas (disolución, pero también
renovación y regeneración)" (Cirlot 1979: 360) y la esperanza en estos versos.

La última parte de este poemario "La Vida Nueva" tiene referencias y alusiones transtextuales (inter, intra, y extra-textuales) en tres poemas. Con cada
verso en la mitad de un encefalograma, el primero titulado "Inferno" tiene un
solo verso "mi mejilla es el cielo estrellado" firmado "Bernardita", alusión a la
gruta de Lourdes ya mencionada. Las referencias en los siguientes poemas:
"Purgatorio" con dos líneas "mi mejilla es el cielo estrellado y los lupa- /nares
de Chile" firmado "Santa Juana/" y por último "Paradiso" con el verso "del
amor que mueve el sol y las otras estrellas" firmado "Yo y mis amigos / MI
LUCHA" (64-67) atraen la atención a la enfermedad mental del hablante en
esa época, pero también a la del país que vivió el infierno y a la lucha psíquica
del pueblo para salir de éste como la el poeta para salir del sanatorio.

Anteparaíso empieza donde terminó *Purgatorio*, con el poema "La vida
nueva", el mismo título del tercer poemario del tríptico que también incluye
el credo poético de Zurita. Este libro que expande y profundiza la visión dan-
tesca del poeta, termina con los versos:

> Así, resplandecidos como mares
> vimos los ríos cruzar el centro del
> cielo y luego doblarse. Abajo se
> comenzaban a perfilar de nuevo las
> montañas, las cumbres erguidas
> contra un fondo de olas y tierra
> Amado Padre, entraré de nuevo en ti (519)

El último verso inscrito en la corteza del desierto para la posteridad en
"Atacama, agosto 1993", se lee desde arriba,

> ni pena ni miedo (520-21).[46]

---

[46] "La escritura en el desierto que cierra el libro fue trazada en Atacama, a 56 km. al sur de
Antofagasta, el año 1993, y tiene un carácter permanente. Su extensión total es de 3 km. Cada letra
mide 250 m y el surco, cavado bajo relieve, tiene 40 m de ancho y una profundidad de 1,80 m [...]

Para resumir y a manera de respuesta a la pregunta inicial, a partir del desesperado gesto de quemarse la cara, nace en este poeta la convicción de comunicar esta vivencia límite como el renacimiento de las cenizas, después de experimentar en carne propia la tortura de las llamas, menos dolorosa tal vez que el dolor de los pueblos bajo las dictaduras ya mencionadas. Zurita pasó hambre, humillaciones, y aprisionado sufrió con su pueblo sometido a la tortura androcrática, acumulando en sí la angustia de la psique colectiva en busca de una luz, una salida del infierno. Así como exorciza con la quemadura "la tentación del suicidio", comunica con su poesía la angustia de la psique individual y colectiva aplastada por tanta fuerza maligna hasta 1991. A su salida del fondo puede por fin "vislumbrar la posibilidad de ser feliz". Renace la esperanza después de la expiación. En esta salida, Zurita concibe la noción de escribir un poema que conjugue su relación, y la de los pueblos oprimidos, con Dios—idea que se le había ocurrido de niño pero que se amalgama en esta época. Consigue realizar su proyecto en 1982 ejecutando un poema "en el cielo de Nueva York", con "cinco aviones que lo escribieron con letras de humo blanco a 6 km de altura". Cada verso medía más o menos 8 km de largo y se veían desde varios "sectores de la ciudad norteamericana... [porque] Zurita 'pensó que el cielo, desde los tiempos inmemoriales ha sido el lugar hacia el que todas las comunidades han dirigido sus miradas, porque allí está escrito su destino'" ("Introducción", en *Anteparaíso*). Este poema articula su amor por la humanidad sufriente y su amor de Dios, no dice a Dios, sino de Dios, pero es su amor: de Zurita, de Dios, de su gente. El poema en el cielo exponía

LA VIDA NUEVA

MI DIOS ES HAMBRE   MI DIOS ES CÁNCER
MI DIOS ES NIEVE   MI DIOS ES VACÍO
MI DIOS ES NO   MI DIOS ES HERIDA
MI DIOS ES DESENGAÑO   MI DIOS ES GHETTO
MI DIOS ES CARROÑA   MI DIOS ES DOLOR
MI DIOS ES PARAÍSO   MI DIOS ES
MI DIOS ES PAMPA   MI AMOR DE DIOS
MI DIOS ES CHICANO
(escrito en el cielo, Nueva York, junio de 1982).

fue financiada con la venta de once pinturas que donaron los siguientes artistas: Fernando Allende, Sami Benmayor, Bororo, Beatriz Bustos, Gonzalo Cienfuegos, Pablo Domínguez, Ismael Frigerio, Benjamín Lira, Matías Pinto D'Aguiar, Luz María Pinto D'Aguiar, Luz María Williamson y Paulina Zegers" (Zurita 1993: 7).

Con este poema Zurita deconstruye el enunciado que lo obsesiona: "Padre, padre, ¿por qué me has abandonado?", cuestión que el ente angustiado no logra responder, tampoco comprender la indiferencia de un padre omnipotente al más justo de sus hijos en una cruz, ni el abandono a sus demás criaturas.

Purgatorio anticipa *Anteparaíso* y *La vida nueva*, tríptico que se inicia con "el chillido de la guagua" (primer grito del recién nacido) y termina con la inscripción gravada en el desierto de Atacama que en 1993 Zurita dedica a su "Amado Padre, entraré de nuevo en ti", versos que se leen desde el cielo y terminan:"ni pena, ni miedo", trascripción fotografiada en *La vida nueva*.

Entre figuras simbólicas, el poeta se proyecta en el paisaje chileno, sus playas, su cordillera, el desierto, se auto-fragmenta y disemina en figuras bíblicas, emblemáticas, femeninas, míticas, religiosas, simbólicas, por lo tanto polisémicas. Su palabra, con coloquialismos nada sentimentales ni místicos, revela al soñador de la comunidad que transcribe la pesadilla colectiva; pero antes tiene que expiar al máximo la angustia de su pueblo. Zurita fue una de las tantas víctimas de ese pueblo torturado, pero no como quien se ofrece –consciente o inconscientemente–, sino como el visionario que no escoge ese camino, sólo le ocurre. Es escogido como tantos otros espíritus afines en el pasado y en el presente: William Blake, André Bretón, Gérard de Nerval, Friedrich [von Hardenberg] Novalis, Juan Rulfo, Ernesto Sábato, San Juan de la Cruz, César Vallejo, entre algunos de los grandes visionarios. Para Epple,

> Raúl Zurita, [...] ciertamente el poeta mejor conocido de la generación que emerge hoy en Chile, está desarrollando una poesía ambiciosa que consiste en tres libros que representaban estadios claramente delineados en un proceso de renacimiento. Es una reformulación de la identidad individual y colectiva de Chile. La poesía de Zurita tiene las mejores características de un arte vanguardista. El poeta, figura desgarrada por el dolor, angustia y falta de sentido en el mundo, propone reconstruir el cielo y la tierra desde el borde del abismo por donde pasa. Su proposición (en el sentido literal y metafórico) es crear un nuevo mapa del país, un nuevo territorio humano. Su voz, tanto subjetiva como profética, redescubre el espacio natural necesario para establecer una utopía. Este sueño del futuro es, por el momento, un entretejido con las palabras en movimiento constante y perturbador (Epple en White 1986: vii).[47]

---

[47] "Raúl Zurita, who is certainly the most well-known poet in the generation emerging today in Chile, is developing an ambitious poetry project that consists of three books representing clearly delineated stages in a process of rebirth. It is a reformulation of Chile's eintimate and collective identity. Zurita's poetry has the best characteristics of a vanguardistic art. The poet, a figure torn apart by the pain, anguish and lack of meaning in the world, proposes to reconstruct heaven on

Confluencia mágica de dos culturas en la creación de José Watanabe

> Escuchamos los insectos
> y las voces humanas
> con distintos oídos
>
> (Wafú)

> De cuando en cuando
> las nubes acuerdan una pausa
> para los que contemplan la luna
>
> (Bashoo)[48]

Quienes conocen a José Watanabe afirman que el respeto, entusiasmo y cariño del público hacia él es extraordinario, sentimientos que sus lectores confirman. Pese a la dificultad de encontrar sus poemarios fuera del Perú (el primero, *Álbum de familia* [1971], está agotado), C. A. Lomellini y David Tipton se interesaron por la poesía de Watanabe cuando leyeron sus poemas en la antología *Estos trece* (1972), cuyos "temas y voz eran únicos, muy diferentes de la mayoría de otros poetas peruanos que [lo] leyeron o tradujeron" (Lomellini/Tipton 1997: 7). Esa primera impresión se confirmó con el segundo y tercer poemarios, *El huso de la palabra* (1989) e *Historia natural* (1994). Basados en la fuerza de estos poemarios, ratifican que "Watanabe debe considerarse como uno de los mejores poetas sudamericanos de su generación que empezó a escribir en los setenta" (Lomellini/Tipton 1997: 7).[49] Se lo distingue porque la personalidad serena de Watanabe en esta década

> opacada por el escándalo de poetas altisonantes y manifiestos instantáneos, se fue fortaleciendo en los 80 con los poemarios *El huso de la palabra* e *Historia natural*.

---

earth –from the edge of the void where he passes. It is a proposition (in the literal and metaphorical sense) to create a new map of the country, a new human territory. His voice, both subjective and prophetic, rediscovers the natural space needed in order to establish a utopia. This dream of the future is, for the moment, a weaving together of words in constant and disquieting movement".

[48] Los *haikus* citados pertenecen a una selección inédita de José Watanabe.

[49] "We first came across the poetry of José Watanabe in the anthology *Estos trece* (1972). Of the thirteen poets included there, Watanabe seemed to us the most interesting. His themes and voice were unique, quite unlike most of the other Peruvian poets we'd either read or translated. When we finally managed to obtain his two main collections [...] (*The Web of the Word*), 1989 and [...] (*Natural History*), 1994, our original opinions were confirmed. On the strength of these two books, we believe that Watanabe must be regarded as one of the finest South American poets of the generation that started to write in the seventies" (Lomellini/Tipton 1997: 7).

Watanabe resultó ser uno de los pocos poetas surgidos después de los 50 cuyo nombre, por consenso de todas las "bancadas" literarias, merecía estar junto a nombres indiscutibles como los de Westphalen, Varela, Eielson o Sologuren ("Columnistas", en *El Correo*, Lima, 3/8/2003).

Precisamente, otro poeta peruano de la misma generación de Watanabe, Marco Martos, afirma: "En un país donde el reconocimiento suele llegar tarde, en 1989, *El huso de la palabra* fue consagrado por un conjunto de críticos y creadores como el mejor libro de poesía de la década" (Martos 1999). Y termina: "Ofendiendo seguramente la proverbial modestia de José Watanabe [...] considero a su poesía algo de lo mejor de la literatura del Perú de todos los tiempos". Reconoce también que,

> De un modo no conflictivo, la poesía de José Watanabe ha modificado radical-
> mente el panorama de la poesía peruana. Ha probado, con lo que ha hecho hasta
> ahora, a contracorriente de una poesía vitalista, callejera, que parecía única opción
> para los jóvenes de los años setenta, que es posible hacer en el Perú una lírica
> punzante y delicada que expresa al mismo tiempo la vida de campo y la ciudad,
> que se relaciona con los sentimientos íntimos del hombre utilizando todos los
> recursos de la poesía universal (*Ídem.*).

Rosella di Paolo, poeta contemporánea de los escritores mencionados, explica que "Cada poema de José Watanabe es siempre un golpe de luz, la instantánea percepción de un ángulo de la realidad arrancado de la oscuridad y del silencio. Este efecto iluminador se asocia con textos muy breves, entre los cuales los *haikus* serían un ejemplo magnífico" (Di Paolo: 2000: 1). En efecto, Watanabe se nutrió de esta forma artística desde niño gracias a su padre, quien le leía *haikus* en japonés y después se los traducía, lo cual no implica que escriba *haikus* tradicionales, que siguen normas y medidas específicas. Más bien, él aprehende lo esencial de una manera directa, primordial o arquetípica (casi ya olvidada) que, a menudo, entorpece la interpretación de esta poesía aparentemente sencilla. Algunos versos casi inasibles por lo prístino de la imagen infunden resonancias de algo lejano o ignorado. Watanabe ve el mundo de una manera que parece nueva, pero que es, más bien, muy antigua, una visión candorosa del entorno que rutinariamente ignoramos o menospreciamos hoy. Añade Di Paolo que la creación poética de Watanabe, "consigue, en más líneas de las permitidas a un *haiku*, trasmitirnos el mismo fulgor de realidad que supone este género, esa verdad que parecía tan simple, pero que nadie vio antes del poema" (2000: 1).

Más que ignorar la realidad intangible, la cultura occidental judeocristiana ha perdido la paciencia y capacidad de apreciar y regocijarse por todas las manifestaciones de la vida, mientras que el visionario funciona al nivel racional contemporáneo así como al ingenuo primigenio, pero únicamente a este último se le manifiesta o accede a una realidad más vasta que la racional. Al contrario de esta última, la percepción andina y la japonesa, entre otras pocas, han mantenido una conexión con la fuente vital primordial por lo que reverencian la naturaleza.

Tom Lynch señala que el acercamiento al *haiku* "simple, intuitivo, espontáneo" puede parecer fácil, pero no es sencillo, puesto que para sus lectores,

> pasa desapercibida la habilidad, ingenio o humorismo del poeta, porque se fijan solamente en la presencia del objeto observado, ontológicamente regenerado (si no directamente reflejado) por la experiencia de leer el poema. La meta de tal *haiku* es que la percepción de la naturaleza estética que vivió el poeta despierte una experiencia consciente comparable en su lector (1998: 120; mi trad.).[50]

En vista de lo expuesto, una breve indagación en las raíces ancestrales de Watanabe ofrece una perspectiva biográfica (socio cultural y psíquica) de las primeras influencias que formaron la apreciación estética tan distinta de este poeta nacido en Laredo, La Libertad, de madre peruana y padre japonés. Su padre llegó del Japón para trabajar en el norte peruano donde conoció a su madre, de origen andino. Ambos tenían una cosmovisión ancestral muy afín. El andino, dice Watanabe,

> separa al mundo en dos grandes etapas históricas: una es la natural y la otra es la cultural. La natural se llama la etapa de los gentiles. La historia no tiene muchas etapas, solamente dos, la etapa de lo gentil, natural o biológico y la etapa de cuando ya se crea cultura (entrevista en este volumen).

El poeta se refiere a la cultura maternal andina que divide la época prehistórica, pre lingüística o presimbólica en cuanto al habla y la histórica que conocemos. La primera es la gentil y la segunda relaciona la naturaleza y las cosas con el cuerpo físico y el sentir humanos. Esta cultura respeta la naturaleza en su totalidad, desde la más ínfima criatura hasta lo más elevado. Tampoco considera ajeno lo desconocido, lo "otro", sea étnico, social, económico, psicológico: todo aquello que la cultural occidental consciente o inconscientemente

---

50 "[…] haiku appears, although of course is not, effortless; a reader notices not the skill, ingenuity, or wit of the poet, but solely the presence of the thing witnessed, ontologically regenerated (if not directly mirrored) by the experience of reading the poem. The goal of such haiku is for the poet's awareness of nature to awaken a comparable awareness in the reader"

teme y considera la otredad. Más bien, en esa sociedad, la naturaleza es parte intrínseca de la totalidad; vive una forma de panteísmo implícito naturalmente. De allí resulta la filosofía pragmática del diario vivir que la madre de José le inculcó, una sabiduría ancestral asentada en la realidad cotidiana, con la íntima seguridad y aceptación de cohabitar con el entorno vital y sagrado en igualdad de condiciones, incluyendo un propósito y responsabilidad de la propia existencia, no solamente del ser humano, sino de todo lo existente, como lo ejemplifica el poema del árbol quemado en "Poema del inocente", examinado más adelante (Watanabe 1989: 57).

En la filosofía oriental que origina el *haiku*, no se cuestiona ni problematiza el eterno retorno ni otras cuestiones filosóficas o psicológicas que le atañen; más bien se incrimina en la transformación o transubstanciación del ser en algo natural. Rechaza las convenciones clásicas de la escritura (*Ibíd.*: 27). La existencia, sea humilde y pequeña como un grano más de arena o tan enorme como una montaña o como "El lenguado" (Watanabe 1999: 11) extendido en el fondo marino hasta acunar al mar, todo lo que conforma un universo equitativo y fortificado por la unión responsable de las partes del todo, con una sabiduría ancestral no contaminada por el racionalismo capitalista.

En "Animal de invierno" un yo hablante se interna en una montaña para ivernar,

> Voy sin mentirme: la montaña no es madre, sus cuevas
> son como huevos vacíos donde recojo mi carne
> y olvido (*Ibíd.*: 19).

En realidad, hay una añoranza por regresar al pasado atávico y formar parte de la totalidad en las mismas condiciones que la naturaleza, en un plano horizontal, sin jerarquías, para no abusar de lo que parece inanimado y tratar a la montaña como madre, con respeto al ingresar a su interior, como en un útero natural que ha dejado de procrear pero en el que él quiere fusionarse.

> Hoy, después de millones de años,
> la montaña está fuera del tiempo, y no sabe
> cómo es nuestra vida
> ni cómo acaba.
> Allí está, hermosa e inocente entre la neblina, y yo entro
> en su perfecta indiferencia
> y me ovillo entregado a la idea de ser de otra sustancia.
> He venido por enésima vez a fingir mi resurrección.
> En este mundo pétreo
> nadie se alegrará con mi despertar. Estaré yo solo

y me tocaré
y si mi cuerpo sigue siendo la parte blanda de la montaña
sabré
que aun no soy la montaña.

Todavía en su envoltura corporal, no se ha petrificado ni unido a la montaña, ni se ha convertido en tantas otras criaturas en las páginas de los poemarios de Watanabe. Sin embargo, en "Como el peje-sapo" se dirige a sí mismo en segunda persona en un momento de incertidumbre: "Tendido, tu cuerpo suena tus tripas y te recuerda que / aún te quedan tus humildes voces / vegetativas", todavía receloso por una peligrosa operación, "en el peligroso borde te afirmas como el peje-sapo en la roca marina, con el vientre". Las necesidades corporales que comparte con el peje-sapo lo reconfortan porque fertilizan la tierra al nutrir la nueva vida y retornar en las voces del bosque.

No morirás: tus voces vegetativas siguen sonando
y ya son (y ya eres) parte del rumor panteísta que viene del bosque
y, al parecer, de un alba más remota (Watanabe 1989: 77).

Reitera el sentimiento de continuidad en el último verso "un alba más remota", como parte de la naturaleza, defensa implícita a la vida del planeta para que se reconsidere la destrucción de la que es objeto de nuestra parte.

La noche no es la romántica mediadora de los amantes, ni es tenebrosa, más bien la equipara con la cómoda protección paradisíaca de su propia madre,

Tiendo a la noche
La noche profunda es silenciosa y robusta
Como una madre de faldón amplio
Los que conocieron a doña Paula sabrán que la metáfora es
inmejorable ("A la noche", Watanabe 1994: 47).

Así como la noche borra límites y fronteras, la madre arrulla al niño en su vientre a oscuras, en su lugar de origen, el paraíso sin responsabilidad alguna, en dependencia total de la madre hasta el nacimiento a la luz del día. Para el infante la madre es todopoderosa: lo nutre, protege y cuida desde que sale a la luz hasta que se independiza y toma conciencia de sí.[51] Para el poeta, su

---

[51] El niño se van dando cuenta, primero (en la etapa del espejo, según Lacan) de ser independiente de la madre; segundo, de ser un sujeto, un yo auto-escindido por la misma capacidad mental empezando a ser consciente de sí.

madre es también la sacerdotisa que ritualmente cura el cuerpo y el alma, a veces con un huevo a la usanza del pueblo,

> en el cuenco de la mano materna
> resbalada por el cuerpo del hijo.
> Una mujer más elemental que tú
> espantando a la muerte con ritos caseros, cantando
> con un huevo en la mano, sacerdotisa
> más modesta no he visto.
> Yo la miraba desgranar sobre su regazo
> Los maíces de la comida
> mientras el perro callejero se disolvía en el relente del sol lamiendo
> el dolor arrojado a la tierra
> junto con el huevo del milagro.
> Así era. La vida pasaba sin aspavientos
> entre gente parca, padre y madre
> que me preguntaban por mi alivio. El único valor
> era vivir.
> Las nubes pasaban por la claraboya
> y las gallinas alineaban en su vientre sus santas ovas
> y mi madre esperaba nuevamente el más fresco huevo
> con un convencimiento:
> La vida es física
> Y con este convencimiento frotaba el huevo contra mi cuerpo
> y así podía vencer ("La cura", *Ibíd.*: 39).

La herencia de Doña Paula, además de su sentido común y sabio pragmatismo, reside en esa seguridad de "la vida es física", que le permite al hijo vencer sus temores una y otra vez por ese amor incondicional que salva: "En este mundo quieto y seguro fui curado para siempre. / En mí se harán todos los milagros. Eso vi, / qué no habré visto" (40). Esta mirada primordial, confiada e ingenua que descubre lo nuevo en cada experiencia sensorial es, a la vez, de una lucidez anti-intelectual, nutrida por una doble vertiente cultural: la japonesa y la andina. La manera en la que cada cual ve el mundo se determina en gran parte por su cultura, que es la suma de vivencias y experiencias de una sociedad y su entorno específico, y en el caso de esta poesía muestra una forma de vida salvadora.

Sin embargo, Watanabe responde a la reiterativa pregunta sobre la influencia paterna, explicando que lo marcó más "el ser provinciano que el ser hijo de japonés". Ciertamente, el entorno y experiencias de la infancia perseveran de por vida en la imaginación, en los sueños y en la aprehensión del diario vivir. Sus primeros pasos en un área rural le permitieron un contacto íntimo cotidiano con la naturaleza. Sin embargo, la disciplina y apreciación estética del

entorno natural, esa "síntesis iluminadora de la poesía oriental, mirada esen-
cializadora, captación súbita de la inteligencia que hay bajo todo" lo existente
(Di Paolo 2000: 2), la aprendió, perfeccionó y recreó en su escritura gracias al
ejemplo, esmero y dirección paternos, así como a la sabiduría y sentido común
maternos, como reitera Di Paolo, "La celebración del cuerpo y sus órganos y
funciones [...] guarda correspondencia con su celebración de la naturaleza,
sus ciclos y criaturas. Nadie mejor para trasmitirnos la sensación, aprendida
desde niño a través de la firme figura maternal y sus ancestrales dotes curati-
vas, de que 'la vida es física' [...]" (Ibíd.: 2).

Por un lado, el padre, Don Harumi, esteta contemplativo, era también un
artista laborioso. Cuenta el poeta que su padre recogía pequeñas piedras,
hojas, ramitas que colocaba en la esquina de un cuarto para contemplarlas por
horas. Los amigos de su hijo le vendían piedras poco comunes para su cambiante composición. Es más, no sólo poseía una apreciación estética refinada,
sino que de sus manos salían creaciones originales. Durante la Segunda Guerra
Mundial, huyendo de la persecución a los japoneses en el Perú, Don Harumi
sobrevivió gracias a la bondad de la gente de campo que lo protegió. Forzado
a esconderse, se dedicó entonces a tallar figuras religiosas en madera que después de la guerra encontrarían su sitio en las iglesias de los alrededores. Don
Harumi mantuvo su sensibilidad oriental, pero también se aculturizó adquiriendo gustos de su nuevo entorno como los sabores ("le era imprescindible el
perejil peruano en sus alimentos" [entrevista en este volumen]). Sus hijos, después de su muerte, sin el padre, son "comensales solos /y diezmados / y come-
mos la cena del Día de los Difuntos / esparciendo / perejil en la sopa. Ya la hierba sólo es sazón, aroma / sin poder,/ nuestras casas, Don Harumi, están caídas"
(1994: 61), pero el aroma de una humilde hierba mantiene vivo el amor de los
hijos. También rememora sencillamente en "Las manos" la llegada y la muerte
de su padre: "Mi padre vino desde tan lejos /[...] hasta terminar dejándome
sólo estas manos / y enterrando las suyas / como dos tiernísimas frutas ya apa-
gadas" (2000: 17). En "Poema trágico con dudosos logros cómicos", aligera la
carga emocional de la muerte de quien tanto lo afectó.

> Mi familia no tiene médico
> ni sacerdote ni visitas
> y todos se tienden en la playa
> saludables bajo el sol de verano.
> [...]
> Aquí todos se han muerto con una modestia conmovedora
> Mi padre, por ejemplo, el lamentable Prometeo
> silenciosamente picado por el cáncer más bravo que las
>   águilas

Ahora nosotros
        Ninguno doctor o notable
en el corazón de modestas tribus
[...]
de vez en cuando nos ponemos trágicos y nos preguntamos
        por la muerte.

Pero hoy estamos aquí escuchando el murmullo del mar
que es el morir

Y ese murmullo nos reconcilia con el otro murmullo del río
Por cuya ribera anduvimos matando sapos sin misericordia.
Reventándolos con un palo sobre las piedras del río tan
        metafórico.
        Y nadie había en la ribera contemplando nuestras vidas hace
        años
sino solamente nosotros
los que ahora descansamos colorados bajo este verano
como esperando el vuelo del garrote
        sobre nuestra barriga
        sobre nuestra cabeza
            nada notable
            nada notable.

                        (2000: 15-16).

Las alusiones intertextuales en este poema sobre "los ríos que van a la mar que es el morir" de los conocidos versos de Jorge Manrique sobre la muerte de su padre aquí tratan el mismo tema pero llanamente, sin pompa: los ríos no son metafóricos, recrean el goce de los hermanos en el agua sin las asociaciones metafísicas que la imaginería tradicional connota. Aunque el yo se refiere a la muerte de su propio padre y a la muerte misma que pesa en todos ellos mientras esperan "el vuelo del garrote...", otra vez en igualdad de condiciones con los maltratados sapos y para compensar en carne propia lo que les hicieron a éstos. La alusión sería que quienes destruyen lo que fuere, serán destruidos igualmente. Es una visión intrascendente de la muerte "nada notable", pero si se atiende a la parábola se podría salvar al mundo dejando de dañar la naturaleza y sus criaturas. Por otro lado, al contemplar el contentamiento juvenil en la playa, el hablante parece en paz consigo mismo, lo que implica su conformidad con la muerte. La conjunción de la cultura andina y de la japonesa acepta la muerte como una vivencia más, natural y desprovista del drama que la cultura occidental le asigna. Para Martos,

Algunos poetas, los mejores, recuperan un lenguaje primordial, que puede usar o no los procedimientos retóricos mencionados [lenguaje, metafórico, metonímico], pero que, sobre todo, elimina la distancia entre el objeto referencial y la propia palabra. Ese es el caso de Watanabe. Su poesía, trabajada con despiadado rigor, trasmite una imagen de tersura. Es un nuevo objeto añadido a la realidad que incorpora situaciones que conciernen a todos los seres humanos (1999: 4).

Le concierne la realidad consciente e inconsciente y también la naturaleza completa: animal, mineral y vegetal; en suma, todo lo existente en el planeta y en el universo; la mutua dependencia de las más ínfimas partículas, expresadas lo más sencillamente posible, en parábolas tan transparentes que son casi indescifrables por la inmediatez que presentan. En una era en la que se cuestiona la esencia, la verdad y el propósito de ser, en la poesía de Watanabe predomina el respeto a lo esencial en la vida, un tono tierno y comprensivo tanto al mundo físico y sensorial como al anímico y mental en todas sus manifestaciones, humildemente, sin sentimentalismos ni excesos. En su universo nada es insignificante. En "El acuerdo", el hablante presencia una comunicación armónica sin palabras,

> [...] El pájaro chotacabras
> está posado sobre la espalda del toro, confiadamente, sabiendo
> que de las ancas a los cuernos
> al toro le recorre siempre una pulsación agresiva.
> Pero el chotacabras allí,
> pareciera que la bestia entra en paz, en ocio, oye
> el sonido sedante de las uñas del pájaro rascando su piel,
> siente
> la lengüita
> que le limpia la sangre de la matadura
> y el ala desplegada que le barre el polvo
> y el pico como delicado instrumento de enfermera
> buscándole
> las larvas que le muerden bajo la piel.
> El pájaro topiquero gana así su alimento.
> Ese es el intercambio ordinario,
> pero el chotacabras gana más: Encima del lomo
> regusta
> una vasta ternura que nadie sospecha, la paradoja
> de la bestia (1994: 15).

La alianza simbiótica de estas criaturas ilustra una posibilidad de vivir en paz y armonía universal aún entre la bestia que podría aplastar a este pequeño animalito que le es necesario al poderoso toro para aliviarlo de sus heridas físicas, produciéndole paz y gratitud convertidas en "una vasta ternura" en un convenio tan necesario hoy como siempre que la mutua lealtad y buena voluntad imperen. "En el desierto de Olmos", el perro en busca de un hueso es también "paisano" (1994: 13), se le debe consideración y trato equitativo; es uno más de los participantes alrededor del amistoso fuego. En el "Poema del inocente", el hablante, solidario con su entorno, le otorga responsabilidad al árbol que se quema, pues tenía que quemarse porque "así es todo", aunque el hablante mismo encendió el fósforo sin considerar las consecuencias. El escenario, situado en Chicama, en un calor incesante ya ha quemado el árbol por dentro, ya le llegó la hora de transformarse. La naturaleza, indiferente o no, debe compartir la responsabilidad, por eso el inocente se tranquiliza: "No te culpes así / es todo" (1989: 57). Así como se comparte el vivir, gozar, propagarse y decaer, también se comparte la responsabilidad de morir.

Para Ricardo de la Fuente, el *haiku* está "ligado a los sucesos de todos los días y al devenir natural [...] el aspecto religioso [es] la creencia [...] y su afirmación de que en todo hay un ser [...]. Es una quintaesencia poética, una intuición que recoge las sensaciones inmediatas" (2005: 10). Salvador Paniker señala que "El hombre es un animal enajenado víctima del simbolismo del lenguaje" (cit. en Francisco Villalba 1983: IV), puesto que el lenguaje primitivo se ha ido transformando en absoluto para la mayoría, la que ya no percibe más allá "de este mundo simbólico absolutizado, entonces la cultura aunque parezca progresar se estaciona, se olvida lo esencial y se la hace desaparecer en el mundo lingüístico". Sin embargo, para el propio Villalba, "en cada época hay seres que intuyen una realidad más profunda y más amplia, más allá de los límites del lenguaje y de la cultura. Se les llama sabios, místicos, maestros espirituales, y concretamente en el caso del *haiku*, aunque parezca paradójico, poetas" (1983: IV), en este caso, visionarios. Una gran parte de la creación es intuitiva, no es una actividad de los sentidos, sino de la percepción de un contenido inconsciente, una idea súbita, que funciona como un acto 'instintivo'. Es un proceso análogo al instinto, pero mientras el instinto es un impulso con un propósito biológico, la intuición es la aprehensión de algo anímico profundo, por esto la intuición sería el otro polo del instinto. Watanabe confiesa que al occidental le angustia lo extraño, se concibe "la naturaleza como algo roto y disgregado, lo que es peor, desacordado de nosotros", mientras que en el "Japón tradicional, el hombre es parte de una naturaleza armónica. El *haijin*, o escritor de *haikus*, es aquel que descubre súbitamente dentro de esa armonía una belleza extraña.... A ellos los confirma como seres extraordinarios dentro de un mundo extraordinario".[52]

---

[52] Michele Prain Brice en *El Mercurio*, Lima, 1 de marzo de 2003.

"El guardián del hielo" podría sugerir el persistente tópico de la fugacidad de la vida que desaparece como el hielo pese al ser humano que trata de conservarla. También alude a la complicidad solidaria del guardián con el heladero, pero más que nada es una refutación a la altanera metáfora para él. Apunta más bien al paralelo con la gestación del proceso creativo que desaparece en un abrir y cerrar de ojos, como el hielo bajo el sol pese a la protección del guardián, quien —como el visionario— solamente puede mantener el recuerdo de las cambiantes formas para laborar a partir de ese momento,

>Y coincidimos en el terral
>el heladero con su carretilla averiada
>y yo
>que corría tras los pájaros huidos del fuego
>De la zafra.
>También coincidió el sol.
>En esa situación cómo negarse a un favor llano:
>el heladero me pidió cuidar su efímero hielo.
>
>Oh cuidar lo fugaz bajo el sol
>
>El hielo comenzó a derretirse
>bajo mi sombra, tan desesperada
>como inútil.
>   Diluyéndose
>*dibujaba seres esbeltos y primordiales*
>*que sólo un instante tenían firmeza*
>de cristal de cuarzo
>y enseguida eran *formas puras*
>*como de montaña o planeta*
>*que se devasta.*
>
>No se puede amar lo que tan rápido fuga.
>Ama rápido, me dijo el sol.
>Y así aprendí, en su ardiente y perverso reino,
>a cumplir con la vida:
>yo soy el guardián del hielo (1999: 61; mi énfasis).

Ese instante entre la "firmeza / de cristal de cuarzo / y [...] formas puras" ayuda al poeta a cumplir con su misión de "guardián" de ese fulgor. El título del siguiente poema, "El anónimo (alguien, antes de Newton)", alude a un centelleo semejante que inicia todo descubrimiento perdurable, sea p[r]o[f]ético o científico.

Desde la cornisa de la montaña
dejo caer suavemente una piedra hacia el precipicio,
[…] Mientras la piedra cae libre y limpia en el aire
siento confusamente que esa piedra no cae
sino que baja convocada por la tierra, llamada
por un poder invisible e inevitable.
Mi boca quiere nombrar ese poder, hace aspavientos balbucea
y no pronuncia nada.
La revelación, el principio,
fue como un pez huidizo que afloró y volvió a los abismos
y todavía es innombrable (Ídem; mi énfasis).

Una vez más se reitera la "revelación, el principio", la inmediatez o epifanía a la que aluden los visionarios, que es "todavía innombrable", aunque la ha nombrado, a su manera.

Y no me contento con haberlo entrevisto,
No tuve el lenguaje y esa falta no me desconsuela.

A diferencia de algunos visionarios que se atormentan por lo que intuyen, presienten o vislumbran, este creador acepta las limitaciones del lenguaje porque ha llevado a cabo su tarea y deja el resto para quien sepa ver y escuchar. Es más, "[a]lgún día otro hombre, / subido en esa montaña / o en otra / dirá más, y con precisión". En tierra, explica Joseph Campbell (1973) frente a la montaña, igual que frente a una pirámide, se ven solamente los dos lados del presente o, detrás, el pasado; pero desde la cúspide se ve el pasado, el presente y, al frente, también el futuro de donde se puede ser vidente y visionario. Y termina el poema: "Ese hombre, sin saberlo, estará cumpliendo conmigo" (1989: 65), al igual que cada creador le debe a sus predecesores, quienes siguen cumpliendo con su mundo. En este poema como en el anterior se trata del chispazo, el destello, el segundo en el que se percibe o intuye algo demasiado tenue que desaparece tan rápidamente como apareció, por lo cual la mayoría ni se percata de lo que ocurre, pero que el poeta vislumbra, lo cual aparta al visionario del resto.[53]

---

[53] Presenté una versión más corta de este estudio (sobre las escritoras visionarias) en la XIV Conferencia Internacional de la Asociación Internacional de Literatura Femenina Hispánica, realizada en Boca Ratón, Florida (octubre 2003), y un artículo anterior a esta versión se publicará en *Letras femeninas* (2005).

Conclusión

> Si el sueño es una reminiscencia, es la reminiscencia de
> un estado anterior a la vida, el estado de la vida muerta,
> una especie de duelo antes de la felicidad. Podemos dar
> otro paso y situar la imagen no sólo antes del pensamiento,
> antes del relato, sino antes de toda emoción. Hay una espe-
> cie de grandeza del alma asociada al espanto de los poe-
> mas, esa grandeza del alma en pena revela una naturaleza
> tan primordial que asegura para siempre a la imaginación el
> primer sitio. Es la imaginación la que piensa y es la imagina-
> ción la que sufre. Es ella la que actúa. Es ella la que [se]
> desahoga directamente en los poemas. (Bachelard)

La crítica cultural y literaria sobre la creación visionaria, profética, mística o
arquetípica (arcaica y común a la humanidad) ha analizado a escritores del
pasado como Dante Alighieri, Santa Teresa de Jesús, San Juan de la Cruz,
Johann W. Goethe, William Blake, T. S. Eliot, Charles Baudelaire, William B.
Yeats y Juan Rulfo entre muchos otros. Como querían hacerlo los románticos,
simbolistas, surrealistas y otros que han buscado lo inefable, elusivo, inexpresable, misterioso, lo inconsciente, los visionarios lo avizoran y lo articulan.
Desde los orígenes prelingüísticos de la especie humana en todas las culturas
se han distinguido algunos individuos denominados chamanes, místicos, profetas, sabios, vates, quienes sueñan por la comunidad y muestran el sendero.
No adivinan el futuro, pero pueden mejorarlo por medio de su creación; tienen momentos de claridad en medio de las tinieblas que les permiten acceder a las reverberaciones que el presente pueda tener en el futuro de la
comunidad. Esa visión puede ser abismal hacia lo más recóndito, o límpida
desde la cúspide de la montaña o pirámide de donde se divisan pasado, presente y futuro (Cambell 1973).

Mi plan ha sido probar que este proceso primordial está tan vivo hoy como
siempre, aunque se haya vuelto más y más escurridizo debido principalmente a
la excesiva confianza en la razón y en los avances científicos y tecnológicos en
desmedro de lo no racional, como los visionarios capaces de acceder a lo
inconsciente colectivo. Las seis entrevistas a escritores cuya producción literaria revela imaginería visionaria corroboran mis premisas sobre el proceso creativo visionario, además de incluir instancias de experiencias concretas sobre su

percepción e interpretación de la imaginería críptica que perciben, así como sobre la transmisión de ésta en su producción literaria, todo lo cual resulta en una visión profunda del mundo entre crítica y esperanzada. La validez de este proceso, cuando se lo atiende, reside en su potencial compensador que puede afectar a la comunidad para contrarrestar el desequilibrio creado por la unilateralidad racionalista, todavía predominante en el nuevo milenio. Cuando no se atiende a estas voces, aumentan las probabilidades de que el material inconsciente acumulado por la ceguera colectiva haga que los errores desatendidos y multiplicados del pasado y del presente exploten inesperadamente como ha ocurrido y sigue ocurriendo en la historia de la humanidad.

Una manera de acercarse a este fenómeno en la actualidad es desde el estudio de la psique humana (alma) todavía inexplorada precisamente porque lo consciente es una mínima parte de nuestra vida y de nuestro conocimiento, y es precisamente esta mínima parte la que se estudia a sí misma, por ello y por la inacabable codicia que devora al mundo es necesario seguir estudiándola a fondo. En este contexto cabe preguntar ¿tiene la literatura el poder de equilibrar los excesos del poder y la codicia o es únicamente un pasatiempo pueril? Y si fuera esto ultimo, ¿por qué todavía interesa tanto a gran parte de la humanidad? La modalidad visionaria de percibir el mundo, intrínseca en el ser humano, es arquetípica y común a la humanidad primigenia, milenaria, universal. Aunque sus manifestaciones y repercusiones varíen según la época y la cultura predominante; pertenece a un orden de conocimiento muy diferente del racional y por lo mismo puede contribuir a crear un mundo mejor para combatir la violencia y abusos que la ceguera racionalista causa: tortura, crimen, matanzas de todo tipo en nombre de Dios y de la ley, guerras que afectan más que nunca al planeta entero y multiplican la destrucción de la naturaleza y de la humanidad. A todo esto se pueden añadir los repentinos asaltos emocionales masivos de la cultura del exceso, del simulacro o espectáculo, con el consiguiente rebajamiento paródico, desplazamiento de centros tradicionales, ahora fluctuantes, que ya no proporcionan ni el apoyo hierático ni el jerárquico tradicionales, pero que acrecientan la desconfianza en un contexto globalizante todavía racionalista que contribuye a crear un clima desconcertante e inhóspito sin valores significativos a los cuales asirse. Para contrarrestar en algo el maremágnum informático del nuevo siglo, habría que explorar las posibles salidas de la ceguera colectiva empezando por la concienciación sobre lo que parece incomprensible para abrir los ojos a quien ya no sabe o no quiere indagar en las raíces de las crisis del presente. Pese a lo anterior, cuando la razón todavía se resiste y se niega a aceptar todo fenómeno que la confronta, se ha reanimado la búsqueda de lo sagrado, mítico, mágico precisamente por la urgencia de contrarrestar el desequilibrio anímico colectivo.

La psicología analítica ha indagado rigurosamente desde la génesis, desarrollo y práctica hasta el posible efecto del proceso creativo, mucho antes de las propuestas sobre la recepción de la lectura. Divide el proceso creativo en dos modalidades: la psicológica o personal y la visionaria o colectiva. La primera y más conocida produce la creación artística elaborada por la imaginación individual condicionada consciente y culturalmente, por ello comprensible y relativamente fácil de reconocer debido a la semejanza con la propia experiencia. La segunda, concebida por el proceso creativo visionario o creación arquetípica olvidada, negada o enterrada, sacude como algo foráneo, alucinante y siempre misterioso por ser el producto de un proceso cuya fuente reside en lo inconsciente colectivo o impersonal, transpersonal o psique objetiva. La imagen visionaria, reelaborada en el poema, sorprende y enajena a quien trata de comprenderla racionalmente; supera la distancia estética, dejando a quien la enfrenta en un suspenso extraño, incómodo, confuso y fascinante a la vez, el cual se adhiere a la psique y sigue reverberando después del enfrentamiento. Es difícil analizarla coherentemente y circunscribirla a un territorio conceptual satisfactorio. Significativamente, esta enigmática imaginería tiene el potencial de producir atisbos en aquellos acuerdos implícitos de la comunidad que si permanecen ocultos, ignorados o enterrados, explotarán irracional e inhumanamente como lo han mostrado las atrocidades de la historia que serían imposibles si la razón, ciencia, tecnología y/o el progreso en general fueran suficientemente sabios para guiarnos

En la actualidad, los visionarios pueden mediar entre el ámbito impersonal del inconsciente y el del consciente colectivo. Ambas modalidades se presentan por lo general en parte de la literatura canónica pero también en textos que en su momento fueron ignorados pero que son rescatados cuando el imaginario colectivo se sensibiliza eventualmente para asumir el desafío que esta escritura presenta. La mayor parte de estos creadores sienten el impulso de una energía invasora que asalta los sentidos cuando menos lo esperan, pero acostumbrados al fenómeno, acceden a éste sin luchar. A menudo ocurre como la solución de algún problema o el hallazgo que se ha estado tratando de aprehender por algún tiempo (así lo declaró Einstein, entre otros científicos).

La modalidad visionaria no depende directamente ni de la imaginación ni del talento ni de la pericia de los instrumentos del oficio implícitos en la creación artística. Mientras que la calidad estética se debe al talento y a la destreza del artífice, el proceso creativo visionario es espontáneo y a un nivel profundo, añade una dimensión mágica, honda y ambivalente a la creación artística. William Irwin Thompson comenta que se puede entrenar a repetir procedimientos existentes a cualquier especialista, "pero no se puede entre-

nar a un científico ni a un artista a crear nuevas formas de cognición ni de ser.
Para ser creativo hay que saber ser receptivo […] hay que saber sentirse en
casa con lo ambiguo, fortuito, desordenado para poder ingresar al y salir del
caos: lo inconsciente colectivo, sin temor" (1996: 52). El artista y el alquimista
(precursor de los visionarios sean artistas o científicos) "comparten el anhelo
y el proceso de sublimación alquímico de transformar lo inconsciente a lo
consciente" (Ibíd.: 53).

El testimonio de los seis escritores aquí recogido exhibe, por un lado, una
combinación de talento artístico, autorreflexión racionalmente articulada,
confianza propia y la seguridad de sus propias convicciones; y por otro, una
apertura a los componentes no racionales de la psique que les otorga la certeza de que su escritura contribuye a las reverberaciones psíquicas (anímicas)
profundas e ignoradas de su comunidad, ofreciéndoles la oportunidad de percibir y transmitir algo más profundo que el canon colectivo (los acuerdos del
grupo expresados o no). Esta transmisión, relevante para la salud psíquica
colectiva contrasta con la incertidumbre ontológica del nuevo milenio de centros fluctuantes rendidos a la cibernética alienante con su abrumadora data
mayormente anónima y en consecuencia infundada, pero a la cual, sin embargo, se le otorga mayor credibilidad que a la propia percepción.

La generación literaria, nacionalidad, raza, género u otras distinciones nomi-
nales de cada escritora o escritor son precisiones innecesarias en el caso de la
génesis y desarrollo del proceso creativo visionario puesto que ni afectan ni
deciden el resultado del material vislumbrado. Frente a lo inconsciente colectivo desaparecen barreras, épocas y diferencias externas. La manera en que
cada artista presenta su escritura la convierte en más o menos artística. Ninguno de los artistas es un típico representante de su generación ni nacionalidad, sino más bien de coyunturas individuales que los apartan en algunos
aspectos circunstanciales, pero no en su percepción de la fenomenología visionaria. Tampoco los afecta el género; tanto las tres poetas como los tres escritores son intelectualmente extraordinarios, exhiben a la vez el mismo rigor,
intensidad y entrega en su quehacer literario e irradian energía y sensibilidad
psicológica, psíquica y mental; lo cual no influye en el resultado estético final,
pero sí en el efecto de la parte visionaria. Las circunstancias particulares en
que crecieron, como muestran sus entrevistas, marca a cada cual en su recorrido, aunque como en el caso de muchos visionarios, el común denominador
sería una infancia diferente a la del individuo medio urbano.

Sábato, con hermanos bastante mayores, fue sobreprotegido por su
madre; sonámbulo, encerrado en su cuarto, tuvo una infancia solitaria y atormentada. El padre de Fagundo era profesor; ella fue su mejor alumna y empezó a escribir muy joven. Orozco creció en la Pampa, en una familia que acep-

taba sin problemas todo tipo de fenómenos no racionales y que nunca inhibió su desenfrenada imaginación. Lojo, hija de inmigrantes españoles de la Guerra Civil se refugió en la imaginación y la escritura. Zurita vivió de niño con su abuela italiana, que le leía los grandes clásicos transalpinos como Dante, lo que nutrió su ya fértil imaginación. A diferencia de Fagundo, canaria, los cuatro artistas anteriores son descendientes de emigrantes o exiliados europeos, mientras Watanabe, hijo de padre japonés y madre andina, creció en el norte peruano sustentado por dos culturas respetuosas con la naturaleza y todo lo existente en el planeta, con los que conversa en sus poemas.

Puesto que ni la razón ni la ciencia o la tecnología, ni las últimas propuestas globalizantes dan una respuesta a la necesidad psíquica humana e innata de descubrir un propósito en la existencia, el arte con atisbos arquetípicos, frente a la inseguridad que el descreimiento causa, es una alternativa al rebajamiento de los poderes hieráticos del pasado. De carácter arquetípico, las figuras míticas cambian de acuerdo al desarrollo de la conciencia de una época. Sin embargo, la representación dramática como la onírica (de la cual proviene la primera) revelan lo profundo (inconsciente) de la vida: sus inicios instintivos y los conscientes así como los de la imaginación y la capacidad humana de crear y configurar universos que han influido e influyen en las ideas, opiniones y actitudes en el pasado, en el presente y seguirán haciéndolo en el futuro.

BIBLIOGRAFÍA

AHEARN, Edward J. (1966): *Visionary Fictions: Apocalyptic Writing from Blake to Modern Age*. New Heaven/London: Yale University Press.

ALCORTA, Gloria/OROZCO, Olga (1997): *Travesías. Olga Orozco/Gloria Alcorta. Conversaciones coordinadas por Antonio Requeni*. Buenos Aires: Sudamericana.

ALIFANO, Roberto (1988-1989): "Olga Orozco: Reflexiones para un Ars Poética". En: *Proa* 2, Buenos Aires, (diciembre/enero), 77-81.

ALMADA, Martín (1978): *Paraguay, la cárcel olvidada El país exiliado. Anexo: El descubrimiento del archivo del terror. La batalla jurídica*. Asunción: Ediciones de Solidaridad Latinoamericana.

ANDRÉS, Elena (1993): "Fagundo, poeta medium". En: Antonio Martínez Martínez Herrate (ed.): *Ana María Fagundo: Texto y contexto de su poesía*. Madrid: Verbum, 19-23.

ARMSTRONG, Karen (1994): *A History of God. The 4000-Year Quest of Judaism, Christianity and Islam*. New York: Knopf.

BACHELARD, Gaston (1970 [1958]): *The Poetics of Space*. Trad. Maria Jolas. Boston: Beacon.

— (1986 [1957]): *La poética del espacio*. México, D. F.: Fondo de Cultura Económica.

— (1989 [1943]): *El aire y los sueños*. México, D. F.: Fondo de cultura económica.

— (1992 [1988]): *Fragmentos de una poética del fuego*. Trad. Hugo F. Bauzá. Buenos Aires: Paidós.

BALKENENDE, Lidia (1983): *Aproximaciones a la novelística de Sábato*. Buenos Aires: Agencia Periodística C. I. D.

BARNABY, Karen/D'ACIERNO, Pellegrino (1990): *C.G. Jung and the Humanities: Toward a Hermeneutics of Culture*. Princeton: Princeton University Press.

BARRERA LÓPEZ, Trinidad (1982): *La estructura de Abaddón, el Exterminador*. Sevilla: Escuela de Estudios Hispano-Americanos.

— (1985): "Apuntes biográficos: Personalidad y obra de Ernesto Sábato". En: *Anthropos* 55-56, 33-39.

BATAILLE, Georges (1993 [1973]): *Literature and Evil*. Trad. Alastair Hamilton. London/New York: Marion Boyars.

BEUCHAT R., Cecilia (1970): *Psicoanálisis y Argentina en una novela de Ernesto Sábato*. Valparaíso: Ediciones Universitarias de Valparaíso.

BLANCHOT, Maurice (1987 [1983]): *La escritura del desastre*. Trad. Pierre de Place. Caracas: Monte Ávila.

BOHN, Willard (2002): *The Rise of Surrealism: Cubism, Dada, and the Pursuit of the Marvelous*. New York: State University of New York Press.

BORCH-JACOBSEN, Mikkel (1991): *Lacan: The Absolute Master*. Trad. Douglas Brik. Stanford: Stanford University Press.

CALABRESE, Elisa (1981): "De *El túnel* hasta *Abaddón el exterminador*: trayectorias de una triología". En: *Sur* 348, 89-93

CAMPBELL, Joseph. (1973 [1949]): *The Hero with a Thousand Faces*. Princeton: Princeton Universaity Press.

— (1971): "Introduction". En: *The Portable Jung*. New York: Viking, vii-xlii.

— (1974): *The Mythic Image*. Princeton University Press.

CASEY, Edward S. (1990): "Jung and the Postmodern Condition". En: Karin Barnaby y Pellegrino D'Arcierno (eds): *C.G. Jung and the Humanities: Toward a Hermeneutics of Culture*. Princeton: Princeton University Press, 319-324.

CATANIA, Carlos (1973): *Sábato: Entre la idea y la sangre*. San José: Ed. Costa Rica.

— (1987): *Genio y figura de Ernesto Sábato*. Buenos Aires: Editorial Universitaria.

— (1983): "Estudio preliminar". En: *Páginas de Ernesto Sabato seleccionadas por el autor*. Buenos Aires: Celtia, 11-42.

— "El universo de Abaddón el exterminador". En: *Cuadernos Hispanoamericanos* 391-393, 498-516.

CAVALLARI, Héctor Mario (1987): "El límite de las palabras, poesía y tragicidad en *Como quien no dice voz alguna al viento*, de Ana María Fagundo". En: *ALEC* 12: 227-242.

CHIESI, Bernardo (1985): "El sueño como prefiguración de la muerte en el pensamiento de Ernesto Sábato". En: Graciela Maturo (comp.): *Ernesto Sábato en la crisis de la modernidad*. Buenos Aires: Fernando García Cambeiro, 129-174.

CHIRINOS, Eduardo (1998): *La morada del silencio: Una reflexión sobre el silencio en la poesía a partir de las obras de Westphalen, Rojas, Orozco, Sologuren, Eielson y Pizarnik*. Lima: Tierra Firme.

CIRLOT, Juan-Eduardo (1979): *Diccionario de símbolos*. Barcelona: Labor.

COLOMBO, Stella Moris (1983): "Metáfora y cosmovisión en la poesía de Olga Orozco". En: *Cuadernos Aletheia*.

COROMINAS, Joan (1983): *Breve diccionario etimológico de la lengua castellana*. 3a. ed. revisada y mejorada. Madrid: Gredos.

CORTÁZAR, Julio (1962-1963): "Algunos aspectos del cuento". En: *Revista Casa de las Américas*, 15-16 (noviembre-febrero), 7.

CLARKE, David (1999): *The Music and Thought of Michael Tippett: Modern Times and Metapphysics*. Cambridge: Cambridge University Press.

DAPAZ STROUT, Lilia (1983): "Hacia un hombre nuevo. Una antología del folklore antifeminista: mito y 'mitos' sobre 'El continente negro'". *Cuadernos Hispanoamericanos* 391-393, 653-61.

DELLEPIANE, Ángela V. (1970): *Sábato: Un análisis de su narrativa*. Buenos Aires: Nova.

— (1968): *Ernesto Sábato: El hombre y su obra. (Ensayo de interpretación y análisis literario)*. New York: Las Américas.

DENHAM, Robert D. (2004): *Northrop Frye: Religious Visionary and Architect of the Spiritual World*. Charlottesville/London: University of Virginia Press.

DOMÍNGUEZ, Daniel Z. (1996): "Ernesto Sábato: Cuando la oscuridad es luz". En: *Revista la Prensa* (11 de marzo), 1C.

DURAND, Gilbert (1971a): "Exploration of the Imaginal". En: *Spring* (Spring).

— (1971b): *La imaginación simbólica*. Buenos Aires: Amorrortu.

DWORKIN, Ronald (1986): "Introduction". *Nunca más: The Report of the Argentine National Commission on the Disappeared*. New York: Farrar Straus Giroux, xi-xxviii.

EDINGER, Edward F. (1985): *Anatomy of the Psyche: Alchemical Symbolism in Psychotherapy*. La Salle, IL: Open Court, 1985.

EISLER, Riane (1987): *The chalice and the blade: our history, our future*. San Francisco: Harper & Row.

ELIADE, Mircea (1975): *Rites and Symbols of Initiation: The Mysteries of Birth and Rebirth*. Trad. Willard R. Trask. New York: Harper.

— (1961 [1957]): *The Sacred and the Profane: The Nature of Religion*. Trad. Willard R. Trask. New York: Harper.

— (1974 [1951]): *Shamanism: Archaic Techniques of Ecstasy*. Trad. Willard R. Trask. Princeton: Princeton University Press.

EPPLE, Juan Armando (1994): "Transcribir el río de los sueños. Entrevista a Raúl Zurita". En: *Revista Iberoamericana* LV, 168-169 (julio-diciembre), 873-883.

— (1986): "Introduction: New Territories of Chilean Poetry". En: Steven White: *Poets of Chile: A Bilingual Anthology, 1965-1985*. Greensboro: Unicorn, i-viii.

FADIMAN, James/FRAGER, Robert (1979): *Teorías de la personalidad*. Trad. Jesús Villamizar Herrera. México, D. F.: Harper and Row Latinoamericana.

FAGUNDO, Ana María (1990): *Obra poética 1965-1990*. Madrid: Endimión.

— (1985): "Mi literatura es mía en mí". En: Gilbert Paolini (ed.): *La Chispa '85 Proceedings*. New Orleans: Tulane University Press, 83-92.

— (1984): *Como quien no dice voz alguna al viento*. Tenerife: Junta de Publicaciones de la Caja de Ahorros.

FEHL TROPP, Sandra/D'ANGELO, Ann Pierson (comps.) (2001): *Essays in Context*. New York: Oxford University Press.

FORDHAM, Micheal (1973): "The empirical foundation and theories of the self in Jung's works". En: *Analytical Psychology: A Modern Science*. London: William Heinemann Medical Books, 12-38.

— (1958): *The Objective Psyche*. London: Routeledge and Kegan.

FOSTER, David W. (1975): *Currents in the Contemporary Argentine Novel. Arl, Mallea, Sabato and Cortazar*. Columbia, MO: University of Missouri Press.

FREEMAN, John (1985): "Face to Face". [Interview on BBC, March 1959 broadcasted in Great Britain on October 22, 1959.] En: William M. McGuire y R. F. C. Hull (comps.): *C. G. Jung Speaking: Interviews and Encounters*. Princeton: Princeton University Press, 424-439.

FUENTE, Ricardo de la (2005): *Haijin: Antología del haiku*. Madrid: Hiperión.

GALA, Candelas (ed.) (2005): *The Poetry of Ana María Fagundo: A Bilingual Anthology*. Lewisburg: Bucknell University Press.

GARIBAY K., Ángel María (1983): *Mitología griega: dioses y héroes*. México. D. F.: Porrúa.

GÓMEZ PAZ, Julieta (1980): *Cuatro actitudes poéticas*. Buenos Aires: Tekné.

GRANDE, Félix (1986): "Sábato y el respeto a las palabras de la tribu". En: *Cuadernos Hispanoamericanos* 432, 109-116.

GILLELT, Joseph E. (1956): "The Autonomous Character in Spanish and European Literature". En: *Hispanic Review* 3, 179-190.

GILLELT, Joseph E. (1956): "The Autonomous Character in Spanish and European Literature". En: *Hispanic Review* 3, 179-190.

— (1986):"Sábato moral". En: *Once artistas y un Dios: Ensayos sobre literatura hispano-americana*. Madrid: Taurus 171-208.

HAGUE, Angela (2003): *Fiction, Intuition, & Creativity: Studies in Bronte, James, Woolf, & Lessing*. Washington D.C.: The Catholic University of America.

HILLMAN, James (1979): *Insearch: Psychology and Religion*. Dallas: Spring.

— (1978): *Loose Ends: Primary Papers in Archetypal Psychology*. Dallas: Spring.

HOLLAND, Norman N. (1989): *The dynamics of literary response*. New York: Columbia University Press.

HOY, Daniel J. (1983):"Numinous Experiences: Frequent or Rare?". En: *Journal of Analytical Psychology* 28, 17-32.

JACKSON, Scott (1985):"The Union of the Matematics and Poetry". En: Raúl Zurita: *Purgatorio*. Edición bilingue. Pittsburg: Latin American Literary Review Press, 6-17.

JACOBI, Jolande (1983): *Complejo, arquetipo y símbolo: en la psicología de C. G. Jung*. Trad. Alfredo Guéra Miralles. México, D. F.: Fondo de Cultura Económica.

— (1959): *Complex/Archetype/Symbol, in the Psychology of C. G. Jung*. Trad. Ralph Manheim. Princeton: Princeton University Press.

JACOBY, Mario (1968):"The Analytical Psychology of C. G. Jung and the Problem of Literary Evaluation". En: Joseph Strelka (comp.): *Perspectives in Literary Symbolism*. Pennsylvania State University Press, 99-128.

JAMISON, Kay Redfield (1993): *Touched with Fire: Manic-Depressive Illnes and the Artistic Temperament*. New York: Simon & Schuster.

JUNG, Carl Gustav (1984): *Arquetipos e inconsciente colectivo*. Trad. Miguel Murmis. Barcelona: Paidós.

— (1982): *Formaciones de lo inconsciente*. Trad. Roberto Pope. Barcelona: Paidós.

— (1982): *Símbolos de transformación*. Edición revisada y aumentada de *Transformaciones y símbolos de la libido*. Enrique Butelman (comp.). Barcelona: Paidós.

— (1981): *Recuerdos, sueños, pensamientos*. Trad. María Rosa Borrás. Barcelona: Seix Barral.

— (1980 [1971]): *The Portable Jung*. Joseph Cambell (comp.). Middlesex: Penguin.

— (1979):"Approaching the unconscious". En: *Man and his Symbols*. New York: Doubleday, 18-103.

— (1979): *Aion*. Vol. 9, II. Princeton: Princeton University Press.

— (1978): *The Collected Works*. Herbert Reed *et al* (comp.). Trad. R. F. C. Hull. Princeton; Princeton University Press.

— (1977): *C. G. Jung Speaking: Interviews and Encounters*. William McGuire y R. F. C. Hull (comps.). Princeton: Princeton University Presss.

— (1968): *Psychology and Alchemy*. Trad. R. F. C. Hull. Princeton: Princeton University Press.

— (1966) *The Spirit in Man, Art and Literature*. Trad. R. F. C. Hull. Princeton: Princeton University Press.

— (1964) *Respuesta a Job*. Trad. Andrés Pedro Sánchez Paderal. México, D. F.: Fondo de Cultura Económica.

— (1963): *Psychology and Religion: West and East*. New York: Pantheon.

— (1962): *Memories, Dreams, Reflections*. New York: Pantheon.

— (1958): *Psyche and Symbol: A Selection from the Writings of C. G. Jung*. Violet S. de Laszlo (comp.). Trad. Cary Baynes y F. C. R. Hull. New York: Doubleday.

KNAPP, Bettina L. (1984): *A Jungian Approach to Literature*. Carbondale: Southern Illinois University Press.

KUGLER, Paul (1990): "The Unconscious and Postmodern Depth Psychology". En: Karen Barnaby y Pellegrino D'Acierno (eds.): *C. G. Jung and the Humanities: Toward a Hermeneutics of Culture*. Princeton: Princeton University Press, 307-318.

LAFUENTE, Fernando R. (1991): "*Anteparaíso:* La poética del mito" [Introducción.] En: *Anteparaíso*. Madrid: Visor, 11-21.

LAPLANCHE, Jean/PONTALIS, Bertrand (1983): *Diccionario de Psicoanálisis*. Trad. Fernando Cervántez Gimeno. Barcelona: Labor.

LAUTER, Estella (1984): *Women as Mythmakers: Poetry and Visual Art by Twentieth-Century Women*. Bloomington: Indiana University Press.

LIEB, Michael (1991): *The Visionary Mode: Biblical Prophecy, Hermeneutics, and Cultural Change*. Ithaca: Cornell University Press.

LINDSTROM, Naomi (1985): "Olga Orozco: La voz poética que llama entre mundos". En: *Revista Iberoamericana*. 132-133, 1 (julio-diciembre), 765-75.

LISCANO Juan (1975): "Olga Orozco y su trascendente juego poético" [Prólogo.] En: Olga Orozco: *Veintinueve poemas*. Caracas: Monte Ávila, 9-35.

LOJO, María Rosa (1998): *Esperan la mañana verde*. Buenos Aires: El Francotirador.

— (1994): *La pasión de los nómades*. Buenos Aires: Editorial Atlántida.

— (1997): *El símbolo: poéticas, teorías, metatextos*. México, D. F.: Universidad Nacional Autónoma de México.

— (1997): *Sábato: en busca del original perdido*. Buenos Aires: Corregidor.

— (1991): *Forma oculta del mundo*. Buenos Aires: Último Reino.

— (1988): "Prólogo". En: Olga Orozco: *Repetición del sueño y otros poemas*. Buenos Aires: Centro Ed. de América Latina, 2-6.

— (1986): *Marginales*. Buenos Aires: Epsilon.

— (1985): "Ernesto Sábato: el símbolo como lenguaje de un arte auténtico". En: *Alba de América* 4-5, 105-22.

— (1984): *Visiones*. Buenos Aires: Exposición Feria Internacional.

LOMELLINI, C. A. De/TIPTON, David (1997): "Introduction". En: *Path Trough the Canefields*. [Antología de la poesía de José Watanabe.] London: White Adder, 7-8.

LORENZ, Günter W. (1972): *Diálogos con Latinoamérica: Panorama de una literatura del futuro*. Trad. Dora Weidhaas-de la Vega. Barcelona: Pomaire.

LOTMAN, Yuri Lotean (1976): *Analysis of the Poetic Text*. Ann Arbor: Andis.

LOUBET, Jorgelina (1980): "Lo cotidiano, el fulgor y el signo en la obra de actuales escritoras argentinas. En: *Zona Franca* 20 (sept.-oct.), 6-23.

LYNCH, Tom (1998): "A path toward nature': Haiku's Aesthetics of Awarness". En: Patrick Murphy (ed.): *Literature of Nature: An International Sourcebook*. Chicago: Fitzroy Dearborn

MALTBY, Paul (2002): *The Visionary Moment: A Postmodern Critique*. Albany: University of New York Press.

MARRAS, Sergio (1985): "El paraíso en la tierra". Entrevista a Raúl Zurita. En: *Apsi* 157, 40.

MARTIN, Stephen A. (1990): "Meaning in Art". En: Karen Barnaby y Pellegrino D'Acierno (eds.): *C. G. Jung and the Humanities: Toward a Hermeneutics of Culture*. Princeton: Princeton University Press, 174-184.

MARTÍNEZ HERRATE, Antonio (ed.) (1993): *Ana María Fagundo: Texto y contexto de su poesía*. Madrid: Verbum.

MARTÍNEZ, Z. Nelly (1974): "Una visión totalizadora de la realidad". En: *Crisis* 16, 49-50.

— (1972): "Fernando Vidal Olmos y el Surrealismo: Una Conversación con Ernesto Sábato". En: *Sin nombre* 2.3, 60-74.

— (1978): "Estudio Preliminar. Ernesto Sabato: Introducción a su novelística". En: Ernesto Sabato: *Antología*. Barcelona: Edhasa, 9-31.

MARTOS, Marco (1999): "Reflexión sobre José Watanabe y su obra poética". Ponencia en el coloquio "Los cien años de la presencia japonesa en el Perú". Congreso de la República, Lima, Perú. 26-27 abril.

MARTZ, Louis L. (1998): *Many Gods and Many Voices: The Role of the Prophpet in English and American Modernism*. Columbia: University of Missouri Press.

MASCONA, G. Myriam (s. f.): "La puerta que no abriste". [Entrevista a Olga Orozco.] En: <www.soydeto.ay.com.ar/toay/antiguas/olga_orozco/repor3htm> (9/1/2004).

MATURO, Graciela (comp.) (1985): *Ernesto Sábato en la crisis de la modernidad*. Buenos Aires: Fernando García Cambeiro.

— (1974): "La aventura filosófica de Sábato". En: *Crisis* 16, 15-34.

— (1983): "Sábato: la búsqueda de salvación". *Cuadernos Hispanoamericanos* 391-393, 602-20.

— (1981): "Prólogo". En: Ernesto Sábato: *La robotización del hombre y otras páginas de ficción y reflexión*. Buenos Aires: Centro Editor de América Latina, I-VII.

MATOON, Mary Ann (1980): *El análisis junguiano de los sueños. (Applied Dream Analysis: A Jungian Approach)*. Trad. Inés Pardal. Buenos Aires: Paidós.

MAY, Rollo (1978 [1975]): *The Courage to Create*. New York: Bantam.

MAYO, Donald H. (1995): *Jung and Aesthetic Experience: The Unconsciuous as Source of Artistic Inspiration*. New York: Lang.

MEIER, C. A. (1990 [1984]): *The Unconscious in its Empirical Manifestations*. Trad. Eugene Rolfe. Boston: Sigo Press.

MONTENEGRO, Nivia (1978): "Structural and Thematic Elements in *Abaddón, el exterminador* (Abaddon the Exterminator)". En: *Latin American Literary Review* 12, 39-56.

MORRIS, Philipson (1963): *Outline of a Jungian Aesthetics*. Evanston: Northwestern University Press.

MOUNIN, George (1982): *Diccionario de lingüística*. Barcelona: Labor.

NATOLI, Joseph (comp.) (1984): *Psychological Perspectives on Literature: Freudian Dissidents and Non-Freudian. A Casebook*. Hamdem: Shoe String.

NATOLI, Joseph/RUSCH, Frederik L. (1984): "Introductory Essay: A Survey of Psychocriticism". En: *Psychocriticism: An Annotated Bibliography*. Westport, Connecticut: Greenwood, xi-xxiii.

NEUMANN, Erich (1982 [1979]): *Creative Man: Five Essays*. Trad. Eugene Rolfe. Princeton: Pricenton University Press.

— (1973a): *Amor and Psyche: The Psychic Development of the Feminine: A Commentary on the Tale by Apuleius*. Trad. Ralph Manheim. Princeton: Princeton University Press.

— (1973b [1954]): *The Origins and History of Consciousness*. Trad. R. F. C. Hull. Princeton: Princeton University Press.

— (1971): *Art and the Creative Unconscious*. Trad. Ralph Manheim. Princeton: Princeton University Press.

NEWTON, Candelas (1990): "La poesía de Ana María Fagundo; poniéndole hechura al ser por la palabra". [Introducción.] En: Ana María Facundo: *Obra poética*, 21-65. Madrid: Endimión.

NICHOLSON, Melanie (2002): *Evil, Madness, and the Occult in Argentine Poetry*. Gainsville: University of Florida Press.

— (2001): "Olga Orozco and the Poetics of Gnosticism". En: *Revista de Estudios Hispánicos* XXXV, 1 (enero), 73-90.

— (1998): "Darvantara Sarolam, or The Rhetoric of Charm in the Poetry of Olga Orozco". En: *Letras Femeninas* XXIV, 1-2, 57-67.

ORPHEE Elvira (1984): "La poética en la obra de Olga Orozco". En: *América en Letras*. Buenos Aires: Helguero-Villalba.

OROZCO, Olga (1995): *También la luz es un abismo*. Buenos Aires: Emecé.

— (³1991 [1979]): *Obra poética*. Buenos Aires: Corregidor.

— (1987): *En el revés de cielo*. Buenos Aires: Sudamericana.

— (1979): *Mutaciones de la realidad*. Buenos Aires: Sudamericana.

— (1975): *Veintinueve poemas*. Prol. Juan Liscano. Caracas: Monte Ávila.

— (1972): *La oscuridad es otro sol*. Buenos Aires: Losada.

— (1962): *Los juegos peligrosos*. Buenos Aires: Losada.

ORTEGA, José (1983): "Las tres obsesiones de Sábato". En: *Cuadernos Hispanoamericanos* 391-393, 125-151.

ORTEGA, Julio (1994): *Antología de la poesía hispanoamericana actual*. México, D. F.: Siglo Veintiuno.

OTTO, Rudollf (1958): *The IDEA of the HOLY*. Trad. John W. Harvey. New York: Oxford University Press.

PANIKER, Salvador (1982): *Aproximaciones al origen*. Barcelona: Kairós.

PAOLO, Rosella di (2000): "Palabras sobre la presentación de *El guardián de hielo* de José Watanabe". Ponencia. Lima, 2 de agosto.

PAZ, Octavio (1956): *El arco y la lira*. México, D. F.: Fondo de Cultura Económica.

— (1979): *In/medicaiones*. Barcelona: Seix Barral.

PETREA, D. Mariana (1986): *Ernesto Sábato: la nada y la metafísica de la esperanza*. Madrid: José Porrúa Turanzas Librería-Editorial.

PHILIPSON, Morris (1963): *Ouline of Jungian Aesthetics*. Evanston: Northwest University Press.

PFEIFFER, Erna (1995): *Exiliadas, emigrantes, viajeras. Encuentro con diez escritoras latinoamericanas*. Madrid/Frankfurt a.M.: Iberoamericana/Vervuert.

POSTER, Mark (ed.) (2001): *Jean Baudrillard: Selected Writings*. Stanford University Press.

PRAIN BRICE, Michelle (2003): "José Watanabe: Poesía de un 'nikkei'. En: *El Mercurio*. Lima, 1 de marzo.

PROGOFF, Ira (1973a [1959]): *Depth Psychology and Modern Man*. New York: McGraw.

— (1973b): *Jung, Synchonicity, and Human Destiny: Noncausal Dimensions of Human Experience*. New York: Dell.

— (1973c) *The Death and Rebirth of Psychology: An Integrative Evaluation of Freud, Adler, Jung and Rank and the Impact of Their Insights on Modern Man.* New York: McGraw.

RAINE, Kathleen (1992): "C. G. Jung: A Debt Acknowledged". En: Richard P. Sugg (ed.): *Jungian Literary Criticism.* Evanston: Northwestern University Press, 167-176.

RANK, Otto (1961): *Psychology and the Soul.* Trad. William D. Turner New York: Barnes.

RODRÍGUEZ FRANCIA, Ana María (1996): "Cuestionamiento del lenguaje en la poesía en prosa argentina: Alejandra Pizarnik y María Rosa Lojo". En: *Letras.* 34 (julio-diciembre), 131-37.

ROYLE, Nicholas (2003): *The Uncanny.* New York: Routledge.

ROWLAND, Susan (1999): *G. C. Jung and Literary Theory: The Challenge from Fiction.* New York: Palgrave.

RUANO, Manuel (2000): "Palabras preliminares: Orozco fue dueña de un lenguaje poético milagroso en la lírica argentina". [Entrevista a Manuel Ruano.] En Olga Orozco: *Obra poética.* Caracas: Biblioteca Ayacucho.

RUBIO, Miguel (1991): "Ernesto Sábato y la luz". En: *El pintor Ernesto Sábato.* Madrid: Ediciones de Cultura Hispánica/Agencia Española de Cooperación Internacional, 19-25.

SÁBATO, Ernesto (1971): *El escritor y sus fantasmas.* Buenos Aires: Aguilar.

— (1984 [1974]): *Abaddón el exterminador.* México, D. F.: Seix Barral.

— (1977 [1948]): *El túnel.* Buenos Aires: Sudamericana.

— (1981 [1961]): *Sobre héroes y tumbas.* Barcelona: Seix Barral.

— (2000): *La resistencia.* Buenos Aires: Planeta.

SAUTER, Silvia E. (1990): *Proceso creativo arquetípico:* Abaddón el exterminador *de Ernesto Sábato.* Ann Arbor: UMI.

— (1993): "'Visión': Una modalidad distinta dentro de la poesía de Ana María Fagundo". En: Antonio Martínez (ed.): *Ana María Fagundo: texto y contexto de su poesía.* Madrid: Verbum, 91-111.

— (1994 [1974]): "Entre Eros y Logos en la poesía de Ana María Fagundo". En: *Letras femeninas. Número Extraordinario Conmemorativo,* 57-69

SCHORER, Mark (1968): "The Necessity of Myth". En: Henry A. Murray (1968): *Myth and Mythmaking.* Boston: Beacon, 355-371.

SCHREIER RUPPRECHT, Carol (1990): "Enlightening Shadows: Between Feminism and Archtypalism". En: Karen Barnaby y Pellegrino D'Acierno (eds.): *C. G. Jung and the Humanities: Toward a Hermeneutics of Culture.* Princeton: Princeton University, 279-293.

SEGRE, Cesare (1985): "Cuando llega el exterminador (Término de la famosa trilogía de Ernesto Sábato)". En: Vásquez-Bigi (comp.): *Épica dadora de eternidad: Sábato en la crítica americana y europea.* Buenos Aires: Sudamericana/Planeta, 179-182.

SIEBENMANN, Gustav (1982): "Ernesto Sábato y su postulado de una novela metafísica". En: *Revista Iberoamericana* 118-119, 289-302.

SNIDER, Clifton (1997): "C. G. Jung's Analytical Psychology and Literary Criticism (I)". En: *Psychocultural Review* 1, 96-108.

— (1977): "C. G. Jung's Analytical Psychology and Literary Criticism (II): Jung's Psychology of the Conscious and the Unconscious". En: *Psychocultural Review* 2, 216-243.

— (1987): *The Struggle for the Self: A Jungian Interpretation of Swinburne's.* Ann Arbor: UMI.

STAUB DE LASZLO, Violeta (1958): "Introduction". En: Carl Gustav Jung: *Psyche and Symbol: A Selection from the Writings of C. G. Jung.* New York: Doubleday, xix-xxxiv.

STORR, Anthony (1973): *C. G. Jung.* New York: Viking.

— (1985): *The Dynamics of Creation.* New York: Atheneum.

STEINER, George (2001): *Grammars of Creation.* London/New York: Yale University Press.

SUGG, Richard P. (ed.) (1992): *Jungian Literary Criticism.* Evanston: Northwestern University Press.

TARRAB, Alejandro (2004): "*INRI,* La obsesión del tallar paisajes". En: Raúl Zurita: *INRI.* Madrid: Visor, 9-18.

THOMPSON, William Irwin (1996 [1981]): *The Times Falling Bodies Take To Light: Mythology, Sexuality & the Origins of Culture.* New York: St. Martin's Griffin.

TORRES DE PERALTA, Elba (1987): *La poética de Olga Orozco: desdoblamiento de Dios en máscaras de todos.* Madrid: Playor.

VARGAS LLOSA, Mario (2003): "The Parable of the Tapeworm". En: *Review: Latin American Literature and Arts* (Spring), 5-12.

VAN DE CASTLE, Robert L. (1994): *Our Dreaming Mind: A Sweeping Exploration of the Role that Dreams have Played in Politics, Art, Religion and Psychology, from Ancient Civilizations to the Present Day.* New York/Toronto: Random.

VÁSQUEZ-BIGI, Ángel Manuel (comp.) (1985): *Épica dadora de eternidad: Sábato en la crítica americana y europea.* Buenos Aires: Sudamericana/Planeta.

— (1979): "Abaddón: ascendencia cervantina para una temática apocalíptica". En: *Texto Crítico* 15, 48-65.

VILLALBA, Francisco F. (1983): *Haiku de las cuatro estaciones.* Madrid: Miraguano.

VIREL, André (1985): *Vocabulario de las Psicoterapias.* Trad. Rubén Núñez. Barcelona: Gedisa.

WAINERMAN, Luis (1978): *Sábato y el misterio de los ciegos.* Buenos Aires: Castañeda.

WATANABE, José (2005): *La piedra alada.* Valencia: Pre-textos.

— (2002): *Habitó entre nosotros.* Lima: Pontificia Universidad Católica del Perú.

— (2000): *El guardián del hielo.* Bogotá: Norma.

— (1999): *Cosas del cuerpo.* Lima: El Caballo Rojo.

— (1994): *Historia natural.* Lima: Peisa.

— (1989): *El huso de la palabra.* Lima: Seglusa.

— (1997): *Path Trough the Canefields.* Trad. C. A. de Lomellini and David Tipton. London: White Adder.

WHITE, Steven (ed.) (1986): *Poets of Chile: A Bilingual Anthology, 1965-1985.* Greensboro: Unicorn.

WINTER, Sarah (1999): *Freud and the Institution of Psychoanalytica Knowledge.* Stanford: Stanford University Press.

WITTREICH Jr., Joseph Anthony (1979): *Visionary Poetics: Milton's: Tradition and his Legacy.* San Marino: Kingsport.

ZURITA, Julio (2004): *INRI.* Madrid: Visor.

— (1993): *La vida nueva.* Santiago de Chile: Editorial Universitaria.

— (1997 [1982]): *Anteparaíso.* Santiago de Chile: Editorial Universitaria.

— (1979): *Purgatorio.* Santiago de Chile: Editorial Universitaria.